PROCESSO ADMINISTRATIVO TRIBUTÁRIO E LANÇAMENTO

DEONÍSIO KOCH

PROCESSO ADMINISTRATIVO TRIBUTÁRIO E LANÇAMENTO

2ª edição
atualizada de acordo com o Decreto 7.574/2011

PROCESSO ADMINISTRATIVO TRIBUTÁRIO E LANÇAMENTO

© DEONÍSIO KOCH

1ª edição, Ed. Momento Atual, Florianópolis-SC, 2003.

ISBN: 978-85-392-0119-8

Direitos reservados desta edição por
MALHEIROS EDITORES LTDA.
Rua Paes de Araújo, 29, conjunto 171
CEP 04531-940 – São Paulo – SP
Tel.: (11) 3078-7205 – Fax: (11) 3168-5495
URL: www.malheiroseditores.com.br
e-mail: malheiroseditores@terra.com.br

Composição
Acqua Estúdio Gráfico Ltda.

Capa
Criação: Vânia Lúcia Amato
Arte: PC Editorial Ltda.

Impresso no Brasil
Printed in Brazil
03.2012

SUMÁRIO

Prefácio à 2ª edição 11

Capítulo I – *TEORIA GERAL DO PROCESSO ADMINISTRATIVO TRIBUTÁRIO*

1.1 Conceitos fundamentais 13
   1.1.1 Processo 15
   1.1.2 Procedimento 17
   1.1.3 Processo administrativo ou procedimento 18
   1.1.4 Processo e procedimento no Direito Tributário 22
   1.1.5 Tributo 26

1.2 Processo administrativo tributário – Aspectos fundamentais .. 29
   1.2.1 Atividade judicante ou de jurisdição na Administração ... 32
   1.2.2 Sistemas de jurisdição: una ou dupla 35
   1.2.3 Sistemas de jurisdição no direito comparado 38
   1.2.4 O processo administrativo tributário como direito constitucional do contribuinte 40
   1.2.5 Princípios aplicáveis ao procedimento e processo administrativo tributário
      1.2.5.1 Conceito 49
      1.2.5.2 Princípio da legalidade 51
      1.2.5.3 Princípio da igualdade 53
      1.2.5.4 Princípio da oficialidade 54

1.2.5.5 Princípio do informalismo ou do formalismo moderado.......... 55
1.2.5.6 Princípio da verdade material.......... 58
1.2.5.7 Princípio do devido processo legal.......... 60
1.2.5.8 Princípio do contraditório e ampla defesa.......... 61
1.2.5.9 Princípio da presunção de legitimidade.......... 65
1.2.5.10 Princípio da preclusão.......... 65

1.2.6 Processo administrativo tributário: seu uso facultativo, suas vantagens e desvantagens e desistência da lide

1.2.6.1 Uso facultativo do processo administrativo...... 70
1.2.6.2 Vantagens do processo administrativo tributário.. 72
1.2.6.3 Desvantagens do processo administrativo tributário.......... 77
1.2.6.4 Desistência do litígio na esfera administrativa em razão da propositura de ação judicial sobre o mesmo objeto – Sua relativização no contexto.. 79

1.2.7 Capacidade postulatória no processo administrativo 84

1.2.8 Depósito para garantia de instância – Sua inconstitucionalidade 86

1.2.9 Preparação do processo administrativo tributário

1.2.9.1 Recepção da impugnação e a conferência dos documentos.......... 92
1.2.9.2 Manifestação da autoridade lançadora.......... 94

Capítulo II – *NORMATIZAÇÃO DO PROCESSO ADMINISTRATIVO TRIBUTÁRIO*

2.1 Fontes normativas do processo administrativo tributário

2.1.1 Fundamentos conceituais.............. 98
2.1.2 Inexistência de legislação consolidada.......... 100
2.1.3 A legislação esparsa.......... 101
2.1.4 A importância da codificação da legislação processual tributária 103

2.1.5 A lei processual: sua instrumentalidade e interpretação ... 105
2.1.6 Legislação processual no direito intertemporal 109
   2.1.6.1 A aplicação da lei nova em processos pendentes .. 110
   2.1.6.2 Os recursos na mudança da lei processual 111
2.1.7 Prazos no processo administrativo tributário 113

Capítulo III – OS TRIBUNAIS ADMINISTRATIVOS: COMPOSIÇÃO E FUNCIONALIDADE

3.1 **Disposições gerais** 115
3.2 **Competência dos órgãos de julgamento administrativo para afastar aplicação de norma tributária inconstitucional** 117
3.3 **Efeitos da decisão do órgão de julgamento administrativo** ... 129
   3.3.1 Decisão definitiva (administrativa) e coisa julgada (judicial) 131
   3.3.2 Efeito vinculante das decisões dos tribunais administrativos para a Administração 132
3.4 **Publicidade das sessões de julgamento x sigilo fiscal** 139
3.5 **Os requisitos estruturais da decisão** 141
   3.5.1 Relatório 142
   3.5.2 Motivação 142
   3.5.3 Dispositivo 147
3.6 **Abrangência material da decisão** 147
   3.6.1 Decisão de ofício: recurso intempestivo e matéria não aduzida pela defesa 148
   3.6.2 Decisões extra *ou* ultra petita *em processo fiscal* 152
   3.6.3 Reformatio in pejus *no processo administrativo tributário* 154
   3.6.4 Da possibilidade de reclassificação da multa do lançamento pelo julgador 159
   3.6.5 A aplicação da equidade 161
   3.6.6 Inexatidões e erros materiais nas decisões 162

3.7 Súmulas 164
3.8 O julgador nos tribunais administrativos 166
3.9 O exaurimento do processo administrativo para a denúncia crime 170

Capítulo IV – **PROVAS**

4.1 Noções conceituais 176
4.2 Avaliação da prova em matéria tributária 179
4.3 Meios de prova 183
   4.3.1 Confissão 184
   4.3.2 Prova documental 186
   4.3.3 Prova emprestada 190
   4.3.4 Prova testemunhal 194
   4.3.5 Prova por meio de presunção legal 196
      4.3.5.1 Suprimento de caixa 198
      4.3.5.2 Ativo oculto ou passivo fictício 200
      4.3.5.3 Presunção de venda através do controle quantitativo de mercadorias 201
   4.3.6 Prova pericial 203
   4.3.7 Diligências 204
   4.3.8 Prova indireta ou indiciária 206
   4.3.9 Ônus da prova x presunção de legitimidade 207
   4.3.10 Provas ilícitas 214

Capítulo V – **LANÇAMENTO TRIBUTÁRIO**

5.1 Anotações introdutórias 216
5.2 Conceito 219
5.3 Lançamento por processo eletrônico 224
5.4 Competência privativa para lançar 225
5.5 Eficácia declaratória ou constitutiva do lançamento 228

SUMÁRIO

5.6 *O lançamento e a vigência da legislação no tempo* 229

5.7 *Notificação do lançamento para efeitos jurídicos* 233

5.8 *A responsabilização solidária no lançamento e o direito ao contraditório e defesa em processo administrativo tributário* 234

5.9 *Lançamento, exigibilidade e exequibilidade do crédito tributário* 240

5.10 *Lançamento x medidas judiciais* 242

5.11 *Constituição definitiva do crédito tributário como início do prazo prescricional* 246

5.12 *Modalidades de lançamento* 251

    5.12.1 Lançamento de ofício ou direto 252

    5.12.2 Lançamento por declaração ou misto 253

    5.12.3 Lançamento por homologação 253

5.13 *Alteração do lançamento* 259

5.14 *A revisão do lançamento tributário de ofício (CTN, art. 149)* 264

    5.14.1 Revisão do lançamento ou do procedimento fiscal? ... 267

    5.14.2 Revisão do lançamento por erro de direito ou erro de fato 270

    5.14.3 Impossibilidade de revisão de lançamento em razão da modificação de critério jurídico da autoridade administrativa 280

5.15 *Reemissão do lançamento cancelado por vício formal, com a reabertura do prazo decadencial, segundo o art. 173, II, do CTN* 283

    5.15.1 Vício formal 286

    5.15.2 Incompetência da autoridade notificante como vício formal de lançamento 289

    5.15.3 Nossa posição sobre o tema 291

Capítulo VI – PROCEDIMENTO DE FISCALIZAÇÃO DE TRIBUTOS

6.1 *Aspectos gerais* 295

6.2   Termos de fiscalização e o benefício da espontaneidade 299
6.3   Intimações 310
6.4   Intimação para apresentação de documentos extrafiscais 314
6.5   Prazo para guarda de documentos e livros fiscais 317
6.6   Sigilos fiscal e bancário 319
6.7   Sigilo de dados 325
6.8   Desconsideração dos atos ou negócios jurídicos
      (parágrafo único do art. 116 do CTN) 327
6.9   Fiscalização de mercadorias em trânsito e suspensão
      do benefício da espontaneidade 332
6.10 Termo aditivo de correção de lançamento tributário 334
6.11 Procedimento de fiscalização e a relação fisco x contribuinte .. 335
6.12 Providências pós-ação fiscal 337

Capítulo VII – *AS INVALIDADES DOS ATOS NO PROCESSO ADMINISTRATIVO TRIBUTÁRIO*

7.1   Anotações gerais e introdutórias 339
7.2   Ato nulo 344
7.3   Ato anulável 344
7.4   Ato irregular 345
7.5   Convalidação 345

Capítulo VIII – *DA CONSULTA TRIBUTÁRIA*

8.1   Anotações introdutórias 347
8.2   Os efeitos da consulta diante das obrigações tributárias 351
8.3   Interessada legítima para formular consulta 356

Bibliografia 357

PREFÁCIO À 2ª EDIÇÃO

Cumpre-nos apresentar a nova edição deste livro com a proposição de manter a mesma linha consagrada na 1ª edição, a de mesclar as reflexões teóricas com os conteúdos práticos de efetiva utilidade para o aplicador deste segmento do Direito no cotidiano.

No entanto, a fidelidade à concepção da obra original não impediu que profundas mudanças fossem introduzidas nesta edição, com inclusão de novas matérias, supressão de outras, alterações redacionais, além de uma ampla reestruturação na sua apresentação, visando a um melhor agrupamento de temas afins. As alterações são decorrentes da reação que o analista deve exercitar frente à dinâmica do processo de construção da Ciência do Direito. O processo administrativo tributário é matéria que ainda está no caminho de consolidação, despontando como disciplina autônoma em grade de cursos de Direito, especialmente em sede de pós-graduação.

As inclusões que contemplam esta edição se fizeram necessárias para dotar a obra de uma maior abrangência de toda a matéria; as supressões foram apenas pontuais, alcançando temas que perderam importância no decurso do tempo, dando lugar a abordagens de temas de maior estatura na escala de sua importância. No plano normativo, a obra vem atualizada de acordo com o Decreto 7.574, de 29.7.2011, que regulamenta o processo de determinação e exigência de créditos tributários da União, o processo de consulta sobre a aplicação da legislação tributária federal e outros processos que especifica, sobre matérias administradas pela Secretaria da Receita Federal do Brasil.

Considerando que o processo de interpretação do Direito é dinâmico e persistente, não podendo o intérprete se conformar com a primeira concepção extraída da norma prescritiva, deve o mundo jurídico tolerar a mudança de posição do analista sobre temas por ele analisados. A constante vigilância das regras normativas aplicadas no mundo concreto permite um controle do exegeta sobre a sua convicção estabelecida com relação à norma, sendo a reavaliação de sua concepção uma constante. Em razão desta dinâmica interpretativa do processo, tomamos a liberdade de reformular posições antes defendidas, fruto de uma análise mais detida ou até de novas orientações jurisprudenciais.

Por fim, pretendemos oferecer uma obra na medida certa, adotando o corte metodológico necessário para se manter fiel ao seu objeto, de forma suficientemente abrangente para instrumentalizar o operador desta área específica do Direito a desenvolver suas atividades e repelir as divagações prolongadas sobre temas de pouco ou nenhum aproveitamento prático.

DEONÍSIO KOCK

Capítulo I

TEORIA GERAL
DO PROCESSO ADMINISTRATIVO TRIBUTÁRIO

1.1 Conceitos fundamentais: 1.1.1 Processo – 1.1.2 Procedimento – 1.1.3 Processo administrativo ou procedimento – 1.1.4 Processo e procedimento no Direito Tributário – 1.1.5 Tributo. 1.2 Processo administrativo tributário – Aspectos fundamentais: 1.2.1 Atividade judicante ou de jurisdição na Administração – 1.2.2 Sistemas de jurisdição: una ou dupla – 1.2.3 Sistemas de jurisdição no direito comparado – 1.2.4 O processo administrativo tributário como direito constitucional do contribuinte – 1.2.5 Princípios aplicáveis ao procedimento e processo administrativo tributário: 1.2.5.1 Conceito – 1.2.5.2 Princípio da legalidade – 1.2.5.3 Princípio da igualdade – 1.2.5.4 Princípio da oficialidade – 1.2.5.5 Princípio do informalismo ou do formalismo moderado – 1.2.5.6 Princípio da verdade material – 1.2.5.7 Princípio do devido processo legal – 1.2.5.8 Princípio do contraditório e ampla defesa – 1.2.5.9 Princípio da presunção de legitimidade – 1.2.5.10 Princípio da preclusão – 1.2.6 Processo administrativo tributário: seu uso facultativo, suas vantagens e desvantagens e desistência da lide: 1.2.6.1 Uso facultativo do processo administrativo – 1.2.6.2 Vantagens do processo administrativo tributário – 1.2.6.3 Desvantagens do processo administrativo tributário – 1.2.6.4 Desistência do litígio na esfera administrativa em razão da propositura de ação judicial sobre o mesmo objeto – Sua relativização no contexto – 1.2.7 Capacidade postulatória no processo administrativo – 1.2.8 Depósito para garantia de instância – Sua inconstitucionalidade – 1.2.9 Preparação do processo administrativo tributário: 1.2.9.1 Recepção da impugnação e a conferência dos documentos – 1.2.9.2 Manifestação da autoridade lançadora.

1.1 Conceitos fundamentais

O processo, na sua concepção de atividade estatal, tem seus fundamentos básicos na unilateralidade das atividades da Administração Pública numa relação com o administrado. Enquanto no Direito Privado os pactos são estabelecidos em comum acordo entre as partes, as quais, por meio de transações, atingem um ponto de equilíbrio de satisfação, no Direito Público o agente age de acordo com a vontade da lei, não lhe sendo concedidos poderes para livremente pactuar acordos, convenções de interesse particular para a realização de um negócio jurídico. No Direito Público, o agente atua como instrumento do Estado que exerce o poder de império, sem abertura para as transações que marcam as relações reguladas pelo Direito Privado. Enquanto que o agente privado, atuando no contexto de poderes mais amplos, pode fazer tudo aquilo que a lei não proíbe, o agente público deve se ater aos limites da lei, fazendo o que a lei manda. Nas palavras de Carlos Ari Sundfeld, "O legislador, o juiz, o administrador, não dispõem de poderes para realizar seus próprios interesses ou vontades. Seus atos valem na medida em que alcançam os fins que lhes correspondem".[1]

Toda esta caracterização da atuação do Estado nas atividades que lhe são específicas é marcada pela unilateralidade, pela coercitividade, ao impor ao administrado a vontade da lei. Isso conduz à necessidade de uma processualização dos atos administrativos que venham a interferir nos interesses privados, visando à participação do administrado no processo de decisão e garantindo-lhe o direito à contestação de atos que afrontam a ordem legal estabelecida. A ação estatal por meio de processo afasta a atuação arbitrária e atribui ao ato administrativo a transparência necessária para o exercício do Estado Democrático de Direito.

Portanto, a atuação estatal deve cingir-se aos limites da lei, buscando a realização da justiça em todos os seus Poderes: Executivo Legislativo e Judiciário. A busca da justiça não é função exclusiva dos órgãos judiciais, mas de toda a estrutura estatal, dentro do exercício de sua competência administrativa concedida pela lei.

A Administração Pública deve controlar a legalidade de seus atos internamente, seja de forma preventiva, só permitindo que seus agentes atuem nos limites da lei, ou de forma corretiva, ao confrontar os atos já praticados aos requisitos da legalidade. Se ao administrado não é permitido desviar sua conduta das proposições legais, por muito mais razão a Administração Pública deve exteriorizar uma conduta exemplar

---

1. Carlos Ari Sundfeld, *Fundamentos de Direito Público*, 5ª ed., São Paulo, Malheiros Editores, 2011, p. 92.

no controle da legalidade de seus atos. Infelizmente nem sempre é assim. Sabe-se que o Poder Judiciário está entulhado de demandas contra a Administração Pública, que tem vilipendiado suas obrigações legais, preferindo que a pessoa lesada em seus direitos ingresse com sua contenda jurídica na Justiça. Ciente da demora da prestação jurisdicional, o administrador público tem postergado o cumprimento de sua obrigação por longa data. Esta demora lhe é conveniente e é, sem dúvida, uma irresponsabilidade da autoridade pública que perde oportunidade de se portar como exemplo a seguir no cumprimento da lei.

No que tange ao Direito Tributário, ramo do Direito informado pela estrita legalidade, visto a força com que o poder de tributar interfere na liberdade do cidadão, impondo-lhe controles em suas atividades econômicas e exigindo-lhe a transferência de parte de sua riqueza para o erário, os atos dos agentes administrativos atuantes na fiscalização, lançamento e cobrança do crédito tributário devem receber o crivo do controle da legalidade de forma preventiva, evitando procedimentos ilegais, como também de modo saneador, oferecendo ao contribuinte os meios necessários para o direito de defesa.

O exercício do direito ao contraditório e ampla defesa em matéria tributária, na esfera administrativa, é praticado no âmbito dos tribunais administrativos, ou órgãos de julgamento, normalmente denominados, erroneamente, de "conselhos de contribuintes", o que sugere um órgão de gestão dos contribuintes, quando na verdade é um órgão gerido pela Administração Pública, no qual os contribuintes têm assento na sua composição. Para o exercício deste direito ao contraditório, o instrumento é o processo administrativo tributário, tema do nosso trabalho.

1.1.1 Processo

Processo deve se entendido como um conjunto de atos praticados em sequência, e de forma coordenada, para a consecução de uma finalidade previamente determinada. Processo está ligado à ideia de movimento, progresso ou sequência de atos ou de procedimentos, visando à obtenção de um resultado no final.

O vocábulo "processo" deriva do latim *procedere*, que significa ir de um lugar para outro, nascendo daí a ideia de movimento, de sucessão de atos a serem praticados com vistas à obtenção de um resultado final.

José Albuquerque Rocha, que sustenta uma concepção judicial de processo, assim o define: "(...) processo é a série de operações praticadas pelos órgãos judiciários, com a necessária participação das partes, tendentes a realizar o direito no caso concreto e em última instância, ou seja, tendentes a cumprir a função jurisdicional".[2]

Hely Lopes Meirelles, ao conceituar processo e procedimento, já oferece uma concepção mais ampla para o processo, reconhecendo a sua existência tanto na esfera administrativa como na judicial. Eis o que ele leciona: "*Processo* é o conjunto de atos coordenados para a obtenção de decisão sobre uma controvérsia no âmbito judicial ou administrativo; *procedimento* é o modo de realização do processo, ou seja, o rito processual".[3]

As definições apresentadas pressupõem o processo como meio instrumental para a solução de uma lide, em que atos processuais são praticados, tendo como objetivo uma solução final previamente determinada.

Porém, *processo* é um termo polissêmico, que admite várias acepções, podendo ser compreendido como uma *sequência de atos*, como uma *relação jurídica*, ou como um *conjunto de documentos* (autos). Em nossa linguagem cotidiana é comum usarmos a palavra *processo* fora dos limites de qualquer relação contenciosa. O termo ainda é usado fora do campo do Direito para designar uma sequência ou continuidade de ações, uma evolução de acontecimentos. Tem-se o processo de produção na indústria, o processo de criação na atividade artística, o processo evolutivo da humanidade, enfim, grande parte da atividade humana é exercida em forma de processo, partindo-se de um ponto primitivo (por exemplo, uma matéria-prima) para outro representativo do objetivo final (um produto acabado).

Evidentemente, neste trabalho, o processo será considerado uma relação jurídica processual litigiosa, com o surgimento da pretensão resistida, exercendo-se o primado do direito do contraditório e ampla defesa, podendo ocorrer esta contenda tanto na esfera administrativa como na judicial.

---

2. José de Albuquerque Rocha, *Teoria Geral do Processo*, 6ª ed., São Paulo, Malheiros Editores, 2002, p. 217.
3. Hely Lopes Meirelles, *Direito Administrativo Brasileiro*, 37ª ed., São Paulo, Malheiros Editores, 2011, p. 734.

1.1.2 Procedimento

A discussão nominal sobre *processo* e *procedimento* é de longa data e foi muito usada para identificar o poder estatal atuante, reservando o processo como instrumento de atuação exclusiva do Poder Judiciário e o procedimento para a Administração. Em certa medida esta concepção de vincular processo de forma exclusiva ao Poder Judiciário ainda persiste para alguns segmentos de doutrinadores, conforme veremos adiante.

Por ora, o que se pretende é esboçar uma definição do que se deve entender por procedimento na Administração Pública, fornecendo uma visão conjunta destas duas modalidades de atuação estatal: processo e procedimento.

Ao se tratar da definição do processo, verificou-se que em qualquer análise conceitual deste termo extrai-se um núcleo identificador que o entende por movimentação da prática de atos sucessivos com a pretensão de obter uma solução previamente definida. Dentro do processo há uma atividade estatal que o impulsiona ao resultado final. Esta atividade é um *procedimento* praticado pelo agente competente. *Procedimento*, portanto, é o modo de praticar o ato dentro de um contexto maior que é o processo.

Na lição de Lígia Maria Lopes Rodrigues Ribas, "Por procedimento concebe-se o sistema de atos interligados em uma relação de dependência sucessiva e unidos pelo fim comum que possibilita e legitima o ato final de consumação do exercício do poder".[4]

Talvez a definição mais precisa e simples é a oferecida por Hely Lopes Meirelles que leciona: "*procedimento* é o modo de realização do processo, ou seja, o rito processual".[5]

Todo processo requer a prática de procedimentos, mas nem todo procedimento implica necessariamente a existência de um processo. Uma auditoria fiscal que se desenvolve na fase inquisitória, sem o estabelecimento de um contraditório, é procedimento, e ainda não se instaurou processo na sua acepção de contencioso.

---

4. Lídia Maria Lopes Rodrigues Ribas, *Processo Administrativo Tributário*, 3ª ed., São Paulo, Malheiros Editores, 2008, p. 54.
5. Hely Lopes Meirelles, *Direito Administrativo Brasileiro*, cit., p. 734.

1.1.3 Processo administrativo ou procedimento

O tema processo administrativo está intimamente ligado à questão da terminologia procedimento e processo, na medida em que historicamente tem se estabelecido uma vinculação destas formas de atuação do Estado aos diferentes Poderes. O processo era obra do Poder Judiciário; o procedimento, dos demais Poderes. Conforme já mencionado alhures, esta concepção ainda não está totalmente ultrapassada para alguns doutrinadores.

Após uma breve abordagem conceitual de processo e procedimento, cabe enfrentar a questão do reconhecimento da composição de processo na esfera administrativa. Afinal, o processo é um apanágio do Poder Judiciário ou ele também se constitui num instrumento de decisão ou de controle da legalidade pelos demais Poderes?

O termo processo ainda lembra o instrumento legal por meio do qual o Poder Judiciário concede sua prestação jurisdicional, sendo associado às atividades judiciais. Se alguém se diz processado, é porque contra ele foi instaurado um processo judicial. Lembra Marcelo Harger que alguns autores, entre os quais Carnelutti, citado por Alberto Xavier, entendiam que a expressão processo judicial era uma tautologia,[6] numa clara convicção de não reconhecimento da existência de processo que não fosse judicial.

Porém, a associação do termo processo de forma exclusiva ao Poder Judiciário já há muito está ultrapassada pela atual ordem jurídica do país, concepção nova que também já foi assimilada pela comunidade jurídica em sua maioria, tanto pela doutrina como pela jurisprudência, admitindo-se hoje que o processo tem lugar em todos os Poderes da República. Assim, há de se reconhecer a existência de processo judicial e administrativo. O judicial, que obviamente tramita no Poder Judiciário, que tem por finalidade a prestação jurisdicional, e o administrativo, que ocorre nos três Poderes, sendo que no Judiciário serve apenas para dar solução às questões administrativas internas.

Esta nova concepção do termo processo é fruto de reflexões doutrinárias de longa data, ampliando-se cada vez mais o elenco dos

---

6. Marcelo Harger, *Princípios Constitucionais do Processo Administrativo*, Rio de Janeiro, Forense, 2001, p. 43.

doutrinadores[7] adeptos a este novo conceito, a ponto de instruir o constituinte originário de 1988 a inserir na Constituição Federal (art. 5º, LV) o processo administrativo, ao lado do judicial, como meios para garantir a ampla defesa e o contraditório aos litigantes e aos acusados em geral.

São os termos do mencionado dispositivo:

"Art. 5º. (...):

"LV – aos litigantes, em processo judicial ou administrativo, e aos acusados em geral são assegurados o contraditório e ampla defesa, com os meios e recursos a ela inerentes."

A partir da Carta Política de 1988, portanto, consagrou-se no ordenamento jurídico o processo administrativo como forma de garantir a defesa do administrado diante dos atos administrativos que venham a intervir nos seus interesses.

O jurista Marçal Justen Filho está entre aqueles autores que não reconhecem adequação do termo processo em sede administrativa. Ele sustenta sua tese com amparo no tipo de vínculo jurídico estabelecido na composição processual, no qual o juiz figura numa posição de substituição, com sua atuação imparcial. Escreve o autor: "O que dá identidade ao processo é uma composição totalmente peculiar e sem paralelo em qualquer outro tipo de vínculo jurídico. O processo vincula três 'sujeitos', produzindo situações jurídicas subjetivas favoráveis ou desfavoráveis. O vínculo entre os três sujeitos apresenta-se com perfil totalmente ímpar. (...) Mais ainda, um dos sujeitos ocupa uma posição jurídica totalmente peculiar. O juiz participa do processo não na condição de parte, mas com autonomia que é de essência e inafastável. O juiz é imparcial, não apenas no sentido de ser-lhe vedado tomar partido, mas também na acepção de que 'não é parte'. Ou seja, o juiz não tem interesse próprio no objeto da relação jurídica. (...) O processo é a única hipótese em que tal situação ocorre".[8]

---

7. Odete Medauar, Ada Pellegrini Grinover, Carlos Ari Sundfeld são alguns dos doutrinadores que reconhecem a existência de processo fora da esfera do Poder Judiciário.

8. Marçal Justen Filho, "Considerações sobre o processo administrativo fiscal", *Revista Dialética de Direito Tributário* 33/108-132.

A análise do autor citado coloca como pressuposto para a existência do processo a chamada imparcialidade por "substituição" atribuída ao juiz do Poder Judiciário, numa relação processual, ao mesmo tempo em que deixa transparecer que nas decisões administrativas, mesmo que sejam de natureza judicante, a parcialidade é inafastável.

Não obstante a profundidade e clareza com que o autor expõe sua análise, parece-nos que sua conclusão não mais se ajusta às novas tendências conceituais da doutrina moderna. Na verdade, perpetuar-se na convicção de que o conceito de processo deve vincular-se exclusivamente à imparcialidade por "substituição" é negar a evolução das ideias, é estreitar por demais o conceito, é não reconhecer o novo ordenamento jurídico estatuído pela Constituição Federal (art. 5º, LV) no que se refere à natureza jurídica do processo administrativo. O termo processo ganha uma nova dimensão conceitual, com maior abrangência e diversidade. A conclusão do autor serve para identificar o processo judicial, mas não para o processo administrativo. Ou seja, não se exige este vínculo peculiar no modelo rígido que se revela numa relação processual judicial para se poder falar em processo. No processo administrativo não se verifica a imparcialidade por "substituição", porquanto o juiz é agente que integra o quadro pessoal da própria Administração, mas isto não significa que este se confunda como parte na relação jurídica composta.

Outra premissa levantada pela análise do autor que merece ressalva é a de que o julgador administrativo seria necessariamente parcial em suas decisões, como se fosse parte na relação, tendo interesses próprios a defender. O agente público é imparcial por natureza, pois não é parte e não é diretamente interessado no resultado da decisão. A Administração Pública representa a sociedade e deve primar pela legalidade de seus atos; a sua condição de parte na relação com o administrado não lhe permite avançar nas suas exigências além do permissivo legal. O fato de o julgador administrativo ser agente desta Administração não deve criar ânimos de parcialidade em suas decisões, até porque estas devem ser devidamente fundamentadas. No processo administrativo tem-se a parcialidade orgânica do julgador, o qual não terá nenhum interesse próprio na causa que venha a interferir na decisão. O agente público sabe que somente pode agir dentro da lei e que seus atos são passíveis de revisão pela instância superior. Sabe também que a sua atuação extravagante é punível na ordem administrativa e penal; além disso, uma eventual decisão favorável à Administração não o beneficiará diretamente – pelo contrário, é sua conduta respaldada na lei que elevará o seu conceito profissional. Tudo isso conduz a criar um ânimo de imparcialidade nas decisões administrativas. No que tange ao processo administrativo tributário, em especial, criam-se órgãos de julgamento independentes do setor arrecadatório, visando a uma independência na solução das lides tributárias que lhe são postas.

Evidentemente, devemos admitir que a imparcialidade orgânica dos julgadores administrativos não está assentada numa estrutura que permita se igualar à dos julgadores judiciais. O Poder Judiciário oferece aos seus juízes as condições reais para que estes possam proferir suas decisões de forma totalmente independente, sem interferência de forças externas. A diferença é que o Poder Judiciário é um Poder independente, enquanto que o julgador administrativo decide dentro do mesmo Poder de que é parte.

Pois bem, não obstante existirem pontos de diferença entre o processo administrativo e o judicial, o processo tem lugar na esfera administrativa, desde que composta uma lide.

A doutrina moderna já assimilou este novo conceito de processo. James Marins leciona: "Há processo sem jurisdição e em matéria tributária é inútil combater-se esta realidade".[9]

Cândido R. Dinamarco propõe um conceito mais aberto para o processo, ligando-o ao estabelecimento do contraditório. Eis o que ele leciona: "(...) processo é todo *procedimento realizado em contraditório* e isso tem o mérito de permitir que se rompa com o preconceituoso vício metodológico consistente em confiná-lo nos quadrantes do 'instrumento da jurisdição'; a abertura do conceito de processo para os campos da jurisdição voluntária e da própria administração ou mesmo para fora da área estatal constitui fator de enriquecimento da ciência ao permitir a visão teleológica dos seus institutos além dos horizontes acanhados que as tradicionais posturas introspectivas impunham".[10]

---

9. James Marins, *Princípios Fundamentais do Direito Processual Tributário*, São Paulo, Dialética, 1998, p. 160.

10. Cândido Rangel Dinamarco, *A Instrumentalidade do Processo*, 14ª ed., São Paulo, Malheiros Editores, 2009, p. 156.

Defendendo também a existência de processo no âmbito administrativo, Ada Pellegrini Grinover, Antônio Carlos de Araújo e Cintra e Cândido Rangel Dinamarco escrevem que "*Processo* é conceito que transcende ao direito processual. Sendo instrumento para o legítimo exercício do poder, ele está presente em todas as atividades estatais (processo administrativo, legislativo) (...)".[11]

Vale destacar ainda o estudo de Romeu Felipe Bacellar Filho sobre o tema processo administrativo, no qual o autor reconhece o processo fora do âmbito do Poder Judiciário, falando em processualização ampla fora da atuação jurisdicional, ao mesmo tempo em que revela com clareza a linha divisória entre processo e procedimento. Segundo ele, todo processo é procedimento, mas a recíproca não é verdadeira, visto que nem todo procedimento se converte em processo. Assevera ainda o autor que o processo é instrumento constitucional de atuação dos poderes estatais.[12]

Para Alberto Xavier,[13] a controvérsia sobre a questão terminológica – processo e procedimento –, já está superada, em razão do fato de os textos normativos em matéria tributária já terem incorporado o processo administrativo para designar o contencioso tributário na esfera administrativa.

1.1.4 Processo e procedimento no Direito Tributário

Até este ponto já se definiu procedimento e processo em termos genéricos, da mesma forma que se examinou a adequação desta terminologia no campo de atuação do Estado. Ficou evidente a tendência doutrinária em admitir o fenômeno processual também na esfera administrativa, abandonando o conceito que liga o processo a um apanágio do Poder Judiciário, embora haja vozes divergentes.

---

11. Antônio Carlos de Araújo Cintra, Ada Pellegrini Grinover e Cândido Rangel Dinamarco, *Teoria Geral do Processo*, 27ª ed., São Paulo, Malheiros Editores, 2011, p. 302.
12. Romeu Felipe Bacelar Filho, *Princípios Constitucionais do Processo Administrativo Disciplinar*, São Paulo, Max Limonad, 1998, pp. 48-56.
13. Alberto Xavier, *Do Lançamento: teoria geral do ato do procedimento e do processo tributário*, 2ª ed., Rio de Janeiro, Forense, 1997, p. 314.

Pretende-se neste segmento inserir este estudo no Direito Tributário, adotando a concepção, segundo a qual, o processo também tem lugar na esfera administrativa, desde que haja a composição de um contraditório.

Pois bem, ao se considerar como universo de verificação uma atuação concreta do fisco para a positivação da formação do crédito tributário, que vai desde o início de uma auditoria fiscal, passando pela lavratura de um lançamento de ofício (CTN, art. 142), pela interposição de recurso contra o mesmo e termina com a decisão final do órgão de julgamento administrativo, como identificar ou distinguir o *procedimento* do *processo* neste contexto?

Parece evidente que nesta atuação fiscal destacam-se duas fases bem definidas, segundo o regime jurídico atuante em cada uma, criando relações jurídicas tributárias díspares entre o sujeito ativo e o sujeito passivo. Podem-se chamar as duas fases de *procedimento* e *processual*.

A fase *procedimental* ou de *procedimento* representa a atuação do fisco na investigação fiscal, que tem seu início marcado pela lavratura de ato próprio da autoridade administrativa competente, por exigência do art. 196 do CTN, e se encerra com o término dos trabalhos de fiscalização, que pode ser marcado por definição de prazo ou mediante a lavratura de termo de encerramento. Deste procedimento pode resultar a lavratura de um lançamento tributário ou não.

Esta fase tem a característica inquisitória, na qual a Fazenda Pública ainda não estabeleceu uma pretensão que pudesse ser combatida pelo contribuinte no exercício do seu direito de defesa. Não há ainda a formulação de uma exigência tributária, na forma de lançamento de ofício (CTN, art. 142), que possa animar o interesse de agir do contribuinte contra esta pretensão fiscal. O direito de defesa do contribuinte ainda não se revela neste momento, porquanto não há objeto de constituição de um contencioso; ainda não há uma pretensão da Fazenda Pública que pudesse ser resistida pelo sujeito passivo notificado. O contribuinte apenas participa do procedimento na forma de colaboração, atendendo às solicitações do fisco, fornecendo-lhe informações, exibindo livros e documentos, dando explicações quando cabíveis, enfim, cabe a ele suportar o procedimento de fiscalização. Uma eventual oportunidade estabelecida em lei para que o contribuinte produza uma "defesa prévia", antes da concretização do lançamento, deve ser entendida não como a abertura do contraditório, mas como uma forma de o fisco obter maior esclarecimento dos fatos, visando a filtrar com maior rigor os atos de imposição tributária, enfim, representa o chamamento do contribuinte a colaborar na atividade fiscal, dando os esclarecimentos que forem solicitados.

Na fase procedimental é a legislação material e formal que irradia seus efeitos sobre a relação jurídica tributária. É colocado em confronto o comportamento do contribuinte diante da exigência da lei tributária específica, para apurar eventual pendência no cumprimento de sua obrigação fiscal. O agente administrativo está sob a ordem da lei material tributária. Além disso, ele deve submeter-se a normas de cunho procedimental, dando cumprimento a todas as exigências formais essenciais para dar validade ao procedimento. Portanto, não há que se falar em processo nesta fase.

Sobre a matéria James Marins leciona: "Processo e inquisitoriedade, no entanto, são realidades jurídicas antagônicas e inconciliáveis: não se pode dizer, como fazem alguns, 'processo inquisitório' – expressão que representa autêntica *contraditio in terminis* – pois se for inquisitório não é processo e se é processo não pode ser inquisitório".[14]

Portanto, a fase aqui denominada de procedimental ou de procedimento é aquela que transcorre durante a investigação fiscal, conhecida também como atividade de auditoria fiscal, adotando-se uma linguagem de maior rigor técnico.

Já a fase *processual* tem o seu início no momento da impugnação pelo contribuinte do lançamento tributário contra ele lavrado. É quando se instala a resistência do contribuinte contra a pretensão do Estado em cobrar o crédito tributário lançado. Nesta fase, a relação entre o fisco e o contribuinte passa a ser regrada segundo os ditames do Direito Processual, com a formação do processo, devendo ser oferecida a garantia de ampla defesa e do contraditório (CF/1988, art. 5º, LV), inserida num ambiente do devido processo legal (CF/1988, art. 5º, LIV). Nesta fase, as partes falam no *processo*. Estabelece-se uma relação contenciosa entre a Fazenda Pública e o contribuinte sobre o qual recai a exigência fiscal, relação contenciosa esta que não é reconhecida pela unanimidade

---

14. James Marins, *Direito Processual Tributário Brasileiro (Administrativo e Judicial)*, São Paulo, Dialética, 2001, p. 180.

dos autores em sede administrativa, matéria que será abordada mais adiante em tópico próprio.

Sobre este tema específico, Lídia Maria Lopes Rodrigues Ribas leciona: "Quando o contraditório se fizer presente, então, haverá *processo*. Processo é procedimento animado pela relação processual, regida pelo contraditório. (...) Nesse sentido, nem todo procedimento é processo; por exemplo, o inquérito policial é mero procedimento, e não processo (...)".[15]

James Marins também identifica a mudança de procedimento para processo no exato momento em que se instaura uma relação contenciosa, tendo como objeto o ato do lançamento. Afirma o autor que nesse momento "altera-se a natureza jurídica da relação dinâmica que se transmuda de *procedimento* para *processo*".[16]

De fato, há que se reconhecer na atuação da administração tributária este marco delimitador entre *procedimento* e *processo*. Nesta obra considera-se como procedimento toda atuação do agente administrativo na fase de investigação, na qual ocorre a elaboração de relatórios, apuração das irregularidades, enfim, todos os trabalhos de auditoria fiscal, que se encerram com ou sem a lavratura de lançamento. O processo, por sua vez, tem início com a impugnação do lançamento tributário de ofício. É evidente que no curso do processo são realizados procedimentos, mas dentro de uma outra concepção. No ambiente processual os procedimentos representam apenas os ritos processuais e não devem ser confundidos com o procedimento fiscal objeto desta análise.

É importante a definição exata do momento em que a ação da Fazenda Pública migra da fase *procedimental* para a fase *processual*, porque os regimes jurídicos aplicados em cada fase são diversos. Enquanto na fase de *procedimento* opera o Direito Tributário material e formal, na fase *processual* os atos seguem os princípios do Direito Processual. Os princípios que regem a primeira fase não são os mesmos a serem observados na segunda. Por exemplo, o princípio do contraditório, que deve ser observado de forma ampla e irrestrita no *processo*, não é admitido

15. Lídia Maria Lopes Rodrigues Ribas, *Processo Administrativo Tributário*, cit., pp. 54-55.
16. James Marins, *Princípios Fundamentais do Direito Processual Tributário*, cit., p. 25.

na fase *procedimental*, na qual se insere a atividade de lançamento do crédito tributário, nos termos do art. 142 do CTN.[17]

O reconhecimento destas duas fases não atende somente aos apelos didáticos, mas é de interesse prático nas atividades dos agentes fiscais, principalmente na hipótese de haver lavratura de lançamento de ofício. É que o lançamento deve se completar na fase procedimental. Toda atividade necessária para a formalização do lançamento deve ser exaurida na fase de procedimento, sem deixar pendências a serem resolvidas na fase do processo, sob pena de invalidar o lançamento. Seria o caso de o agente fiscal não descrever com o necessário detalhamento o fato motivador do lançamento (o ilícito tributário) e fazê-lo na fase processual através de uma informação complementar. Tal expediente não seria idôneo para preservar o lançamento cuja motivação pecara pelo laconismo na sua exposição. Não seria possível concluir a atividade de lançar na fase processual. O lançamento deve estar pronto e acabado na fase procedimental, porque pode não haver processo. O lançamento deve prescindir do processo para a sua sobrevivência jurídica.

Por fim, registre-se que esta terminologia nem sempre é fielmente adotada pela comunidade jurídica, ou pelos aplicadores do Direito Tributário. Os textos normativos, não raro, adotam o termo genérico de *processo administrativo fiscal* para designar toda atividade de positivação da formalização do crédito tributário, de atribuição da Administração, a começar pelo ato inaugural da auditoria fiscal até a decisão definitiva do órgão de julgamento administrativo. Neste sentido também se expressam, por vezes, doutrinadores. O fato é que, independentemente da terminologia adotada, há que se reconhecer a mudança de natureza jurídica que ocorre no momento da migração do procedimento para processo.

1.1.5 Tributo

Não se poderia encerrar o tópico designado de "conceitos fundamentais" sem uma referência ao conceito de tributo, elemento indissociável do tema em estudo.

---

17. Segundo o art. 142 do CTN, o lançamento é uma atividade privativa da autoridade administrativa, não admitindo a participação do contribuinte, como numa relação processual.

O conceito de tributo, sob o critério legal, está no art. 3º do Código Tributário Nacional, Lei 5.172, de 25.10.1966:

"Art. 3º. Tributo é toda prestação pecuniária compulsória, em moeda cujo valor nela se possa exprimir, que não constitua sanção de ato ilícito, instituída em lei e cobrada mediante atividade administrativa plenamente vinculada."

Extraem-se do conceito legal os seguintes requisitos básicos:

a) Prestação pecuniária (*pecunia*, em latim, quer dizer dinheiro): a prestação é a satisfação de uma obrigação que se estabelece na relação jurídico-tributária. É a quantia, em princípio em dinheiro, que o contribuinte paga ao Estado que está na qualidade de sujeito ativo. É prestação *pecuniária* por seu conteúdo monetário, devendo ser pago em dinheiro, salvo se autorizado por lei a fazê-lo por outros meios, como acontece, por exemplo, na dação em pagamento. Trata-se, portanto, de uma obrigação de dar.

b) Compulsoriedade da prestação: a prestação deve ser paga *obrigatoriamente*, não sendo uma faculdade do contribuinte recolher o seu tributo. O Estado, na condição de sujeito ativo, pode, por lei, obrigar que o administrado satisfaça a sua prestação relativa ao tributo instituído. A compulsoriedade aqui deve ser entendida como dever decorrente de lei (*ex lege*). Do contrário, este requisito em nada diferencia o tributo de outra prestação jurídica no contexto do Direito Privado, tais como pagar o preço pela compra de mercadorias, pagar salários etc., visto que estas obrigações também são compulsórias. A diferença é que o tributo decorre de lei e nasce a partir da ocorrência do respectivo fato gerador.

c) Pagamento em moeda: em regra, a prestação deve ser paga em dinheiro, podendo, excepcionalmente, ser feita por outro meio que possa representar um valor em dinheiro, conforme já comentado no item "a". O requisito insere uma redundância no conceito legal do tributo, visto que a expressão *prestação pecuniária* já traduz a ideia de moeda corrente.

d) Exclusão da sanção dos atos ilícitos: se não houvesse esta exclusão, as multas impostas ao administrado pelo Poder Público estariam inseridas no conceito de tributo, já que também são prestações pecuniárias, compulsórias e pagas em moeda nacional. Mas estas decorrem de uma penalidade imposta ao administrado pela prática de um *ato ilícito*.

Têm-se como exemplo as multas de trânsito. Também as penalidades pecuniárias decorrentes das infrações à legislação tributária enquadram-se como sanção de atos ilícitos, não sendo, portanto, tributo. Assim, por exemplo, quando o auditor fiscal, ao constituir um crédito tributário de ofício, lança o imposto não recolhido acompanhado de multa, esta não é considerada tributo, mas sanção do ato ilícito de não recolher o imposto corretamente. Sob a ótica da Lei 4.320/1964, Anexo 3, o ingresso da receita proveniente da multa não faz parte da receita tributária, mas das receitas diversas.

Se sanção de ato ilícito não é tributo, não podem as pessoas políticas (União, Estados, DF e Municípios) instituírem uma penalidade pecuniária por ato ilícito e travesti-la de imposto, porque o fato gerador não é de imposto. Por exemplo, o Município não pode cobrar um percentual adicional no seu IPTU sobre o imóvel em razão da sua construção em desacordo com o Plano Diretor da cidade. Pode, sim, penalizar o ato ilícito da construção irregular, mas deve fazê-lo na forma de multa e não como adicional de imposto.

Mas é preciso, desde já, deixar bem claro que na rubrica "crédito tributário", ao qual o CTN seguidamente se refere, assim como neste livro, está inserida a multa de natureza tributária, aquela imposta por descumprimento de uma obrigação tributária. É uma das imperfeições legislativas da própria lei. Não é o objetivo deste trabalho detalhar esta contradição legislativa. Portanto, o crédito tributário deve ser entendido como o total do valor do qual o Estado é credor, na qualidade de sujeito ativo da obrigação tributária, incluindo o imposto, correção monetária, juros e multa.

e) Instituição por lei: é a manifestação do princípio da estrita legalidade (CF/1988, art. 150, I), só se podendo cobrar tributo se uma lei anterior o tenha instituído. A instituição de tributo reclama do consentimento do povo. Reconheça-se a interferência agressiva do Estado nos interesses do cidadão no ato de transferência compulsória de parte de sua riqueza ao erário, na forma de tributo. Que seja feita pelo menos através de lei. A lei aqui deve ser entendida na sua concepção formal, que é a norma que promana do Poder Legislativo. O Poder Executivo, através de decreto, regulamentos ou portarias, não pode criar ou aumentar tributo. Há exceções com relação à majoração de alíquotas para alguns impostos federais que atendem a finalidades extrafiscais.

f) Cobrança mediante atividade vinculada: no Direito Administrativo, os atos dos agentes públicos dividem-se em duas categorias:

f.1) atos vinculados: são aqueles delineados pela lei, sem oferecer quase espaço nenhum para que o agente imprima a sua iniciativa ou vontade. O agente é um mero executor dos comandos legais, não podendo fugir deles por sua iniciativa ou julgamento de conveniência;

f.2) atos discricionários: no dizer de Hely Lopes Meirelles, são os que o agente pode praticar com liberdade de escolha de seu conteúdo, de seu destinatário, de sua conveniência, de sua oportunidade e do modo de sua realização.[18] Pois bem: os atos dos agentes públicos relacionados à cobrança de tributo são de natureza *vinculada*, o que significa dizer que o fisco só pode e deve cobrar o tributo respaldado na lei. Se o agente do fisco, por exemplo, se distanciar das regras normatizadas, cobrando tributo que não é devido ou utilizando-se de meios ilícitos para fazê-lo, pode incorrer no crime de excesso de exação. Por outro lado, se não cobrar o que devia, pode incorrer em crime de prevaricação, naturalmente, se forem reunidos os elementos subjetivos do dolo, para as duas situações criminais.

Portanto, o processo administrativo tributário é aquele que tramita no âmbito da Administração Pública, mais especificamente no Poder Executivo, tendo como objetivo uma solução sobre uma controvérsia tributária, na qual o Estado manifesta a sua pretensão de cobrar um crédito tributário que julga lhe ser devido e o contribuinte resiste a esta pretensão através da impugnação.

1.2 Processo administrativo tributário – Aspectos fundamentais

No tópico anterior tratou-se de aspectos conceituais dos temas que serão invocados no decorrer deste trabalho, bem como da admissibilidade da acepção do processo na esfera administrativa.

O segmento que ora se inicia cuidará do tema delimitado do processo administrativo tributário nos seus vários aspectos teóricos, avançando no estudo através da sua decomposição em diversos aspectos. Isso permite um melhor conhecimento desta área do Direito Tributário

---

18. Hely Lopes Meirelles, *Direito Administrativo Brasileiro*, cit., p. 173.

que é de grande valia na busca de solução de lides entre o Estado, na condição de sujeito ativo da obrigação tributária, e o contribuinte. A partir deste momento considera-se superada a discussão acerca da existência ou não de processo na Administração. Embora a controvérsia sobre o tema ainda se mantenha em alguns segmentos da doutrina, fato que é inquestionável, este trabalho se orienta no sentido de admitir a composição de processo na Administração, e em especial no âmbito do Direito Tributário.

Numa primeira acepção, o processo está vinculado a uma relação contenciosa, com a composição de uma lide, de uma controvérsia entre as partes ou de um conflito de argumentação jurídica. O foco é a resistência do contribuinte a uma pretensão da Fazenda Pública em exigir o cumprimento de uma obrigação tributária, seja de natureza principal ou acessória.[19] Na maioria das vezes, trata-se da impugnação de lançamento tributário de ofício. O trabalho ainda se propõe examinar o processo numa segunda concepção, na qual não se verifica uma relação contenciosa, mas apenas uma relação jurídica tributária como consequência da atuação estatal junto ao contribuinte. Este processo é o da consulta tributária.

A relação contenciosa admitida em sede da Administração neste estudo não é reconhecida por todos os doutrinadores. Sérgio André Rocha, ao analisar o sistema pátrio de controle da legalidade dos atos administrativos em conformidade com os modelos de outros países, assevera que "no âmbito do Direito pátrio vigente, não é possível falar em *contencioso administrativo*".[20] O autor parte do pressuposto de que à Administração cabe exercer o controle da legalidade de seus atos, de forma preventiva ou por atuação ulterior e que tal processo de controle não se constitui em lide, filiando-se, assim, à corrente doutrinária que não aceita o *contencioso administrativo* no modelo de controle de jurisdição única, adotado no Brasil, em que todos os litígios nas relações jurídicas de todas as formas e origens são solucionados, em última instância, pelo Poder Judiciário.

---

19. O CTN divide as obrigações do sujeito passivo em principal ou acessória (art. 113). A obrigação principal tem por objeto o pagamento do tributo ou penalidade pecuniária, enquanto que a obrigação acessória consiste nas prestações, positivas ou negativas, no interesse da arrecadação ou da fiscalização de tributos.

20. Sérgio André Rocha, *Processo Administrativo Fiscal*, 2ª ed., Rio de Janeiro, Lumen Juris, 2007, p. 127.

Contrapõe-se a esta tese James Marins que concebe a relação contenciosa no seio da Administração, identificando, inclusive, o momento exato da instauração deste conflito. Ele escreve:

"As etapas procedimentais e processuais da atividade lançadora praticada pela Administração Pública, no entanto, não podem ser confundidas (...).

"A etapa contenciosa (processual) caracteriza-se pelo aparecimento formalizado do conflito de interesse, isto é, transmuda-se a atividade administrativa de procedimento para processo no momento em que o contribuinte registra seu inconformismo com o ato praticado pela administração, seja ato de lançamento de tributo ou qualquer ato que, no seu entender, lhe cause gravame, como a aplicação de multa por suposto incumprimento de dever instrumental."[21]

Em outro trecho, o mesmo autor revela a sua adesão à ideia de admissibilidade da relação litigiosa no processo administrativo, ao dizer: "Basta que se verifique a formal presença da *litigiosidade* (CF/1988, art. 5º, LV). Logo, os princípios que passam a ser aplicados após a formalização da lide (via de regra por meio de recurso ou impugnação oposta ao ato do Poder Público, em que se estampa o caráter litigioso da etapa administrativa) são aqueles aplicáveis aos processos administrativos (...)".[22]

Assim, não há que se associar litigiosidade exclusivamente ao processo judicial. A solução encontrada por alguns, segundo a qual o interesse da Administração não deve divergir daquele alimentado pelo administrado, circunstância que afastaria a litigiosidade, não é boa. Se de um lado a Administração tenta apenas adequar seu ato aos contornos legais, essa mesma sensatez nem sempre é verificada no administrado, que nem sempre limita o seu pedido ao direito que a lei lhe reserva. Colocado em termos práticos no campo tributário, é evidente que o fisco não deve pretender exigir tributo além do previsto em lei, daí o controle da legalidade de seus atos, porém, o contribuinte que teve contra ele lançado um tributo sonegado, não hesitará em pedir a exoneração da obrigação tributária que lhe foi imposta, ainda que tenha cons-

---

21. James Marins, *Direito Processual Tributário Brasileiro*, São Paulo, Dialética, 2001, p. 162.
22. Idem, ibidem, p. 163.

ciência de ser devedor desta importância lançada. Pelo menos o sujeito passivo, nesta hipótese, acionará o processo administrativo com o ânimo litigioso. Portanto, definitivamente, o conceito de litigiosidade transcende o universo do processo judicial.

1.2.1 Atividade judicante ou de jurisdição na Administração

No Estado politicamente organizado operam os três Poderes de forma autônoma, mas em harmonia, cabendo ao Poder Legislativo, criar as normas; ao Poder Executivo, executá-las; e ao Judiciário, aplicar a norma nos casos concretos, representando a atividade *jurisdicional*, ou de *jurisdição*. A atividade de jurisdição é dizer o direito (*iuris* = Direito; *dictio* = dizer).

Entretanto, esta separação de funções entre os Poderes constituídos não se verifica de modo absoluto. Enquanto o Poder Judiciário executa também atos de administração, o Poder Executivo exerce atividades judicantes, *dizendo o direito* dentro de sua competência. Da mesma forma, também o Poder Legislativo pratica atos administrativos, extrapolando a sua vocação legislativa.

Esta transcendência das atividades exercidas pelos Poderes que não são de sua vocação observa-se até na definição das atribuições constitucionais. Assim, o Poder Judiciário executa atividades tipicamente administrativas, ou de gestão, quando organiza o processo eleitoral do país. A Justiça Eleitoral, enquanto organizadora do aparelho eleitoral, não exerce função jurisdicional, mas administrativa, que dentro da visão da repartição dos Poderes, caberia ao Poder Executivo. Ainda que satisfatória a atuação do Poder Judiciário frente à atividade da organização da estrutura eleitoral, não é concebível que esta função, tipicamente administrativa, seja exercida exclusivamente por um Poder desprovido de vocação de gerenciamento. Ainda mais, sabendo das deficiências do Poder Judiciário no desempenho de suas atribuições judiciais específicas, resultando em demoras processuais incompatíveis com uma ideia de justiça. Recomenda-se a leitura do trabalho de Dalmo de Abreu Dallari que nos brinda com uma importante análise dos poderes dos juízes dentro do contexto de toda atividade estatal, inclusive, questionando o deslocamento de atribuições que não têm correlação com jurisdição para o Poder Judiciário.[23] O Poder Judiciário também exerce funções executivas nas execuções penais, fazendo o acompanhamento do condenado no cumprimento da pena. Da mesma forma, o Ministério Público, que não é integrante do Poder Judiciário, exerce atividade jurisdicional quando propõe o ajuste de conduta ao acusado no processo. E, por último, o Poder Executivo legisla por meio das conhecidas medidas provisórias e atos normativos infralegais, bem como exerce atividades judicantes através de seus órgãos próprios, como, por exemplo, os tribunais administrativos tributários, por vezes, inapropriadamente denominados de conselhos de contribuintes. Portanto, o que caracteriza o Poder é a sua vocação no exercício da atividade estatal, ou a predominância com que determinados tipos de atos são praticados; não a sua exclusividade.

Eduardo Domingos Bottallo fala da diferença entre a *função administrativa ativa*, que é voltada para a aplicação concreta da lei, e a *função administrativa judicante*, que visa a afastar o risco de lesão ao direito subjetivo do administrado.[24]

A tripartição dos Poderes idealizada pelo Barão de Montesquieu já não se concebe em sua pureza conceitual, recebendo mitigações sucessivas no ordenamento jurídico positivo (CF/1988, art. 5º, LV), na doutrina e na jurisprudência, não se admitindo mais a existência de um Poder Executivo com seus poderes de atuação constritos nas tarefas administrativas, sem qualquer função de cunho jurisdicional.[25]

É inafastável o fato de que a Administração no Brasil assume também funções judicantes, voltadas principalmente para o campo do exercício do controle da legalidade de seus próprios atos, dando efetividade à ordem constitucional que prevê a instauração do processo administrativo, o que garante aos litigantes e aos acusados o direito à ampla defesa e contraditório.

Não há consenso, porém, na doutrina, sobre a adequação do termo *jurisdicional* à Administração, quando esta exercer função de julgamento dentro de sua competência.

23. Dalmo de Abreu Dallari, *O Poder dos Juízes*, 3ª ed., São Paulo, Saraiva. 2007.
24. Eduardo Domingos Bottallo, *Curso de Processo Administrativo Tributário*, São Paulo, Malheiros Editores, 2009, p. 56.
25. James Marins, ob. cit., p. 304.

James Marins utiliza-se da denominação *jurisdição administrativa*, para enquadrar as funções ligadas ao julgamento a cargo da Administração, embora reconheça que o termo possa ser alvo de críticas.[26] Sérgio André Rocha, por sua vez, reserva a função jurisdicional para o Poder Judiciário no sistema de jurisdição una vigente no Brasil.[27]

Reconhecer a função de jurisdição na Administração depende do conceito que lhe é atribuído. Pela sua concepção mais antiga, ou mesmo mais restritiva, a jurisdição é função exclusiva do Poder Judiciário, no qual ocorre a triangulação processual, com a possibilidade de dizer o direito de forma terminativa, fazendo matéria transitada em julgado. Porém, reconhece-se o dinamismo da linguagem em que é posto o Direito Positivo, de modo que uma palavra pode passar a designar uma ideia mais ampla que seu conteúdo original no decorrer do tempo. Se jurisdição significa dizer o direito, não há nenhum óbice em admitir a função jurisdicional na Administração, desde que admitida uma concepção mais ampla do que é dizer o direito. Ora, o Poder Executivo também diz o direito dentro de sua competência de ação estatal. Especificamente em sede de Direito Tributário, ele diz o direito ao elaborar um lançamento tributário, comunicando ao contribuinte que ele deve recolher um determinado valor de crédito tributário, como também diz o direito nas atividades de julgamento do processo administrativo tributário.

De qualquer forma, parece que o estabelecimento da diferença terminológica de *jurisdição* tem o interesse restringido à ordem didática, sem maior interesse prático no campo científico. Ou seja, o reconhecimento do processo administrativo, como composição de contencioso no seio da Administração, pode não implicar o reconhecimento da função jurisdicional administrativa, mas admite a função judicante a ser exercida pela Administração.

De qualquer maneira, para uniformizar a terminologia e melhor organização mental, neste trabalho o termo *jurisdição* será vinculado à função do Poder Judiciário no sistema de jurisdição una adotado no Brasil, sem que isto implique em afastar da Administração a função judicante.

---

26. Idem, ibidem, pp. 304, 305.
27. Sérgio André Rocha, *Processo Administrativo Fiscal*, cit., p. 102.

1.2.2 Sistemas de jurisdição: una ou dupla

Adotando como critério de classificação a definitividade da decisão que encerra a lide composta, restabelecendo a paz jurídica entre as partes, a doutrina consagrou dois sistemas de jurisdição vigentes: o *sistema francês* ou de *jurisdição dupla* e o *sistema inglês*, também conhecido como de *jurisdição una*.

1. O *sistema francês*, originado na França, passou a ser adotado por outros países, como a Suíça, a Finlândia, a Grécia e a Turquia entre outros. Por aquele sistema, a separação de Poderes é de tal rigor que o Poder Judiciário não pode intervir nos atos do Poder Executivo no exercício de sua administração. Só para exemplificar, na França, a Lei n. 16, de 24.8.1790, assim prescreve: "As funções judiciárias são distintas e permanecerão separadas das funções administrativas. Não poderão os juízes, sob pena de prevaricação, perturbar, de qualquer maneira, as atividades dos corpos administrativos".

O mesmo rigor foi mantido na Constituição de 3.8.1791, que determinava que "Os tribunais não podem invadir as funções administrativas ou mandar citar, para perante eles comparecerem, os administradores, por atos funcionais".

Esta orientação de que a justiça comum não pode conhecer de atos da Administração, os quais somente podem ser submetidos à jurisdição do contencioso administrativo, é mantida na França até os nossos dias, daí a razão da autonomia dos tribunais administrativos daquele país para julgar em definitivo as lides tributárias sem a participação do Judiciário. Ou seja, pelo *sistema francês*, os atos administrativos somente são julgados pelos tribunais administrativos, com decisão definitiva, transitada em julgado, não tendo o Judiciário competência para tais julgamentos. É o administrador público exercendo o papel de juiz para apreciar a legalidade dos atos administrativos.

Obviamente, como o Direito Tributário é de natureza formal, sendo operado mediante atos administrativos, estes se submetem somente ao julgamento dos julgadores da Administração. Por aquele sistema, o contencioso administrativo tributário terá julgamento definitivo nos tribunais administrativos, não podendo o contribuinte recorrer ao Judiciário quando vencido no julgamento do Poder Executivo.

Por este sistema admite-se a função jurisdicional da Administração, visto que os tribunais administrativos dizem o direito em sua instância final, fazendo matéria julgada.

2. O *sistema de jurisdição única*, ou o *sistema inglês*, ou, ainda, como querem alguns, *sistema de controle judicial*, é aquele no qual todos os litígios surgidos nas relações das pessoas, sendo jurídicas ou físicas, podendo ter sua origem nos atos administrativos ou nas relações de natureza privada, são solucionados, em última instância, pelo Poder Judiciário. Portanto, por este sistema, estabelece-se o monopólio da prestação jurisdicional ou do julgamento definitivo dos conflitos de interesses ao Poder Judiciário.

Sendo inicialmente adotado pela Inglaterra, este sistema posteriormente propagou-se para os Estados Unidos da América, Bélgica, Romênia, Brasil, entre outras nações.

No Brasil, ele foi implantado já na primeira República, em 1891, e todas as Constituições Federais posteriores rejeitaram a ideia da existência da justiça administrativa, ao lado da justiça comum, orientação que ficou mantida pela atual Carta Magna (art. 5º, XXXV).

Neste sistema, como já foi definido, verifica-se maior rigor na separação dos Poderes Executivo e Judiciário no que diz respeito às atividades de sua vocação. O primeiro, exercendo a *administração*; o segundo, dizendo a *justiça*, de forma que todas as controvérsias, todas as lides, independentemente de sua origem, de sua natureza, hão de ser resolvidas por decisão judicial, daí a denominação de *jurisdição única*.

Entretanto, esta jurisdição única não implica a vedação da instalação de tribunais, conselhos, comissões, como órgãos judicantes na via administrativa, com poderes para apreciar atos administrativos sob a ótica de sua legalidade. Estes órgãos operam entre nós nas diversas áreas da Administração Pública, principalmente na área tributária e previdenciária como, por exemplo, os tribunais administrativos tributários ou os conselhos de contribuintes das diversas pessoas políticas com competência para tributar. Também, pelo que se tem conhecimento, os Estados Unidos adotam a fórmula de controle dos atos administrativos através destes órgãos de jurisdição administrativa. O que o sistema de jurisdição única veda é que estes julgamentos na esfera administrativa se constituam em decisão definitiva que não possam ser revistas pelo Judiciário. Por este sistema, os tribunais administrativos não fazem matéria transitada em julgado. Todas as decisões dos tribunais administrativos, portanto, submetem-se a novo julgamento pelo Judiciário. Por isso, como veremos no decorrer deste trabalho, as decisões dos conselhos estaduais de contribuintes, mesmo que definitivas na via administrativa, não o são diante do Poder Judiciário. O contribuinte, se vencido na via administrativa, ainda tem o Poder Judiciário para recorrer da pretensão tributária do Estado. Diferente seria se o Brasil adotasse o *sistema francês*, que daria definitividade às decisões do conselho, as quais não poderiam mais ser formadas pelo Poder Judiciário. Obviamente, a decisão administrativa será definitiva se for favorável ao contribuinte. O Estado não teria legitimidade para recorrer da decisão de seu próprio órgão judicante. Eis uma importante ressalva da possibilidade de rever as decisões administrativas perante o Poder Judiciário.

Há divergência na doutrina sobre a existência de uma relação contenciosa no processo administrativo dentro do sistema de jurisdição una. Sérgio André Rocha, ao se referir aos países que adotaram o sistema de jurisdição una, escreve: "Daí não se poder falar em um contencioso administrativo em tais países, não havendo *jurisdição administrativa*, mas a institucionalização de mecanismos de controle, pela própria Administração, da legalidade, legitimidade e proporcionalidade dos atos administrativos".[28]

O tema já mereceu tratamento no tópico "1.2 Processo administrativo tributário – aspectos fundamentais", no qual ficaram registradas posições doutrinárias que reconhecem a relação contenciosa no curso do processo administrativo.

Concluímos, então, que no sistema *francês*, as decisões dos tribunais fazem coisa julgada em matéria de controle legal dos atos administrativos, sem a participação do Judiciário; no *sistema da jurisdição única*, ou *inglês*, (adotado no Brasil), as decisões dos tribunais ou comissões administrativos, desde que desfavoráveis ao administrado/contribuinte, sempre podem ser submetidas e reformadas pelo Poder Judiciário. As decisões administrativas não fazem coisa julgada. Entretanto, decisões desfavoráveis ao Estado, em regra, são definitivas e vinculam a Administração, conforme veremos no decorrer deste trabalho.

---

28. Sérgio André Rocha, *Processo Administrativo Fiscal*, cit., p. 102.

1.2.3 Sistemas de jurisdição no direito comparado

Os tribunais administrativos para julgamento das lides tributárias não são exclusividades brasileiras, mas uma prática adotada por outros países, evidentemente, com temperamentos diferentes com relação às atribuições e de competências judicantes, dependendo do sistema jurisdicional adotado. Este tema tem recebido o tratamento detalhado por James Marins,[29] de cujo trabalho pode se extrair o seguinte resumo:

Alemanha

Na Alemanha há os chamados Tribunais Financeiros para o julgamento das lides tributárias em sede administrativa. O Direito Processual Tributário é codificado desde 1966, instrumentalizando tanto o processo administrativo como o judiciário, e tem como característica a obrigatoriedade do esgotamento prévio da discussão em processo administrativo para acionar o Judiciário. Considerado um sistema evoluído, pode servir de paradigma para outros países que tiverem vontade política em solucionar a questão processual na área tributária.

Itália

Na Itália, observa-se uma tendência para transferir os julgamentos das lides tributárias para a esfera judicial, atrofiando o sistema administrativo. Mas a Itália está muito longe de harmonizar o seu processo tributário a exemplo da Alemanha. As chamadas Comissões Tributárias Provinciais, inicialmente, não tinham sua natureza jurídica bem definida, criando-se divergências entre doutrina e jurisprudência, com uma corrente que inseria estas Comissões no Poder Judiciário, e outra que as mantinha na esfera administrativa. Só mais tarde veio a *Corte Costituzionale* pronunciar-se no sentido de considerar estas comissões tributárias como de natureza administrativa.

Portugal

Portugal também já dispõe de legislação processual tributária codificada, consolidada no Decreto-lei n. 154/91, que instrumentaliza o processo tanto na esfera administrativa como na judicial. Sistema também avançado, com perfeita harmonia entre a administração fazendária e o judiciário, com destaque para os tribunais judiciais especializados em matéria tributária.

29. James Marins, ob. cit. pp. 324-340.

No sistema português vale ressaltar a fórmula adotada para a recepção e tramitação do processo para receber a prestação jurisdicional já no Judiciário. O contribuinte notificado, ao impugnar o lançamento perante o Judiciário, protocola a petição na repartição fazendária e a esta cabe organizar o processo de acordo com os ditames forenses, para só depois remetê-lo ao juízo, cabendo, ainda, a esta repartição, instruir o processo com elementos elucidativos referentes a questões de direito de fato. Note-se uma interação entre o órgão administrativo e o judiciário na prestação jurisdicional.

Outra particularidade a ser mencionada é a especialização dos tribunais tributários na esfera judicial com o objetivo de imprimir maior celeridade no processo e o aprimoramento dos conhecimentos dos juízes em matéria tributária, o que resultará numa prestação jurisdicional de maior qualidade técnica.

França

Diferente dos modelos até aqui comentados, inclusive o brasileiro, a França adota o sistema no qual a solução definitiva das lides tributárias cabe aos tribunais administrativos. Lá, o transitado em julgado da matéria tributária se dá no julgamento administrativo, não cabendo novo recurso no Judiciário. Portanto, o princípio da *unicidade de jurisdição* que opera entre nós, segundo o qual cabe somente ao Judiciário a competência para julgar em definitivo os litígios, não prevalece na França em matéria tributária.

É o chamado *sistema do contencioso administrativo* – que foi adotado originariamente pela França e depois se propagou para outros países, como a Suíça, a Finlândia, a Grécia, a Turquia entre outros –, que implica a separação de Poderes com tal rigor que o Judiciário não pode intervir nos atos do Poder Executivo no exercício de sua administração.

Esta orientação de que a justiça comum não pode conhecer de atos da administração, os quais somente podem ser submetidos à jurisdição do contencioso administrativo é mantida na França até os nossos dias, daí a razão da autonomia dos tribunais administrativos daquele país para julgar, em definitivo, as lides tributárias, sem a participação do Judiciário.

Segundo alguns estudiosos do assunto, o modelo francês seria de difícil assimilação em outros países, que não têm experiência nesta dualidade de jurisdição, havendo mesmo quem esteja antevendo a crise no sistema francês, que estaria caminhando para a decadência.

Este sistema diverge daquele adotado pelo Brasil, em que toda decisão dos tribunais administrativos, se desfavorável ao contribuinte, pode ser revista e reformada pelo Poder Judiciário. As decisões definitivas do conselho de contribuintes não o são perante o Poder Judiciário. O Brasil adotou, desde a primeira República, o *sistema de jurisdição única*, conforme já visto acima.

Argentina

Os argentinos ainda têm muito por fazer para harmonizar o sistema de processo tributário. O Tribunal Fiscal Administrativo estruturalmente é do Poder Executivo, mas a sua atuação é tida como jurisdicional, de modo que seus integrantes estão protegidos por certas garantias e prerrogativas funcionais, visando à maior independência na sua atuação.

Na Argentina, os julgadores administrativos também estão impedidos de pronunciar-se sobre validade constitucional de normas tributárias a exemplo do Brasil, a não ser se for com base na jurisprudência da Corte Suprema de Justiça.

Espanha

A Espanha mantém bem definidas as duas esferas de julgamento: administrativo (Tribunal Econômico-Administrativo) e judicial. Os julgadores administrativos são de origem do Poder Executivo, sem prerrogativas funcionais que lhes garantam maior independência em seus julgamentos. Uma vez esgotada a via administrativa, o contribuinte está habilitado a ingressar no Judiciário, restando ainda uma particularidade neste modelo: a execução das decisões terminativas dos tribunais administrativos cabe à administração.

1.2.4 O processo administrativo tributário como direito constitucional do contribuinte

Mesmo antes da vigência da Constituição Federal de 1988, o nosso CTN já fazia referência ao processo administrativo tributário ao tratar da suspensão da exigibilidade do crédito tributário (art. 151, III), dizendo que "suspendem a exigibilidade do crédito tributário (...) III – as reclamações e os recursos, nos termos das leis reguladoras do processo tributário administrativo". Todavia, este diploma legal, com sua vocação legislativa complementar, voltada para a regulamentação das normas gerais em matéria tributária, não se firma como lei instituidora do contencioso administrativo; apenas descreve os seus efeitos diante da exigibilidade do crédito tributário em discussão, remetendo a matéria para a lei ordinária a ser editada por cada ente da federação com competência tributária. Portanto, com base neste Código, não se pode afirmar que o contribuinte tem o direito de submeter a sua lide tributária ao julgamento na esfera administrativa.

Mas o contencioso administrativo, que de uma forma precária funciona desde o Brasil Colônia, tendo sofrido, no decorrer da história, diversas alterações, com movimentos de supressão e de fortalecimento dos órgãos administrativos de julgamento, dependendo do tempero dos governos que se instalavam, teve um marco existencial na promulgação da Constituição Federal de 1988.

Prescreve o art. 5º, LV, da CF/1988 que "aos litigantes, em processo *judicial* ou *administrativo*, e aos acusados em geral, são assegurados o contraditório e ampla defesa, com os meios e recursos a ela inerentes" (grifo nosso).

De notar que a Carta Magna coloca em posição de igualdade os processos administrativos e judiciais, o que de imediato nos transmite a ideia da obrigatoriedade do duplo grau de jurisdição também no processo administrativo, tomando como paradigma o processo judicial.

A regra constitucional é ampla e exige o devido processo legal em todas as situações de conflito de pretensões entre duas partes, abrindo-se a oportunidade de resistência desta pretensão,, o que favorece o contraditório e ampla defesa, independentemente da esfera em que se processar a lide.

No Direito Tributário, tratando-se de discussão sobre a exigência de crédito tributário, o processo contraditório se instala no momento em que o contribuinte praticar o ato processual que revela a não concordância com a pretensão do Estado de cobrar determinado crédito que entende lhe ser devido. É quando impugna o lançamento tributário. Obviamente, o contencioso tributário tem como pressuposto básico a existência de um lançamento de ofício efetuado pela autoridade administrativa, nos termos do art. 142 do CTN, porque é contra este lançamento que o contribuinte pode se insurgir, negando a sua validade, ou negando a procedência do crédito lançado.

Se na origem do contencioso tributário a intenção era apenas agilizar a cobrança do crédito tributário, tentando afastar as discussões fiscais do Poder Judiciário, que certamente protelariam o ingresso do crédito ao erário, hoje a situação se inverteu e o Estado, no seu sentido lato (União, Distrito Federal, Estados e Municípios), é obrigado a oferecer ao contribuinte a oportunidade de discutir a exigência tributária, ouvindo as razões de sua defesa. Cabe à lei ordinária local criar a estrutura adequada para dar efetividade ao direito constitucional do contribuinte.

O alerta se dirige para os Municípios brasileiros que ainda não dispõem de estrutura que possa oferecer ao contribuinte o direito de contraditar os lançamentos dos impostos municipais. O crédito tributário lançado de ofício, que é um procedimento administrativo unilateral, no qual o contribuinte não tem participação, para que possa ser objeto de inscrição em dívida ativa, revestindo-se da prerrogativa da presunção de liquidez e certeza, deverá passar pela apreciação do julgamento administrativo, no qual é dada a oportunidade ao contribuinte do contraditório e ampla defesa no devido processo legal. A ausência deste processo administrativo tornará o crédito tributário inexequível em juízo.

Aliás, esta presunção de liquidez e certeza de que goza a dívida ativa regularmente inscrita, nos termos do art. 204 do CTN, constitui-se numa razão central da efetiva necessidade de o crédito tributário passar por um processo contraditório, com uma discussão ampla, onde o contribuinte possa exercer o seu direito de defesa, evitando, assim, que o crédito tributário chegue ao estágio de execução, com a prerrogativa de liquidez e certeza, sem que na sua formação tenha participado o sujeito passivo. A presunção de certeza e liquidez não pode ser uma dádiva que o legislador concedeu ao Poder Público; mas deve ser decorrente de um processo de constituição do crédito tributário que observa a legalidade, o direito de contestação do contribuinte, de modo que o Estado somente cobre aquilo que é estritamente permitido por lei. E para isso, torna-se imprescindível que o crédito tributário seja depurado em seu valor, ouvindo-se o sujeito passivo, para que o privilégio inserido na liquidez e certeza da dívida ativa tenha uma fundamentação jurídica, e não seja apenas uma forma arcaica de prestigiar o crédito do Poder Público, independentemente de sua procedência, em detrimento dos direitos do cidadão.

Se for verdade que o título executivo decorrente do crédito tributário é formado unilateralmente pelo Estado, parece ser imprescindível que este crédito, quando lançado de ofício pela autoridade administrativa, também sem a participação do sujeito passivo, seja depurado em processo administrativo que, de certa forma, equivale ao processo de cognição no processo civil, no qual se constitui, na verdade, o direito que demanda a execução. A unilateralidade da constituição do título executivo, a nosso ver, não se pode estender ao longo de todo o processo de constituição do crédito tributário, desde o lançamento de ofício até a inscrição em dívida ativa. A unilateralidade se prende na inscrição da dívida ativa, na formação do título executivo, o que não impede que em fase anterior haja um processo no qual participem tanto o sujeito ativo como o passivo, no sentido de depurar o crédito tributário realmente devido.

Portanto, a Constituição Federal, ao dar previsão legal para o processo administrativo, deu uma forma definitiva e inquestionável de uma exigência já implícita na estrutura tributária brasileira.

A esmagadora maioria dos doutrinadores posiciona-se a favor da obrigatoriedade do processo administrativo tributário em face da exigência da Constituição Federal em vigor, entre os quais citamos Ives Gandra da Silva Martins, Hugo de Brito Machado, Ricardo Lobo Torres, Vittorio Cassone, José Eduardo Soares de Melo, entre outros.[30]

A ampla defesa aqui mencionada é no sentido de que ao contribuinte não pode ser oposta qualquer dificuldade ou obstáculo de ordem operacional ou processual para que o contraditório se estabeleça de uma forma livre e completa. O famigerado recurso hierárquico a uma autoridade singular, que ainda tenta resistir em alguns dos nossos tribunais administrativos, que nada mais é do que uma fórmula insidiosa de manter a constante intervenção da autoridade executiva nos órgãos de julgamentos, de modo a prevalecer, por último, a decisão do Poder Executivo, está contrariando o preceito constitucional. O recurso hierárquico atenta contra a ordem normal de toda função judicante, que normalmente

---

30. In Ives Gandra da Silva Martins (Coord.), *Processo Administrativo Tributário*, 2ª ed., São Paulo, Ed. RT, 2002.

parte de uma unidade singular de decisão para um colegiado, de modo que a decisão definitiva, ou a matéria transitada em julgado, provenha de um colegiado. Parte-se do princípio de que a reunião de vários julgadores reúne mais sabedoria para julgar que um julgador singular. O recurso hierárquico ao Ministro de Estado ou ao Secretário de Fazenda subverte esta doutrina. Depois de a matéria ter sido analisada, discutida e julgada por um colegiado, onde há uma diversidade de opiniões e de conhecimentos, a decisão definitiva cabe a uma pessoa, em deliberação singular, que obviamente irá se basear em parecer de um de seus assessores. Este artifício sempre desprestigiou o tribunal administrativo e agora chegou o momento de ser definitivamente banido dos nossos processos administrativos contenciosos, por força da atual Constituição Federal.

É preciso, ainda, oferecer ao administrado acusado o duplo grau de jurisdição. Isto está claro quando o dispositivo constitucional se refere a "recursos". Ora, recurso pressupõe uma segunda oportunidade de questionar a lide; pressupõe a existência de uma decisão em uma instância inferior com a qual o acusado não se conformou, e o interpõe na tentativa de reverter esta decisão. As legislações locais deverão regular a matéria de modo que este preceito seja cumprido.

Não fosse suficiente toda a argumentação acima em favor da obrigatoriedade do oferecimento de recurso administrativo diante das acusações de maneira geral, em especial nas lides de natureza tributária, cabe citar ainda o inciso LIV do mesmo art. 5º da CF/1988, no seguinte dizer: "ninguém será privado da liberdade ou de seus bens sem o devido processo legal".

Ora, uma obrigação tributária que nasce a partir da lavratura de um lançamento de ofício implica a pretensão de o Estado, legitimado por lei para isso, transferir para o seu erário parte da riqueza do administrado, sob a forma de cobrança de tributo. O contribuinte será privado de parte de sua riqueza que será incorporada ao patrimônio público. Este procedimento exigirá inevitavelmente a instauração do devido processo legal, oferecendo ao contribuinte a ampla defesa, sob a ordem constitucional.

E para que não se argumente que este processo ao qual a Constituição Federal se refere é o que se instala na via judicial, cabe lembrar que, em regra, a impugnação do lançamento tributário no Poder Judiciário não opera a suspensão da exigibilidade do crédito, conforme o art. 151

do CTN, de modo que a discussão judicial pode não impedir que o Estado dê prosseguimento na execução, inscrevendo o crédito em dívida ativa, constituindo título executivo com presunção de liquidez e certeza. Esta execução estará sendo efetuada sem o devido processo legal, já que ela pode prescindir do exaurimento do processo judicial. A inexistência do processo administrativo fará com que o contribuinte seja privado de parte de sua riqueza, na forma de cobrança de tributo, sem que ele possa se defender uma única vez da acusação fiscal, sem que ele possa resistir à pretensão do Estado, sem que a ele seja dada a oportunidade de interferir no procedimento, devidamente instrumentalizado pelo devido processo legal, conforme determina a Carta Magna.

Mas ainda se diria que o contribuinte pode exercer o seu direito de defesa, dentro do devido processo legal, na oportunidade da execução fiscal, impetrando os embargos à execução. Neste momento, porém, já deve indicar bens à penhora, para que a admissibilidade deste recurso gere efeito suspensivo.

Imaginemos um exemplo em que haja um lançamento de ofício, intimando o contribuinte a recolher certa importância a título de crédito tributário, sem que o Estado lhe ofereça a oportunidade de contestação na esfera administrativa, por não ter implantado o contencioso administrativo. O contribuinte, então, recorre ao Poder Judiciário e, digamos, não obtém liminar ou tutela antecipada para suspender a exigibilidade do crédito tributário, o que permite que o Estado prossiga em sua cobrança. O crédito é inscrito em dívida ativa e vai para a execução, obrigando o contribuinte a interpor os embargos de execução, mas já com o oferecimento de bens para penhora. Conclusão: o contribuinte é compelido a desembolsar um valor, para oferecer à penhora, sem que lhe tenha sido dado uma única oportunidade de defesa. Ou, em outros termos, a única oportunidade de defesa oferecida ao contribuinte, na fase de execução, não atendeu à doutrina constitucional do direito do contraditório e da ampla defesa, porque condicionou o efeito suspensivo ao oferecimento de penhora.

Qualquer forma de depósito prévio, em qualquer fase do processo do contraditório, na via administrativa, não deve ser exigida como condição de admissibilidade de recurso ou mesmo como condição de suspensão da exigibilidade do crédito tributário. Ora, a exigência de penhora para obter a suspensão da exigibilidade do crédito tributário tem o mesmo efeito que o depósito prévio para a admissibilidade de recurso, que é inconstitucional. Por isso a importância fundamental do contencioso administrativo, no qual o contribuinte deve exercer o seu contraditório livre de qualquer restrição ou depósito prévio de admissibilidade. Importante a lição de Misabel Abreu Machado Derzi nos seguintes termos:

"A inscrição em Dívida Ativa, documentada em certidão, constitui título executivo extrajudicial, razão pela qual é imprescindível prévio procedimento administrativo contencioso, no qual o sujeito passivo tenha oportunidade de impugnar e questionar a pretensão fazendária. (...). Inexistindo prévia discussão na via administrativa, com as garantias do contraditório e da ampla defesa, conforme estabelece o art. 5º, LV da Constituição, como obterá o título, a presunção de razoável certeza do direito e da pertinência da sanção?

"(...) Portanto, inscrição em Dívida Ativa sem prévio direito à impugnação é nula de pleno direito. Movida a ação com base em título nulo, pode o sujeito passivo opor exceção de pré-executividade em juízo, pois a impugnação ao lançamento ou auto de infração em sede administrativa é suporte básico na formação do título executivo extrajudicial, uma vez que substitui o consenso inexistente entre as partes.

"Em consequência, a legislação ordinária não pode criar a chamada 'dívida não contenciosa', baseada, p. ex., em singelas declarações constantes de guias e documentos de arrecadação (DCTF's). Com o suporte em tais documentos, a Fazenda, independentemente de notificação ao sujeito passivo para impugnação, costuma promover a inscrição em Dívida Ativa. Sem levar em conta a possível existência de singelos erros materiais, que poderiam ser retificados sem o aparato judicial custoso e incômodo, o sujeito passivo pode ter, em seu benefício, um contra direito oponível à Fazenda, que seja extintivo do crédito tributário."[31]

Concluindo, a Constituição Federal de 1988, a nosso ver, dissipou todas as dúvidas sobre a obrigatoriedade dos tribunais administrativos para enfrentar o julgamento de lides tributárias, assegurando ao contribuinte o direito ao processo administrativo, nos moldes do processo judicial, com duplo grau de jurisdição, de modo que a decisão final fica

---

31. Aliomar Baleeiro, *Direito Tributário Brasileiro*, 11ª ed., atualização de Misabel Abreu Machado Derzi, Rio de Janeiro, Forense, 2002, p. 1.010.

a cargo de um órgão colegiado, sem o qual o crédito tributário não estará apto a ingressar na exequibilidade em juízo. A nova ordem constitucional implantou uma processualização na relação da Administração Pública com os administrados, estabelecendo sempre o direito do contraditório nas hipóteses descritas pelo art. 5º, LV, da CF/1988. Lembre-se que é um direito constitucional, inscrito no título dos direitos e garantias fundamentais da Constituição Federal. Já se ouviu falar em direito com o *status* de cláusula pétrea.

É preciso, ainda, advertir que o direito ao contraditório e ampla defesa, em devido processo legal, transcende o contencioso oriundo de lançamento tributário ou mesmo as questões tributárias de ordem geral. A sua abrangência é ampla. Basta que haja um conflito de interesse (litigantes), ou uma acusação ao administrado e o direito de contraditar emerge. Seguem alguns exemplos. A interrupção de regime especial de tributação, a suspensão da imunidade tributária, o desenquadramento de uma condição especial e beneficiada de tributação, entre outras hipóteses, reclamam o direito ao contraditório e ampla defesa. É a processualização dos atos administrativos, em especial aqueles relacionados às questões de ordem tributária.

Não se poderia encerrar este tópico sem fazer uma referência distinta ao cenário que se verifica em muitos dos Municípios brasileiros, no que se refere ao direito ao processo administrativo tributário.

Evidentemente, ao se tratar do processo administrativo tributário, subentende-se a sua aplicabilidade nos três níveis da Administração Pública: federal, estadual e municipal, lembrando que o Distrito Federal opera a administração tributária estadual e municipal.

Entretanto, nem todos os Municípios oferecem uma estrutura capaz de acolher e julgar as impugnações do contribuinte contra os respectivos lançamentos tributários de ofício, ou o fazem de forma precária, conduzindo o julgamento sem atender os mínimos requisitos de imparcialidade e independência do julgador. Não raro o próprio secretário de finanças exara o seu despacho no processo, deferindo ou não o pleito do sujeito passivo. Ao contribuinte, então, não são garantidos o direito ao contraditório e ampla defesa, previstos expressamente na Constituição Federal (CF/1988, art. 5º, LV), contra as imposições fiscais. Certamente, grande parte dos Municípios por este País afora, principalmente aqueles de menor expressão, sequer tem se despertado para esta questão processual tributária. Estes Municípios mantêm o órgão de fiscalização tributária, efetuam lançamentos de ofício dos tributos de sua competência, inclusive com imposição de penalidade pecuniária, sem, contudo, oferecer ao notificado a oportunidade de questionar o lançamento em processo administrativo de forma adequada.

É preciso registrar que a obrigatoriedade de a Fazenda Pública oferecer ao contribuinte o direito ao contraditório e ampla defesa estende-se a todos os níveis da Administração, independentemente do porte da entidade tributante, de modo a não liberar nem mesmo os pequenos Municípios do interior, bastando para isso que efetue lançamento de ofício passível de contestação pelo contribuinte.

Naturalmente, não se exige destes pequenos Municípios uma estrutura complexa e onerosa para compor o órgão de julgamento administrativo, a exemplo dos Estados, e dos grandes Municípios, mas, na essência, há que se formar o devido processo legal para que o contribuinte possa discutir o crédito tributário que a Fazenda Pública lhe pretende cobrar, em duplo grau de jurisdição, sem exigência de depósito prévio para a admissibilidade do recurso e sem impor outras condições de admissibilidade que criem obstáculos ao livre exercício do contraditório. A estrutura do órgão judicante, a legislação processual e as formas do processo podem ser simples, mas que ofereçam os elementos básicos do contencioso tributário e que não resultem em prejuízo ao direito à ampla defesa do contribuinte.

Nunca é demais lembrar que os Municípios, assim como detêm competência tributária deferida pela Constituição Federal (CF/1988, art. 156), também têm competência legislativa na via do processo administrativo tributário para regular o contencioso relativo aos respectivos tributos. Os Municípios não detêm a competência concorrente a exemplo dos Estados e Distrito Federal, nos termos do art. 24, seus incisos e parágrafos, da CF/1988, mas são competentes para "legislar sobre assuntos de interesse local" (CF/1988, art. 30, I), bem como para "suplementar a legislação federal e a estadual no que couber" (CF/1988, art. 30, II). São competentes, portanto, para legislar sobre o processo administrativo tributário de sua alçada, de forma suplementar à legislação federal e estadual. Ou seja, compete aos Municípios instituir os tributos de sua competência (art. 30, III), bem como legislar sobre o procedimento de fiscalização e o processo administrativo tributário no âmbito de sua competência tributária (art. 30, I, II), supletivamente à legislação federal e estadual.

O crédito tributário municipal não pode ser inscrito em dívida ativa, formando o título executivo extrajudicial, com presunção de certeza e liquidez, sem que ao contribuinte tenha sido dada a oportunidade de se defender da exação fiscal, com a instauração do devido processo legal. Portanto, crédito tributário constituído unilateralmente pela Administração Pública, sem a necessária discussão em sede de processo administrativo, é inexequível.

1.2.5 Princípios aplicáveis
ao procedimento e processo administrativo tributário

1.2.5.1 Conceito

Etimologicamente falando, o vocábulo *princípio* (do latim *principium, principii*), transmite a ideia de origem, princípio, início ou base. A acepção sobre o termo foi se diversificando, ganhando novos significados nas diversas áreas do conhecimento humano, como no Direito, na Filosofia, entre outras, mas mantendo sua raiz na ideia de começo, de base ou de estrutura. Por mais que se venha sofisticar ou banhar de erudição o termo, este ainda encerra a ideia de começo e base estrutural, independentemente da área de conhecimento em que ele é empregado.

Fazendo o recorte deste estudo limitado para o Direito, pode-se afirmar que princípios são regras estruturais básicas, positivadas ou não, que assumem uma condição de orientação, dentro de uma concepção generalista, as quais devem ser observadas pelas demais normas. Daí estabelecer uma indicação a ser seguida pelo legislador na elaboração de normas que atendam os valores de uma sociedade, bem como pelo aplicador da lei, que se submeterá às regras mestras que alicerçam as linhas gerais de um sistema jurídico. Os princípios constituem-se em proposições de orientação básica que definem os pontos essenciais de um sistema jurídico.

Os princípios jurídicos, num contexto mais amplo, encontram respaldo na Constituição Federal, visto que esta regra fundamental tem por vocação traçar as linhas gerais e mestras de um sistema jurídico. Há, no entanto, princípios jurídicos a serem perseguidos em subsistemas que pormenorizam a orientação básica de uma norma especial.

Lídia Maria Lopes Rodrigues Ribas escreve que: "Os princípios são como vetores que trazem uma carga axiológica e são nortes a serem seguidos vigorosamente seja pelo legislador, seja pelo aplicador das normas jurídicas, e se fazem presentes em todos os planos da *pirâmide jurídica* idealizada por Kelsen".[32]

Vem de Roque Antônio Carrazza a seguinte lição sobre princípios: "Por igual modo, em qualquer Ciência, *princípio* é começo, alicerce, ponto de partida. Pressupõe, sempre, a figura de um patamar privilegiado, que torna mais fácil a compreensão ou a demonstração de algo. Nesta medida, é, ainda, a *pedra angular* de qualquer sistema".[33]

Segundo José Afonso da Silva, apoiado por Celso Antônio Bandeira de Melo, "A palavra *princípio* é equívoca. Aparece com sentidos diversos. Apresenta a acepção de *começo*, de *início*. (...). Princípio aí exprime a noção de 'mandamento nuclear' de um sistema'".[34]

Os princípios têm sua regência em todos os ramos do Direito. Apenas como exemplo, para mencionar ramos do Direito que se avizinham do conteúdo objeto deste trabalho, no Direito Administrativo, pode-se dar destaque aos princípios constantes do art. 37 da Constituição Federal, traduzidos na legalidade, impessoalidade, moralidade, publicidade e eficiência. No Direito Tributário, os princípios estão esparsos em vários dispositivos constitucionais, podendo se destacar, entre outros, os princípios da legalidade, da anterioridade, da capacidade contributiva, da isonomia, da vedação de confisco.

Neste trabalho, este tema será recortado e delimitado para os princípios que informam o procedimento (fase de investigação ou de auditoria fiscal) e processo administrativo tributário (fase contenciosa que se inicia com a impugnação do lançamento).

Adverte-se o leitor para a extrema variabilidade na seleção do rol dos princípios, feita por cada autor, neste como em outros ramos do

---

32. Lídia Maria Lopes Rodrigues Ribas, *Processo Administrativo Tributário*, cit., p. 35.
33. Roque Antonio Carrazza, *Curso de Direito Constitucional Tributário*, 27ª ed., São Paulo, Malheiros Editores, 2011, p. 44.
34. José Afonso Silva, *Curso de Direito Constitucional Positivo*, 34ª ed., São Paulo, Malheiros Editores, 2011, p. 91.

Direito. O termo princípio, por vezes, é usado para designar qualquer proposição que talvez não merecesse ser erigida a tal estatura conceitual. Em outras propostas de trabalho, a lista é contida e registra apenas os princípios de maior objetividade e importância no contexto analisado.

Neste trabalho a opção foi por uma lista restrita, com uma seleção orientada pelos seguintes critérios: em primeiro lugar, optou-se pelo critério conceitual, reservando o termo princípio para aquelas proposições que efetivamente se enquadram como tal. O segundo critério de filtro diz respeito à especialidade no tema objeto deste trabalho. Ganharam preferência na seleção os princípios que particularizam o processo administrativo tributário e com ele se identificam, incluindo o procedimento tributário fiscal. Um terceiro e último critério, um tanto subjetivado, determinou a seleção dos princípios mais importantes, por sua invocação mais amiúde pelos operadores do Direito e pela sua repercussão objetiva nos atos processuais praticados. Dito de outra forma, numa acepção genérica: serão examinados os princípios principais para o estudo do tema proposto no trabalho.

Posto isso, deixa-se claro que não serão analisados aqueles princípios que concernem à Administração Pública ou ao Direito Tributário de forma genérica, visto que não é objeto do trabalho o aprofundamento deste tema. Isto implica dizer que tanto o procedimento fiscal como o processo administrativo tributário não se submete exclusivamente aos princípios a seguir analisados. Outros princípios irradiam seus efeitos sobre esta atuação estatal, tanto de origem processual como constitucional e tributário, entre outros ramos do Direito, mas que não serão estudados nesta obra.

1.2.5.2 Princípio da legalidade

A marca da legalidade na Administração Pública tem raiz no consentimento popular dos seus atos. Toda atuação estatal deve ter seu respaldo de legitimação na vontade do povo, única fonte verdadeira dos poderes constituídos num Estado Democrático de Direito.

A Constituição Federal inscreveu este princípio em seu texto, estabelecendo que "ninguém será obrigado a fazer ou deixar de fazer alguma coisa senão em virtude de lei" (art. 5º, II). Tal enunciado constitucional já se estabelece como um princípio da legalidade de forma *genérica*, por ser pertinente a todos os ramos do Direito e irradiar seus efeitos sobre todos os atos da Administração. Já por este dispositivo, nenhum tributo poderia ser exigido sem que fosse instituído por lei. No entanto, o legislador tributário não se conteve nesta generalidade e instituiu novo mandamento constitucional vinculando a exigência do tributo à lei, de forma específica. É o que prevê o art. 150, I, da CF, segundo o qual "(...) é vedado à União, aos Estados, ao Distrito Federal e aos Municípios: I – exigir ou aumentar tributo sem lei que o estabeleça", com a ressalva de alguns impostos da União, com relação à majoração de alíquota, que pode ser efetuada pelo Poder Executivo, dentro dos limites estabelecidos em lei (CF/1988, art. 153, § 1º). Ainda assim, com relação a estes impostos, o princípio da legalidade opera, visto que a atuação do Poder Executivo deve conter-se nos limites da lei.

Ao lado de outros princípios, a Constituição Federal determina também a observância da legalidade nos atos da Administração Pública, direta e indireta, e o faz no art. 37, nos seguintes termos: "A administração pública direta, indireta ou fundacional, de qualquer dos poderes da União, dos Estados, do Distrito Federal e dos Municípios obedecerá aos princípios de legalidade (...)".

O CTN, Lei 5.172/1966, restringe à lei o poder de instituir, majorar, reduzir e extinguir tributos (art. 97). As ressalvas previstas neste artigo devem conter-se àquelas previstas na Constituição Federal.

É importante registrar que o rigor pela reserva legal também se observa com relação às exonerações tributárias (redução ou extinção do tributo), de maneira que o Poder Executivo não pode conceder benefícios fiscais sem a anuência legal. É ilícito, portanto, conceder isenções, reduções da base de cálculo, redução de alíquota, entre outros favores, por decreto, portaria ou regimes especiais de tributação.

A particularização do princípio da legalidade no âmbito do Direito Tributário tem sua justificativa. O poder de tributar é potencialmente agressivo aos interesses dos administrados na condição de contribuintes do imposto, visto que interfere no direito de liberdade do cidadão ao lhe impor controles sobre suas atividades profissionais e mercantis, auferindo seus lucros, sua rendas, seus bens, bem como ao obrigá-lo a transferir parte de suas riquezas ao Poder Público. Se é imprescindível esta parceria forçada com o Estado na atividade econômica do cidadão, que seja ao menos legitimado por lei, que é instrumento que representa a vontade popular.

A estrita necessidade de observância da legalidade no Direito Tributário também está revelada no art. 142 do CTN, que dispõe sobre lançamento tributário de ofício, no qual o legislador vinculou o procedimento do agente administrativo à lei. O agente fiscal, no seu procedimento de investigação para apurar o cumprimento das obrigações tributárias do contribuinte, estará sob o império da lei. Seus atos são do tipo vinculado. Vinculado à lei.

A observância do princípio da legalidade faz com que as autoridades administrativas, em suas atuações funcionais, não tenham interesse subjetivo a defender, mas sirvam de instrumento para a função estatal preconizada pela Constituição Federal.[35]

A legalidade previne as práticas arbitrárias, bem como tratamentos desiguais, motivados por interesses escusos, para premiar setores, grupos ou pessoas. A legalidade assegura igualdade entre os iguais e a segurança jurídica possível.

No que se refere ao processo, este deve reger-se pela observância da estrita legalidade, a exemplo de todos os atos administrativos. Na Administração Pública, o agente não age de acordo com a sua conveniência, não tem vontade própria. A sua atuação é comandada pela lei. Enquanto na administração privada a pessoa pode fazer tudo aquilo que a lei não proíbe, na Administração Pública o agente só poderá fazer o que estiver delineado pela legislação.

Por fim, este princípio é comum ao procedimento fiscal e processo administrativo tributário, mas sua incidência também opera no direito material tributário, conforme visto.

1.2.5.3 Princípio da igualdade

A Constituição Federal traz como postulado a igualdade de todos perante a lei, "sem distinção de qualquer natureza, garantindo-se aos brasileiros e aos estrangeiros residentes no País a inviolabilidade do

---

35. Marcos Vinicius Neder e Maria Teresa Martinez López, *Processo Administrativo Tributário*, 2ª ed., São Paulo, Dialética, 2004, p. 62.

direito à vida, à liberdade, à igualdade, à segurança e à propriedade (...)" (art. 5º).

Esse princípio, por certo, foi selecionado para integrar a presente relação, tomando-se como critério sua importância, não só no processo administrativo tributário, como em qualquer ramo do Direito, visto que a sua observância se confunde com o próprio direito do cidadão. A igualdade é a essência de qualquer ideia de justiça e democracia de uma nação e deve orientar tanto o legislador como aquele que aplica a lei ao caso concreto. No âmbito do processo administrativo tributário, a igualdade se revela no tratamento que a Administração Pública dispensa a todos os litigantes e acusados na relação processual, ao oferecer a ampla defesa e contraditório, sem privilégios ou distinções, e principalmente ao levar a efeito os julgamentos de forma imparcial.

A igualdade aqui anunciada encerra a ideia de tratamento igual para os iguais ao mesmo tempo em que determina tratamento desigual em situações desiguais, mas sempre com o propósito de colocar os indivíduos num mesmo patamar de direitos, criando mecanismos de compensação para amenizar situações desfavoráveis.

No que se refere ao processo administrativo tributário, cabe à Administração Pública, em especial, a responsabilidade pela observância deste princípio, ao estruturar os órgãos de julgamento para que eles possam agir de forma imparcial e independente, e afastar qualquer hipótese de intervenção do Estado fiscal, seja por meio de norma ou gestão, nas decisões proferidas pelos julgadores. O princípio da igualdade é de maior aplicabilidade na gestão legislativa, visto que ao aplicador cabe observar a norma, mormente quando pratica atos vinculados à lei.

1.2.5.4 Princípio da oficialidade

O processo administrativo, ainda que deflagrado pelo particular, é de interesse público e por isso deve tramitar com o impulso oficial até a decisão definitiva. Basta que o particular dê início ao processo e a Administração Pública se encarregará da sua tramitação, impulsionando-o em direção à solução pretendida. No dizer de Paulo de Barros Carvalho, "compete ao Poder Público zelar pelo curso regular do procedimento (...)".[36]

---

36. Paulo de Barros Carvalho, "Processo administrativo tributário", *RDT* 9-10/283.

A mesma orientação vem de Hely Lopes Meirelles, segundo o qual, "O princípio da oficialidade atribui sempre a movimentação do processo administrativo à Administração, ainda que instaurado por provocação do particular: uma vez iniciado passa a pertencer ao Poder Público, a quem compete o seu impulsionamento, até a decisão final. Se a Administração o retarda, ou dele se desinteressa, infringe o princípio da oficialidade, e seus agentes podem ser responsabilizados pela omissão".[37]

Por conta deste dever de a Administração dar prosseguimento na tramitação do processo, teses são levantadas a favor da prescrição intercorrente, baseadas no argumento da perda do direito de cobrar o crédito tributário em razão da inércia do Poder Público. A nosso ver, contudo, o argumento não procede, porque afronta o disposto no art. 174 do CTN, que define como termo inicial do prazo prescricional a data da constituição definitiva do crédito tributário, entendendo-se esta definitividade como a decisão final no processo administrativo pelo provimento do lançamento.

Difere o processo administrativo do processo instaurado entre particulares no Direito Privado, pois neste opera o princípio dispositivo, segundo o qual as partes devem movimentar o processo para receberem a prestação jurisdicional. No Direito Privado, o juiz não impulsiona o processo, ele fica apenas no aguardo das petições e dos requerimentos das partes para então decidir. A movimentação do processo civil não é do magistrado, mas das partes interessadas, ao passo que no processo que tramita na Administração, por tratar de direito indisponível, o impulso deve ser oficial.

1.2.5.5 Princípio do informalismo ou do formalismo moderado

Este é um dos princípios que particularizam o processo administrativo, tornando-o mais simples e acessível, visando a diminuir a distância entre o processo e os seus interessados, mas divergindo, neste particular, do processo judicial, que é dotado de uma oficialidade incompatível com a sua finalidade instrumental. É neste sentido que orienta a Lei 9.784/1999 que determina a "adoção de formas simples, suficientes para

---

37. Hely Lopes Meirelles, *O Processo Administrativo e em especial o Tributário*. São Paulo, Instituto Brasileiro de Direito/Resenha Tributária, 1975, p. 16.

propiciar adequado grau de certeza, segurança e respeito aos direitos dos administrados" (art. 2º, IX).

Alguns autores já mitigaram este conceito, admitindo o denominado *formalismo moderado*,[38] entendendo que o formalismo se faz presente também no processo administrativo, mas com moderação.

Cândido Rangel Dinamarco, ao analisar a característica formal do processo, adverte, porém, para o que chama de *culto irracional* da forma. Eis a sua lição: "A exigência de formas no processo é um penhor da segurança destas, destinado a dar efetividade aos poderes e faculdades inerentes ao sistema processual (devido processo legal); o que se renega no direito formal é o *formalismo*, entendido como culto irracional da forma, como se fora esta um objetivo em si mesma".[39]

No processo administrativo dispensam-se as solenidades, os ritos e as formas rígidas na condução e tramitação, os quais são tão bem observados na prestação jurisdicional do Judiciário. Aliás, no mundo moderno, com a mentalidade menos contaminada por dogmas, afastado cada vez mais o conservadorismo em todos os campos de atuação do indivíduo, não se justificam mais certos padrões de conduta, certas solenidades inúteis ou formalismos exacerbados no aparelho Judiciário, que somente servem para atravancar a tão importante função do controle da legalidade no mundo democrático. Excesso de formalismo representa obscurantismo e desvio de finalidade, sendo uma das causas da morosidade da justiça.

Naturalmente, o informalismo não deve ser de tal forma que o processo e as normas processuais sejam olvidados, gerando prejuízos à garantia do contraditório e ao amplo direito de defesa da parte acusada ou à própria segurança jurídica.

O informalismo se revela numa maior simplicidade na prática dos atos do administrado, para que este tenha maior facilidade de atuar no processo, mesmo sem a necessidade da assistência jurídica de um advogado. Porém, o informalismo não tolera a falta de observância, pela Administração, das formalidades prescritas em lei. Tais omissões podem acarretar vício de nulidade processual. O informalismo no processo

38. Como fez James Marins, em sua obra *Direito Processual Tributário Brasileiro (administrativo e judicial)*, cit., p. 182.

39. Cândido Rangel Dinamarco, *Instituições de Direito Processual Civil*, vol. I, 6ª ed., São Paulo, Malheiros Editores, 2009, p. 38.

administrativo deve se revelar através da exteriorização dos seus atos para o administrado, com uma linguagem ao alcance de sua compreensão e, ao mesmo tempo, mitigar certos rigores formais sem importância fundamental para a boa tramitação do processo. A simplicidade processual não deve ser de tal forma que possa comprometer a garantia do contraditório e o amplo direito de defesa da parte acusada ou a própria segurança jurídica. Se o contribuinte, por exemplo, não identificar com acerto o tipo de recurso por ele acionado (se impugnação inicial, recurso ordinário, especial etc.), conforme previsto em lei, ou se ele errar na evocação da autoridade judicante, dirigindo-se à instância incompatível com o seu pleito, isto não deve se constituir em razão para não conhecer da petição, desde que a circunstância permita identificar o tipo de recurso e o órgão de julgamento a que se destina.

De qualquer maneira, cumpre registrar que a ideia da simplicidade compreendida neste princípio deve conter-se nos limites que não comprometam a segurança jurídica. O processo como instrumento idealizado para a solução de uma lide deve observar os ritos essenciais para a constituição do formato de um processo; os atos devem ser praticados dentro de uma certeza jurídica e prazos devem ser fixados e cumpridos, para que a tramitação processual siga uma ordem preordenada, com a possibilidade jurídica de alcançar uma solução final. O informalismo não deve ser estímulo à desorganização processual, dando amparo a que o defensor aja com total liberdade para apresentar sua defesa em qualquer prazo, fazendo aditamentos com razões suplementares no tempo em que achar conveniente, conduta que só tumultuaria o processo, e interrompendo a sua tramitação normal. Não raras vezes, o informalismo do processo administrativo tem sido invocado por seus defensores como pretexto de liberalidade total no manejo do processo, numa visão de desregulamentação, ou de "tudo pode", desde que venha a favor do acusado. Não é bem assim. O informalismo processual não tem esta finalidade desagregadora da função do processo.

Por fim, o constituinte derivado inscreveu na Constituição Federal, por obra da EC 45/2005, o inciso LXXVIII no art. 5º, segundo o qual "a todos, no âmbito judicial e administrativo, são assegurados a razoável duração do processo e os meios que garantam a celeridade de sua tramitação".

O dispositivo tem mais uma conotação programática, por conter um preceito subjetivado. O que viria a ser duração razoável? Contudo há no comando constitucional uma manifesta preocupação com a celeridade processual, e esta está intimamente ligada à questão da formalidade, na medida em que o formalismo exacerbado e inútil se constitui em uma das causas da postergação da prestação jurisdicional.

1.2.5.6 Princípio da verdade material

Com respaldo neste princípio, a autoridade administrativa está autorizada a conhecer novos fatos e novas provas carreadas aos autos até a decisão final. O julgador, na esfera administrativa, pode buscar elementos fora do processo para a formação de seu juízo, revestindo-se de um maior poder investigatório na busca da verdade real. Contrasta com o processo civil, no qual vige a verdade formal, cabendo ao juiz ater-se às provas produzidas pelas partes no processo (CPC, art. 128).

Pela verdade material, o julgador pode diligenciar de ofício, buscando esclarecer fatos, circunstâncias, alargar o horizonte de provas, tudo para melhor embasar o seu julgamento, enfim, o julgador pode ir além da instrução do processo pelas partes.

Odete Medauar Leciona: "O princípio da verdade material ou verdade real, vinculado ao princípio da oficialidade, exprime que a Administração deve tomar decisões com base nos fatos tais como se apresentam na realidade, não se satisfazendo com a versão oferecida pelos sujeitos. Para tanto, tem o direito e o dever de carrear para o expediente todos os dados, informações, documentos a respeito da matéria tratada, sem estar jungida aos aspectos considerados pelos sujeitos".[40]

A verdade material constitui-se num expediente importante para que a Administração exerça o controle da legalidade de seus atos, podendo atuar de ofício, para anular o ato ilegal e que por isso não pode produzir efeitos. No caso do Direito Tributário, não cabe à Fazenda Pública prosseguir na pretensão de exigir um crédito tributário sabidamente indevido.

Cabe, no entanto, registrar a advertência de Marcos Vinicius Neves e Maria Tereza M. López, que visualizam limite neste poder/dever da busca da verdade real pelo julgador, para não comprometer a imparcia-

---

40. Odete Medauar, *Processualidade no Direito Administrativo*, São Paulo, Ed. RT, 1993, p. 74.

lidade no julgamento. Escrevem eles: "No processo administrativo, há uma maior liberdade na busca das provas necessárias à formação da convicção do julgador sobre os fatos alegados no processo. Essa busca, no entanto, não pode transformá-lo num inquisidor sob pena de prejudicar a imparcialidade. O poder instrutório do julgador é definido pelos limites da lide formada nos autos".[41]

De fato, o direito e o dever da Administração de perseguir a verdade dos fatos além do processo não libertam a pessoa acusada – no caso da lide tributária, o sujeito passivo –, de empenhar-se ativamente na produção de sua defesa, produzindo as provas necessárias. O julgador administrativo não será obrigado – e nem deverá fazê-lo, sob pena de agir com parcialidade –, a aprofundar os argumentos da defesa, buscando razões da improcedência do lançamento que não foram por ela levantadas, ressalvadas as hipóteses de nulidade absoluta ou a verificação de uma flagrante ilegalidade no ato de fácil constatação. Conforme a lição acima transcrita, o julgador não deverá agir como parte interessada; não cabe a ele colocar-se ao lado de uma das partes para ampará-la ou assessorá-la com seus conhecimentos específicos e poder de julgamento. O princípio da verdade real não deverá descaracterizar a imparcialidade do julgador e nem o transformar em agente de investigação.

Nesta mesma linha de pensamento cabe acrescer que o julgador tem licença para impulsionar a produção de provas que não estão no processo. Ou, em outros termos, o julgador não fica adstrito ao material informativo constante nos autos; caberá a ele formar seu juízo com a verdade real, relativizando as informações postas no processo pelas partes. Tal princípio, se não se choca com o do direito ao contraditório, pode, contudo, manter certa rivalidade com a imparcialidade do julgador, eis que este pode despender esforços desiguais para as partes na sua atividade de busca de fatos constitutivos da verdade material. Portanto, a tão destacada verdade material não é uma solução absoluta e não pode ser acolhida sem reservas ou sem os cuidados necessários para que o julgador não se torne, de forma inconsciente, um coadjuvante na atuação processual de uma das partes.

41. Marcos Vinicius Neder e Maria Teresa Martinez López, *Processo Administrativo Tributário*, cit., p. 75.

A verdade material é um conceito que admite subjetividade na sua delimitação. O seu valor prático no processo é questionável, considerando que toda prova colhida, toda diligência processada, enfim todas as informações que foram buscadas pelo julgador para fundamentar as razões de decidir haverão de ser inseridas formalmente no processo. Portanto, o que era verdade real antes da pesquisa, passou a ser verdade processual depois de inserido no processo. O julgamento deve se ater aos autos. O que não está nos autos não está no mundo jurídico e não pode ser conhecido pelo julgador.

1.2.5.7 Princípio do devido processo legal

Sobre o devido processo legal (*due process of law*) repousa uma expectativa de grande importância no que se refere à proteção dos direitos do cidadão no Estado Democrático de Direito. Ninguém será privado de seus direitos ou condenado ao cumprimento de sanções sem que a ele seja dado o direito de defesa dentro do devido processo legal.

A Constituição Federal brasileira consagra este princípio ao garantir que "ninguém será privado da liberdade ou de seus bens sem o devido processo legal" (art. 5º, LIV). De forma mais específica, fazendo menção ao processo administrativo e judicial, a mesma Constituição garante o contraditório e ampla defesa aos litigantes e aos acusados em geral. Prescreve o inciso LV do mesmo artigo que "aos litigantes, em processo judicial ou administrativo, e aos acusados em geral são assegurados o contraditório e ampla defesa (...)".

Já é matéria superada qualquer discussão acerca da exigência do devido processo legal no âmbito administrativo. E esta superação não se deu somente com a vigência da atual Constituição Federal, mas pelos entendimentos doutrinários já manifestados antes deste marco normativo maior. Como não poderia deixar de ser, a aplicação do devido processo legal na Administração é fruto de um processo reflexivo produzido pela comunidade jurídica.

Potencializando a relevância do *due process of law* em sede administrativa, Lídia Maria Lopes Rodrigues Ribas adverte: "O devido processo legal no âmbito administrativo não se restringe apenas às situações de privação de liberdade e de bens, mas também abrange hipóteses de controvérsia, conflito de interesses e situações de aplicação de sanções".[42]

O devido processo legal, que a princípio regia o Direito formal, passa a ter uma acepção de Direito material. A evolução desta acepção rompeu com a restrição da regência deste princípio no estabelecimento de garantia meramente formal, alcançando também a garantia do próprio Direito substantivo.

Portanto, é de extrema pertinência a associação do *due process of law* no processo administrativo tributário, no qual figura como objeto da lide a transferência compulsória de parte de riqueza do contribuinte para o erário, transferência esta legitimada por meio da exação tributária, mas nem por isso isenta de qualquer resistência do contribuinte. A exigência tributária feita de ofício, bem como os atos da administração tributária que venham a colidir com os interesses do contribuinte são matérias suscetíveis à instalação do devido processo legal.

1.2.5.8 Princípio do contraditório e ampla defesa

Em algumas obras este princípio vem desdobrado em dois: o princípio do contraditório e o da ampla defesa. Preferimos considerar os dois enunciados como um único princípio, pela sua similaridade conceitual. Os detalhes que particularizam cada expressão podem ser tratados no desenvolvimento da análise, sem que isso justifique secionar o tema em dois princípios.

O direito de se defender contra uma acusação, por certo, é uma conquista da humanidade no decorrer dos tempos e faz parte do aprimoramento de nossa evolução, substituindo-se o estabelecimento do poder baseado na dominação do mais forte pelo império da lei, criando um ambiente de justiça, evoluindo para o Estado de Direito.

O ato de defesa, para Odete Medauar, é "a possibilidade de rebater, em favor de si próprio, condutas, fatos, argumentos, interpretações que possam acarretar prejuízos físicos, materiais ou morais".[43]

---

42. Lídia Maria Lopes Rodrigues Ribas, *Processo Administrativo Tributário*, cit., p. 41.
43. Odete Medauar, "As garantias do devido processo legal, do contraditório e da ampla defesa no processo administrativo tributário", *IOB – Repertório de Jurisprudência* 12/238.

O direito a ampla defesa implica o direito de ser ouvido por aquele a quem compete fazer juízo de valor. Um aluno do curso primário acusa seu amigo ao professor de tê-lo agredido e mostra o ferimento causado, apontando o seu agressor como culpado. Há, portanto, uma acusação formulada, uma vítima, um acusado e um julgador, a quem cabe fazer juízo de valor da situação. Como bom julgador, é praticamente intuitivo que o professor chame o suposto agressor para expor a sua versão do caso. Somente após o exercício desta dialética, em que o acusador e o acusado expõem suas razões, é que o professor pode fazer o seu juízo de valor e aplicar as medidas repressivas cabíveis. Assim agindo, firmou-se o direito à defesa e ao contraditório no mundo civilizado. Em qualquer acusação há que se ouvir as pessoas envolvidas: o acusador (vítima) e o acusado.

Inspirado nesta necessidade absoluta de se estabelecer entre as pessoas o direito de defesa, o legislador constituinte originário inscreveu na Constituição Federal, no art. 5º, LIV, que "ninguém será privado da liberdade ou de seus bens sem o devido processo legal". Para complementar este enunciado e lhe conferir as condições para servir de instrumento ao exercício efetivo do contraditório e ampla defesa, segue a Constituição, no inciso LV, do mesmo artigo, a prescrever que "aos litigantes, em processo judicial ou administrativo, e aos acusados em geral são assegurados o contraditório e ampla defesa, com os meios e recursos a ela inerentes".

Portanto, o princípio do contraditório e da ampla defesa representa os direitos que podem ser exercitados no ambiente do devido processo legal, daí a interligação íntima entre estes dois princípios.

O processo é o ambiente, o instrumento, enquanto que o contraditório e ampla defesa representam a própria manifestação de resistência da parte contra uma acusação ou pretensão estabelecida. O exercício pleno do direito de defesa no seu sentido genérico depende da combinação eficaz do devido processo legal com as manifestações dialéticas das partes no processo, fazendo argumentações, produzindo provas, realizando audiências, diligências, enfim, que todos os atos sejam praticados em perfeita harmonia com as orientações processuais.

Nunca é demais repisar que o direito ao contraditório e ampla defesa deve ser oportunizado não só em sede do Poder Judiciário, mas também a Administração deve se estruturar para que o administrado não seja preterido neste direito em qualquer hipótese em que a atuação estatal venha afrontar os seus interesses, conforme a própria Constituição Federal determina.

Focando o contraditório e a ampla defesa para o processo administrativo tributário, cabe assinalar que este direito se inicia após a cientificação do lançamento tributário, que equivale a uma acusação fiscal, estabelecendo daí em diante a dialética processual, que dá a oportunidade ao acusado de manifestar-se sobre o lançamento tributário, levando ao efeito a composição da lide.

A instituição da ampla defesa e contraditório não deve ser vista como cláusula programática, mas de eficácia efetiva e plena. Já é hora de as nossas entidades tributantes (União, Estados, Distrito Federal e Municípios) abolirem de vez qualquer resquício de autoritarismo no exercício de arrecadação tributária, atrofiando os poderes dos tribunais administrativos na sua competência judicante. Cabe às entidades estruturar órgãos independentes, compostos por juízes capazes, que efetivamente ajam como julgadores, com total imparcialidade e sem interferência da administração fazendária, quer seja de forma normativa quer seja em forma de gestão. Os tribunais administrativos tributários devem representar uma resposta ao que determina a Constituição Federal ao se referir ao direito de ampla defesa e contraditório.

Ives Gandra da Silva Martins, ao se referir ao dispositivo constitucional da ampla defesa, assim se expressa: "A clareza do texto constitucional e a utilização de expressões esclarecedoras como: 'litigantes', acrescido de 'acusados em geral' e 'contraditório', acrescido de 'ampla defesa', sobre não distinguir o cabimento de tais meios nos 'processos administrativos e judiciais', dá a cristalina, meridiana, exuberante demonstração de que não qualquer 'defesa protocolar', mas a defesa 'ampla', 'lata', 'larga', 'sem obstáculos' é assegurada pelo constituinte".[44]

A despeito desta clareza constitucional e da manifestação da doutrina, ainda não se formou uma consciência nos nossos administradores públicos sobre esta nova realidade no que tange ao processo administrativo tributário. Por isso ainda sobrevivem sequelas deploráveis, advindas de tempos não muito democráticos, em alguns de nossos tribunais administrativos, tais como recurso hierárquico, limitação de instâncias de

---

44. Ives Gandra Martns (Coord.), *Processo Administrativo Tributário*, cit., p. 58.

julgamento, limitação de competências judicantes e, até pouco tempo, antes da nova orientação do STF, a lamentável exigência de depósito prévio para garantia de instância.

Cabe lembrar que qualquer forma de cerceamento do direito à ampla defesa pode se constituir em causa de nulidade processual, com repercussão na validade da dívida ativa como título executivo extrajudicial. Oportuno ainda registrar que este título executivo extrajudicial é formalizado de forma unilateral, diferente do que ocorre no Direito Privado, em que o título é o resultado da atuação convergente das partes. Esta circunstância é mais uma razão que reforça o argumento da necessidade da ampla defesa do contribuinte, para que este não tenha que suportar uma execução baseada num título executivo (certidão de dívida ativa – CDA) do qual não teve oportunidade de participar.

Entretanto, a preterição do direito de defesa nem sempre é causa de nulidade do lançamento. Depende da forma em que ela ocorre ou, sendo mais específico, em que fase a obstrução deste direito se instala: na fase procedimental ou processual.

Numa primeira hipótese, o cerceamento do direito de defesa é intrínseco ao próprio lançamento tributário, que ocorre por erro procedimental na elaboração do lançamento e traz como consequência o embaraço cognitivo sobre a acusação fiscal, com repercussão negativa na produção da defesa. Estes erros podem ser verificados na descrição do fato motivador do lançamento de forma incompreensível; no ato de não disponibilizar, ao contribuinte, relatórios, planilhas de cálculos que dão sustentabilidade ao lançamento; na retenção de documentos do contribuinte indispensáveis para instruir a defesa, entre outros.

Neste caso, o cerceamento do direito de defesa, com seu efeito anulatório, alcança o próprio lançamento porque o ato anulável situa-se no seu contexto. É ato interno ao lançamento. É o lançamento que foi maculado por um ato imperfeito, do qual decorreu cerceamento do direito de defesa. Nesta circunstância, o ato fiscal deve ser anulado.

Numa segunda situação podem ser enquadrados os casos de cerceamento do direito de defesa que não atingem o lançamento de ofício, deixando-o incólume, operando somente no âmbito processual. É quando o cerceamento de defesa decorre de um ato processual, admitindo-se que o processo se instaura com a impugnação do lançamento. Assim, por exemplo, negar ao contribuinte, ou ao seu representante legal, vistas ao processo contencioso, proferir julgamento sem a devida fundamentação, ou ainda com a fundamentação discordante do dispositivo, enfim, todos os atos praticados já dentro do contexto do processo administrativo tributário, que não têm mais nenhuma relação direta com o procedimento de constituição do crédito tributário, mas tão somente com os ritos processuais, são hipóteses em que a notificação fiscal não será atingida com os efeitos anulatórios do ato praticado de forma irregular.

Estes efeitos anulatórios não irão retroagir no tempo a ponto de contaminar o lançamento. A nulidade processual operará para frente, partindo do ponto em que foi praticado o ato que constrangeu a defesa do contribuinte. Não deverá ser anulado o ato fiscal, porque este foi lavrado sem vício, não tendo no seu conteúdo procedimental nenhum ato que possa resultar em cerceamento do direito de defesa. O processo, então, deverá ter anulado todos os atos posteriores e que dependam do ato que criou o embaraço à defesa.

1.2.5.9 Princípio da presunção de legitimidade

A presunção de legitimidade, para um segmento da doutrina, ganha a estatura de princípio dos atos administrativos, inspirando a vetusta doutrina da inversão do ônus da prova para o administrado. O tema será tratado no item "4.3.9 Ônus da prova x presunção de legitimidade", do *Capítulo IV – Provas*, para o qual remetemos o leitor.

1.2.5.10 Princípio da preclusão

Diz-se que ocorreu a preclusão quando a parte no processo perde uma faculdade de exercer um ato processual, ou o exerceu de forma a não produzir efeitos, por ser intempestivo ou contaminado por outra irregularidade, extinguindo-se o direito de reproduzir o ato. É a perda da oportunidade processual.

A preclusão extingue o direito de praticar um ato processual, sem, entretanto, interferir no direito material nele discutido. Assim, por exemplo, se o contribuinte perdeu o prazo para impetrar a reclamação, preclui o seu direito para esta fase de defesa, e o seu recurso ordinário, ainda que interposto dentro do prazo, não modificará a decisão singular que julgou a reclamação intempestiva. O processo se extingue e o lançamento permanecerá inalterado. Porém, o contribuinte não perderá o direito material e terá duas alternativas para reivindicá-lo: a) paga o crédito relativo à notificação fiscal e requer a repetição do indébito, considerando que o lançamento era indevido e que à Fazenda Pública não é lícito exigir um tributo que não teve origem num fato gerador respectivo; b) recorre ao Judiciário para discutir o mérito.

Para algumas legislações, tem-se como exemplo de preclusão a impossibilidade de aduzir vícios de nulidades relativas na constituição do crédito tributário na fase de recurso voluntário, na segunda instância, portanto, que não foram suscitadas na primeira oportunidade em que o contribuinte se manifestou no processo, no caso, na impugnação do lançamento. Não é o caso da nulidade absoluta que, por ser de interesse público, pode ser levantada a qualquer tempo, inclusive de ofício.

Na lição de Marcos Vinicius Neder e Maria Tereza Martínez López, a preclusão tem o seguinte significado: "Em processo fiscal, a inicial e a impugnação fixam os limites da controvérsia, integrando o objeto da defesa às afirmações contidas na petição inicial e na documentação que a acompanha. Se o contribuinte não contesta alguma exigência feita pelo Fisco, na fase da impugnação, não poderá mais contestá-la no recurso voluntário. A preclusão ocorre com relação à pretensão de impugnar ou recorrer à instância superior".[45]

O princípio da preclusão não figura em todas as obras que tratam deste tema específico, o que implica dizer que nem todos os autores reconhecem este princípio no processo administrativo tributário ou, pelo menos, não lhe dão a importância que justifique a inclusão neste rol.

Todavia, preferimos abordar este princípio, não pelo seu poder de particularização no processo administrativo, mas pela discussão que encerra se confrontado com outros princípios, tais como o da informalidade ou formalidade moderada e o da verdade real, princípios estes informadores do mesmo tipo de processo. Como admitir a coexistência do prin-

---

45. Marcos Vinicius Neder e Maria Teresa Martinez López, *Processo Administrativo Tributário*, cit., p. 78.

cípio da preclusão que limita a oportunidade de aduzir razões de defesa com o princípio da verdade real que prima pela busca de informações e provas fora do processo, permitindo até que o julgador levante questões contrárias ao lançamento de ofício?

A justificativa do princípio da preclusão está na própria vocação instrumental do processo, de qualquer esfera (administrativa ou judicial). O processo, como instrumento que é, para se obter uma decisão no final, deve ser impulsionado a prosseguir, sem retrocessos, sem voltar a estágios anteriores, considerando os atos processuais praticados definitivos, ressalvados, é claro, os casos de nulidades.

Há que se admitir que o reconhecimento da preclusão em processo administrativo abre uma tensão diante de princípios que informam esta espécie de processo, tais como o da verdade real, o da informalidade ou mesmo diante da possibilidade de a Administração Pública poder rever os seus atos quando contrários à lei. A coexistência destes princípios é matéria tormentosa e desafia o exegeta a fazer as mitigações necessárias para que estes não colidam frontalmente, anulando-se uns aos outros. Porém, a permissão para introduzir na via administrativa a preclusão decorre da própria essência instrumental do processo, na medida em que este instrumento representa o caminho em direção a uma conclusão final, dentro de um propósito de irreversibilidade dos atos praticados. Admitir novos argumentos da parte contestatória a cada momento paralisaria o processo, visto que haveria um retrocesso em sua tramitação na necessidade de proferir novos julgamentos neles baseados.

A preclusão pode ser traduzida no princípio da eventualidade ou da concentração da defesa na contestação, ao se tratar de processo judicial. Este princípio adaptado ao processo administrativo tributário requer que todas as razões de defesa que o contribuinte pretenda arguir devam ser apresentadas na primeira oportunidade em que ele questionar o lançamento. A não contestação de determinado fato impõe ao julgador presumir verdadeira a acusação fiscal.

Portanto, a admissão de inovações nas razões de defesa aniquilaria os fundamentos do processo, pois que a ordem sequencial dos atos praticados se inverteria e o processo teria o seu ciclo de tramitação tumultuado, só servindo aos interesses daqueles que se utilizam do processo como uma maneira de postergar a solução final.

É tradição do Direito considerar não impugnada a matéria que não tenha sido expressamente contestada na primeira oportunidade em que a parte interessada falar no processo. É neste sentido que orienta o art. 302 do CPC, ao afirmar que "Cabe também ao réu manifestar-se precisamente sobre os fatos narrados na petição inicial. Presumem-se verdadeiros os fatos não impugnados (...)".

No mesmo sentido prescreve o art. 58 do Decreto 7.574/2011 que dispõe sobre o processo administrativo fiscal federal. Eis os seus termos:

"Art. 58. Considera-se não impugnada a matéria que não tenha sido expressamente contestada pelo impugnante."

O Decreto também delimita a oportunidade da apresentação da prova documental no contencioso administrativo tributário, ao exigir que esta prova seja apresentada junto com a impugnação, reconhecendo a *preclusão* do direito de fazê-lo posteriormente, ressalvadas as seguintes hipóteses: (I) quando se demonstre a impossibilidade da apresentação da prova no momento oportuno por motivo de força maior; (II) que a prova se refira a fato ou direito superveniente; ou (III) que a prova se destine a contrapor fatos ou razões posteriormente trazidas aos autos pelas partes processuais (§ 4º do art. 57).

O duplo grau de jurisdição, que é uma garantia do litigante para julgamento de processo administrativo e judicial, também fornece suporte de admissibilidade da preclusão. No caso do processo administrativo tributário, se a matéria não for apresentada na primeira oportunidade em que o acusado se manifesta no processo, que é a impugnação do lançamento, sempre haverá supressão de instância, pois o julgador singular não irá apreciar a matéria somente apresentada na fase de recurso. Além disso, não reconhecer a preclusão no direito de recorrer traria como consequência a dilatação do prazo recursal, visto que o contribuinte poderia apresentar uma petição preliminar, sem conteúdo capaz de atacar o ato fiscal, para cumprir formalmente o prazo protocolar, e, em tempo posterior, produzir e apresentar a defesa de fato, com todos os argumentos de vigor para contraditar o lançamento. Portanto, não estivesse previsto em lei, a ordem normal das coisas induz à conclusão da necessidade de se aduzir todas as razões de defesa e suas respectivas provas, na primeira manifestação no processo.

Por outro lado, têm-se os argumentos que militam contra a preclusão no processo administrativo. Em primeiro lugar, conforme já mencionado, os princípios da verdade real e da informalidade abrem uma maior liberdade de ação da defesa e uma perspectiva investigatória pelo julgador durante a fase processual para trazer aos autos novas informações, novas provas, novos fatos, para a busca da melhor verdade. E esta conduta ativa do julgador no processo não se compatibiliza com o fenômeno da preclusão.

O segundo aspecto que se contrapõe à preclusão é de origem normativa e se verifica na Lei 9.784/1999, que dispõe sobre o processo administrativo federal. Pelo § 2º do art. 63, o não conhecimento do recurso pelas razões expostas no *caput* do artigo, "não impede a Administração de rever de ofício o ato ilegal, desde que não ocorrida a preclusão administrativa".

O mesmo diploma legal, em seu art. 65, prevê que "Os processos administrativos de que resultem sanções poderão ser revistos, a qualquer tempo, a pedido ou de ofício, quando surgirem fatos novos ou circunstâncias relevantes suscetíveis de justificar a inadequação da sanção aplicada".

Para concluir, a despeito destas orientações aparentemente contraditórias, parece possível a coexistência dos princípios mencionados no processo administrativo tributário, desde que a sua aplicação seja mitigada a ponto de trazer benefícios à tramitação e à objetividade do processo. A busca da verdade real e o informalismo não podem ser justificativas para tumultuar a tramitação processual nem biombo para dissimular práticas processuais incompatíveis com a prática da dialética, que consistem em trazer aos autos provas e argumentos novos, de forma extemporânea, para surpreender a outra parte, tentando desarmá-la em sua argumentação. A boa-fé das partes deve nortear o julgador neste particular. Cabe ao julgador, com seu poder de discernimento, detectar as hipóteses em que as inovações no processo (novas matérias e novas provas) devam ser necessariamente acolhidas, em razão do princípio da verdade real e a partir de que ponto estas inovações devam ser repelidas por representarem medidas protelatórias, ou mesmo litigância de má-fé. À preclusão deve ser atribuída esta importante função de moderar as inovações no processo para que este não se desvie de sua finalidade de solução da lide.

1.2.6 Processo administrativo tributário: seu uso facultativo, suas vantagens e desvantagens e desistência da lide

1.2.6.1 Uso facultativo do processo administrativo

O sujeito passivo, ao ser notificado de um lançamento tributário, no qual a Fazenda Pública estabeleceu uma pretensão de exigir um crédito tributário que julga lhe ser devido, tem a sua disposição algumas alternativas no trato deste lançamento: a primeira é fazer o pagamento do crédito tributário lançado, em parcela única ou de forma parcelada, não fazendo uso de qualquer forma de impugnação. É uma decisão de gestão da pessoa notificada que deve estar ancorada na diminuta probabilidade de êxito no manuseio da defesa administrativa ou judicial. Esta alternativa foge aos interesses deste trabalho. Uma segunda alternativa é buscar a tutela judicial, já de imediato, contra a pretensão da Fazenda Pública, sem passar pela esfera da defesa administrativa. Uma terceira opção à disposição da pessoa notificada é a impugnação do lançamento em sede da Administração, dando origem ao processo administrativo tributário. Cabe ainda mencionar uma quarta alternativa, por vezes adotada por contribuintes menos esperançosos, que seria manter-se inerte, sem tomar providência alguma, não adimplindo com a obrigação lançada nem interpondo defesa alguma, deixando ocorrer a lide à revelia. Evidentemente, esta é uma conduta não recomendável por razões que não cabe aqui relatar.

Com relação à escolha do processo administrativo ou judicial, mais adiante serão examinadas as vantagens e desvantagens de cada alternativa em relação às outras, orientando o contribuinte na definição de sua opção.

Por ora, o que se pretende enfatizar é a facultatividade do uso do processo administrativo pelo ordenamento jurídico vigente. Afinal, a ninguém pode ser negado o livre acesso ao Poder Judiciário para defender os direitos lesados ou com ameaça de lesão. É o que prevê o art. 5º, inciso XXXV da Constituição Federal, nos seguintes termos: "a lei não excluirá da apreciação do Poder Judiciário lesão ou ameaça de direito". Isto implica dizer que o contribuinte contra o qual pesa um lançamento tributário tem o direito de ingressar imediatamente no Poder Judiciário, sem passar pela esfera administrativa. Evidentemente, o ingresso no

Poder Judiciário também pode ocorrer após o exaurimento do processo administrativo, com decisão desfavorável ao contribuinte, caso ele tenha se utilizado desta esfera de defesa inicialmente.

Portanto, o contribuinte tem o livre-arbítrio para escolher a via na qual pretende discutir a sua pendência jurídica tributária, entretanto, uma vez optado pela via judicial, opera a desistência tácita da esfera administrativa. Não haveria sentido manter tramitando um processo administrativo sabendo-se que a matéria terá solução por decisão judicial. Faltaria a este processo objeto. Ressalte-se, porém, que esta desistência tácita somente se configura com relação à mesma matéria e objeto, de maneira que nada obsta, por exemplo, que o contribuinte que esteja discutindo no Poder Judiciário o direito a um crédito do ICMS, em ação declaratória, instaure o processo administrativo contra o lançamento lavrado com relação a esta matéria (supondo que ainda não houve decisão judicial), com relação às matérias diversas do mérito em discussão no Judiciário, como as formalidades do lançamento, multa imputada ou decadência. São planos de discussões diferentes e excludentes. A desistência da lide administrativa somente se verifica, nesta hipótese, no mérito do direito ao crédito.

Sabe-se que o anteprojeto do Código Tributário Nacional (CTN), de autoria de Rubens de Souza, previa a obrigatoriedade de o contribuinte submeter a sua causa tributária primeiro ao tribunal administrativo antes de ingressar na esfera judicial. Nos termos do art. 303, teria de esgotar todos os recursos cabíveis, tanto os de sua própria iniciativa como da Fazenda Pública, como pressuposto básico para invocar o Poder Judiciário. A exceção ficava por conta do mandado de segurança, instrumento que sempre estava à disposição do contribuinte que se sentia lesado em seu direito, na hipótese em que se reuniam os pressupostos daquela medida.

Já naquela época, vozes se levantavam contra esta restrição do direito de invocar o Judiciário em questões tributárias, vendo nela uma flagrante inconstitucionalidade, de modo que acabou vingando o projeto de Ulhôa Canto, segundo o qual a via administrativa para o julgamento da lide tributária passou a ser facultativa, regra que permanece em vigor até os nossos dias.

Cabe ainda o registro sobre a motivação da origem do processo administrativo tributário. Este surgiu por interesse dos órgãos de arrecadação, buscando com a sua implantação maior celeridade na solução da lide e, por consequência, o recebimento mais rápido do crédito tributário lançado. Obviamente, estes órgãos contavam com a baixa adesão dos contribuintes notificados aos recursos judiciais, que se dariam por satisfeitos diante do julgamento nos tribunais administrativos. Portanto, os conselhos de contribuintes, que hoje conhecemos, têm na sua raiz o interesse arrecadatório, não o de fazer a verdadeira justiça fiscal, por isso a insistência em limitar nas legislações de quase todos estes colegiados a competência judicante aos atos normativos do Poder Executivo, vedando a apreciação de matéria que envolva conflitos de normas.

1.2.6.2 Vantagens do processo administrativo tributário

Diante das opções acima enumeradas de que dispõe o sujeito passivo notificado de um lançamento tributário, para dar o melhor encaminhamento da situação (pagar o valor lançado, em quota única ou em forma de parcelas, impugnar o lançamento diante do Poder Judiciário ou em sede administrativa), cabe fazer uma análise das vantagens e desvantagens de recorrer do lançamento administrativamente, perante os tribunais administrativos, normalmente denominados de conselhos de contribuintes.

Antes de seguir com a matéria aqui proposta, cabe um pequeno comentário com relação ao parcelamento, já que esta é uma das alternativas que o contribuinte dispõe diante de uma notificação fiscal. Em primeiro lugar, o parcelamento foi incluído no CTN, pela redação da LC 104/2001, como uma das hipóteses de suspensão da exigibilidade do crédito tributário (CTN, art. 151, VI), o que é uma redundância, visto que o parcelamento não deixa de ser uma modalidade de moratória de caráter individual. Além do mais, o parcelamento constitui uma forma de suspensão de fato da exigibilidade do valor correspondente às prestações vincendas, afinal, a Fazenda Pública anuiu na composição da forma parcelada de pagamento, excluindo a possibilidade de execução forçada, pelo menos enquanto houver pontualidade nos recolhimentos.

Em segundo plano, algumas repartições fazendárias costumeiramente induzem o contribuinte a formalizar uma "confissão irretratável dos débitos tributários" como condição para ser beneficiado com a aceitação de sua proposta de parcelamento. Adverte-se que esta confissão não tem nenhuma consistência jurídica do ponto de vista de ratificar a existência do débito; é letra morta, sem qualquer valor legal, porque esta chamada "confissão de débitos" não impede que posteriormente o contribuinte discuta estes valores através de ação própria. O crédito tributário nunca se constitui ou se torna definitivo por uma confissão do contribuinte; o crédito tributário surge da ocorrência do fato gerador em concreto, e este depende de lei. Se mais tarde o contribuinte conseguir provar que este crédito era inexistente, que a relação jurídico-tributária não se firmou, de nada vale a confissão da dívida.

Ainda com relação a este tema, também ocorre a quebra da garantia constitucional da tutela judicial (CF, art. 5º, XXXV) geralmente nos programas de refinanciamento, tão em moda nos nossos dias, programas adotados por diversos entes federados. Nestes programas, é comum o contribuinte ser compelido a declarar a sua desistência da ação judicial, ou a renunciar ao direito de ação, para ser aceito no programa de refinanciamento. Tal declaração não tem valor legal. Não pode o Estado, sob qualquer pretexto, impedir o acesso do administrado ao Poder Judiciário para defender os seus direitos ameaçados. A desistência ou a renúncia de ação ao Judiciário por parte do contribuinte como requisito para ser aceito no programa de refinanciamento é cláusula ilegal, podendo este reivindicar a sua aceitação ao programa sem atender a este requisito. A condição que o Estado pode estabelecer, no entanto, é extinguir o processo de parcelamento diante da interposição de uma ação judicial contra o crédito tributário parcelado, visto que as condutas são excludentes. O contribuinte não pode obter parcelamento e ao mesmo tempo questionar a legalidade da exigência do mesmo valor. Entendemos, porém, que em se tratando de um programa de refinanciamento que conceda, cumulativamente, algum benefício fiscal, (remissão, anistia...), pode a Fazenda Pública estabelecer condições para o benefício, entre as quais, a do comprometimento do contribuinte devedor não ingressar em juízo com relação ao débito tributário objeto do pacto.

Voltemos à matéria em destaque neste tópico.

Como vantagens em ingressar primeiramente na via administrativa para discutir a matéria tributária, cabe destacar as seguintes:

Uma primeira vantagem que particulariza o processo administrativo é a *gratuidade processual*. Trata-se de uma justiça gratuita, sem sucumbência, sem custas, salvo as taxas cobradas pela repartição fazendária no recebimento das petições. A cobrança das custas judiciais no processo judicial é causa de impacto na decisão pela alternativa do processo administrativo.

A *especialização técnica dos julgadores* em sede da Administração também se firma como vantagem no contencioso administrativo. A matéria será examinada por julgadores ou conselheiros com conhecimentos técnicos especializados na área tributária específica. Tanto para os conselheiros representantes da Fazenda Pública como para os representantes das federações dos contribuintes, é exigido como requisito, conhecimento jurídico tributário, na área específica de sua atuação.

O Direito Tributário é marcado pela extrema especialização de conhecimento técnico, na medida em que os diversos tributos são regulados por microssistemas jurídicos próprios, demandando um conhecimento extremamente especializado do aplicador do Direito específico. Basta citar a legislação do imposto de renda e do ICMS – apenas dois impostos –, para exemplificar a complexidade das legislações tributárias. É evidente que os juízes de Direito não podem se dedicar quase que integralmente a esta matéria em detrimento de outros campos do Direito, visto que a sua atuação é mesclada de demandas das mais variadas áreas jurídicas, sendo que a área tributária talvez seja aquela com menor demanda. Os juízes administrativos, por sua vez, têm dedicação específica na área tributária, o que os torna conhecedores da matéria, cabendo a eles até a responsabilidade de dar a melhor solução aos casos concretos.

Importante a lição de Hugo de Brito Machado neste sentido. Escreve ele:

"Pode parecer estranho que o contribuinte, dispondo da via judicial para a defesa de suas pretensões concernentes à tributação, vá a Juízo para defender o seu direito a uma decisão administrativa sobre as mesmas. Quem militou na defesa de contribuintes na via administrativa, porém, sabe que muitas vezes o exame dos fatos, no processo administrativo fiscal, se faz com mais conhecimento de causa. E muitas questões de direito ordinário são também melhor apreciadas. A legislação específica de cada tributo é muito melhormente conhecida das autoridades administrativas julgadoras do que da maioria dos Juízes.

"Quando o deslinde do caso depende da aplicação de princípios jurídicos, depende de uma visão mais geral e sistêmica do Direito, evidentemente o Juiz será melhor julgador do que a autoridade administrativa. Mas quando o adequado deslinde do caso depende apenas do conhecimento específico de certas normas da legislação tributária, ou do conhecimento do que rotineiramente ocorre na atividade empresarial, seguramente o contrário acontece.

"Casos, aliás, já ocorreram, nos quais o contribuinte, autuado, foi a Juízo e afinal perdeu a causa, enquanto outros, em situações exatamente iguais, tiveram seus direitos assegurados no julgamento das respectivas ações fiscais na via administrativa."[46]

A *celeridade no julgamento* é outro aspecto positivo no processo administrativo. Ressalvadas as hipóteses em que o contribuinte reclama apenas com finalidade procrastinatória, é de se esperar que ele tenha interesse em ver a questão resolvida com a maior brevidade possível. Certamente, o processo nos tribunais administrativos caminha muito mais rápido para a conclusão do que no Poder Judiciário. A celeridade processual está vinculada à segurança jurídica, tão importante no mundo dos negócios.

Pode também favorecer o contribuinte o fato de a *capacidade postulatória* não ser exclusiva de advogado, podendo ele mesmo, em tese, fazer a sua autodefesa. Em regra, não há exigência legal para que a defesa junto aos tribunais administrativos seja subscrita por advogado. O estatuto da OAB não prevê a obrigatoriedade da presença de advogado nas defesas fiscais na via administrativa. Pode, entretanto, uma unidade da Federação restringir a capacidade postulatória ao advogado. Mas alerta-se: é recomendável que a defesa seja efetuada por um advogado, ou, então, por uma pessoa com profundo conhecimento do Direito Tributário material e processual, para evitar que o contribuinte acusado venha sofrer frustrações em sua pretensão de defesa.

Apontaríamos ainda como motivação a que o contribuinte inicie sua contestação no plano administrativo a *ampliação das oportunidades de defesa*, com possibilidade de obter êxito na extinção do crédito tributário. Ocorre que a decisão administrativa irreformável é causa de ex-

---

46. Hugo de Brito Machado, *Mandado de Segurança em Matéria Tributária*, 5ª ed., São Paulo, Dialética, 2003, p. 274.

tinção do crédito tributário (art. 156, IX, do CTN), vinculando, assim, a Administração. Por outro lado, vencido o contribuinte, este pode reiniciar a discussão no Poder Judiciário.

Por último, certamente a vantagem de maior impacto é o *efeito suspensivo da exigibilidade* do crédito tributário objeto do lançamento impugnado administrativamente, nos termos do art. 151, inciso III, do CTN.

Segundo o dispositivo mencionado, "Suspendem a exigibilidade do crédito tributário: (...) III – as reclamações e os recursos, nos termos das leis reguladoras do processo tributário administrativo". Portanto, o processo administrativo tributário, na sua versão contenciosa contra um lançamento tributário, é causa de suspensão da exigibilidade do crédito tributário pelo tempo que tramitar, até a sua decisão definitiva na Administração.

Durante o processo administrativo tributário, pelo fato de o crédito tributário impugnado ainda não estar apto a ser exigido, o contribuinte não pode ser privado de nenhum direito sob o fundamento de ser devedor da Fazenda Pública. Para a finalidade executória, o crédito ainda não está definitivamente constituído. O contribuinte, por meio de argumentações de defesa, pode reverter a situação a seu favor e provar a improcedência do lançamento. Por isso, é ilícito à administração tributária impor qualquer medida restritiva contra este contribuinte, tais como apreender mercadorias relacionadas ao lançamento, restringir a impressão de blocos de notas fiscais, negar o direito ao parcelamento previsto em lei, negar a concessão de benefícios fiscais concedidos aos demais contribuintes, concedendo a ele tratamento discriminatório, pelo simples fato de estar discutindo um lançamento tributário e, por óbvio, é totalmente improcedente a inscrição do crédito em discussão em dívida ativa, sob pena de nulidade absoluta do ato. Todas estas ações oficiais operam como cerceamento do direito à defesa e devem ser abolidas pelas administrações tributárias.

A suspensão da exigibilidade do crédito tributário é matéria de lei complementar e não pode ser restringida ou suprimida por lei ordinária. É de nenhum efeito a norma que pretenda excluir o efeito suspensivo de determinado recurso no decorrer da tramitação do processo administrativo. Os "termos das leis reguladoras do processo administrativo", expressão mencionada pelo inciso III do art. 151 da CTN, não devem ser interpretados como permissão para a lei ordinária interferir no efeito suspensivo, mas tão somente para regular o processo administrativo. A suspensão da exigibilidade é um efeito subjacente que tem início na data da impugnação do lançamento e irá se propagar até a decisão definitiva do tribunal administrativo, da qual não caiba mais recurso em sede da Administração, estando, então, o crédito definitivamente constituído, para ingressar em dívida ativa (art. 174, do CTN, in fine).

No Judiciário, o efeito suspensivo somente ocorre mediante a concessão de medida liminar em mandado de segurança (CTN, art. 151, IV), e na concessão de medida liminar e tutela antecipada em outras ações judiciais (art. 151, V do CTN – LC 104/2001). Pode-se dizer que, enquanto no processo administrativo o efeito suspensivo é regra, no processo judicial é exceção, ocorrendo em casos específicos e determinados pelo juiz.

O efeito suspensivo, além de impedir que o Estado faça a cobrança forçada de seu crédito tributário, atribui ao contribuinte a condição de adimplente, tendo como consequência o direito de obtenção de certidão positiva com efeito negativo, a seu pedido, nos termos do art. 206 do CTN, permitindo sua participação nas concorrências públicas, sem nenhuma restrição.

1.2.6.3 Desvantagens do processo administrativo tributário

Ao lado dos pontos positivos que militam a favor do processo administrativo, há outros que operam em desvantagem. Ei-los:

A *limitação de competência dos julgadores administrativos* encabeça o rol dos aspectos negativos anunciados. Conforme será demonstrado neste trabalho, consoante as legislações específicas, os julgadores administrativos não têm competência para julgar matéria que suscite a ilegalidade e a inconstitucionalidade de leis e demais atos normativos, discussão que deve ser direcionada para o Judiciário. O controle da constitucionalidade de normas é de competência exclusiva do Poder Judiciário que o fará, ou de forma difusa ou concentrada.

Esta restrição no poder de julgar não recebe a acolhida de toda a doutrina. As críticas são veementes e são baseadas no pressuposto de que todo cidadão deve submeter seus atos à Constituição Federal, ainda mais um agente público que está na posição de julgador para estabelecer a paz jurídica entre as partes, ainda que seja na fase administrativa. O tema é controverso e será matéria a ser analisada neste trabalho em tópico específico. Por ora, pretende-se registrar que as leis das entidades federadas, em geral, preveem expressamente esta limitação de competência.

Desta forma, se o contribuinte pretender discutir somente matéria relacionada a conflito de normas, mais especificamente, a inconstitucionalidade de uma lei tributária, em regra, o processo administrativo não será a via mais adequada para a solução da lide.

Opera também em desvantagem do processo administrativo em relação ao judicial a *não fluência do prazo prescricional*. A doutrina predominante hoje reconhece que durante o recurso na via administrativa não se inicia o prazo prescricional, o que obviamente não é de interesse do contribuinte. Nos termos do art. 174 do CTN, "A ação para a cobrança do crédito tributário prescreve em cinco anos, contados da data da sua constituição definitiva". Ora, conforme também será demonstrado mais adiante neste trabalho, a definitividade da constituição do crédito tributário, para fins da abertura da contagem do prazo prescricional, ocorre somente com o julgamento definitivo da lide na esfera administrativa, da qual não caiba mais recurso nesta via.

A *duplicidade de cognição* pode se representar numa desvantagem da opção pela via administrativa quando esta não der a solução pretendida pelo contribuinte, e a lide ingressar no Poder Judiciário. Neste caso, somando o tempo decorrido na tramitação do processo administrativo e do judicial tem-se uma demora maior para a solução final da contenda. Se vencido no tribunal administrativo, novo processo se inicia no Judiciário, sem nenhum aproveitamento da cognição na esfera administrativa. Esta desvantagem está mais relacionada ao sistema do que aos interesses do contribuinte. O sistema de solução das lides tributárias, na chamada duplicidade de cognição, representa um desperdício de tempo e trabalho.

A *falta de independência* ou a *independência relativa dos tribunais administrativos* em sua função judicante também pode ser pontuada como desvantagem no processo administrativo. Um julgamento isento e imparcial requer autonomia e independência do seu julgador. É óbvio que o Poder Judiciário atua com maior independência e imparcialidade que os tribunais administrativos, o que não significa dizer que haja, necessariamente, interferência direta no julgamento na via administrativa. A interferência pode ocorrer de forma indireta, com o uso inadequado do poder de nomeação e de exoneração dos membros dos tribunais pela autoridade do Poder Executivo, e, principalmente, por meio da legislação intervencionista no procedimento e estrutura do tribunal administrativo.

De qualquer forma, já se trilhou um longo caminho em direção à desvinculação da atividade estatal de julgamento da atividade arrecadadora do Estado. Guardadas algumas ressalvas pontuais, os tribunais administrativos têm prestado um relevante serviço ao contribuinte, proferindo decisões isentas e imparciais, com apurado critério técnico, de modo a reduzir substancialmente a necessidade de o contribuinte buscar sua tutela no Poder Judiciário.

1.2.6.4 Desistência do litígio na esfera administrativa em razão da propositura de ação judicial sobre o mesmo objeto – Sua relativização no contexto

Já se demonstrou que o contribuinte não é obrigado a iniciar a sua contestação contra o lançamento do crédito tributário na via administrativa. Da mesma forma, também não é obrigado a exaurir este processo para ingressar em juízo. A qualquer tempo, em qualquer fase do processo administrativo, pode o contribuinte buscar a sua tutela no Poder Judiciário. Entretanto, esta iniciativa, por conta das legislações dos entes federados e da Lei de Execução Fiscal, n. 6.830/1980, art. 38, parágrafo único, terá como repercussão a desistência tácita do processo administrativo. Uma vez provocado o Poder Judiciário para julgar a lide, o processo administrativo perde o objeto, pois no final o que prevalece é a decisão judicial.

Portanto, tratando-se de ação judicial contra um lançamento tributário já devidamente constituído não há maiores problemas em admitir a exclusividade da apreciação pelo Poder Judiciário, afastando qualquer interesse processual em sede administrativa. O órgão de julgamento administrativo deve ser poupado de discutir um fato concreto, circunscrito no ato do lançamento, eis que no final prevalecerá a decisão judicial, que julgará procedente a exigência fiscal ou o declarará improcedente, com a decretação consequente da extinção do referido crédito tributário. Nesta hipótese, a discussão no Poder Judiciário abrange o lançamento, tanto na sua formalidade constitutiva, como na sua fundamentação de mérito, seja matéria de fato ou de direito. Enfim, o objeto da análise é o lançamento tributário em todas as suas dimensões, afastando a possibilidade de o contribuinte notificado poder acionar também a Administração, para submeter a ela as mesmas razões de defesa levadas à apreciação do magistrado. Tal acionamento do órgão de julgamento administrativo seria ato inconsequente, porque dele não resultaria efeitos práticos, já que prevalece a decisão proferida pelo Poder Judiciário.

O tema reivindica uma análise mais detida quando o contribuinte se antecipa à movimentação da Administração na busca de seu crédito via lançamento de ofício, e ingressa com ação judicial requerendo a manifestação do Poder Judiciário sobre uma matéria demarcada em seu pedido, no sentido de impedir que a Fazenda Pública faça a exigência do referido tributo. Este cenário pode ocorrer, por exemplo, diante de uma ação declaratória, através da qual o contribuinte requer do magistrado uma declaração de direito preexistente, que pode ser pela declaração de inexistência de uma relação jurídica tributária (ato impeditivo de cobrar determinado tributo) ou pela existência de uma relação jurídica tributária (declaração de um direito ao crédito de imposto para compensação, no caso do ICMS).

Na hipótese mencionada o magistrado aprecia a matéria de direito que lhe foi submetida, mas não o lançamento de ofício, que ainda não foi constituído. Caso sobrevier o lançamento à impetração da ação declaratória, o contribuinte terá justo interesse em impugná-lo em processo administrativo, não para submeter ao tribunal administrativo a matéria de mérito que já está na esfera judicial, mas para opor resistência contra questões relacionadas à atividade do lançamento, como, por exemplo, vícios de formalidade que resultam na nulidade ou anulabilidade do ato, decadência do direito constitutivo da Fazenda Pública e, principalmente, contra os acréscimos legais, juros e multa, enfim, todos os elementos do lançamento que por óbvio não foram submetidos à apreciação do Poder Judiciário.

Para exemplificar, imaginemos uma situação em que um contribuinte do ICMS tribute determinada operação com mercadoria com uma alíquota de 17%, contrariando o entendimento do fisco que atribui a esta mesma operação a alíquota de 25%. Antevendo a cobrança do fisco mediante lançamento de ofício, o contribuinte interpõe uma ação declaratória para obter do Poder Judiciário uma sentença que reconheça a legalidade de seu procedimento. Mesmo antes da decisão judicial, o fisco efetua o lançamento com relação a esta diferença de alíquota. Neste caso tem o contribuinte legítimo interesse em questionar administrativamente o ato administrativo de lançamento, não no seu mérito, matéria já submetida ao Poder Judiciário, mas na adequação da sua forma à legislação procedimental, vícios de procedimentos, nulidades, decadência, multa e juros lançados, entre outras questões ligadas diretamente ao ato formal do lançamento.

Avançando um pouco mais nesta questão, pode ocorrer hipótese em que a discussão administrativa tenha por objeto o tributo exigido via lançamento, sem conflitar com a demanda judicial. Suponhamos que um contribuinte do ICMS tenha impetrado uma ação declaratória para que lhe seja reconhecido o direito a um crédito do ICMS transferível a outro contribuinte, através da sistemática de transferência de crédito acumulado, e que este contribuinte, mesmo antes da decisão judicial, tenha efetuado tal transferência, com a emissão regular de nota fiscal própria. A administração tributária, por sua vez, não concordando com o procedimento, lavra lançamento, exigindo imposto e multa. Nesta hipótese o contribuinte pode submeter à apreciação, em processo administrativo, o lançamento em sua íntegra, tanto com relação à multa como com relação ao imposto. Sobre a discussão da multa já se registrou a possibilidade linhas acima. Mas como se poderia abrir debate sobre o imposto em âmbito administrativo, considerando que a matéria está aguardando julgamento no Judiciário? A resposta é que esta apreciação não se distancia da intimidade do lançamento. Ora, considerando o procedimento adotado pelo contribuinte, o de transferir ICMS mediante emissão de nota fiscal, ainda que o fisco considere irregular esta transferência, descabe a exigência do imposto no lançamento, eis que a nota fiscal gera um débito na conta do transmitente. Deve, pois, ser cancelado o imposto do lançamento para evitar exigência em duplicidade. Tal decisão administrativa não confronta o instituto da denúncia do processo administrativo diante do processo judicial, sobre a mesma matéria.

Há de se ser prudente, portanto, na análise desta questão da renúncia do processo administrativo por conta do acionamento do Poder Judiciário, para evitar que uma abordagem generalizada desta matéria venha ferir o direito de defesa do contribuinte no âmbito administrativo e afrontar o princípio constitucional (art. 5º, LV). Somente a plena identidade entre os pedidos formulados perante a Administração e o Poder Judiciário repele a concomitância da tramitação do processo nas duas esferas.

No contencioso administrativo tributário federal esta matéria já foi enfrentada, com solução oferecida neste sentido, conforme a seguinte ementa:

"Processo Administrativo Tributário – Concomitância com ação judicial – Cerceamento ao direito de defesa: Não havendo plena identidade entre a matéria submetida ao crivo do Poder Judiciário, e aquela formalizada no lançamento tributário, deve a autoridade administrativa encarregada do julgamento conhecer das razões da impugnação que não colidem com a controvérsia levada a Juízo, sob pena de restar caracterizado o cerceamento de defesa.

"Nulidade de decisão de primeira instância: É nula a decisão de primeiro grau que deixa de apreciar controvérsia para a qual inexiste óbice para seu conhecimento.

"Preliminar acolhida. Decisão anulada."[47]

A análise aqui proposta nem sempre oferece a facilidade exposta no exemplo em linhas anteriores. Por vezes há dificuldades de identificar a perfeita identidade entre a matéria questionada judicialmente com aquela submetida à apreciação administrativa. Hugo de Brito Machado Segundo recomenda que se verifique o pedido formulado na petição dirigida ao Poder Judiciário e o dispositivo da sentença. Escreve ele: "O relevante, para o deslinde de tais questões, é examinar os pedidos formulados na inicial da ação judicial (e não importa que seja um mandado de segurança, ou uma ação declaratória, ou anulatória), e, por conseguinte, os limites dentro dos quais será proferido o dispositivo da sentença. É esta matéria, delimitada pelo pedido formulado na ação judicial, que não pode ser objeto de decisão administrativa".[48]

---

47. Proc. 13808.000321/96-86, Rec 116.292/SP, *DOU* 25.2.1999, p. 13, *Revista Dialética de Direito Tributário* 44/233.

48. Hugo de Brito Machado Segundo, *Processo Tributário*, 3ª ed., São Paulo, Atlas, 2008, p. 123.

De fato, não é qualquer referência feita à determinada questão no relatório da decisão judicial que é causa de renúncia do processo administrativo sobre esta matéria, especialmente quando a referência está desatrelada do pedido na petição, porque o relatório não faz matéria julgada. Primeiro é preciso examinar o ânimo do contribuinte em obter a decisão judicial sobre determinada matéria, e para complementar a pesquisa há que se verificar a decisão tomada pelo juiz sobre o pedido. Não é demais lembrar que o não conhecimento de um recurso sob a alegação da existência de uma ação judicial sobre a matéria, caracteriza cerceamento do direito de defesa em não haver identidade entre as questões discutidas nos dois processos: judicial e administrativo.

Evidentemente, para que o processo administrativo seja extinto, é preciso que o órgão do tribunal administrativo seja cientificado da interposição da ação em juízo. Pode aí residir uma resistência por parte do contribuinte em fazer esta comunicação, porque a ele pode interessar manter em tramitação o processo administrativo para se aproveitar do seu efeito suspensivo da exigibilidade do crédito tributário, já que a ação judicial, em regra, não o beneficia com este efeito, exceto mediante concessão de liminar ou tutela antecipada (CTN, art. 151). No entanto, o contribuinte que permite a tramitação simultânea do processo judicial e administrativo, participando ativamente dos atos processuais, estará acionando a atuação estatal de forma inconsequente no que se refere ao processo administrativo, dissimulando o seu real objetivo que é a manutenção do efeito suspensivo do crédito tributário, podendo ser considerada uma litigância de má-fé.

A desistência tácita do processo administrativo também ocorre mediante o pagamento integral, ou em forma de parcelamento, do crédito tributário em discussão. O pagamento revela a concordância do contribuinte com a exigência. Nos termos do art. 156, I, do CTN, o pagamento é uma das formas extintivas do crédito tributário, desfazendo-se a relação jurídico-tributária entre o devedor e o sujeito ativo, e não teria sentido a permanência da lide sem o seu objeto, já que o crédito tributário foi extinto.

Por último, a desistência da lide ainda pode ocorrer de forma expressa, mediante a manifestação do contribuinte no sentido de desistir da continuidade do processo administrativo.

Com a desistência do recurso administrativo, assim havida em função da interposição de ação própria no Judiciário, extingue-se o objeto da lide no processo administrativo, não cabendo mais o julgamento de qualquer recurso na esfera administrativa. Isso permite ao fisco dar prosseguimento no processo da formação do título executivo, inscrevendo o crédito tributário em dívida ativa se o contribuinte não for autor de uma ação judicial que lhe proporcione o efeito suspensivo contra a exigibilidade do crédito tributário, como por exemplo, medida liminar ou tutela antecipada.

1.2.7 Capacidade postulatória no processo administrativo

A capacidade de postular deve ser entendida como a "aptidão para *realizar* os atos do processo de maneira eficaz".[49]

Distingue-se a capacidade postulatória da capacidade processual. A capacidade processual diz respeito à aptidão de ser parte numa relação processual, de ter legítimo interesse de acionar o Poder Judiciário para dele obter a prestação jurisdicional sobre uma lide, enfim, é o direito do cidadão de obter do Poder Judiciário a apreciação a lesão ou ameaça a direito (CF, art. 5º, XXXV). A capacidade processual constitui-se na legitimidade processual.

Por outro lado, a capacidade postulatória, mais restrita e especializada, habilita o indivíduo a agir concretamente no processo, seja em causa própria, ou representando terceira pessoa, neste caso, mediante instrumento de representação legal próprio.

Segundo os termos do art. 133 da Constituição Federal: "O advogado é indispensável à administração da justiça, sendo inviolável por seus atos e manifestações no exercício da profissão, nos limites da lei".

O Estatuto da OAB, Lei 8.906, de 4.7.1994, reproduz em seu art. 1º o seguinte mandamento:

"Art. 1º. São atividades privativas de advocacia:

"I – a postulação a qualquer órgão judicial do Poder Judiciário e aos juizados especiais;

"II – as atividades de consultoria, assessoria e direção jurídicas."

---

49. Hugo de Brito Machado Segundo, *Processo Tributário*, 3ª ed., São Paulo, Atlas, 2008, p. 123.

Portanto, em se tratando de postulação, esta atividade é privativa do advogado quando em juízo, na esfera do Poder Judiciário, não alcançando a postulação junto aos tribunais administrativos. Há uma discussão acerca do inciso II do artigo acima transcrito, entendendo alguns que a atividade de representar contribuintes junto aos órgãos administrativos de julgamento estaria englobada nas atividades de consultoria ou assessoria jurídica. Mas predomina o entendimento em sentido contrário, de modo que nos tribunais administrativos não se exige, em princípio, que a postulação seja feita por advogado.

Admitindo-se ser facultada[50] a constituição de advogado e não obrigatória, quando esta representação legal ocorrer, as prerrogativas dela decorrentes devem ser observadas nos moldes do processo forense. Devem ser observadas as garantias próprias do exercício da função da advocacia, cabendo à Administração estabelecer o elo de comunicação processual com o advogado, dando-lhe ciência dos atos praticados, das decisões e intimações pertinentes, permitindo-lhe ainda acesso aos autos.

Uma vez formalmente constituído o advogado, deve a Fazenda Pública a este dirigir as intimações, sob pena de nulidade do ato, falha não suprível com a comunicação do sujeito passivo outorgante. É neste sentido que já decidiu o STJ com base nos arts. 237, *caput*, inciso II, e 247, ambos do CPC, declarando nula a intimação feita ao impetrante e não ao seu advogado.[51]

O que se deve ter presente é que o fato de a legislação do processo administrativo não exigir a presença de advogado para a prática dos atos processuais não pode, de nenhuma forma, prejudicar aquele contribuinte que optar por constituir advogado para representá-lo na defesa administrativa, sob pena de se criar uma nova modalidade inusitada de cerceamento do direito de defesa. A representação por advogado, portanto, constitui-se em direito do contribuinte.

Todavia, mesmo que a legislação seja silente nesta questão da capacidade postulatória, é importante a qualidade técnica da pessoa que assume a tarefa de fazer a defesa tributária diante dos tribunais administrati-

---

50. A Lei 9.784/1999, em seu art. 3º, inc. IV prevê que o administrado pode "fazer-se assistir, facultativamente, por advogado, salvo quando obrigatória a representação, por força de lei".
51. HC 92988/SP, *DJe* 6.9.2010.

vos, tanto escrita como oral, feita em plenário, sob pena de o contribuinte ser prejudicado em seus direitos. Recomenda-se sempre o advogado, naturalmente. Na sua impossibilidade, que seja uma pessoa com conhecimento na área específica pertinente à matéria objeto da defesa.

A doutrina normalmente aponta duas razões de conveniência para a constituição de advogado, sem considerar as razões de ordem legal: a *conveniência técnica*, decorrente da capacidade técnica necessária para uma defesa potencialmente exitosa em suas pretensões e a *conveniência psíquica*, assim formulada pela distância psicológica que o representante legal mantém do conflito, podendo agir sem a inconveniência das forças de pressão que em nada colaboram numa boa produção de defesa.

Devemos lembrar que, no que se refere ao manejo do processo, o advogado tem mais poderes do que o contribuinte interessado e parte na lide. Estes poderes são inerentes ao exercício regular da profissão da advocacia. A retirada de processos para análise é uma prerrogativa do advogado inscrito no Estatuto da Ordem dos Advogados do Brasil, Lei 8.906/1994, art. 7º, XV. Esta prerrogativa é possível graças à confiabilidade que se deposita no poder de controle exercido pela OAB sobre o exercício profissional de seus filiados inscritos. Aliás, todos os órgãos representativos de classes profissionais representam uma extensão da Administração Pública na vigilância e controle do exercício profissional de seus filiados.

1.2.8 Depósito para garantia de instância – Sua inconstitucionalidade

Em análise anterior se examinou o direito constitucional à ampla defesa e contraditório no processo administrativo, com fundamentos no art. 5º, incisos LIV e LV da CF/1988. A despeito desta nova ordem constitucional, o ordenamento jurídico infraconstitucional, corroborado pelo STF, mantinha por um longo período a exigência da famigerada garantia de instância do processo administrativo, que consistia na exigência de depósito prévio para a admissibilidade de recursos em instância superior. A doutrina foi insistente no questionamento desta exigência que representava uma verdadeira obstrução ao exercício do direito de defesa administrativa. Nós também nos havíamos posicionado pela necessidade de remoção deste obstáculo anacrônico para o estabelecimento da dialética na discussão ampla das lides tributárias na esfera administrativa, em respeito à nova concepção constitucional no que diz respeito ao direito à defesa e o contraditório em sede administrativa. Não podíamos entender por que o contribuinte deveria "pagar" para que sua defesa em recurso fosse admitida.

Partindo da premissa de que a Carta Magna garante ao contribuinte o direito ao processo administrativo e de que este não será privado de seus bens sem o devido processo legal, deve-se concluir que a legislação infraconstitucional não pode criar óbices ou dificuldades para que este direito seja exercido plenamente. Qualquer norma que estabelece restrições ou condições de admissibilidade de recursos administrativos fora dos pressupostos processuais é inconstitucional.

O constituinte originário, ao inscrever na Constituição Federal que "aos litigantes, em processo judicial ou administrativo, e aos acusados em geral são assegurados o contraditório e ampla defesa, com os meios e recursos a ela inerentes" (art. 5º, LV), pretendeu remover, na verdade, qualquer obstáculo que pudesse interferir no direito do acusado em sua defesa. Defesa ampla significa o direito do exercício do contraditório em toda a sua plenitude, sem embaraços, sem condicionantes ou requisitos de admissibilidade, ressalvados aqueles que se constituam nos pressupostos de ação. A ampla defesa aqui instituída não pode ficar no campo programático, sem eficácia efetiva no mundo concreto. A ampla defesa não é uma carta de boas intenções e muito menos letra morta que desobriga a Administração Pública ao sem cumprimento. Muito pelo contrário, qualquer forma de cerceamento deste direito de defesa é causa de nulidade do ato administrativo ou do processo, dependendo do caso.

Há razões para pensar que também no processo administrativo há que se oferecer ao acusado o duplo grau de jurisdição, a exemplo do Poder Judiciário, haja vista que a Constituição Federal coloca os dois processos (administrativo e judicial) em igual posição, sem estabelecer nenhuma distinção com relação ao direito de defesa e ainda porque a palavra "recursos" dá a ideia do segundo grau de jurisdição. Recurso se faz do julgamento de primeiro grau. E o dispositivo (inciso LV do art. 5 da CF/1988) usou a palavra "recursos" indistintamente para os processos administrativos e judiciais.

O legislador constitucional, para dar maior ênfase ao direito do cidadão a insurgir-se contra ilegalidades praticadas pelo Estado, ou abuso de poder, visando a dar uma maior amplitude do direito de defesa, ainda inscreveu na Constituição Federal o direito de petição, independentemente do pagamento de qualquer taxa (art. 5º, XXXIV, "a"), dizendo que são a todos segurados, independentemente do pagamento de taxas, o direito de petição aos Poderes Públicos em defesa de direitos ou contra ilegalidade ou abuso de poder.

Pois bem, até aqui se demonstrou, com base nos dispositivos citados, o direito inquestionável que a Constituição Federal confere ao cidadão em produzir a sua defesa, o seu contraditório contra qualquer forma de acusação, tanto na via do processo administrativo como na via judicial.

A despeito desta orientação constitucional, legislações de algumas entidades federadas mantinham a exigência de depósito prévio ou outra condição de natureza econômica similar, para dar prosseguimento ao recurso a ser analisado em segunda instância, como ocorria, por exemplo, com o Decreto 70.235/1972, em seu art. 33, § 2º, que, numa primeira versão, exigia o depósito de 30% sobre o valor da exigência fiscal definida na decisão, condição esta que se transformou no arrolamento de bens do mesmo valor.

A pergunta era inevitável. Pode a Administração Pública condicionar o prosseguimento do recurso ao depósito prévio do valor parcial ou integral do crédito tributário que se pretende impugnar, ou impor arrolamento de bens ou ainda constituir qualquer outra imposição de repercussão econômica?

Evidente que não. Tal exigência fere mortalmente o princípio constitucional da ampla defesa. Exigir o depósito prévio é restringir um direito que a Constituição Federal procurou ampliar. O duplo grau de jurisdição deve ser oferecido tanto na esfera judicial como na administrativa. A Carta Magna não estabeleceu nenhuma diferença nesta questão.

Para autores que representam a maioria na doutrina, entre os quais Ives Gandra Martins, José Augusto Delgado, Hugo de Brito Machado, Yoshiaki Ichiara, entre outros, o depósito prévio para admissibilidade de recurso afronta o princípio constitucional da ampla defesa.[52]

---

52. Ives Gandra da Silva Martins (Coord.), *Processo Administrativo Tributário*, cit.

No entanto, por muito tempo o STF adotava entendimento diverso, no sentido de que a exigência de depósito prévio ou arrolamento de bens como condição para a admissibilidade do exame de recurso, em sede de segundo grau, não estaria contrariando a Constituição Federal no que tange ao direito à ampla defesa e contraditório. Os fundamentos básicos desta Corte derivavam da não obrigatoriedade do oferecimento do duplo grau de jurisdição no contencioso administrativo, sob a orientação da Constituição Federal. Entendimento equivocado que mais tarde seria reformulado.

Inspirados na doutrina dominante, posicionamo-nos sempre pela inconstitucionalidade da exigência de depósito prévio do valor parcial ou integral do crédito tributário que se pretende discutir. Firmou-se esta posição não só porque a exigência de depósito afrontaria o direito ao contraditório em sua plenitude, mas também porque atenta contra o princípio da isonomia inserido no capítulo do Sistema Tributário Nacional da mesma Carta, artigo 150, II, segundo o qual "(...) é vedado à União, aos Estados, ao Distrito Federal e aos Municípios (...) II – instituir tratamento desigual entre contribuintes que se encontrem em situação equivalente".

Ora, condicionar a revisão administrativa do lançamento ao depósito prévio é restringir o direito de ampla defesa aos administrados ou contribuintes que dispõem de maior liquidez financeira, em detrimento dos menos favorecidos economicamente. Quer nos parecer que esta não é a ampla defesa que a Constituição Federal estabeleceu.

E que não se argumente que o depósito prévio não se constitui numa forma de restrição ou mesmo cerceamento do direito de defesa, considerando que o valor é ressarcível no caso de o julgamento ser favorável ao contribuinte. Sabe-se que os lançamentos tributários, que se constituem de imposto corrigido monetariamente, multa e juros, que geralmente abrangem os últimos cinco anos, dentro do período decadencial, muitas vezes são de valores importantes, por vezes desproporcionais à capacidade financeira do sujeito passivo. Exigir que o contribuinte notificado retire do seu capital de giro um montante de 30% do valor do crédito tributário, como era de exigência da Receita Federal, para o depósito de admissibilidade do recurso administrativo, é exigir um esforço incompatível com a doutrina constitucional do direito à ampla defesa do contribuinte. Na vida prática das empresas, o valor de 30% do montante do crédito tributário representa uma diminuição do capital de giro necessário para operar os seus negócios, isto, se é que a empresa dispõe deste capital sem precisar recorrer a empréstimos bancários, cujo preço da dívida (juros) dará outro golpe em sua situação econômico-financeira. Certamente, o constituinte não deve ter admitido em seu imaginário tais restrições ao direito de defesa como se o volume de dinheiro necessário para o depósito fosse um detalhe de menor importância no nosso cenário econômico.

Também não procede o argumento de que o contribuinte sempre tem o Poder Judiciário para recorrer contra as pretensões de cobranças tributárias do Estado, subjugando a importância do processo administrativo. Cabe lembrar que no Direito Tributário, em regra, somente as impugnações na esfera administrativa suspendem a exigibilidade do crédito tributário, de forma geral, sendo que nas discussões judiciais, a suspensão somente ocorre mediante concessão de liminar ou tutela antecipada (CTN, art. 151). Daí a importância do julgamento administrativo para o contribuinte, não lhe podendo ser negado este direito com imposições de depósitos ou condições que os valham para o oferecimento do duplo grau de jurisdição.

A chamada *jurisdição única* que vige entre nós, segundo a qual, somente o Poder Judiciário tem a competência de dizer o direito, ou de dar a decisão conclusiva, fazendo matéria transitada em julgado, retira importância do julgamento dos tribunais administrativos sob o ponto de vista da definitividade da decisão, mas não estabelece qualquer ordem de inferioridade ao processo administrativo no que se refere ao direito do contraditório do acusado, no caso da relação jurídica tributária, ao sujeito passivo da obrigação tributária.

Ademais, frisa-se: a Constituição Federal não deixou nenhuma lição que pudesse dar algum indicativo que relativizasse a importância do recurso administrativo. Pelo contrário, colocou em pé de igualdade o processo administrativo e judicial no tocante ao direito de defesa. Se no processo judicial há a garantia do duplo grau de jurisdição, este direito também está garantido no processo administrativo.

Por todo o exposto, pensamos que a Constituição hoje vigente representa um avanço na garantia de direitos fundamentais do cidadão, entre os quais o direito de questionar atos da Administração Pública, instrumentalizado com o devido processo legal. Este direito afasta os comportamentos arbitrários das autoridades administrativas que eram uma constante no regime de exceção pelo qual o Brasil passou em épocas passadas e, por certo, a ênfase que o constituinte deu a este direito tem na sua inspiração o repúdio a qualquer medida arbitrária que não se coaduna com um regime democrático. Talvez ainda não tenhamos assimilado, em sua plenitude, alguns avanços no campo do direito do cidadão perante a Administração Pública, sempre apresentada como um ente com a supremacia quase intocável de seus poderes sobre os administrados. A supremacia deve ser reconhecida em face da sobreposição do interesse público sobre o privado, mas esta qualidade inerente à Administração Pública não pode significar o desrespeito aos direitos fundamentais do cidadão que, aliás, foram duramente conquistados pelo povo brasileiro.

A despeito de toda esta argumentação contrária à exigência de depósito para garantia de instância, conforme já mencionado, o STF decidia de forma contrária. Porém, posteriormente esta Corte tomou nova orientação, no sentido de fulminar a exigência de qualquer depósito prévio para a admissibilidade de recurso administrativo, considerando tal medida uma transgressão ao art. 5º, LV da Constituição Federal. Este novo posicionamento já veio com atraso. A boa doutrina já havia sedimentado entendimento contrário à exigência deste depósito havia um bom tempo. Seguem ementas transcritas:

"Depósito do valor da multa como condição de admissibilidade do recurso administrativo. Ocorrência de transgressão ao art. 5º, LV, da Constituição da República. Nova orientação jurisprudencial. Recurso extraordinário. Exigência legal de prévio firmada pelo Plenário do Supremo Tribunal Federal. Cautelar submetida a referendo. 1. Recurso extraordinário. Concessão de efeito suspensivo. Plausibilidade jurídica da tese posta no recurso extraordinário, acolhida por deliberação do Plenário deste Supremo Tribunal. 2. A exigência legal de prévio depósito do valor da multa, como pressuposto de admissibilidade de recurso de caráter meramente administrativo, transgride o art. 5º, LV, da Constituição da República. 3. Decisão cautelar referendada."[53]

Outra decisão neste sentido, que demonstra a revisão jurisprudencial desta Corte sobre o tema.

---

53. AC QO 1931/SP, rela. Min. Ellen Gracie, *DJ* 27.6.2008, p. 56.

"*Ementa*: Recurso extraordinário. Exigência legal de prévio depósito do valor da multa como condição de admissibilidade do recurso administrativo. Ocorrência de transgressão ao art. 5º, LV, da Constituição da República. Nova orientação jurisprudencial firmada pelo Plenário do Supremo Tribunal Federal. Recurso de agravo provido. A exigência legal de prévio depósito do valor da multa, como pressuposto de admissibilidade de recurso de caráter meramente administrativo, transgride o art. 5º, LV, da Constituição da República. Revisão da jurisprudência: RE 390.513/SP (Pleno)."[54]

Não é demais assinalar que esta nova orientação do STF veio pacificar uma matéria que há muito tempo vinha suscitando uma enorme controvérsia na comunidade jurídica, ao mesmo tempo em que ajustou o seu entendimento ao que dispõe a Constituição Federal no que tange ao direito do contraditório e à ampla defesa. Portanto, os famigerados depósitos prévios para o seguimento de recursos na Administração foram abolidos para todas as entidades da Federação, agora com o aval do Supremo Tribunal Federal.

1.2.9 Preparação do processo administrativo tributário

1.2.9.1 Recepção da impugnação e a conferência dos documentos

Cabe às unidades descentralizadas da Fazenda Pública recepcionar as impugnações dos contribuintes e organizar o processo contencioso na forma de autos forenses e, principalmente, saneá-lo antes de fazer o encaminhamento para o órgão de julgamento. E a primeira medida saneadora começa pelo exame dos documentos que devem acompanhar a petição de defesa, apurando aqueles faltantes.

Em destaque alguns documentos considerados básicos para qualquer administração tributária, cuja relação, obviamente, não é exaustiva, podendo cada administração fazendária exigir outros documentos que julgar necessários. Os cuidados com o recebimento de toda a documentação necessária previnem transtornos na hora do julgamento do processo, evitando que o julgador proceda a diligências para a juntada

54. RE-AgR 504288/SP, rel. Min. Celso Mello, *DJ* 29.6.2007, p. 2.742.

de documentos ou para a prestação de informações indispensáveis para o deslinde da causa.

É sabido que nos dias atuais vêm ganhando espaço gradativamente os documentos eletrônicos, dando formato ao processo virtual, em todas as atuações estatais. Este processo está em curso e é irreversível. Todavia, esta virtualização não altera em nada as exigências de informação aqui mencionadas. Apenas muda o meio de sua apresentação, não o conteúdo. Eis os documentos e informações em destaque para formar o contencioso:

1) Instrumento do lançamento tributário de ofício, que pode receber várias denominações, tais como "notificação fiscal", "auto de infração", ou simplesmente "lançamento", acompanhado de todos os anexos que compõem os elementos essenciais da exigência tributária (provas, planilhas de cálculo, relatórios, termos, perícias, diligências etc.).

2) Procuração, se a defesa for subscrita por pessoa diversa do contribuinte ou de seus sócios. Na hipótese de a reclamação ser assinada por sócio diverso daquele que assinara a notificação fiscal, anexar cópia de documentos que comprovem a condição de sócio do signatário da petição (contrato social ou documento de inscrição estadual no qual estão identificados os sócios).

3) Comprovante de recolhimento da taxa relativa ao recurso, salvo se houver dispensa deste recolhimento. Por força do art. 5º, XXXIV, "a", da Constituição Federal – direito à petição –, recomenda-se que não haja recusa na recepção de qualquer petição, incluindo as impugnações contra lançamentos tributários, por falta da apresentação do comprovante do pagamento da taxa. A taxa pode ser cobrada como qualquer tributo (CF, art. 145, II), pelos meios normais, mas sem se utilizar dela como pressuposto de admissibilidade da petição. Se considerarmos que a atividade de julgamento administrativo é uma prestação de serviços público, fato jurídico de incidência de taxa, tem razão a Fazenda Pública em cobrar o referido tributo, porém após a ocorrência desta prestação. Na admissibilidade da impugnação ainda não houve a prestação do serviço, razão que impede o condicionamento da recepção da petição à da cobrança da taxa. Além disso, a taxa deve ser de valor compatível com o ônus do serviço prestado, para não configurar uma modalidade de depósito prévio para a admissibilidade da peça da defesa.

4) Todos os termos relativos ao lançamento (termo de início, de prorrogação, de encerramento, de apreensão de documentos, de arbitramento, se for o caso, termo de ocorrência e depósito, se se tratar de notificação elaborada em trânsito, entre outros).

5) Cópia do aviso de recebimento (AR) da notificação fiscal e outros atos dos quais o contribuinte foi cientificado por carta.

6) Cópia do edital do *Diário Oficial do Estado* da intimação da notificação fiscal, se for o caso.

Por fim, outros documentos ou informações podem ser exigidos, observadas as disposições legais específicas da cada entidade tributante.

1.2.9.2 Manifestação da autoridade lançadora

A manifestação da autoridade lançadora é de relevância para instruir o processo contencioso, na medida em que apresenta a versão dos fatos que deram origem ao lançamento, permitindo que o julgador faça a confrontação dos argumentos da acusação e da defesa.

Importante salientar que a autoridade fiscal que procedeu ao lançamento não deve portar-se em sua informação como parte no processo. Não é ele que tem legitimidade para assim se posicionar. Cabe à Procuradoria da entidade tributante, na sua função de defender a Administração Pública nos seus interesses, agir como parte na relação processual. A informação do agente fiscal tem mais uma vocação de depoimento ou testemunha dos fatos narrados como infração, trazendo para o conhecimento público as informações restritas ao seu domínio obtidas pelo desempenho de suas atividades de investigação. Enfim, a informação fiscal é uma resposta do autor do lançamento às argumentações da defesa na sua impugnação.

Pois bem, recebido o processo pelo órgão preparador, é recomendável que ele seja instruído com a informação da autoridade notificante. Normalmente, as legislações já preveem esta remessa para a autoridade fiscal dentro da tramitação normal do processo. Mesmo que a legislação não tenha esta previsão, nada impede que o agente notificante se manifeste a pedido do julgador. Não é obrigatória esta intervenção da autoridade notificante no processo, ressalvada a disposição contrária na lei. É bom lembrar que a informação fiscal não é parte integrante do lançamento e por isso a ela não se deve atribuir a função de elucidar os fatos do ato fiscal, porque este deve estar devidamente fundamentado e motivado em suas peças, de modo a não precisar de nenhuma informação adicional para a determinação da infração apontada. A informação fiscal é peça processual e não de procedimento, tanto é que se não houver impugnação contra o lançamento, não haverá informação fiscal. Lançamento que não pode prescindir da informação fiscal para ser compreensível está condenado à nulidade por cerceamento do direito de defesa. Por isso, a autoridade fiscal, ao laborar um lançamento, deve elucidar todos os fatos, não deixando remanescer questões para a fase de informação no processo. Portanto, cabe ao notificante contestar as razões de defesa suscitadas, dando a sua versão dos fatos, fundamentando o seu ato na legislação pertinente, na doutrina e na jurisprudência, dando subsídios para o julgador que irá decidir a lide.

É de boa técnica que a informação seja sucinta e objetiva, abordando somente o necessário, norteando-se pelas teses de defesa, sem divagações, sem inserções de comentários de cunho pessoal carregados de animosidades, sem acusações genéricas, sem pré-julgamentos, sem ironias e sem parcialidades. É necessário lembrar sempre que o destinatário desta informação é o julgador, que não tem nada a ver com as relações atritosas que por ventura se estabeleceram entre o agente notificante e o contribuinte, a não ser que algumas descrições mais detalhadas sobre este relacionamento venham a contribuir na elucidação dos fatos.

As informações fiscais não devem parecer uma retórica de fundo moralista, com lições de probidade administrativa, insinuações de condutas antipatrióticas do contribuinte notificado, com discurso de maniqueísmo inaceitável e que, no final, em nada contribuem para esclarecer o caso. Não é esta a função da autoridade notificante. É sempre bom lembrar que, embora haja licença dentro do Direito Penal para que o funcionário público use de uma linguagem forte, que por vezes possa parecer até depreciativa, para fazer o relato da infração fiscal, sem que isto venha a ser caracterizado como crime de calúnia, injúria ou difamação, há que se observar sempre os limites, de modo a que as acusações não se excedam às necessidades para a comunicação precisa dos fatos e, com isso, tomem feições de cunho pessoal.

A manifestação fiscal ainda deve se manter coesa com a fundamentação original do lançamento, não sendo admissível a mudança de critério jurídico para justificar a procedência da atuação fiscal durante a tramitação do processo. Pode ocorrer que a defesa consiga derrubar os argumentos que sustentam originalmente o lançamento. Pelo natural instinto de preservação de seu ato, a autoridade notificante, vendo a procedência das razões de defesa centradas em determinado aspecto nuclear da infração apontada, recorre a outros argumentos não suscitados na fase de constituição do lançamento para a sua manutenção. Ocorrendo a situação em que estes novos argumentos sejam estranhos ao fato motivador do lançamento, estará caracterizada a mudança de critério jurídico, o que obviamente não pode ser considerado pelo julgador para emprestar validade ao lançamento.

A rigor, a oportunidade em que o notificante deve fazer um relatório completo de toda a ação fiscal, relatando os fatos, as circunstâncias em que se elaborou o lançamento e motivação legal, é na elaboração do relatório do procedimento de fiscalização. Por vezes, as peças do lançamento (notificação fiscal, anexos e demais termos), são muito objetivas, trazendo históricos e descrições de infrações padronizados, sem contextualizá-los, sem que se escreva a verdadeira história do trabalho fiscal para dar mais elementos para a formação de juízo do julgador. Muito do que se escreve hoje na informação fiscal deveria já constar em relatório do procedimento fiscal.

Todas as autoridades administrativas que funcionarem no processo devem abster-se de lançar cotas marginais em forma de comentários adicionais ou observações que não fazem parte efetiva de um ato processual; é recomendável que esta prática nociva aos bons princípios processuais seja evitada, tanto pela pessoa que prepara o processo, como pelos demais intervenientes no seu trâmite, tais como o notificante, os julgadores, contribuintes, representantes dos contribuintes e demais funcionários que despacham no processo. O processo não é um espaço adequado para registrar atos de inconformismo, para receber manifestações pessoais de quem quer que seja ou para anotar "recados". Só se justificam os atos processuais indispensáveis à solução da lide.

Esta vedação, a nosso ver, pode ser fundamentada, subsidiariamente, no artigo 161 do CPC, não na parte de imposição da multa, mas no aspecto de proibição, que assim se expressa: "É defeso lançar, nos autos, cotas marginais ou interlineares; o juiz mandará riscá-las, impondo a quem as escrever multa correspondente à metade do salário mínimo vigente na sede do juízo".

Por último, recebido o processo sem a juntada da procuração, outorgando poderes de representação para a pessoa encarregada a fazer a defesa, ressalvada a hipótese em que houver disposição contrária em legislação local, há que se sanear o processo, sob a licença do art. 13 do CPC, que assim reza:

"Art. 13. Verificando a incapacidade processual ou a irregularidade da representação das partes, o juiz, suspendendo o processo, marcará prazo razoável para ser sanado o defeito."

Aliás, em homenagem ao princípio do informalismo, ou do formalismo moderado, próprio do processo administrativo, é de bom senso que o legislador do ente federado não imponha rigor no trato do processo com relação aos defeitos de representação, de modo que esta irregularidade sempre possa ser saneada, privilegiando a matéria de fundo em relação à forma na relação processual. Não se justificaria imprimir no processo administrativo maior rigor que no processo judicial, onde se permite o saneamento da falha de representação, nos termos do artigo já transcrito.

Capítulo II

NORMATIZAÇÃO DO PROCESSO ADMINISTRATIVO TRIBUTÁRIO

2.1 Fontes normativas do processo administrativo tributário: 2.1.1 Fundamentos conceituais – 2.1.2 Inexistência de legislação consolidada – 2.1.3 A legislação esparsa – 2.1.4 A importância da codificação da legislação processual tributária – 2.1.5 A lei processual: sua instrumentalidade e interpretação – 2.1.6 Legislação processual no direito intertemporal: 2.1.6.1 A aplicação da lei nova em processos pendentes – 2.1.6.2 Os recursos na mudança da lei processual – 2.1.7 Prazos no processo administrativo tributário.

2.1 Fontes normativas do processo administrativo tributário

2.1.1 Fundamentos conceituais

A ideia de fonte sempre conduz à origem. Fonte de água, fonte de consulta ou fonte normativa. A palavra fonte provém do latim, *fons*, que significa nascente de água, manancial.

Trazendo o conceito para o Direito, tem-se que a fonte é o lugar de nascimento da regra jurídica.[1]

A fonte pode ser dividida em material ou formal. A fonte material decorre das tensões sociais pela obtenção de uma ordem jurídica de convivência pacífica entre os indivíduos. É pela manifestação dos anseios da sociedade, motivada pela cultura, pela moral, pela economia, entre outros fatores, que nasce a necessidade de uma ordem jurídica que estabeleça as regras traduzidas nos direitos e deveres da cada ente social

---

1. Alexandre Rossato da Silva Ávila, *Curso de Direito Tributário*, 2ª ed., Porto Alegre, Verbo Jurídico, 2006, p. 169.

em prol de uma ordem pública compatível com os anseios de um povo em determinado estágio de sua civilização. Paulo Nader buscou as palavras que traduzem o conceito de fonte material com justeza, ao dizer que "O Direito não é um produto arbitrário da vontade do legislador, mas uma criação que se lastreia no querer social".[2]

A fonte formal é o instrumento eficaz de expressar o Direito positivo aos seus destinatários.

No Brasil, onde se adotou a tradição romano-germânica, a principal fonte formal do Direito é a lei escrita, configurando o positivismo jurídico. O costume é apresentado também como fonte formal, mas numa acepção complementar.

A jurisprudência, embora de repercussão importante na formação de uma consciência jurídica, não se constitui em fonte formal do Direito. As decisões judiciais não criam normas, mas são o resultado da interpretação destas. Ressalva deve ser feita com relação às súmulas vinculantes, advindas da reforma do Poder Judiciário, que são uma espécie de norma em determinada dimensão, que vinculam todos os órgãos do Poder Judiciário e a Administração Pública direta e indireta, nas esferas federal, estadual e municipal.

A doutrina também não é reconhecida como fonte formal do Direito no sistema jurídico brasileiro, pois que representa mais um conjunto de opiniões de estudiosos do que uma explicação objetiva com relação a uma determinada matéria.[3]

Em matéria de Direito Tributário, impera com maior importância a *lei* como fonte de Direito no estabelecimento de relação jurídica tributária, dando cumprimento ao princípio da estrita legalidade que vigora na instituição ou majoração de tributos (CF, art. 150, I). Pretendeu o legislador constituinte originário que o poder tributante fosse submetido à vontade popular. No Brasil, pode-se afirmar com absoluta segurança, não existe nenhum tributo que não tenha sido instituído sem o consentimento popular. Ou, numa dicção mais direta, os brasileiros pagam os tributos que querem pagar.

2. Paulo Nader, *Introdução ao Estudo do Direito*, 25ª ed., Rio de Janeiro, Forense, 2005, p. 142.
3. José de Albuquerque Rocha, *Teoria Geral do Processo*, cit., p. 67.

Deixar para a reserva legal a matéria tributária tem suas razões, fundadas no enorme poder intervencionista do Estado na liberdade do cidadão, para exercer a sua competência tributária em sua plenitude, incluindo o exercício de fiscalização. Alguém pode imaginar como um comerciante trabalharia se não houvesse que cumprir nenhuma obrigação tributária? Não haveria nota fiscal, livros fiscais a registrar, enfim, haveria uma liberdade infinitamente maior na gestão dos negócios. O poder tributante ainda é de enorme repercussão sobre o patrimônio dos contribuintes, uma vez que legitima transferir, compulsoriamente, parte da riqueza dos administrados para o erário. Daí a necessidade de lei para tratar desta matéria de grande sensibilidade no seio da sociedade.

Apesar de a lei transitar com sua soberania no trato da matéria tributária, às normas infralegais foi reservado também um papel normativo nesta área do Direito, mas sempre em assuntos de interesse secundário, delimitados no conceito de obrigações acessórias (CTN, art. 113, § 2º), tais como os deveres instrumentais do contribuinte de preencher formulários, escriturar livros, prestar informações ao fisco etc.

Pode-se concluir que a obrigação principal, que tem por objeto o pagamento de tributo ou de penalidade pecuniária é matéria reservada à lei, enquanto que as obrigações acessórias são passíveis de serem instituídas e reguladas por atos normativos infralegais (decreto, regulamento, portaria...), por expressa autorização do CTN.

2.1.2 Inexistência de legislação consolidada

No Brasil não se dispõe de um Código de Processo Tributário para servir de fonte normativa que regule a relação jurídica tributária em todas as dimensões, tanto na fase procedimental, como na fase processual (administrativa e judicial). Este Código regularia o direito adjetivo em todos os seus segmentos. Esta falta destoa dos demais ramos do Direito, como o Direito Penal, Direito do Trabalho, Direito Civil, entre outros, para os quais há um diploma processual correspondente a cada ramo do Direito.

Não há também uma legislação consolidada, nem para o processo administrativo nem para o processo judicial, criando a necessidade de cada entidade tributante instituir a sua legislação própria para reger o processo administrativo tributário para os tributos de sua competência, observados os preceitos constitucionais e os princípios doutrinários já incorporados. Assim, a União tem a sua estrutura normativa processual no âmbito administrativo para dispor sobre o processo tributário pertinente aos seus tributos; os Estados, o Distrito Federal e os Municípios seguem esta mesma orientação, de maneira que há uma produção normativa em excesso, contribuindo para a já conhecida complexidade da nossa legislação tributária.

Não é só o processo tributário no âmbito da Administração que se ressente desta falta de legislação própria; o processo judicial também está desprovido de norma processual específica para uma relação jurídica tributária. Faltando tal norma, aplicam-se as regras do Código de Processo Civil, que tem uma vocação voltada para o Direito Privado.

As fontes normativas aqui enfocadas não se restringem ao *processo* administrativo tributário mas, também, ao *procedimento*, haja vista que nem sempre é estabelecida pelo legislador uma nítida separação entre estas duas fases.

2.1.3 A legislação esparsa

A primeira alusão cabe à Constituição Federal no que diz respeito ao procedimento de fiscalização e ao processo administrativo tributário.

Nos termos do § 1º do art. 145, da CF, "Sempre que possível, os impostos terão caráter pessoal e serão graduados segundo a capacidade econômica do contribuinte, facultado à administração tributária, especialmente para conferir efetividade a esses objetivos, identificar, respeitados os direitos individuais e nos termos da lei, o patrimônio, os rendimentos e as atividades econômicas do contribuinte". Está aí expresso o direito/dever do Estado de fiscalizar a regularidade das obrigações tributárias do contribuinte, dentro de um regime legal. Esta é a primeira fonte de Direito pertinente ao procedimento fiscalizatório.

Uma segunda referência feita pela Constituição às prerrogativas da administração tributária se extrai do inciso XXII do art. 37. Por tal dispositivo, as atividades de administração tributária, devendo-se entender como tais aquelas relacionadas ao procedimento de fiscalização e ao lançamento do crédito tributário (CTN, art. 142), são erigidas a atividades essenciais ao funcionamento do Estado e serão exercidas por servidores de carreira específica, priorizando ainda os recursos necessários para o desempenho de sua função.

Em outro momento em que a Constituição Federal se reporta ao tema, já o faz em sede de contencioso, assegurando ao administrado o direito ao contraditório em processo administrativo (art. 5º, inc. LV, combinado como o inc. LIV do mesmo artigo, que se refere ao devido processo legal).

O Código Tributário Nacional, Lei 5.172/1966, embora não tenha por finalidade dispor sobre normas processuais, faz alusões tanto ao procedimento como ao processo, dentro de sua vocação de normas gerais em matéria tributária.

O CTN regula algumas regras procedimentais no Capítulo sobre a Fiscalização, arts. 194 a 200; define os requisitos legais do lançamento (art. 142); concede poderes aos agentes administrativos no desempenho de suas atividades (parágrafo único do art. 116), entre outros dispositivos.

O mesmo Código se refere também ao contencioso administrativo tributário, ao tratar da suspensão da exigibilidade do crédito tributário, presumindo a existência de reclamações e recursos no âmbito do processo administrativo (CTN, art. 151, III).

Há que se considerar também a Lei 9.784/1999, que dispõe sobre o processo administrativo no âmbito da Administração Pública Federal, que pode ser invocada subsidiariamente no processo administrativo tributário por qualquer pessoa política.

Entretanto, especificamente, tanto o procedimento como o processo administrativo tributário são regulados pela legislação local, ou seja, pela lei que cada entidade tributante editar no âmbito de sua competência tributária. A legislação é esparsa ou descentralizada. Cada pessoa política, no exercício de sua competência tributária, regulará o seu procedimento de fiscalização e o seu processo administrativo tributário de forma própria, respeitados os limites constitucionais e as regras gerais contidas no CTN.

Assim, por exemplo, na esfera federal tem-se o Decreto 7.574, de 29.9.2011 – cujo supedâneo é o Decreto 70.235/1972 –, que dispõe sobre a regulamentação do processo de determinação e exigência de créditos tributários da União, o processo de consulta sobre a aplicação da legislação tributária federal e outros processos que especifica, sobre matérias administradas pela Secretaria da Receita Federal do Brasil. Cada Estado tem a sua legislação própria; os Municípios também devem dispor desta regulamentação, assim como o Distrito Federal. Enfim, qualquer referência à fonte normativa acerca do processo administrativo tributário, incluindo o procedimento fiscal (ação de investigação fiscal), implica o conhecimento de normas múltiplas e descentralizadas por pessoa política.

2.1.4 A importância da codificação da legislação processual tributária

De todos os ramos do Direito, certamente o Direito Processual Tributário é o que menor atenção tem recebido dos nossos legisladores, pesquisadores e até de juristas com poderes de influência no campo da formação de ideias jurídicas.[4] Campos novos do Direito têm surgido e despertado o interesse da sociedade a cada momento, mas não se tem conhecimento de uma manifestação de vontade política ou de uma pesquisa, ou até de uma reivindicação contundente, de quem quer que seja, da necessidade de uma uniformização do Direito Processual Tributário.

Nesta área, hoje, cada ente federado detentor de competência tributária, cria a sua legislação processual própria, obviamente, na esfera administrativa. Já no Judiciário, é aplicada a legislação civil para preencher a lacuna existente, legislação esta criada para regular as relações entre particulares, o que não é o caso de uma relação jurídica tributária.

Na área do Direito material, constantemente movimentam-se segmentos da sociedade favoráveis a reformas na estrutura normativa tributária, que tem entre as suas justificativas a diversidade da legislação e as dificuldades dela decorrentes, principalmente no que se refere ao ICMS, imposto de maior importância dos Estados, e para o qual cada unidade da Federação cria a sua legislação própria, sem se distanciar da lei complementar nacional que dispõe sobre a matéria. Mas nada se ouve no tocante a uma "reforma" da legislação processual tributária, que na verdade não seria uma reforma, mas a criação de uma consolidação normativa.

4. James Marins, ob. cit., p. 9.

A diversidade da legislação tributária processual é de tal amplitude que não se limita à especialidade por ente federado, mas também atende a regramento específico por espécie tributária, criando, inclusive, órgãos de julgamento especializados por tipo de tributo, como acontece na União. Além disso, grande parte da legislação processual é editada através de atos normativos infralegais, tais como portarias, decretos e assim por diante.

A codificação, portanto, seria necessária, e pensamos que virá, não demorará muito. Esta codificação deverá, no nosso entender, ser nacional, englobando os atos processuais na via administrativa e na judicial, de forma que possa haver um aproveitamento, por parte do magistrado, da cognição do processo na esfera administrativa, proporcionando maior celeridade na prestação jurisdicional, o que aproveita a todos. Não é o que acontece hoje. Quando um processo ingressa no Judiciário, nova cognição se inicia, com um total abandono da apreciação já efetuada na via administrativa. Há, na verdade, um duplo trabalho para uma mesma solução. A outra recomendação que caberia levar para a comissão que organizasse este código seria a não inclusão de qualquer dispositivo limitador de competência judicante dos tribunais administrativos. Isso deixaria o julgador livre para apreciar a matéria em sua plenitude, inclusive a relacionada a conflitos de normas, sem que se decrete a inconstitucionalidade ou a ilegalidade de leis e atos normativos infralegais – que é de competência exclusiva do Judiciário –, mas negando a sua aplicação em casos concretos. Enquanto não se retirarem estas amarras dos tribunais administrativos, o que na verdade se quer é um órgão revisor e homologador dos atos administrativos, e não um órgão julgador que possa dizer o direito na via administrativa.

A codificação desta legislação traria vantagens de toda ordem: simplificaria o processo e, principalmente, daria maior legitimidade aos tribunais administrativos. A codificação também deixaria a descoberto as excessivas vinculações destes órgãos judicantes às vontades do chefe do Poder Executivo de plantão que, imbuído no seu instinto arrecadador, molda as normas processuais para melhor atingir a sua meta orçamentária, sem maiores preocupações com o regramento jurídico, pois, afinal, o eleitor quer obras concretas, de fácil visualização, não valorizando por igual a conduta de seu governante no cumprimento rígido das regras jurídicas. Não devemos esquecer que o nosso sistema tributário está inscrito na Constituição Federal (arts. 145 a 162, lembrando que somos o único país do mundo que trata da matéria tributária na Constituição Federal com tal profundidade) e, por isso, é considerado rígido. É a Constituição Federal, portanto, que distribui a competência tributária para cada ente federado, e é também ela que estabelece as limitações ao poder de tributar. Desse modo, os governantes têm seus poderes limitados no que diz respeito à instituição de tributos, o que às vezes pode se constituir numa motivação adicional para tratar com mais rigor, e até parcialidade, a matéria relativa ao processo tributário, com o intento de proteger os interesses do fisco.

Talvez tão necessário quanto uma reforma tributária seja consolidar a legislação processual tributária, visando a uma simplificação, especialização e maior transparência legal do processo. O que difere é o destinatário deste ordenamento. A reforma tributária tem como destinatário direto o contribuinte, enquanto que a codificação das leis processuais tributárias interessa mais diretamente aos operadores do Direito nesta área, em especial, às autoridades administrativas envolvidas no processo. Se os contribuintes (principalmente o setor empresarial) são os propulsores a darem força à reforma tributária, cabe aos operadores do Direito tomar a iniciativa de se posicionarem pela implementação da codificação da respectiva legislação processual.

Diversos autores já defenderam a importância da codificação da legislação processual tributária, entre os quais citamos James Marins e Antônio da Silva Cabral, cujas obras, que serviram de fonte principal de pesquisa para o desenvolvimento deste tema, já foram citadas neste trabalho.

2.1.5 A lei processual: sua instrumentalidade e interpretação

A lei processual, também chamada de adjetiva, se presta como instrumento para que o direito material, substantivo ou substancial, discutido no processo, se estabeleça no término da lide. Enquanto o direito substantivo estabelece um sistema normativo de valoração de condutas consideradas normais e condizentes com os anseios de uma sociedade, em determinada época e lugar, o Direito Processual oferece o sistema de normatização para que determinado conflito tenha uma solução numa relação de processo.

O direito adjetivo corresponde ao direito de ação em juízo para restabelecer a paz jurídica que é a manifestação da ordem social.

No dizer de Humberto Theodoro Júnior: "Para regular este método de composição dos litígios (processo), cria o Estado normas jurídicas que formam o *direito processual*, também denominado de *formal* ou *instrumental*, para servir de forma ou instrumento de atuação da vontade concreta das leis de direito *material* ou *substancial*, que há de solucionar o conflito de interesses estabelecidos entre as partes, sob a forma da *lide*".[5]

A lei processual não cria, não modifica e não extingue direitos, mas oferece a fórmula para que, na composição da lide, a lei material o faça, de modo que uma depende da outra na função de estabelecer a ordem jurídica; elas se complementam. A lei material necessita da lei instrumental para a sua aplicação em casos concretos; e a lei processual, sem lei material não teria sentido. O que neste trabalho será analisado é a lei adjetiva do processo administrativo tributário, ou contencioso tributário, conforme terminologia adotada pelo legislador.

No Direito Tributário, o complexo de leis materiais ou substantivas é composto pelas normas que regulam as obrigações tributárias, as incidências tributárias, a obrigação de recolher os tributos devidos etc., enquanto que as leis adjetivas ou processuais são manejadas sempre para solucionar conflitos concretos na relação jurídica tributária entre o Estado, na qualidade de sujeito ativo da obrigação tributária, e o sujeito passivo, a quem cabe dar cumprimento de suas obrigações tributárias.

Não se pretende descer em profundidade neste tema, porquanto foge ao projeto deste trabalho. Pretende-se apenas fazer-lhe uma referência para chamar a atenção para a vocação instrumental das leis processuais e, com isso, evitar que se potencialize a importância do processo em detrimento da matéria de fundo, como não raro ocorre nas lides do processo administrativo tributário, em que defesas são feitas usando como exclusiva argumentação matéria de forma, sublimando o conteúdo processual, como se o processo fosse o fim em si. Ataca-se o processo e não o direito material objeto da relação processual.

---

5. Humberto Theodor Júnior, *Curso de Direito Processual Civil*, vol. I, 24ª ed., Rio de Janeiro, Forense, 1998, p. 6.

A finalidade da lei processual deve orientar a sua interpretação. O Direito Processual, em qualquer área, é de natureza instrumental; não se constitui num fim em si, mas num meio a atingir uma finalidade, que é a prestação jurisdicional no final do processo. A *forma* apenas serve ao Direito de *fundo*.

A lei instrumental não pode constituir-se num entrave para a solução da lide, já em sede do direito material. As regras processuais sempre devem ser observadas dentro de uma visão de resultados, dando-lhes maior rigor na medida em que elas tenham maior influência no estabelecimento do verdadeiro direito entre as partes. Não cabe valorizar regras de nenhuma repercussão no processo, que mais se constituem numa formalidade de conotação solene que, por vezes, tem a sua justificativa unicamente no tradicionalismo e na inércia dos operadores em romper com a norma tradicional estabelecida.

Por certo, é inegável que uma das grandes causas do entrave do Poder Judiciário é o excesso de formalismo injustificado, de regras processuais rígidas, aliado, é claro, ao também excesso de recursos.

Esta conotação instrumental está traduzida nos diversos códigos de processo, tanto na área civil como na penal. O art. 244 do CPC sublinha a finalidade do ato para a sua validade, quando este for praticado de forma diferente daquela prescrita em lei:

"Art. 244. Quando a lei prescrever determinada forma, sem cominação de nulidade, o juiz considerará válido o ato se, realizado de outro modo, lhe alcançar a finalidade."

O mesmo diploma legal orienta a restringir a anulação dos atos que não podem ser aproveitados em razão de seu erro de forma. É o que prevê o art. 250, nos seguintes termos:

"Art. 250. O erro de forma do processo acarreta unicamente a anulação dos atos que não possam ser aproveitados, devendo praticar-se os que forem necessários, a fim de se observarem, quando possível, as prescrições legais."

A mesma orientação é seguida pelo Código de Processo Penal que, ao se referir às nulidades, assim se posiciona:

"Art. 563. Nenhum ato será declarado nulo, se da nulidade não resultar prejuízo para a acusação ou para a defesa."

"Art. 565: "Nenhuma das partes poderá arguir nulidade a que haja dado causa, ou para que tenha concorrido, ou referente a formalidade cuja observância só à parte contrária interesse."

"Art. 566. Não será declarada a nulidade de ato processual que não houver influído na apuração da verdade substancial ou na decisão da causa."

A lição que fica de todo o exposto é que a validade do ato processual não está exclusivamente atrelada à observância da formalidade descrita em lei, mas ao cumprimento da sua finalidade. O ato pode ter sido praticado em dissonância com a forma prevista na legislação, mas se atingiu a sua finalidade em um fato concreto, há que se prestar-lhe validade, sob pena de se privilegiar a forma em detrimento da matéria de fundo.[6]

Portanto, o argumento de cerceamento do direito de defesa com base na inobservância de determinados requisitos formais na prática de um ato processual ou mesmo nos atos praticados no contexto do procedimento de fiscalização, só ocorrerá de fato se o vício alegado puder se constituir em razão de prejuízo na produção da defesa. Pode ocorrer que a linguagem que anuncia a acusação fiscal não transmita um conteúdo acessível para o infrator, criando dificuldades reais para rebater a versão de acusação, hipótese em que se verifica, de fato, uma forma de cerceamento do direito de defesa. Em outra situação, o ato foi praticado de forma dissonante com a norma, mas tal fato não teve impacto negativo na assimilação dos fatos narrados que formam o conteúdo acusatório, de modo que o contribuinte tem o conhecimento da infração que lhe foi imputada. Não há sentido em abrir debate sobre tal questão para aduzir cerceamento do direito de defesa, visto que tal fato não ocorreu. A prática tem demonstrado o seguinte episódio: o contribuinte alega cerceamento do direito de defesa em sede preliminar, alegando a prática irregular de determinado ato. No segmento seguinte do recurso, já em

---

6. A legislação do Estado de Santa Catarina, Decreto 22.586/84, em seu art. 129, § 2º prescreve que "as omissões ou incorreções da notificação não acarretam sua nulidade, quando do processo constarem elementos suficientes para determinação da infração e infrator". No mesmo sentido a Lei Complementar catarinense 465/2009, em seu art. 5º, § 4º estatui: "Sempre que possível, as irregularidades, incorreções ou omissões deverão ser sanadas, de ofício ou mediante requerimento da parte interessada, de modo a permitir a prosseguimento do feito".

matéria de mérito, o defensor desenvolve todo o seu arrazoado sobre a matéria de direito e de fato, demonstrando ser conhecedor das razões da acusação fiscal, caindo em contradição pelo que alegara em sede preliminar.

Por fim, ainda no que se refere à interpretação, a lei processual admite os métodos de hermenêutica por nós conhecidos e aplicados em qualquer ramo do Direito: interpretação gramatical ou literal, lógica, histórica, sistemática, teleológica, restritiva extensiva etc. O diferencial digno de nota na questão interpretativa diz respeito a sua finalidade instrumental.

2.1.6 Legislação processual no direito intertemporal

As normas jurídicas, como reguladoras de condutas humanas, devem ser observadas em determinado espaço de tempo. É a vigência temporal da norma. É o período projetado no tempo em que a lei irradia os seus efeitos. Ao lado do aspecto temporal a vigência da lei também deve levar em conta o aspecto espacial, que consiste em observar a norma incidente em determinado território. Neste tópico será examinada somente a vigência temporal.

A lei processual não foge deste aspecto temporal com relação a sua vigência. A lei, quando nasce formalmente, com toda a sua qualificação formal para produzir efeitos, tem definido o início de sua vigência, tornando-a apta a produzir efeitos no mundo concreto. Ocorre, porém, que por vezes duas ou mais leis são contemporâneas em sua vigência, gerando conflito no tempo, matéria que é estudada dentro de um segmento denominado de direito intertemporal.

Em regra, a lei processual tem aplicação imediata a partir de sua publicação, respeitada, obviamente, a *vacatio legis* de 45 dias (art. 1º da Lei de Introdução às Normas do Direito Brasileiro, Lei 12.379/2010) e não opera retroativamente nem mesmo para beneficiar o acusado, não alcançando os atos praticados na vigência da lei antiga. Este princípio visa a garantir a segurança jurídica.

A não retroatividade da lei processual tem o seu fundamento no art. 5º, XXXVI, da Constituição Federal, segundo o qual "a lei não prejudicará o direito adquirido, o ato jurídico perfeito e a coisa julgada", e no art. 6º da Lei de Introdução às Normas do Direito Brasileiro, Lei 12.379/ 2010, que prescreve: "A Lei em vigor terá efeito imediato e geral, respeitados o ato jurídico perfeito, o direito adquirido e a coisa julgada".

A regra da aplicação imediata da lei nova ainda tem o seu respaldo no art. 1.211 do CPC que assim se expressa: "Este Código regerá o processo civil em todo o território brasileiro. Ao entrar em vigor, suas disposições aplicar-se-ão desde logo aos processos pendentes".

2.1.6.1 A aplicação da lei nova em processos pendentes

Já se demonstrou que a lei processual não retroage, opera somente para os atos do futuro. Os atos processuais praticados sob a vigência da lei velha são intocáveis pela lei superveniente. Dessa forma, o processo em curso, quando da implantação de uma legislação nova, terá atos praticados pela lei velha e pela lei nova, dependendo de qual lei estiver em vigor na data da prática do ato, resguardando sempre a eficácia plena e a validade dos atos praticados pela lei revogada.

O fato de a lei nova incidir sobre os atos de um processo em curso, atos estes que serão realizados no futuro, não deve ser entendido como uma forma de retroatividade, pelo contrário, reafirma o princípio da sua operatividade para o futuro.

No dizer de Moacyr Amaral Santos: "(...) a lei nova atinge o processo em curso no ponto em que este se achar, no momento em que ela entrar em vigor, sendo resguardada a inteira eficácia dos atos processuais até então praticados".[7]

Portanto, o ato processual a ser praticado deve se submeter à lei então vigente, não importando se o processo no qual o ato foi praticado se iniciara na vigência de outra lei que dispunha de forma diferente sobre a prática desse ato. Isto implica dizer que se for verificado um vício de nulidade inerente à prática de um ato sob a vigência da lei anterior, a lei nova não validará este ato, ainda que pela nova disposição o vício não se concretize. As nulidades devem ser decretadas segundo a lei vigente na época da prática do respectivo ato.

---

7. Moacyr Amaral Santos, *Direito Processual Civil*, vol. I, 2ª ed., São Paulo, Max Limonad, p. 49.

2.1.6.2 Os recursos na mudança da lei processual

O recurso é um direito da parte de questionar e requerer a reforma da decisão proferida em instância inferior, quando esta não lhe for favorável. Este direito tem o seu nascedouro no momento da publicação da decisão, porque é neste momento que se cria a norma individual concreta proveniente da decisão que obriga as partes.

Em função disso, a interposição do recurso deve submeter-se à lei vigente na data da publicação da decisão que legitimou o direito de recorrer, ou seja, o contribuinte deve observar qual a lei processual vigente na data da publicação da decisão e usar o recurso previsto por aquela lei. Como publicação da decisão, no âmbito do julgamento dos tribunais administrativos, deve se entender a data em que foi declarada e proclamada a votação em sessão do plenário. É neste momento que a decisão se torna pública para todos os efeitos. Não é a data da interposição do recurso que deve ser considerada para efeito da vigência da lei nova, mas a data da publicação da decisão anterior.

Feliz a conclusão de Humberto Theodoro Júnior quando aborda o tema, colocando a aplicação da legislação processual nos seguintes termos:

"Deve-se, pois distinguir, para aplicação da lei processual nova, quanto aos processos:

"1) quanto aos processos exauridos: nenhuma influência sofrem;

"2) pendentes: são atingidos, mas ficando respeitados o efeito dos atos já praticados;

"3) futuros: seguem totalmente a lei nova."[8]

Evidentemente, não se aplica a lei processual nova em processos já extintos, com a decisão definitiva, ainda que a lei superveniente crie novos recursos. Estes novos recursos não podem ser invocados pelos contribuintes que já obtiveram a decisão definitiva na via administrativa. Não há atos a serem praticados em processos pendentes.

Na questão de conflito de leis processuais no tempo, algumas soluções podem ocorrer adotando-se o princípio da fungibilidade dos recursos. A extinção de recursos vigentes pela lei velha, e substituídos por outros recursos pela lei nova, permite a admissibilidade dos recursos

---

8. Humberto Theodoro Júnior, *Curso de Direito Processual Civil*, vol. I, cit., p. 23.

antigos durante a vigência da lei superveniente. Para isso é preciso que haja uma correlação entre os dois recursos, devendo a dúvida favorecer o recorrente, de modo que a admissibilidade ainda esteja condicionada à satisfação dos pressupostos recursais do recurso antigo.

As normas processuais do Direito Tributário, por óbvio, submetem-se às regras aqui examinadas no que tange à vigência no tempo. Contudo, deve se inserir nesta lição o disposto no art. 144 do CTN.

Trata-se de uma regra específica de vigência temporal da norma com relação ao lançamento tributário, segundo a qual o "lançamento reporta-se à data da ocorrência do fato gerador da obrigação e rege-se pela lei então vigente, ainda que posteriormente modificada ou revogada". Em outros termos, cabe à autoridade fiscal subsumir o fato à lei vigente na data em que ocorreu o fato gerador, não importando qual a lei vigente na data da realização do lançamento. Assim se, por exemplo, na data de 1.10.2007, determinada operação com mercadorias era tributada pelo ICMS pela alíquota de 17% e na data da elaboração do lançamento de ofício, em razão de não haver o recolhimento espontâneo do contribuinte, a lei então vigente tributava a mesma operação com a alíquota de 12%, cabe a cobrança de 17%. Trata-se aqui de norma material contida no *caput* do mencionado artigo. A exceção deste artigo fica por conta do § 2º. Evidentemente, deve se observar a regra específica contida no art. 106 do CTN, com relação à aplicação da lei a ato ou fato pretérito.

Por outro lado, o § 1º do art. 144 encerra uma postura normativa de ordem procedimental ou processual, na medida em que regula a atividade empreendida no procedimento de fiscalização, ao determinar a aplicação ao lançamento da norma vigente na data do procedimento, quando esta institua novos critérios de apuração ou processo de fiscalização, ampliando os poderes de investigação das autoridades administrativas ou outorgando ao crédito tributário maiores garantias ou privilégios.

Dois exemplos podem ilustrar esta regra. Em primeiro lugar, menciona-se a quebra do sigilo bancário pela autoridade administrativa. A LC 105/2001, ao conceder à autoridade fiscal o poder de quebrar o sigilo bancário, tratou de matéria procedimental ou formal, ao mesmo tempo em que ampliou poderes de investigação, o que permite a aplicação desta nova norma no procedimento fiscalizatório a partir da sua vigência, mesmo que os fatos geradores dos tributos, objeto da investigação, tenham ocorrido em época anterior.

Outro exemplo é a instituição do poder do agente fiscal de desconsiderar atos ou negócios jurídicos que estejam dissimulando fato gerador de imposto, norma instituída através da LC 104/2001 e inserida no CTN, no art. 116, na forma de parágrafo único.

2.1.7 Prazos no processo administrativo tributário

Os prazos em Direito Tributário, e aqui se deve entender o Direito material e formal na esfera administrativa, são regulados pelo art. 210 do Código Tributário Nacional. Segundo este dispositivo:

"Art. 210. Os prazos fixados nesta Lei ou legislação tributária serão contínuos, excluindo-se na sua contagem o dia de início e incluindo-se o de vencimento.

"Parágrafo único. Os prazos só se iniciam ou vencem em dia de expediente normal na repartição em que corra o processo ou deva ser praticado o ato."

O "dia de início" ao que o artigo se refere é o dia em que o contribuinte recebe a intimação, ou é cientificado do lançamento tributário, ou, ainda, se for prazo de validade de documento fiscal, o dia de sua emissão ou da saída da mercadoria, no caso do ICMS. Este dia é excluído da contagem.

Assim, por exemplo, se o contribuinte for cientificado de um lançamento tributário numa quinta-feira, abre-se a contagem do prazo para a reclamação ou pagamento, na sexta-feira, excluindo-se a quinta-feira, excluindo-se o dia de início. Se por hipótese o ciente for na sexta-feira, começa-se a contar o prazo a partir de segunda-feira, isto porque "os prazos só se iniciam (...) em dia de expediente normal da repartição em que corra o processo (...)".

Expediente normal é aquele que já é do conhecimento do contribuinte pela habitualidade com que é praticado, podendo coincidir com o horário dito comercial ou com o horário especialmente fixado para parte do serviço público. Pode ocorrer que o expediente no órgão público em que deva ser praticado o ato seja reduzido formalmente para o período vespertino, de forma rotineira. Este é o expediente normal para efeitos da contagem do prazo. Se por outro lado, houver a fixação do mesmo expediente vespertino para um determinado dia (por exemplo, para acompanhar os jogos do Brasil na Copa Mundial de Futebol) este não será expediente normal para a mesma finalidade.

No dizer de Maria Helena Rau de Souza, "Quando o expediente forense for anormal (início retardado ou encerramento antecipado), não se tem início nem término do prazo naquele dia".[9]

A matéria está sumulada pelo STF:

"Súmula 310. Quando a intimação tiver lugar na sexta-feira, ou a publicação com efeito de intimação for feita nesse dia, o prazo judicial terá início na segunda-feira imediata, salvo se não houver expediente, caso em que começará no primeiro dia útil que se seguir."

Vejamos uma regra simples: exclui-se o dia em que o contribuinte recebeu a intimação e começa-se a contagem no primeiro dia útil seguinte.

A razão da exclusão do dia de início (o que não é exclusividade do Direito Tributário, outros ramos do Direito também adotam esta regra, como Direito Processual Civil, art. 184 do CPC) é garantir ao destinatário da fixação (para o contribuinte no caso de intimação e ao agente fiscal nas ações fiscais), o prazo por inteiro, sem perda de um dia ou fração, para exercer o seu direito ou praticar o ato de sua competência. Imagina-se a hipótese em que o contribuinte, por exemplo, poderia ser intimado no final do dia a cumprir com uma obrigação tributária, dando-lhe um prazo de três dias. Ora, se não se excluísse o dia da intimação, de fato o contribuinte somente disporia de dois dias, afinal, o dia do ciente foi prejudicado, porque a intimação ocorrera ao findar o dia. Agora, excluindo-se o dia de início, o contribuinte terá os exatos três dias para tomar a providência que lhe é exigida.

Com referência ao vencimento do prazo, a regra é mais simples: só há vencimento de prazo em dia em que houver expediente normal na repartição em que o ato deva ser praticado, operando-se a prorrogação automática do prazo para o primeiro dia seguinte em que haja expediente normal.

---

9. Vladimir Passos de Freitas (Org.), *Código Tributário Nacional Comentado*, São Paulo, Ed. RT, 1999, p. 818.

Capítulo III

OS TRIBUNAIS ADMINISTRATIVOS: COMPOSIÇÃO E FUNCIONALIDADE

3.1 Disposições gerais. 3.2 Competência dos órgãos de julgamento administrativo para afastar aplicação de norma tributária inconstitucional. 3.3 Efeitos da decisão do órgão de julgamento administrativo: 3.3.1 Decisão definitiva (administrativa) e coisa julgada (judicial) – 3.3.2 Efeito vinculante das decisões dos tribunais administrativos para a Administração. 3.4 Publicidade das sessões de julgamento x sigilo fiscal. 3.5 Os requisitos estruturais da decisão: 3.5.1 Relatório – 3.5.2 Motivação – 3.5.3 Dispositivo. 3.6 Abrangência material da decisão: 3.6.1 Decisão de ofício: recurso intempestivo e matéria não aduzida pela defesa – 3.6.2 Decisões extra ou ultra petita em processo fiscal – 3.6.3 Reformatio in pejus no processo administrativo tributário – 3.6.4 Da possibilidade de reclassificação da multa do lançamento pelo julgador – 3.6.5 A aplicação da equidade – 3.6.6 Inexatidões e erros materiais nas decisões. 3.7 Súmulas. 3.8 O julgador nos tribunais administrativos. 3.9 O exaurimento do processo administrativo para a denúncia crime.

3.1 Disposições gerais

Por razões de descentralização do poder legiferante para cada pessoa política no que se refere ao processo administrativo tributário, os tribunais administrativos ou órgãos de julgamento administrativo, ou, como comumente e erroneamente são chamados, os conselhos de contribuintes, têm a sua composição e funcionalidade definidas por leis próprias de cada entidade tributante, adequando a sua estruturação de acordo com a demanda de cada uma delas. Há que se prever uma estrutura extremamente mais pomposa e complexa em sede da União, para proceder aos julgamentos de todos os processos dos tributos federais, do que um tribunal no âmbito de um pequeno Município, que atenda à demanda das lides tributárias de sua competência.

No entanto, os órgãos de julgamento devem ser estruturados no sentido de poder dar uma resposta aos direitos do contribuinte no que se refere à ampla defesa e contraditório, inserido no devido processo legal, em duplo grau de jurisdição, sem imposição de restrições ou condições de admissibilidade de recursos além dos normais pressupostos recursais previstos em lei. Espera-se destes órgãos uma resposta efetiva; um julgamento idôneo, respaldado na lei, com imparcialidade, sendo depositários da boa-fé do contribuinte para a solução de sua lide. O direito de defesa preconizado pela Constituição Federal deve ser ofertado de forma efetiva, sem simulações e sem restrições. A simples instituição de órgãos de julgamento para recepcionar as impugnações podem não atender aos reclames constitucionais se deles o contribuinte não obtiver respostas condizentes com o ordenamento jurídico pátrio, especialmente no que se refere ao direito ao contraditório e ampla defesa.

As legislações específicas devem estabelecer duas instâncias de julgamento para cumprir o preceptivo constitucional da ampla defesa no plano administrativo (art. 5º, LV). Em algumas entidades, a primeira instância é de natureza singular e a segunda, de forma colegiada.[1] Em regra, a segunda instância é composta de forma paritária, com participação de representantes da Fazenda Pública, normalmente de servidores revestidos das funções de auditores fiscais, e de representantes de interesses dos contribuintes, indicados por setores de produção (agricultura, indústria, comércio, serviços).

A constituição dos tribunais de forma paritária tem por fundamento a equalização de forças na tomada de decisões, com igual número de votos para o Estado e o contribuinte impugnante. A ideia tem implícito o propósito da imparcialidade nas decisões. Contudo, parte-se da premissa de que tanto os representantes do Estado como aqueles que representam os contribuintes tomariam suas decisões de forma parcial, movidos por interesses pessoais ou de ordem hierárquica. Se assim fosse, a paridade resultaria sempre no voto de empate, cabendo a decisão ao voto de minerva, sistema este que não atenderia ao propósito do órgão de julgamento administrativo. Desta maneira, a participação de julgadores representantes dos contribuintes não é indispensável para a boa

---

1. Um exemplo em que a primeira instância é colegiada é o contencioso administrativo federal, conforme se verifica no art. 61, *caput*, do Decreto 7.574/2011. Outras legislações reservam ao primeiro grau uma natureza singular.

condução dos órgãos de julgamento, desde que os julgadores advindos do quadro de servidores públicos, normalmente fiscais de tributos, despojem-se de toda sua vocação fiscalizatória para se enquadrarem como juízes. Conforme já debatido alhures, a autoridade administrativa não tem interesse pessoal nos atos por ele praticados em sua atividade funcional, o que faz com que sua conduta convirja naturalmente para o que determina a lei.

Assim como a estrutura dos órgãos de julgamento altera de uma pessoa política para outra, amoldando-se de acordo com as suas necessidades, os recursos, em suas espécies e quantidades, também divergem, atendendo aos propósitos de cada unidade da Federação. O que é regra: o contribuinte, na primeira vez que se manifesta contra a pretensão da Fazenda Pública, interpõe sua impugnação ou reclamação, esta última expressão adotada pelo CTN.[2] A decisão proferida pela apreciação desta reclamação, se desfavorável ao contribuinte, enseja a interposição de recurso em instância superior. A partir daí têm-se outros recursos em determinadas unidades da Federação, de acordo com a complexidade da estrutura dos respectivos órgãos de julgamento.

3.2 Competência dos órgãos de julgamento administrativo para afastar aplicação de norma tributária inconstitucional

Em termos gerais, ao órgão administrativo compete julgar os processos administrativos tributários a ele submetidos, considerando a repartição da competência tributária prevista na Constituição Federal.

O que se pretende discutir neste ponto, na verdade, é a limitação de competência de julgamento destes órgãos, mais precisamente a vedação que lhes é imposta, em regra, de apreciar a arguição de inconstitucionalidade de leis ou a legalidade de atos normativos infralegais. Em princípio, as legislações que dispõem sobre o processo administrativo tributário, em todas as pessoas políticas, vedam expressamente a apreciação, pelos julgadores administrativos, de argumentos que aduzem a inconstitucionalidade de leis ou a ilegalidade de atos normativos infralegais

---

2. O CTN, em seu art. 151, III, usa o termo "reclamações" para designar o ato do contribuinte de oposição ao lançamento tributário. Já o Decreto federal 7.574/2011, adota o termo "impugnação" (art. 56).

em matéria tributária. Em outros termos, retiram-se da competência dos órgãos de julgamento administrativo o conhecimento e a apreciação de matéria que envolva conflito de normas.

Este tema é de extrema controvérsia e não se visualiza uma pacificação de posicionamento na jurisprudência, embora os tribunais reconheçam a necessidade de a Administração exercer o controle legal de seus atos de forma geral. Também na doutrina colhem-se posicionamentos divergentes, embora haja uma evidente inclinação favorável à ampliação da competência dos julgadores administrativos, no sentido de que cabe também a estes submeter suas decisões ao controle constitucional, a exemplo de todo cidadão brasileiro. Seguramente esta é a doutrina majoritária.

Porém, não se pode desconsiderar a posição contrária daqueles autores que não toleram que julgadores administrativos executem os seus julgamentos com tal largueza de competência. Estaria o controle constitucional reservado ao Poder Judiciário, ou de forma *incidental*, como é o caso quando os juízes apreciam questões preliminares envolvendo a constitucionalidade para, então, apreciar o mérito; ou na forma *direta*, que se traduz na decretação de inconstitucionalidade de uma lei, excluindo-a do sistema.

Esta forma *direta* do controle da constitucionalidade das leis é exercida ou pelo STF, ou pelos Tribunais de Justiça dos Estados. Cabe ao STF a decretação da inconstitucionalidade quando leis ou outros atos normativos federais ou estaduais ferirem a Constituição Federal (CF, art. 102, I, "a"); cabe ao Tribunal de Justiça do Estado decretar a inconstitucionalidade de leis e atos normativos estaduais e municipais quando estas contrariarem a Constituição Estadual. Ou seja, enquanto o STF é o guardião da Constituição Federal, os Tribunais de Justiça dos Estados resguardam as respectivas Constituições Estaduais.

Como importante aliado à corrente doutrinária que adere à tese da constrição da competência de julgamento dos tribunais administrativos, cita-se a posição de Hugo de Brito Machado, que, demonstrando sua preocupação com o resultado prático que pode advir da decisão pela inconstitucionalidade de um órgão administrativo, de um dispositivo de lei que posteriormente seria declarado constitucional pelo Supremo Tribunal Federal, leciona: "Acolhida a arguição de inconstitucionalidade, a Fazenda não pode ir ao Judiciário contra a decisão de um órgão que integra a própria Administração. O contribuinte, por seu turno, não terá interesse processual, nem de fato, para fazê-lo. A decisão tornar-se-á, assim, definitiva, ainda que o mesmo dispositivo tenha sido, ou venha a ser considerado constitucional pelo Supremo Tribunal Federal, que é, em nosso ordenamento jurídico, o responsável maior pelo deslinde de todas as questões de constitucionalidade, vale dizer, o 'guardião da Constituição'".[3]

Contudo, o mesmo autor, quando expõe esta dificuldade pragmática para atribuir aos julgadores administrativos a competência para decidir sobre a constitucionalidade de leis, reconhece que esta distorção também pode ocorrer no Poder Judiciário, bastando para isso que o interessado não interponha o recurso cabível.

A supressão da competência das autoridades julgadoras administrativas para apreciar matéria relacionada à inconstitucionalidade de leis e outros atos normativos não tem respaldo na Constituição Federal; o julgador administrativo não estará, a nosso ver, usurpando-se das funções do Judiciário ao fundamentar a sua decisão nos estritos parâmetros constitucionais, afinal, a Carta Magna impera sobre todas as demais normas e deve ser observada por todos, em especial pelos julgadores em qualquer esfera e instância. Não nos parece que atribuir ao tribunal administrativo competência para analisar os atos fiscais sob a ótica constitucional possa alertar os membros do Judiciário sobre a interferência em suas competências, até porque o julgador administrativo não irá *decretar* ou *declarar* a inconstitucionalidade de leis, pois que esta é uma função exclusiva do Poder Judiciário. Cabe ao julgador administrativo declarar a ilegalidade da norma individual concreta, que é a norma criada entre o sujeito passivo e ativo na constituição de um lançamento de ofício, se esta contrariar de alguma forma os preceitos constitucionais. Ao julgador administrativo não podem ser concedidos poderes para decidir sobre a vigência da lei ou da norma na sua forma abstrata e de aplicação *erga omnes*, mas sua autoridade judicante restringe-se ao objeto de seu julgamento, que é o procedimento inquisitivo do lançamento fiscal. Se este lançamento estiver baseado em lei ou atos normativos do Poder Executivo, flagrantemente contrários à Lei Maior, cabe

3. Hugo de Brito Machado, "Algumas questões do processo administrativo tributário", in Ives Gandra da Silva Martins (Coord.), *Processo Administrativo Tributário*, cit., p. 153.

ao julgador invalidá-lo, porque afinal não pode haver óbice no sentido de que a Administração Pública não possa anular os seus próprios atos quando eivados de qualquer ilegalidade, quer sejam de ordem constitucional quer sejam por agressão à legislação infraconstitucional, sob o argumento de somente o Judiciário poder fazê-lo. A Administração Pública pode e deve exercer o controle da legalidade de seus atos, ou de forma preventiva, não os praticando à margem da lei, ou tomando as medidas corretivas, anulando-os ou retificando-os quando a irregularidade vier a ser detectada posteriormente.

Enfatiza-se que aos julgadores administrativos não cabe decretar a inconstitucionalidade da norma, mas negar a sua aplicabilidade em caso concreto.

Mas, afinal, por que a absoluta maioria das legislações das pessoas políticas que dispõem sobre o processo administrativo tributário, senão todas, determina a abstenção dos seus julgadores de apreciarem matéria envolvendo conflitos de leis? Evidentemente, a declarada preocupação em limitar a competência judicante destes julgadores representa o interesse inquestionável do Estado arrecadador. Significa dizer que o Estado torna-se seu próprio juiz em causa de seu interesse, podendo estruturar o seu órgão de julgamento, com sua legislação de funcionamento a seu alvedrio, claro, respeitando os princípios processuais básicos. Dessa forma, é inafastável o interesse do Estado-arrecadador-juiz em limitar a competência judicante do julgador administrativo na revisão do ato fiscal em conformidade com a legislação tributária, não lhe atribuindo poderes para exercer propriamente o controle da legalidade dos atos de lançamento.

Melhor explicando: é que em Direito Tributário há que se fazer uma diferença conceitual nítida entre a lei de origem parlamentar, fonte primária do Direito Tributário, e a chamada "legislação tributária", que reúne as leis, tratados internacionais, decretos e atos normativos do Poder Executivo, como portarias, ordens de serviço, entre outros, que podemos chamar de fontes secundárias. O próprio CTN consagrou esta "consolidação" em seu art. 96. Então, quando se fala que o julgador administrativo deve julgar com base na legislação tributária, quer se dizer que deve acolher o decreto, a portaria ou a ordem de serviço normativa do Poder Executivo, não os questionando, não os submetendo ao controle legal ou constitucional; apenas confrontando o lançamento tributário com tais normas infralegais, ainda que espúrios. Assim sendo, se um lançamento fundamentar-se numa portaria do Secretário de Estado da Fazenda, cabe ao julgador reconhecer a sua procedência se estiver em harmonia com a portaria, mesmo que esta apresente flagrante inconstitucionalidade ou mesmo ilegalidade de ordem infraconstitucional.

Evidentemente, os julgamentos de ações fiscais tomariam outros rumos, e muitas vezes desfavoráveis ao Estado, caso não se estabelecesse esta limitação na competência judicante para os órgãos administrativos. Não deve ser novidade para ninguém que é perfeitamente normal a existência de lançamentos com base em normas eivadas de flagrantes ilegalidades, os quais, mesmo assim, são intocáveis na esfera do julgamento administrativo, o que causa justificável indignação do contribuinte. É a prevalência dos interesses do Estado arrecadador em detrimento do estabelecimento da verdadeira justiça fiscal.

Avançando um pouco mais no tema, a Constituição Federal, em seu art. 5º, inciso LV prevê que "aos litigantes, em processo judicial ou *administrativo*, e aos acusados em geral são assegurados o contraditório e ampla defesa, com os meios e recursos a ela inerentes" (grifei).

Ora, a própria Constituição reconhece a jurisdição administrativa, embora esta expressão "jurisdição administrativa" sofra crítica por alguns processualistas, a qual se reservaria aos julgamentos na esfera judicial. A Lei Maior refere-se ao processo administrativo e judicial sem prescrever qualquer distinção com relação ao direito do contraditório e ampla defesa. Por isso pode-se afirmar que esta restrição de competência dos tribunais administrativos não tem origem na Constituição, mas nas leis esparsas, sempre de iniciativa das pessoas políticas com competência tributária, que naturalmente não criarão amarras para a sua própria administração tributária, que possam contrariar os desígnios arrecadatórios.

Uma análise que merece ser abordada é a de autoria de James Marins por demonstrar as sucessivas mitigações que a clássica divisão de poderes preconizada pelo Barão do Montesquieu vem sofrendo, ao longo dos tempos, de origem legal (CF/1988), doutrinária e mesmo jurisprudencial.[4] A pureza conceitual desta doutrina tripartite não tem mais aplicabilidade em nossos dias. Segundo o seu entendimento, o Poder

---

4. James Marins, ob. cit., p. 304.

Executivo do Estado não pode ficar atrofiado, limitado às tarefas de cunho administrativo sem qualquer função jurisdicional, reportando-se à Constituição Federal de 1988 (art. 5º, LV), que admite a jurisdição administrativa.

O mencionado autor reúne diversos tributaristas renomados que são uníssonos na defesa da necessidade dos tribunais administrativos se pronunciarem de acordo com a Constituição Federal. Extrai-se o seguinte texto da obra: "(...) Autorizados tributaristas como Gilberto de Ulhôa Canto, Ruy Barbosa Nogueira e Antônio da Silva Cabral, ao examinarem esta questão não discrepam em entender que ao Tribunal Administrativo não apenas é recomendável como necessário – pois premido por modalidade de poder-dever – que se pronuncie em acordo com a Constituição Federal, justamente porque sejam quais forem os membros da administração pública, não senhores, mas servidores da lei, como fustiga Roque Carrazza. Logicamente, este princípio oponível a toda categoria de funcionários públicos alcança ainda maiores reflexos em se tratando de membros de tribunais administrativos fiscais".[5]

Ainda em comento à obra do autor citado, este relata o entendimento do tributarista Geraldo Ataliba, de inspiração nada conservadora: "Chegou a sustentar Ataliba que em sendo cumpridas as formalidades essenciais de que se reveste a atividade propriamente judicial, próprias do Estado de Direito (resumidamente: forma processual e magistrado imparcial), poderá o contencioso administrativo 'suprir ou excluir a tutela do Poder Judicial, conforme a disciplina que a Constituição de cada país estabeleça'".[6]

Uma abordagem sucinta e de boa aceitabilidade é a de autoria de Antônio da Silva Cabral, que faz distinção entre a "declaração de inconstitucionalidade do reconhecimento da aplicação inconstitucional de tal ou qual norma a um fato concreto".[7] Segundo o seu posicionamento, aos tribunais administrativos efetivamente não cabe a decretação da inconstitucionalidade de lei, que é de competência privativa do STF, nos termos do art. 102, I, da CF, mas nada impede que julguem a

---

5. Idem, ibidem, p. 303
6. Idem, ibidem, p. 310.
7. Antônio da Silva Cabral, *Processo Administrativo Fiscal*, São Paulo, Saraiva, 1993, p. 63.

improcedência de um ato administrativo que fere os princípios constitucionais, impedindo assim que se apliquem, em casos concretos, atos normativos considerados inconstitucionais.

E a rigor, na prática, isto é o que se verifica em algumas situações. O julgador administrativo, evidentemente, não tem a função de decretar a inconstitucionalidade de normas, e nem cogita nisso, mas ele não resistirá em decidir contra a aplicabilidade de uma norma infralegal, promanada do Poder Executivo, que estiver em flagrante desacordo com a Constituição Federal ou mesmo contra uma lei infraconstitucional. E se ele assim agir, quais seriam as consequências de natureza jurisdicional ou administrativa? Seria nula a decisão? Quem considera legítima a vedação legal de julgadores administrativos apreciarem matéria envolvendo conflito de normas responderá que sim. Por outro lado, poderia ser questionada uma decisão que se baseou nos fundamentos constitucionais? Entendemos que não. Toda lei que, de uma forma direta ou indireta, contrariar disposições constitucionais não pode ter validade. Por isso, nenhuma lei pode pretender obrigar um servidor a descumprir a Constituição Federal, para dar cumprimento a uma norma infraconstitucional.

De todo o exposto, cada vez mais se consolida a convicção de que qualquer argumento que contenha limites de competência dos julgadores em sede da Administração, em sua função judicante, com o consequente esvaziamento dos tribunais administrativos na sua missão, atenta contra uma regra básica que deve ser conhecida por todo cidadão brasileiro: o respeito à Constituição Federal. Seja de que forma a matéria for analisada, toda argumentação a favor da limitação do poder de julgar implica subestimar a importância da Constituição Federal no ordenamento jurídico brasileiro. Ao se comparar o peso da Constituição Federal em nosso ordenamento jurídico com os interesses arrecadatórios e as funções privativas do Poder Judiciário, a Constituição é preterida. Procuram-se os mais variados motivos de ordem pragmática para justificar a preterição da Carta Magna. Ora, a supremacia da ordem constitucional é intransponível por questões de ordem prática nas soluções das lides, sob pena de restar comprometido o direito à defesa.

É neste sentido que leciona Lídia Maria Lopes Rodrigues Ribas: "De mais a mais, o princípio da ampla defesa não permite que se vede ao administrado invocar argumento de inconstitucionalidade ou ilegalidade em defesa de seu interesse; e o Estado tem o dever de examinar integralmente todos os argumentos do particular e decidir motivadamente. A ampla defesa não admite rejeição implícita. Rejeitar resposta a arguições formuladas ofende a ampla defesa e caracteriza ato arbitrário".[8]

O argumento mais comum utilizado para justificar a contenção da competência dos órgãos de julgamento administrativo aos termos da legislação, sem questionar estas ordens normativas, sustenta-se na possível hipótese de um julgador administrativo considerar uma norma inconstitucional, extinguindo uma exigência tributária, e posteriormente esta mesma norma vir a ser considerada constitucional pelo STF. Admitindo que a Fazenda Pública não tem legitimidade para questionar no Poder Judiciário uma decisão tomada pelo órgão administrativo, remanesceria uma situação adversa.

O argumento aposta no *erro* do julgamento administrativo. Vale dizer que o fato de haver a possibilidade de o julgador administrativo errar em sua decisão, justificaria desconsiderar a Constituição Federal neste julgamento. Ora, que se aposte no *acerto*, até porque, como ninguém se escusa de cumprir a lei, alegando que não a conhece (art. 3º da Lei de Introdução às Normas do Direito Brasileiro, Lei 12.379/2010), o julgador administrativo deve assumir a responsabilidade de conhecer a preceito constitucional para com ela afrontar as leis tributárias que lhe são postas para exame. Além do mais, nenhum sistema é perfeito. O sistema jurídico também não o é. Sempre haverá situações em que a o Direito positivo, em todas as suas manifestações, não oferece a resposta dentro de uma acepção da verdadeira justiça, de maneira que o argumento sustentado no *erro* não é plausível. De qualquer maneira, cabe à Administração Pública buscar os meios que amenizem os efeitos dos eventuais erros de avaliação do julgador administrativo na apreciação da constitucionalidade de leis. O que não parece razoável é autorizar o desprezo da Constituição Federal com o único argumento de que o julgador não a conhece suficientemente para afrontá-la com as leis tributárias a serem apreciadas.

A análise da matéria a partir do resultado deve ser enfocada também sobre o ângulo contrário, em que o julgador é obrigado a reconhe-

---

8. Lídia Maria Lopes Rodrigues Ribas, *Processo Administrativo Tributário*, cit., p. 165.

cer procedência ao lançamento tributário sabidamente viciado por ilegalidade, tanto no aspecto formal como material. Por certo, neste caso, o Estado será onerado com a sucumbência no processo judicial, ao perder a causa. Portanto, a justificativa para impor limitação de julgamento ao órgão administrativo baseado no resultado não é plausível.

A insistência com que as administrações tributárias inserem em suas legislações a regra limitadora da competência judicante dos órgãos de julgamento administrativo, para que estes não possam questionar as leis tributárias, mas somente matéria de fato do lançamento, parece atentar contra a boa intenção na produção legislativa de sua iniciativa (CF, art. 61, § 1º, II, "b"). Qual a razão de tanta preocupação com as leis inconstitucionais se as leis de iniciativa do Poder Executivo devem nascer com a marca da constitucionalidade? Esta discussão deveria se esvaziar se o Estado estabelecesse um melhor controle prévio da constitucionalidade na produção legislativa, criando um cenário em que as leis tributárias que afrontassem a Constituição Federal não viessem a ser aprovadas.

Entretanto, a matéria é polêmica. Mesmo aqueles que aderem à tese da restrição de competência não terão a iniciativa para nulificar uma decisão que se rebelara contra esta limitação, fundamentada na ordem constitucional. Saberão das dificuldades da defesa de sua tese.

A despeito das vedações expressas, colecionam-se decisões que apreciaram matéria de controle constitucional de leis entre os tribunais administrativos, com destaque para o Tribunal de Impostos e Taxas de São Paulo (TIT), que mais de uma vez já conheceu e apreciou matéria desta magnitude.[9] Além de decisões que se formam pela maioria dos votos do colegiado, pode-se também colher votos vencidos de conselheiros que não se submetem à regra limitadora da competência de julgamento em comento. Porém, em regra, os julgadores administrativos se submetem às restrições de competência impostas via lei e deixam de apreciar as arguições de inconstitucionalidade de leis ou de ilegalidade de normas infralegais, ambas de natureza tributária, o que nem sempre coincide com a convicção pessoal do julgador acerca da matéria. Pela posição assumida neste trabalho e pelas decisões por nós proferidas, nos julgamentos do Tribunal Administrativo Tributário do Estado de Santa Catarina, fica evidente que nos incluímos nesta situação.

9. Neste sentido, TIT/SP, Decisão 2.713/95.

Normalmente as legislações específicas abrem ressalva para que os julgadores do órgão de julgamento administrativo possam apreciar a ilegalidade ou inconstitucionalidade de atos normativos. É quando há entendimento *manso* e *pacífico* do Supremo Tribunal Federal ou do Superior Tribunal de Justiça. Entretanto, a conceituação do que venha a ser entendimento *manso* e *pacífico* sempre será formada no terreno da subjetividade, cabendo a cada julgador estabelecer o seu critério, o seu parâmetro para a sua formação de juízo acerca desta definição. De qualquer modo, há um indicativo que muito pode contribuir para que o julgador administrativo se oriente nesta questão: é projetar no imaginário a lide para o julgamento nestes tribunais, STF e STJ, e examinar, com base na jurisprudência formada pelo respectivo tribunal e as demais circunstâncias que a cercam, com que expectativa o recurso será provido. Se a conclusão for pelo seu provimento num destes tribunais, independentemente da época que chegar a ser julgado, de nada adianta o tribunal administrativo julgar pelo seu improvimento, mantendo o lançamento tributário. Seria onerar a Fazenda Pública com o ônus da sucumbência. É neste sentido que o acolhimento do entendimento *manso* e *pacífico* do STF e STJ é justificado para apreciar a alegação de inconstitucionalidade e ilegalidade nos recursos administrativos, inserindo-se na visão do princípio da economia processual.

E mesmo que atualmente os julgadores dos tribunais administrativos sejam impedidos de apreciar matéria envolvendo inconstitucionalidade de normas, esta não é a melhor solução, mormente quando os tribunais administrativos têm previsão na própria Constituição Federal (art. 5º, LV). Será que o constituinte vislumbrava o funcionamento dos órgãos de julgamento administrativo apenas para referendar os atos da autoridade do Poder Executivo? Na verdade, com esta restrição de competência imposta, o julgador não aprecia os atos fiscais à luz do Direito, na sua concepção mais ampla, mas verifica tão somente se o procedimento fiscal está de acordo com as normas internas do órgão arrecadador do respectivo ente político. Com esta restrição, os tribunais administrativos ficam atrelados aos interesses do órgão arrecadador, e se fizermos uma análise mais profunda, tem-se a impressão de que estes órgãos judicantes perdem o seu objetivo e a sua legitimidade por falta de independência na sua tarefa de julgar.

É necessário que a comunidade jurídica desperte para uma nova ordem constitucional com relação ao direito à ampla defesa e contraditório em sede administrativa (CF, art. 5º, LV). O processo administrativo é direito de estatura constitucional, direito este que não se satisfaz com a concepção de um processo precário a ser submetido ao julgador que somente pode fazer um julgamento parcial, como se houvesse direito precário ao contraditório. Não há direito precário à defesa. Ou o litigante pode alegar todas as razões de direito, sem preocupação com a sua estatura normativa, utilizando-se de todos os meios de prova admitidas em Direito, ou não há ampla defesa e contraditório, o que será uma afronta à Constituição Federal. O controle da legalidade dos atos administrativos, importante prerrogativa da Administração, na verdade é uma farsa, é uma ilusão, quando este é efetuado com o desprezo da Constituição Federal. O constituinte originário, ao inscrever o direito à defesa na Carta Política não estabeleceu restrições com relação ao processo administrativo, pelo contrário, equiparou-o ao judicial. Somente se faz o controle da legalidade em toda a sua plenitude quando se respeita o ordenamento jurídico, em especial a Constituição Federal, da qual as demais normas recebem seus fundamentos de validade. Não há controle de legalidade pela metade. Não há controle de legalidade quando o próprio julgador tem sua competência judicante restringida por outra lei. O processo administrativo há de ser repensado para a sua adaptação à nova ordem constitucional.

A principal argumentação dos defensores da limitação da competência de julgamento dos julgadores administrativos converge para as possíveis ocorrências de situações desconfortáveis no plano das soluções das lides. Poderia um julgador administrativo cancelar uma exigência tributária em razão do reconhecimento de inconstitucionalidade da lei na qual ela estava fundamentada, e o Poder Judiciário se manifestar pela constitucionalidade desta mesma lei. Como a Fazenda Pública não pode recorrer das decisões do órgão administrativo que lhe seja desfavorável, haveria um prejuízo de equiparação de direitos. De fato, esta hipótese pode ocorrer. Todavia, nenhum sistema jurídico é perfeito. A relação processual, seja judicial ou administrativa, impõe riscos e incertezas. Nem sempre a justiça prevalece. Pode-se dizer que o julgamento do processo estabiliza a relação jurídica, restabelecendo a paz jurídica entre as partes, que não é sempre uma solução de verdadeira justiça. Situações de desconforto também ocorrem na prestação jurisdicional no âmbito do Poder Judiciário, com decisões díspares para matérias iguais, o que não é levantado para inviabilizar o sistema judicial. Além disso, por certo, estas divergências de entendimento sobre a constitucionalidade de leis dos órgãos administrativos e o Poder Judiciário não será uma constante. Se ocorrer, será de forma isolada, a ponto de não comprometer o sistema. O fato é que o processo administrativo tributário deve ser repensado à luz da nova ordem constitucional, fazendo as adaptações necessárias para que efetivamente possa ser entregue ao contribuinte o real controle da legalidade dos atos de imposições tributárias, sob pena de obsoletismo completo de todos os órgãos de julgamento administrativo. As entidades jurídicas devem se adaptar à Constituição Federal. O que não procede é fazer uma leitura da Carta Magna de forma míope para possibilitar a sua transgressão e oferecer ao contribuinte uma simulação de processo administrativo.

Na verdade, o Estado tem como vocação exercer o controle constitucional dos atos administrativos. No âmbito do Direito Tributário, isto fica demonstrado quando as leis estaduais do ICMS vedam o direito ao crédito com relação às operações oriundas de Estados que concederam benefícios fiscais à revelia da LC 24/1975. Ora, ao vedar o direito ao crédito, está se reconhecendo a inconstitucionalidade da lei do Estado de origem das operações, sem a interferência do Poder Judiciário. E o que é pior, a lei considerada inconstitucional é de outro Estado.

Conforme já exposto acima, hoje, muitos renomados doutrinadores já sustentam suas teses no sentido de que não há mais razões para restringir a competência dos julgadores administrativos às normas infraconstitucionais. Não que se pretenda que o julgador decrete a inconstitucionalidade de leis, normas ou portarias. Esta função é privativa do Poder Judiciário, mas que se aprecie a lide à luz da Constituição, exercendo o controle constitucional das leis de forma difusa, a exemplo do juiz togado em sua decisão singular.

E não há razões para entender esta ampliação de competência como uma intromissão nas atribuições do Poder Judiciário, porque será sempre este que terá a palavra final no julgamento da lide. Observar os mandamentos da Constituição, por parte de qualquer servidor público em sua função, de maneira alguma pode ser considerado uma ofensa à repartição dos poderes idealizada pelo Barão de Montesquieu.

E tem mais: recentemente, a doutrina tem levantado a questão da possibilidade de o julgador administrativo, como também qualquer outra autoridade administrativa, ser responsabilizado pelos danos causados ao contribuinte em decorrência da aplicação de uma norma sabidamente inconstitucional ou ilegal, sob a ordem do art. 37, § 6º da CF/1988:

"§ 6º. As pessoas jurídicas de direito público e as de direito privado prestadoras de serviços públicos responderão pelos danos que seus agentes, nessa qualidade, causarem a terceiros, assegurando o direito de regresso contra o responsável nos casos de dolo ou culpa."

É de difícil assimilação a ideia da possibilidade de o Estado vir a utilizar-se do direito de regresso contra o agente que aplicou uma norma instituída pelo próprio Estado, ainda que inconstitucional. Caberia então a mesma responsabilidade contra a autoridade que editou esta norma. Mas o fato está exposto, e não é impossível que um julgador administrativo possa vir a ser responsabilizado pelos danos que sua decisão causar ao administrado, ao permitir a aplicação de uma norma flagrantemente inconstitucional ou ilegal.

James Marins suscita outra preocupação com esta limitação de competência jurisdicional dos julgadores administrativos. Refere-se ao que ele chama de "subversão da consciência jurídica dos julgadores tributários", cerceando a participação dos julgadores administrativos com conhecimentos especializados na área tributária, nulificando a sua participação nos debates, produzindo teses e entendimentos como fontes de formação de juízo para os magistrados. O mesmo autor também questiona a pureza conceitual de Montesquieu na tripartição dos poderes de forma rigorosa, que tem recebido sucessivas mitigações de ordem legal (CF/1988), jurisprudencial e doutrinária.[10]

3.3 Efeitos da decisão do órgão de julgamento administrativo

No sistema de jurisdição única vigente no Brasil, as decisões dos órgãos de julgamento administrativo não fazem coisa julgada; não são definitivas para as partes atuantes na relação conflituosa. Cabe ao Poder Judiciário decidir por definitivo, restabelecendo o direito e a paz jurídica entre as partes.

10. James Marins, ob. cit., p. 314.

Ocorre, porém, a definitividade do julgamento na esfera administrativa quando se esgotarem os recursos, produzindo os efeitos de solução da lide na Administração. A partir deste ponto, duas situações são formuladas: em primeiro lugar, se o Estado for vencedor na causa, tendo sido considerado procedente um determinado lançamento tributário, por exemplo, pode o contribuinte vencido recorrer ao Poder Judiciário, para buscar o direito que julgar não ter sido reconhecido no julgamento administrativo. Nesta hipótese, o efeito da decisão administrativa é definitivo somente em sede da Administração. Em segundo plano, na hipótese em que o contribuinte for vencedor na lide, favorecido pela decisão desconstituidora do mesmo lançamento tributário, a decisão é definitiva também no plano do Poder Judiciário e vincula a Administração, vez que o Estado não tem legitimidade para recorrer de uma decisão por ela tomada. Com esta decisão favorável ao contribuinte opera-se a extinção do crédito tributário objeto do contencioso, se houve o cancelamento total do lançamento, ou a extinção da parte excluída do lançamento, se o provimento do recurso for apenas parcial (CTN, art. 156, IX).

Esta questão não é pacífica entre os doutrinadores. Há quem entenda que o Estado pode também recorrer para rever o julgamento do órgão administrativo, matéria que será analisada com mais detalhe adiante.

Ocorrendo a decisão definitiva no plano administrativo, com uma solução favorável ao Estado, cessa também o efeito suspensivo da exigibilidade do crédito tributário, nos termos do art. 151, III, do CTN, tornando-o exequível, liberando a Fazenda Pública para tomar as medidas pertinentes à execução forçada do crédito, as quais terão início com a formação do título executivo extrajudicial, inscrevendo o crédito em dívida ativa. O efeito suspensivo pode, porém, ser restabelecido por decisão judicial, desde que o contribuinte acione o Poder Judiciário para prosseguir no questionamento do crédito tributário e obtenha do magistrado, mediante requerimento, a concessão de medida liminar ou tutela antecipada, nos termos do art. 151, incisos IV e V, do CTN.

Ainda cabe mencionar, como efeito da decisão definitiva na Administração, a abertura da contagem do prazo prescricional, nos termos do art. 174, do CTN, segundo o qual, "A ação para a cobrança do crédito tributário prescreve em cinco anos, contados da data da sua constituição definitiva". A constituição definitiva aqui mencionada deve ser entendida como a condição em que o lançamento não pode mais ser modificado em sede administrativa, por não haver mais recursos a serem interpostos contra ele.

3.3.1 Decisão definitiva (administrativa) e coisa julgada (judicial)

Nos termos do art. 6º, § 3º da Lei de Introdução às Normas do Direito Brasileiro, "Chama-se coisa julgada ou caso julgado a decisão judicial de que já não caiba recurso".

A coisa julgada é uma verdade presumida que se estabelece entre as partes, por decisão judicial, da qual não cabe mais recurso.

Pela definição desta lei, de imediato, pode-se descartar a aplicação deste conceito às decisões definitivas na via administrativa, porque destas sempre cabe recurso, não na via administrativa, mas na judicial. É a operatividade do sistema da jurisdição única, adotado pelo Brasil, no qual todas as controvérsias, de qualquer origem, no final, são solucionadas pelo Poder Judiciário, ainda que tenham passagem por outros órgãos judicantes administrativos para julgamento. Cabe desde já, contudo, a ressalva para as decisões desfavoráveis à Administração, matéria a ser analisada a seguir.

Entretanto, a doutrina criou a chamada *coisa julgada administrativa*, com os efeitos de definitividade do julgamento na esfera administrativa, mas que não recebe a aprovação de muitos doutrinadores, entre os quais Hely Lopes Meirelles, que assim se expressa sobre o tema:

"(...) a denominada *coisa julgada administrativa*, que, na verdade, é apenas uma *preclusão de efeitos internos*, não tem o alcance da *coisa julgada judicial*, porque o ato jurisdicional da Administração não deixa de ser um simples ato administrativo decisório, sem força conclusiva do ato jurisdicional do Poder Judiciário (...).

"Realmente, o que ocorre nas decisões administrativas finais é, apenas, preclusão administrativa, ou a *irretratabilidade* do ato perante a própria Administração. É a sua imodificabilidade na via administrativa, para estabilidade das relações entre as partes. (...) Essa imodificabilidade não é efeito da *coisa julgada administrativa*, mas é consequência da *preclusão* das vias de impugnação interna (...)."[11]

---

11. Hely Lopes Meirelles, *Direito Administrativo Brasileiro*, cit., pp. 731-732.

Atento a isso, normalmente, as leis locais empregam com propriedade o termo "decisões definitivas", porquanto não seria facilmente assimilável o emprego da "coisa julgada administrativa". Aliás, que se anote que o Código Tributário Nacional, prudentemente, também adota esta terminologia.

3.3.2 Efeito vinculante das decisões dos tribunais administrativos para a Administração

Adotando uma boa linguagem jurídica, diz-se que os julgamentos em qualquer instância administrativa não fazem coisa julgada. Esta terminologia é própria para o julgamento definitivo no Judiciário, ao qual o contribuinte pode recorrer na hipótese de não obter êxito em sua pretensão na esfera administrativa (princípio da universalidade da jurisdição – CF/1988, art. 5º, XXXV). Portanto, a decisão definitiva do tribunal administrativo não faz coisa julgada para o contribuinte, mas é irreversível para a Administração que a proferir. A Administração Pública não pode decidir pela improcedência de um ato fiscal e depois recorrer ao Judiciário, na tentativa de restabelecê-lo. Faltar-lhe-ia condição de ação. Não haveria possibilidade jurídica do pedido. Além do mais, há que se dar relevo à segurança jurídica. O processo administrativo perderia sentido se após o julgamento favorável ao contribuinte a Fazenda Pública pudesse reformular nova lide para discussão no Poder Judiciário, como se nenhum julgamento houvera. O processo administrativo seria um engodo, dando a falsa ideia ao contribuinte da possibilidade da solução de uma lide, quando na verdade a decisão administrativa nada valeria quando lhe fosse favorável. O órgão de julgamento seria totalmente inútil na perspectiva do contribuinte.

Com relação a este tema há posicionamentos contrários fundamentados, principalmente, no princípio da universalidade da jurisdição, segundo a qual a lei não pode excluir da apreciação do Poder Judiciário lesão ou ameaça a direito (CF, art. 5º, XXXV). Segundo Lídia Maria Lopes Rodrigues Ribas, "Lei infraconstitucional não pode restringir, por via direta, a garantia constitucional; e, obviamente, a frustração à eficácia da regra constitucional não poderá ser obtida por via indireta".[12]

---

12. Lídia Maria Lopes Rodrigues Ribas, *Processo Administrativo Tributário*, cit., p. 173.

A autora assume posição favorável à possibilidade de a Administração Pública acionar o Poder Judiciário para modificar uma decisão proferida pelo órgão administrativo, tomando por base não só o princípio da universalidade da jurisdição, mas também o da igualdade, este caracterizado pelo estabelecimento de condições iguais entre o Estado e o contribuinte, permitindo que ambos possam recorrer ao julgamento judicial para obter uma decisão terminativa do processo.

Porém, os princípios invocados não têm aplicabilidade no caso, visto que não se verifica lesão ou ameaça a direito da Fazenda Pública diante de uma decisão proferida por um órgão de julgamento pertencente à Administração. A sentença que declara a improcedência de uma exigência tributária via lançamento é obra da própria Administração, através de um órgão judicante especializado. Não há lesão ou ameaça de direito da Fazenda Pública diante de uma decisão tomada por um tribunal administrativo legalmente estruturado com a função de julgar as lides tributárias. Se o sistema permite julgamentos por tribunais administrativos, as suas decisões devem ter validade, sendo contra ou a favor do Estado.

A defesa da não vinculação da Administração às decisões de seus órgãos de julgamento parte da premissa da independência deles da estrutura administrativa, como se fossem organismos com personalização distinta, não suscetíveis dos efeitos dos desígnios da gestão administrativa. Contudo, os nossos tribunais administrativos, sejam de que esfera da administração forem (federal, distrital, estadual ou municipal), ainda não alcançaram este grau de independência, o que somente seria possível com uma redefinição do modelo de jurisdição no país. Os órgãos de julgamento integram a estrutura organizacional do Poder Executivo. O grau de independência técnica e a imparcialidade que se verificam nos julgamentos dos julgadores em sede administrativa não devem ser confundidos com a independência administrativa do respectivo órgão de julgamento.

Conforme lembra Sérgio André Rocha, situação diferente ocorre com relação às decisões das Agências Reguladoras, que são entes personalizados distintos, sobre as quais a Administração Direta não exerce poder hierárquico, e, por isso, atuam com total independência.[13] O mes-

---

13. Sérgio André Rocha, *Processo Administrativo Fiscal*, cit., p. 183.

mo autor, ao fundamentar sua posição contra a possibilidade de a Fazenda Pública rediscutir a decisão administrativa no Poder Judiciário, faz um extenso elenco de doutrinadores que dão sustentação a sua tese, demonstrando a sedimentação da doutrina majoritária neste sentido.

Portanto, admitindo a inserção dos tribunais administrativos na estrutura organizacional da Administração, suscetíveis do poder hierárquico desta, não há que se falar na possibilidade de a Fazenda Pública buscar a tutela judicial contra uma decisão proferida no seio desta Administração. Falta-lhe interesse de agir.

Hugo de Brito Machado Segundo, analisando a matéria, escreve: "A preclusão administrativa e a impossibilidade de impugnação judicial por parte da administração decorrem, em última análise, de uma questão de atribuição de competência. O Poder Público é composto de órgãos, cada um dotado de competência para o exercício de determinadas funções. Quando há decisão administrativa definitiva, tem-se que foi a Administração, através do órgão competente, que decidiu pela validade, ou invalidade, do ato impugnado pelo contribuinte. Assim, outros órgãos, como Procuradorias da Fazenda, Coordenações de Arrecadação etc., simplesmente não têm competência para rever tal decisão, e o ente público por eles integrado não tem interesse de agir para questionar judicialmente um ato dele próprio".[14]

Neste mesmo sentido também leciona Eduardo Domingos Bottallo: "As precedentes considerações levam-nos a concluir, com plena convicção, que a Fazenda Pública não está habilitada a buscar judicialmente a revogação de decisões administrativas finais só porque contrárias, segundo juízos subjetivos de mérito, a seus interesses ou convicções".[15]

Se analisarmos a matéria sob a ótica da relação processual a ser estabelecida no caso da reabertura da discussão do julgamento administrativo perante o Poder Judiciário, deparamo-nos com outra questão a demandar solução: a definição do polo passivo da relação processual. Seria o órgão de julgamento administrativo (conselho de contribuinte), parte integrante da pessoa política revestida da competência tributária

---

14. Hugo de Brito Machado Segundo, *Processo Tributário*, cit., p. 183.
15. Eduardo Domingos Bottallo, *Curso de Processo Administrativo Tributário*, cit., p. 187.

ou o próprio contribuinte beneficiado com decisão administrativa que se pretende reformular?

Esta questão foi posta por Lutero Xavier Assunção nos seguintes termos:

"A ideia de vir a pessoa, física ou jurídica, de direito público ou privado, postular em juízo contra si mesma é algo realmente fantástico.

"A consulta ao ordenamento processual civil aponta para a impossibilidade da realização de tal desiderato. Pelo nosso sistema processual civil, a destrinça do mérito de qualquer causa posta em Juízo pressupõe o estabelecimento prévio da relação jurídica processual, que ocorre com a citação da parte oposta. Na hipótese em exame, haveria, de um lado, a parte Autora (União, Estados, Distrito Federal ou Município), representada por seus procuradores (...); e de outro lado, a parte Ré, que, em face da impessoalidade dos órgãos da administração pública seria a mesma Autora, por seus representantes judiciais, tirados do mesmo nicho de procuradores. Dessa forma, a relação jurídica processual jamais se completaria (...).

"Por outra ordem de ideias, a ação poderia ser proposta contra o contribuinte beneficiado pela decisão do órgão administrativo de deliberação coletiva. Nesse caso, haveria 'ilegitimidade de parte', porquanto o ato guerreado é de lavra do órgão público da Autora, portanto, dela mesma, e não do contribuinte o qual não pode ser levado à condição de réu, e a sucumbir, por virtude da parte que toma a iniciativa processual."[16]

No plano normativo esta questão já vem sendo tratada como incontroversa, no sentido de reconhecer a coisa julgada administrativa, sem direito de ação do Estado para reapreciar o mérito, quando a decisão lhe for desfavorável. Verifica-se esta orientação no art. 85 do Decreto 7.574/2011, com a seguinte redação:

"Art. 85. No caso de decisão definitiva favorável ao sujeito passivo, cumpre à autoridade preparadora exonerá-lo, de ofício, dos gravames decorrentes do litígio."

O dispositivo revela uma tautologia, visto ser prescindível a declaração de extinção do crédito tributário objeto do litígio por autoridade

---

16. Lutero Xavier Assunção, *Processo Administrativo Tributário Federal*, 2ª ed., Bauru, Edipro, 2003, p. 160.

diferente daquela responsável pela decisão. O enunciado normativo serve, porém, para demonstrar o conteúdo definitivo da decisão administrativa.

O Superior Tribunal de Justiça, no julgamento do Mandado de Segurança de n. 8.810, com a decisão publicada no *DJU* de 6.10.2003, decidiu, com base no art. 45 do Decreto 70.235/1972, determinar a exoneração do sujeito passivo da obrigação tributária, em razão da decisão administrativa que lhe foi favorável. Segue a ementa:

"Administrativo. Mandado de segurança. Conselho de contribuintes. Decisão irrecorrida. Recurso hierárquico. Controle ministerial. Erro de hermenêutica.

"I – A competência ministerial para controlar os atos da administração pressupõe a existência de algo descontrolado, não incide nas hipóteses em que o órgão controlado se conteve no âmbito de sua competência e do devido processo legal.

"II – O controle do Ministro da Fazenda (arts. 19 e 20 do DL 200/1967) sobre os acórdãos dos conselhos de contribuintes tem como escopo e limite o reparo de nulidades. Não é lícito ao Ministro cassar tais decisões sob o argumento de que o colegiado errou da interpretação da Lei.

"III – As decisões do conselho de contribuintes, quando não recorridas, tornam-se definitivas, cumprindo à Administração, de ofício, 'exonerar o sujeito passivo dos gravames decorrentes do litígio' (Dec.70.235/1972, art. 45).

"IV – Ao dar curso a apelo contra decisão definitiva de conselho de contribuintes, o Ministro da Fazenda põe em risco direito líquido e certo do beneficiário da decisão recorrida."

O CTN também faz alusão à matéria no seu art. 156, ao considerar no inciso IX, como uma das formas de extinção do crédito tributário "a decisão administrativa irreformável, assim entendida a definitiva na órbita administrativa, que não mais possa ser objeto de ação anulatória". A inserção no texto do dispositivo da ação anulatória deve ser interpretada de forma sistêmica. Não houvesse a vinculação da Administração às decisões dos seus tribunais administrativos, quando favoráveis ao contribuinte, sempre haveria ação anulatória perante o Poder Judiciário, o que tornaria sem sentido o texto mencionado, vez que nunca haveria decisão definitiva em sede administrativa. A mensagem que prepondera neste dispositivo e que dá a tônica de seu conteúdo é a de que a decisão administrativa definitiva, da qual não cabe mais recurso no âmbito administrativo, que cancelara o lançamento impugnado, extingue o crédito tributário correspondente, o que por óbvio impossibilita dar continuidade na discussão em sede judicial, por falta de objeto. O crédito tributário em litígio já foi extinto.

É preciso ainda considerar que cabe à Administração anular os atos que afrontem a legalidade. Observar a legalidade não é um direito da Administração, mas um dever, sem que para isso seja necessária a invocação do Poder Judiciário. No plano do Direito Tributário, este saneamento dos atos administrativos é feito através dos tribunais administrativos (os conselhos de contribuintes), os quais, uma vez acionados mediante petição reclamatória própria, contra um lançamento tributário, examinam o objeto da impugnação para fazer prevalecer a legalidade. Na hipótese de a decisão ser favorável ao Estado, pode o contribuinte recorrer ao Poder Judiciário para rediscussão da matéria, com amparo no princípio da universalidade jurisdicional (CF, art. 5º, XXXV); se por outro lado, o julgador administrativo declarou cancelado o lançamento por sua dissociação às regras legais, tem-se que a Administração Pública, através de seu órgão próprio, reconheceu a ilegalidade de seu ato de lançamento tributário, fazendo o controle da legalidade de sua atuação perante o administrado, o que desautoriza por completo a reabertura de qualquer discussão, agora em sede judicial, sobre o mesmo objeto.

De todo o exposto acima, e do que ainda se pudesse teorizar contra a possibilidade de rediscutir no Poder Judiciário uma matéria solucionada definitivamente no âmbito do processo administrativo, o que dá relevo ao argumento da vinculação aqui defendida é a própria Constituição Federal quando consagra o princípio da ampla defesa e contraditório em processo administrativo (art. 5º, LV). Sem nenhum esforço interpretativo, o que vem à tona com esta orientação constitucional é que, tratando-se de processo administrativo tributário, o contribuinte tem o direito de questionar a pretensão da Fazenda Pública com relação à exigência de um crédito tributário, e obter uma solução definitiva no âmbito administrativo, se os fatos militarem a seu favor, sob pena de se estar afrontando a regra constitucional. O direito de defesa presume que o contribuinte tenha uma decisão favorável definitiva se provar a ilegalidade do ato fiscal, sem a repristinação em sede judicial. Permitir a reabertura da discussão de uma decisão administrativa favorável ao contribuinte, para reverter esta situação, desautorizaria toda a atuação dos julgadores administrativos, os quais estariam simulando julgamentos, visto que suas decisões não seriam de nenhum efeito prático, tornando os órgãos de julgamento administrativo entidades obsoletas, totalmente inúteis, sem finalidade prática, e suas decisões fictas, retirando do contribuinte qualquer noção de segurança jurídica na relação processual em âmbito administrativo. O direito ao contraditório e ampla defesa, em sede administrativa, previsto pela Constituição Federal, somente se aperfeiçoa se a decisão administrativa tiver algum efeito prático e definitivo na perspectiva do contribuinte, caso restar provada a ilegalidade do ato impugnado.

Portanto, qualquer análise que se pretenda fazer desta temática deve passar pela norma constitucional que garante a ampla defesa e contraditório em processo administrativo.

Cabe registrar que o efeito vinculante das decisões administrativas para a Administração objeto desta análise não tem uma incidência prospectiva, no sentido de vincular os procedimentos fiscais futuros. O contribuinte pode opor à Fazenda Pública a decisão sobre uma determinada matéria apreciada, mas não pode exigir o mesmo posicionamento nos procedimentos futuros dos agentes administrativos. É por isso que o agente fiscal pode lavrar o seu lançamento tributário segundo a sua interpretação da lei, sem sujeitar-se ao entendimento do órgão judicante que irá apreciar o seu ato administrativo. O agente administrativo não está vinculado às decisões do respectivo conselho de contribuintes, nem mesmo com referência ao mesmo contribuinte destinatário da decisão. A jurisprudência não é norma, é passível de reformulações no decorrer do tempo. A vinculação ocorre com relação ao fato julgado em concreto, não com relação à matéria.

As decisões dos tribunais administrativos não foram contempladas com a qualidade normativa das normas complementares previstas pelo art. 100 do CTN, salvo se a Administração Pública lhes atribuir eficácia normativa por lei.

O tema talvez não merecesse tanto espaço na discussão; não se verifica grandes tensões de divergências de entendimentos no plano concreto. A doutrina majoritária já se posicionara de forma firme pela vinculação da Administração às decisões administrativas. A discussão, porém, ganhou relevo em decorrência de um parecer da Procuradoria Geral da Fazenda Nacional de n. 1.087/2004, que recebeu a aprovação do Ministério da Fazenda, cujo posicionamento é pela possibilidade de o Estado reabrir a discussão, perante o Poder Judiciário, de matéria julgada em instância administrativa, em decisão favorável ao contribuinte. Pelas razões expostas, tal parecer não se reveste de fundamentos legais e contraria, em especial, o direito à ampla defesa e contraditório do contribuinte. O parecer representa um retrocesso interpretativo e milita a favor do esvaziamento da importante função dos tribunais administrativos tributários que atuam por este Brasil.

Por fim, a análise que se procedeu e que permitiu concluir pela vinculação da Administração à decisão favorável ao contribuinte prende-se na discussão do mérito da decisão administrativa. A discussão ganha outros contornos na hipótese de se verificar vícios de julgamento capazes de invalidá-lo, tais como a corrupção do julgador, preterição da forma na condução do processo, preterição do direito de defesa, entre outros vícios, devidamente comprovados em processo regular, transitado em julgado. Nesta hipótese pode ser acionado o Poder Judiciário, não para reapreciar o mérito da matéria julgada administrativamente, mas para anular o julgamento considerado viciado, fazendo retornar o processo para novo julgamento na instância administrativa, saneando a falha processual. O comportamento do julgador desviado de sua finalidade, por incorrer nos vícios mencionados, não estará autorizado pela Administração, ao dar legitimidade a esta para repreender, via processo judicial, tal ato funcional corrupto ou viciado, anulando o julgamento para restabelecer a relação litigiosa.

3.4 Publicidade das sessões de julgamento x sigilo fiscal

As sessões dos tribunais administrativos serão públicas, a exemplo dos julgamentos do Poder Judiciário; não há razões para coibir a publicidade irrestrita nos julgamentos, sob o pretexto do sigilo fiscal. A exposição do nome da empresa do contribuinte, com a situação fiscal e econômica e demais informações pertinentes a sua atividade empresarial, que decorre das discussões travadas em sessão de julgamento para a elucidação dos fatos, não caracteriza quebra de sigilo fiscal e não constitui transgressão ao disposto no art. 198 do CTN.

O entendimento contrário revelaria um exacerbado zelo pela proteção do sigilo fiscal do contribuinte, lembrando que o direito ao sigilo não se manifesta de forma absoluta, prevenindo tão somente a exposição desnecessária de informações obtidas pelos agentes administrativos em sua atuação funcional. A publicidade das sessões nos tribunais administrativos segue o exemplo dos julgamentos nos tribunais judiciais que também são públicos, em regra.

Todavia, a publicidade aqui referida restringe-se às sessões. Fora destas, somente o contribuinte ou o seu representante legalmente constituído pode ter acesso ao processo. Portanto, é vedado fornecer informações a respeito da situação do contribuinte, por qualquer funcionário dos conselhos de contribuintes para terceiros, para órgãos de imprensa, ou para qualquer finalidade, exceto nos casos previstos no §§ 1º e 3º do art. 198 e art. 199, ambos do CTN.

Com referência à publicação das decisões dos colegiados administrativos, uma boa conduta recomenda que seja omitido o nome do contribuinte, sujeito passivo da obrigação tributária, objeto do litígio. Assim, dá-se publicidade dos atos administrativos, observado o princípio da publicidade, sem ferir o outro bem jurídico que é o direito ao sigilo fiscal do contribuinte notificado. A publicidade da jurisprudência tem por finalidade a transparência dos julgados, de anunciar o entendimento dos julgadores sobre as diversas matérias, sendo irrelevante para esta finalidade a exposição do nome do contribuinte envolvido.

Por fim, vale destacar uma importante análise crítica feita por Márcio Manoel Maidame sobre o rigor do sigilo fiscal com relação à situação do contribuinte perante suas obrigações tributárias. O autor demonstra sua preocupação com o custo social decorrente da preservação do sigilo de informações, tornando menos seguras as relações jurídicas, especialmente os contratos. Escreve ele:

"Iniciaremos nossas cogitações com algumas ponderações sobre o sigilo, e o custo de informações, na perspectiva colocada por Richard Posner, em seu *The Economics of Justice*. O autor, ao realizar a análise econômica de certos institutos do direito, realiza uma interessantíssima digressão sobre o impacto que o custo da informação (e do sigilo) tem sobre os variados institutos jurídicos, em especial sobre os contratos. A conclusão do doutrinador é que informações públicas sobre a reputação das pessoas (jurídicas, inclusive), não deveriam ser cobertas por sigilo na medida em que tem o efeito de tornar mais dispendiosas as relações jurídicas.

"Um caso brasileiro é emblemático. Se o 'mercado' soubesse do tamanho do passivo tributário da Construtora Encol, certamente os milhares de mutuários desta empresa estariam hoje com suas economias resguardadas. A preservação das informações tributárias desta empresa representou, para um número considerável de famílias brasileiras, uma tragédia sem precedentes, (...)."[17]

As observações de reserva com relação ao sigilo de informações, nas suas mais variadas dimensões, são pertinentes e valem para combater também o rigor com que alguns setores pretendem tratar o sigilo bancário, assunto que será discutido adiante. É claro que sobre todo sigilo pesa a hipoteca de um importante custo social. Felizmente a realidade dos acontecimentos no mundo dos negócios já deu a indicação da necessidade do abrandamento de todas as formas de sigilo, potencializando a transparência da circulação de valores econômicos para minimizar as práticas de fraudes de dotar o sistema de uma maior justiça fiscal.

3.5 Os requisitos estruturais da decisão

Sem embargo das regras específicas das legislações locais de cada ente federado, a decisão do julgador deve conter os requisitos e o formato da sentença previstos no art. 458 do CPC, quais são:

"I – o relatório, que conterá os nomes das partes, a suma do pedido e da resposta do réu, bem como o registro das principais ocorrências havidas no andamento do processo;

"II – os fundamentos, em que o juiz analisará as questões de fato e de direito;

"III – o dispositivo, em que o juiz resolverá as questões, que as partes lhe submeterem."

Os requisitos acima também são básicos para a decisão na esfera administrativa. Embora a prescrição seja para as sentenças no Poder Judiciário, é importante que este formato seja perseguido pelo julgador

---

17. Márcio Manoel Maidame, *Impenhorabilidade e Direitos do Credor*, Curitiba, Juruá, 2008, pp. 327-328.

na esfera administrativa. Não haveria nenhuma razão para inovar nesta questão, já que o processo administrativo tem como paradigma o processo judicial.

3.5.1 Relatório

O relatório é a parte introdutória da decisão, no qual é identificado o contribuinte notificado, notificação impugnada, agente notificante e um relato de toda a relação processual, descrevendo o fato gerador do lançamento de ofício, os argumentos de defesa, a informação fiscal e o parecer da representação da Fazenda Pública. É a parte onde o julgador demonstra conhecer o processo.

3.5.2 Motivação

Como em qualquer ato administrativo, as decisões administrativas devem ser devidamente fundamentadas. São os fundamentos de fato e de direito que o julgador expõe para dar transparência à formação da sua convicção. A motivação é de fundamental importância porque dela se valerá o acusado ou o notificado, para produzir a sua defesa na instância superior, quando contestará a decisão singular, sob pena de cerceamento do direito de defesa.

Fundamentar uma decisão é exteriorizar as razões do convencimento do julgador, que devem ultrapassar as expressões superficiais e genéricas do tipo "a notificação está de acordo com a legislação", ou então "as alegações do contribuinte são contrárias à legislação", sem um aprofundamento da questão. A fundamentação pode buscar inspiração na norma, na jurisprudência, na doutrina, bem como na convicção do julgador, formando o seu juízo de valor acerca da matéria a partir dos fatos constantes dos autos.

Aliás, o preceito expresso no art. 4º da Lei de Introdução às Normas do Direito Brasileiro, segundo o qual, "quando a lei for omissa, o juiz decidirá o caso de acordo com a analogia, os costumes e os princípios gerais de direito" é aplicável também nos julgamentos administrativos, lembrando, entretanto, que da decisão baseada em analogia não pode resultar em cobrança de imposto que não esteja prevista em lei

(CTN, art. 108, § 1º). O julgador há que procurar uma solução para a lide, mesmo que a legislação seja lacunosa com relação a determinada matéria, sem deixar de observar, naturalmente, o disposto do art. 112 do CTN para os casos que suscitarem dúvidas com relação aos fatos relacionados naquele dispositivo.

No julgamento administrativo, o julgador não está só sujeito à lei para construir a sua fundamentação, mas também aos atos normativos infralegais, tais como decretos, portarias, ordens de serviços, resoluções normativas, entre outras, sem que, em princípio, ele possa apreciar matéria envolvendo a arguição de inconstitucionalidade dessas normas, conforme já exposto acima. É diferente da prestação jurisdicional no Judiciário, onde a fonte de direito é também todo o ordenamento jurídico, podendo, entretanto, o juiz negar a aplicação de normas infralegais.

Ainda na fundamentação, o julgador deve sempre ter presente que, ao tratar-se de matéria tributária, não se perquire sobre o aspecto volitivo do agente para a caracterização da infração.

O Direito Tributário opera com a responsabilidade objetiva, não na sua pureza conceitual como querem alguns, mas, de qualquer modo, é irrelevante a apuração da intenção do agente, sua conduta dolosa, para caracterizar a infração.

Este princípio está explícito no art. 136 do CTN: "Salvo disposição de lei em contrário, a responsabilidade por infrações da legislação tributária independe da intenção do agente ou do responsável e da efetividade, natureza e extensão dos efeitos do ato".

E não poderia ser diferente. É a forma que o legislador encontrou para proteger o bem jurídico da Fazenda Pública, que é o cumprimento das obrigações tributárias de natureza principal e acessória. Não fosse assim, o contribuinte faltoso com as suas obrigações sempre encontraria uma justificativa de ordem subjetiva para exonerar-se de qualquer responsabilidade.

Reconhece-se que a responsabilidade objetiva já não é acolhida na sua pureza conceitual. De fato, esta ideia já sofreu mitigações, a ponto de podermos colecionar autores que não hesitam em afirmar que inexiste esta obrigação objetiva; não pode ser imputado ao contribuinte nenhuma responsabilidade sem culpa;[18] o elemento volitivo sempre deve estar presente, pelo menos na sua forma *culposa* (negligência, imperícia e imprudência). Por vezes, o contribuinte é culpado por não vigiar o seu preposto (o empregado preenche um documento de forma irregular), culpa *in vigilando*; outras vezes, esta culpa advém da má seleção do preposto, culpa *in eligendo*. Portanto, segundo esta corrente de doutrinadores, não pode ser imputada ao contribuinte nenhuma responsabilidade tributária, com a consequente aplicação de punição pecuniária, sem que este tenha agido com um grau de culpa.

A responsabilidade objetiva não deve ser confundia com a condição jurídica de sujeição passiva. O fato de não se exigir o aspecto intencional para a caracterização do ilícito tributário não ameniza o rigor com que deve ser apurada a responsabilidade tributária para a definição do sujeito passivo numa relação jurídica tributária. Está-se cogitando na responsabilidade que extrapola a do contribuinte, como a responsabilidade dos sucessores e de terceiros, passando pela responsabilidade solidária, tudo nos termos do Código Tributário Nacional. A responsabilidade tributária que em tese prescinde de culpa é específica da infração tributária (CTN, art. 136). Isto quer dizer que a pessoa pode sofrer uma punição pecuniária, em decorrência de uma infração cuja responsabilidade lhe foi atribuída, sem que para isso seja necessário apurar a sua intenção para incorrer na prática da infração. Por outro lado, a responsabilidade tributária na sua concepção mais abrangente, que cuida da definição do sujeito passivo, tem regras próprias, também prescritas no CTN. Neste contexto se cogita da relação da pessoa que se pretende responsabilizar com o fato jurídico tributário ou ainda a relação pessoal do responsável com a pessoa que deu causa ao fato jurídico tributário, como é o caso da responsabilidade dos pais e dos tutores, segundo o art. 134, do CTN, incisos I e II, respectivamente. Portanto, não se pode defender a condição jurídica de sujeição passiva sob a alegação da desnecessidade da presença da intenção do agente.

Além disso, em regra, todas as questões devem merecer a análise do julgador, mesmo as que se apresentam aparentemente sem nenhuma

---

18. Ruy Barbosa Nogueira, *Curso de Direito Tributário*, 14ª ed., São Paulo, Saraiva, 1995, pp. 195-196.

consistência jurídica, tanto com relação à matéria de fato, como de direito. E apreciar as questões não significa simplesmente negar ou acolher as razões de defesa, dizendo simplesmente que não procedem, ou então que devem ser acolhidas. Apreciar as questões em julgamento significa aprofundar-se na sua cognição, dar a solução que julgar adequada e dizer as razões desta solução. É a motivação da decisão.

A preterição de requisitos relevantes pelo julgador, tais como o relatório, a fundamentação, a apreciação de todas as questões e o dispositivo, entre outros, resulta na nulidade da decisão. E se isto ocorrer, todos os atos processuais praticados a partir desta decisão anulada também são nulos, de modo que o processo retorna ao julgador singular para novo julgamento, devendo, então, se reiniciar a prática dos atos processuais anulados. A decretação de nulidade da decisão é de competência do órgão de instância superior de julgamento.

Há, porém, situações em que o julgador pode abster-se de apreciar todas as questões aduzidas pelas partes, quando já dispõe dos elementos suficientes para tomar a sua decisão. O fato pode ocorrer quando o juiz já reuniu fatos e elementos de prova que permitam a tomada de decisão sobre uma determinada causa, de forma induvidosa. Outras informações ou alegações das partes que não têm mais o poder de alterar o convencimento do julgador podem ser preteridas na apreciação, por falta de repercussão no resultado. Tais omissões, por óbvio, não justificam a interposição de embargos de declaração para suprir a decisão da apreciação omissa e muito menos são causa de nulidade da sentença.

O Poder Judiciário, visando a afastar o uso abusivo dos embargos de declaração, posiciona-se neste sentido. O Tribunal de Justiça de Santa Catarina assim tem se posicionado, em decisão do dia 31.10.2005: "Outrossim, é cediço que a autoridade judiciária não está obrigada a se pronunciar expressamente sobre todos os argumentos apresentados pelas partes, bastando para demonstrar o seu convencimento, aduzir aqueles que entende pertinentes à solução do conflito" (Embargos de Declaração 2004.022406-0).

O Superior Tribunal de Justiça também já se posicionou pela desnecessidade de apreciar toda a argumentação das partes, desde que o juiz disponha dos elementos suficientes para fundamentar sua decisão, conforme extrato da ementa abaixo:

"(...) Ademais, o magistrado não está obrigado a rebater, um a um, os argumentos trazidos pela parte, desde que os fundamentos utilizados tenham sido suficientes para embasar a decisão.

"5. Recurso especial desprovido."[19]

Além disso, a decisão deve ser *clara*, *líquida* e *coerente* com a matéria do recurso.

A clareza na linguagem é recomendável em toda comunicação escrita, aspecto nem sempre priorizado nas sentenças judiciais, repletas de palavras e expressões de conhecimento restrito dos profissionais do Direito, não assimilável pelo indivíduo do povo. Mas esta anomalia redacional deve ser evitada nas decisões da via administrativa, onde imperam a simplicidade das formas, o princípio da informalidade ou da formalidade moderada, objetivando que a parte interaja no processo.

A clareza não significa somente simplicidade, mas uma redação que não venha a ensejar interpretações dúbias do conteúdo da decisão. O julgador não deve posicionar-se de forma contraditória no desenvolvimento da decisão, devendo manter a coerência desde a motivação até a decisão final (dispositivo).

A decisão também deve ser precisa. Em matéria tributária, esta precisão muitas vezes tem relação com o *quantum* do crédito considerado devido, e este deve ser devidamente apurado na decisão. Qualquer dúvida não condiz com a atividade de julgamento que tem exatamente a finalidade de afastar as razões de qualquer conflito. Portanto, a decisão deve ser líquida, dando condições de seu cumprimento.

As decisões que apresentam contradição, omissão ou falta de clareza, podem receber o seguinte tratamento: pode a legislação local criar um recurso próprio para o saneamento destas irregularidades nas decisões, a exemplo dos "embargos de declaração" do Código de Processo Civil (art. 535). E neste caso, a declaração de nulidade de uma decisão contaminada por estas imperfeições somente tem lugar quando o contribuinte não agitar recurso próprio. Se, por outro lado, a legislação local não previr este recurso, o único remédio para sanear o processo com relação à decisão com as irregularidades apontadas é a sua nulidade, que, a nosso ver, pode ser levantada de ofício por ser matéria de interes-

---

19. STJ, Recurso Especial 889.414/RJ (2006/0208906-8), *DJ* 14.5.2008.

se público, afinal, decisão contraditória, omissa ou obscura é incompatível com a atividade de julgamento.

Por fim, impõe-se ainda que o julgador expresse os efeitos da decisão e o prazo para o seu cumprimento ou interposição do recurso.

3.5.3 Dispositivo

O dispositivo é a conclusão da decisão, onde o julgador expressa a sua decisão final sobre a lide, que pode ser pelo conhecimento ou não da reclamação, pelo seu provimento ou improvimento, este ainda de forma parcial. "Nele se contém a decisão da causa".[20] A falta do dispositivo anula a sentença de pleno direito, por não haver decisão conclusiva para a solução da lide.

Como se pode notar, a *ementa*, que ganha grande importância prática no manejo das jurisprudências, tanto na esfera judicial como na administrativa, não consta em nenhuma das legislações processuais como parte da sentença ou da decisão administrativa. Efetivamente, a ementa não faz parte formal da sentença; a sua supressão não acarretaria nulidade do ato processual. Ela representa tão somente uma síntese da sentença ou da decisão, e sua finalidade é estritamente de ordem prática, permitindo o conhecimento e a organização da jurisprudência, de uma maneira satisfatória, sem necessidade de conhecer todo o conteúdo do ato decisório. Ainda com relação à ementa, esta deve ser contida e ao mesmo tempo completa no seu conteúdo, de maneira que traduza os termos do julgado, com toda a fundamentação, num menor texto possível. Ementa sucinta demais não alcança o seu objetivo, que é traduzir os termos do julgado numa versão resumida; ementa por demais extensa também não se justifica por ser uma mera reprodução dos termos da decisão, sem a concentração da essência do julgado. A arte de elaborar uma ementa requer o exercício do poder de síntese.

3.6 Abrangência material da decisão

Examinada a questão formal da decisão a ser proferida pelo órgão de julgamento administrativo, propõe-se neste segmento tratar de as-

---

20. Humberto Theodor Júnior, *Curso de Direito Processual Civil*, cit., p. 509.

pectos pontuais com relação ao conteúdo da decisão, sua abrangência, com destaque para os pontos distintivos no julgamento administrativo.

Nas palavras de Sérgio André Rocha, "a Administração Pública não tem mera *faculdade* de se pronunciar quanto à matéria objeto do processo administrativo, recaindo sobre ela verdadeiro *dever* de assim proceder".[21]

Tratando-se de processo administrativo tributário, o sujeito passivo, ao impugnar um lançamento tributário, ou ao contestar uma lesão ou ameaça de direito na relação jurídica tributária, tem o direito de obter do órgão competente uma resposta conclusiva sobre o objeto da lide. A falta desta resposta ocasiona cerceamento do direito de defesa tornando a atuação estatal arbitrária.

Em decorrência de alguns aspectos que particularizam o processo administrativo, em especial os princípios que lhe são específicos, as decisões sofrem algumas influências formais e materiais, também específicas, dando origem a uma área por vezes nebulosa sobre o alcance do poder decisório que pode não coincidir com a orientação geral que define o processo judicante no Poder Judiciário. Afinal, o que se pode decidir no processo administrativo tributário? Qual o alcance do poder decisório do julgador administrativo, mesmo de ofício, diante de uma impugnação?

3.6.1 Decisão de ofício: recurso intempestivo e matéria não aduzida pela defesa

Já se examinou alhures o princípio da oficialidade que informa o processo administrativo, cabendo à Administração Pública impulsionar o processo rumo à conclusão pretendida, em oposição ao princípio dispositivo, operante no processo civil judicial, em que o juiz se mantém inerte no aguardo da iniciativa das partes para que ocorra a movimentação do processo. Recurso intempestivo, em sede judicial, não será conhecido e não receberá nenhuma apreciação com relação ao mérito. Matéria não aduzida pelas partes também não será conhecida, ressalvadas algumas hipóteses, como a de nulidade absoluta e decadência, por exemplo, matérias de interesse público, que podem ser levantadas de ofício pelo julgador, em qualquer fase do processo.

---

21. Sérgio André Rocha, *Processo Administrativo Fiscal*, cit., p. 167.

No processo administrativo esta matéria assume um contorno diferente. Em primeiro lugar, o foco neste trabalho será para a possibilidade de o julgador agir de ofício diante de recursos intempestivos quando se verifica a ilegalidade ou improcedência manifesta do lançamento em questionamento. Depara-se então o julgador com duas opções: (1) não conhecer do recurso por ser intempestivo permitindo o prosseguimento do processo versando sobre um lançamento sabidamente improcedente, só para atender aos ritos processuais em seu rigor formal, ou (2) não conhecer o recurso, visto que a intempestividade é inconteste, mas decidir de ofício e cancelar o lançamento, assumindo uma conduta mais pragmática, que pode atender aos princípios constitucionais da eficiência dos feitos administrativos e da informalidade, além da verdade material, visto que tal iniciativa do julgador evita o ônus da Fazenda Pública mais adiante, com a perda de causa do Estado, com a incidência da sucumbência.

Diante destas alternativas, qual delas deve ser eleita pelo julgador?

Pois bem, já se disse que o processo administrativo se rege por princípios próprios, nem sempre comuns aos ritos do processo judicial, entre os quais o princípio da verdade material, do formalismo moderado, entre outros. Mas esta busca de simplicidade de formas processuais não significa uma liberdade total no trato do processo administrativo. Há que se observar sempre o mínimo de formalismo, de ritos, de prazos e de procedimentos previamente estabelecidos em lei, para que não se perca de vista a vocação instrumental do processo para se obter a solução da lide. Normalmente, as legislações locais, ao mesmo tempo em que imprimem um aparente informalismo, recomendam que o processo seja formado, observando-se a forma forense.

Dentro desta expectativa do formalismo moderado, um dos requisitos a serem observados para garantir a necessária segurança jurídica é o prazo para a impugnação do lançamento do crédito tributário. Não é necessário dizer que todas as legislações locais dispõem deste prazo, findo o qual, sem que o contribuinte tenha se manifestado contra o lançamento, ter-se-á como precluso o direito de fazê-lo e o crédito tributário torna-se definitivo na via administrativa. Se o contribuinte impetrar recurso após este prazo, será considerado intempestivo, e por isso não conhecido pelo julgador ou pelo tribunal administrativo.

Mas esta condição de admissibilidade do recurso com base no prazo, em se tratando de processo administrativo, não pode ser absoluta, divergindo, neste aspecto, do processo judicial.

Dependendo do tipo da infração apontada no lançamento, o recurso, embora apresentado a destempo, pode demonstrar uma evidente improcedência da exigência fiscal, como pode ocorrer, por exemplo, no lançamento decorrente do não recolhimento do ICMS declarado pelo próprio contribuinte. Na falta de recolhimento do ICMS declarado, pode o contribuinte provar que o pagamento foi efetuado, e que o lançamento decorreu de um erro da autoridade fiscal. É de difícil assimilação, em se tratando de processo administrativo, que se negue a acolhida do recurso por ser intempestivo, sabendo que o crédito tributário lançado é inexiste. É razoável que nestes casos especiais os tribunais administrativos devam encontrar uma fórmula para decretar a extinção do crédito tributário erroneamente lançado, ainda que precluso o direito de defesa na esfera administrativa. Não tem sentido que a Administração Pública, sabendo da improcedência do crédito tributário, prossiga no procedimento de sua cobrança, inscrevendo-o em dívida ativa, forme o título executivo, que goza de presunção de liquidez e certeza, e force a cobrança em juízo, só porque o contribuinte perdeu o prazo para a defesa. Em sede de embargos de execução, o Estado será vencido e arcará com o ônus da sucumbência. Tal comportamento não poderia ser recomendável à Administração Pública. Seria uma banalização da prerrogativa de presunção de certeza e liquidez do crédito tributário já traduzido em título executivo extrajudicial.

Preocupado com este tema, o renomado administrativista Hely Lopes Meirelles escreve: "O prazo fixado para a reclamação administrativa é fatal e peremptório para o administrado, o que autoriza a Administração a não tomar conhecimento do pedido se formulado extemporaneamente. Mas nada impede que a Administração conheça e acolha a pretensão do reclamante ainda que manifestada fora de prazo, desde que se convença da procedência da reclamação e não haja ocorrido a prescrição da ação judicial cabível. Essa atitude administrativa é plenamente justificada pelo interesse recíproco do Poder Público e do particular em obviar um pleito judicial que conduziria ao mesmo resultado da decisão interna da Administração. Além disso, se a reclamação aponta uma ilegalidade ou um erro na conduta administrativa, é dever do administrador público corrigi-lo o quanto antes, através de anulação ou revogação do ato ilegítimo ou inconveniente. Daí por que a doutrina tem aconselhado o conhecimento e provimento da reclamação extemporânea quando é manifesto o direito reclamado".[22]

Tentando uma solução para este problema, o Tribunal Administrativo Tributário do Estado de Santa Catarina, ainda que isto não se revele numa observação rigorosa das regras processuais, tem adotado o seguinte procedimento: não conhece do recurso interposto com intempestividade, por estar impedido pela legislação local, mas, de ofício, decreta a extinção do crédito tributário, quando ficar comprovado que este é manifestamente indevido. Esta medida tem sido adotada para matéria que permita concluir pela ilegalidade inconteste da exigência tributária, sem necessidade de empreender maiores esforços de análise para se chegar a esta conclusão. Decidir de ofício não deve ser uma forma de substituir ou suprir o recurso cabível para cada caso, e nem um meio de reforçar os argumentos da defesa com estudos aprofundados negligenciados pela parte recorrente, para buscar razões de improcedência do lançamento não aduzidas pela parte. A intensidade extremada de esforço, na busca da verdade material pelo julgador, poder resultar em julgamento parcial, na medida em que toda investigação visa a censurar o procedimento fiscal, portanto, com favorecimento ao contribuinte recorrente, sem dar a mesma atenção para os argumentos da Fazenda Pública favoráveis à procedência do lançamento.

Afora estas particularidades, de uma maneira geral, a Administração Pública tem o dever de zelar pelo controle da legalidade de seus atos, dever este que não se esgota diante das impugnações feitas pela parte interessada.

A este respeito leciona Lídia Maria Lopes Rodrigues Ribas, nos seguintes termos: "Sendo do agente público competente o poder legal de autuar, também pode ser dele o dever-poder de anular, corrigir ou modificar o auto de infração, à vista da consagrada autotutela administrativa, segundo a qual se reconhece ao agente administrativo o direito e o dever de corrigir seus próprios erros, adequando seus atos às exigências legais. Esse anulamento, tido como declaração de invalidade de ato administrativo *ilegítimo* ou *ilegal*, não é uma faculdade, mas um dever

---

22. Hely Lopes Meirelles, *Direito Administrativo Brasileiro*, cit., p. 727.

da própria Administração que o praticou, podendo esta agir de ofício ou mediante provocação do interessado".[23]

Por fim, o autocontrole dos atos administrativos pelo órgão que os praticou deve ser compreendido dentro do contexto normativo que regulamenta esta questão. No caso específico do Direito Tributário, quando existe uma estrutura normatizada competente para cuidar dos julgamentos administrativos dos lançamentos tributários de uma entidade federada, falece ao agente fiscal a competência para exercer o controle da legalidade de seu próprio ato, por uma simples questão de competência funcional. O lançamento, após notificado ao sujeito passivo, torna-se ato indisponível e somente pode ser modificado nas hipóteses previstas no art. 145 do CTN.

3.6.2 Decisões extra ou ultra petita em processo fiscal

Prescreve o art. 128 do CPC: "O juiz decidirá a lide nos limites em que foi proposta, sendo-lhe defeso conhecer de questões, não suscitadas, a cujo respeito a lei exige a iniciativa da parte".

Também do CPC, o art. 460 prevê que "É defeso ao juiz proferir sentença, a favor do autor, de natureza diversa da pedida, bem como condenar o réu em quantidade superior ou em objeto diverso que lhe foi demandado".

Deve-se entender como *extra petita* o julgamento que aprecia matéria *diversa* daquela levantada pela parte; o julgamento *ultra petita*, por sua vez, está relacionado à *extrapolação* do pedido. Nesta hipótese, o juiz atende o pedido da parte na sua íntegra e vai além, concedendo algo mais, em excesso, beneficiando a parte requerente.

Nos dispositivos transcritos está traduzida a vedação de o juiz julgar *além* ou *fora* daquilo que é objeto do pedido da parte. O juiz posiciona-se como um terceiro na relação processual civil; ele é acionado pelas partes, e não teria motivos para conceder algo mais do que foi requerido.

No entanto, esta regra restritiva recebe mitigações no processo administrativo tributário, porque, neste, a relação processual é diferente,

---

23. Lídia Maria Lopes Rodrigues Ribas, *Processo Administrativo Tributário*, cit., p. 91.

já que uma das partes é o Estado, na condição de sujeito ativo na relação jurídico-tributária, cabendo a ele cobrar o tributo somente no montante que lhe couber. Ao Estado não deve interessar cobrar o quanto for possível, mas sim o que a lei prevê. Eventuais falhas na defesa do contribuinte não devem trazer proveito para a Fazenda Pública. O Estado, ao mesmo tempo em que é parte, é entidade impessoal que congrega o interesse público e tem a função de praticar a justiça fiscal, cobrando somente o tributo que é devido por lei.

É neste cenário que o julgador administrativo atuará de forma diferente do juiz no processo civil. O julgador administrativo, dentro da ótica de que o Estado somente deve cobrar o crédito tributário previsto em lei, pode e deve, em determinados casos, proferir julgamento *extra petita*, ou *ultra petita*, a favor do contribuinte, quando isto se constitua em causa para restabelecer a justiça fiscal.

O julgamento além do pedido, na esfera administrativa, visa ainda a uniformizar a jurisprudência, cabendo ao Poder Público, através dela, também praticar a justiça fiscal. Não seria justo, e se feriria o princípio da isonomia, o Estado cobrar um crédito a mais de um contribuinte do que de outro em função da deficiência da defesa ou do subdimensionamento do pedido. Este empenho de cobrar o quanto for possível não deve interessar ao Estado. E como o julgador administrativo é também um agente administrativo, cabe a ele a tarefa de praticar a justiça fiscal de forma concreta, o que às vezes pode implicar julgamento *ultra petita*.

Contudo, o julgamento *extra petita* ou *ultra petita* é exceção, não regra. Somente é admissível em casos bem definidos e de clareza inquestionável, dos quais resulta a harmonização da jurisprudência, no sentido de dar um tratamento igual para casos iguais. Não é admissível que o julgador administrativo investigue ou revise os atos do lançamento com maior profundidade que a defesa, agindo de forma parcial com o objetivo de procurar defeitos ou falhas no procedimento que a defesa não apontou, para invalidar o lançamento. O julgador não está autorizado a proceder assim, pois estará fazendo o papel de defesa.

Por fim, nem todos os autores concordam com o julgamento *extra* e *ultra petita* na via administrativa, entre os quais Antônio da Silva Cabral, para quem os tribunais administrativos não têm autorização para isso.[24]

24. Antônio da Silva Cabral, *Processo Administrativo Fiscal*, cit., p. 400.

É respeitável esta opinião. Pensamos, todavia, que, mesmo diante da ausência desta autorização citada pelo autor, em determinados casos este julgamento se justifica, visando sempre à justiça fiscal e à harmonização da jurisprudência, além da consideração do princípio da verdade real que opera no processo administrativo.

3.6.3 Reformatio in pejus *no processo administrativo tributário*

Em determinados casos, o julgador singular ou os juízes dos tribunais administrativos, ao analisarem o lançamento e as razões de defesa que o impugnam, chegam à conclusão adversa daquela pretendida pela defesa: a exigência tributária é menor do que a devida. Geralmente, por razões de matéria de fato, o agente notificante cobrou do contribuinte menos do que deveria cobrar.

A indagação que então se instala é sobre a possibilidade de haver agravamento da exação tributária pelo órgão de julgamento administrativo, seja pelo juízo de primeiro grau, seja pelo colegiado que aprecia o recurso em instância superior. Seria a possibilidade de *complementar* o lançamento pelo valor faltante, corrigindo a falha do procedimento da autoridade fiscal.

Segundo alguns autores,[25] no Direito Tributário, por ser de ordem pública, cabe a reforma com o agravamento da situação para o contribuinte, para permitir o controle da legalidade dos atos administrativos, o que não pode ser considerado *reformatio in pejus*. A tese favorável à adoção dessa medida fundamenta-se, principalmente, nos princípios da legalidade, da verdade material e da informalidade que operam nos atos administrativos.

Amílcar de Araújo Falcão também se posiciona pela possibilidade da reforma em prejuízo do contribuinte, ao escrever: "Demais disso, o controle administrativo tem maior amplitude; admite que se submete a exame não só o aspecto da legalidade, como o do mérito do ato, enseja uma apreciação mais ampla, de vez que comporta a *reformatio in pejus* e a deliberação sobre aspectos não suscitados".[26]

---

25. Helena Marques Junqueira, "A *reformatio in pejus* no processo administrativo", *Processo Administrativo Tributário e Previdenciário*, São Paulo, Max Limonad, 2000, pp. 91-113.

26. Amílcar de Araújo Falcão, *Introdução ao Direito Administrativo*, São Paulo, Resenha, 1997, p. 69.

Alberto Xavier, por sua vez, tem posição contrária, vendo na impugnação do sujeito passivo a função subjetiva ou garantística, o que impediria que o órgão de julgamento proferisse uma decisão que ampliasse a exigência tributária, ao invés de cancelá-la ou reduzi-la.[27]

Outra autora que se posiciona firmemente contrária à possibilidade de haver decisões de agravamento ao impugnante é Lídia Maria Lopes Rodrigues Ribas. Escreve ela: "Questão que merece ser explicitada refere-se à impossibilidade de as decisões administrativas anularem e substituírem o lançamento por outro mais desfavorável ao impugnante (*reformatio in pejus*) ou diferente daquele formulado pela autoridade lançadora. Nem com o argumento do princípio da legalidade, e pelo reconhecimento de que o lançamento violou a lei, cabe tal prerrogativa ao julgador. Para restaurar a legalidade ofendida, um novo ato deve ser produzido pela autoridade lançadora (da *Administração ativa*), e conforme a lei, independentemente de ser mais ou menos favorável ao particular, ressalvado o procedimento excepcional da revisão de ofício, previsto em lei".[28]

O processo administrativo fiscal federal, regulado pelo Decreto 7.574/2011, prevê a hipótese do acertamento do lançamento no decorrer do processo de julgamento, agravando a exigência fiscal, o que será feito por lavratura de auto de infração ou notificação de lançamento complementar, com a devolução do processo ao sujeito passivo, para que este possa se manifestar sobre o lançamento complementar que agravou a exigência tributária.

São seguintes os termos do art. 41do mencionado decreto:

"Art. 41. Quando, em exames posteriores, diligências ou perícias realizados no curso do processo, forem verificadas incorreções, omissões ou inexatidões de que resultem agravamento da exigência inicial, inovação ou alteração da fundamentação legal da exigência, será efetuado lançamento complementar por meio da lavratura de auto de infração complementar ou de emissão de notificação de lançamento complementar, específicos em relação à matéria modificada.[29]

---

27. Alberto Xavier, *Do Lançamento: teoria geral do ato do procedimento e do processo tributário*, Rio de Janeiro, Forense, 1998, cit., pp. 340-341.
28. Lídia Lopes Rodrigues Ribas, *Processo Administrativo Tributário*, cit., p. 177.
29. CTN, art. 18, § 3º: "Quando, em exames posteriores, diligências ou perícias, realizados no curso do processo, forem verificadas incorreções, omissões ou inexati-

É de nosso entender que o agravamento da exigência fiscal durante o processo litigioso administrativo, como uma manifestação do ato decisório, não tem sustentabilidade em nosso ordenamento jurídico. Seria a hipótese em que o julgador administrativo, ao invés de apreciar o mérito do lançamento com o ânimo de apurar a sua regularidade perante a legislação, com a consequente decisão de manutenção ou desconstituição parcial ou total da exigência, tivesse também a vocação lançadora, no caso de restar constatada a exigência inferior ao valor devido. A vocação lançadora também estaria se manifestando quando o julgador estabelecesse nova fundamentação legal da exigência tributária estatuída no lançamento original. O Estado-juiz assumiria também a condição de Estado-fiscal numa mesma atuação.

A maior dificuldade jurídica intransponível para este tratamento fiscal verifica-se na questão da competência para lançar. Nem sempre a pessoa competente para julgar detém também a competência para lançar crédito tributário. Segundo o que dispõe o art. 142 do CTN, compete *privativamente* à autoridade administrativa a função de constituir o crédito tributário pelo lançamento. Os órgãos de julgamento administrativo, em geral, são compostos por membros extraídos do quadro de funcionários da Administração Pública (geralmente auditores fiscais) e por representantes de segmentos sociais do setor privado, com o objetivo de manter a paridade de voto nas decisões. Por certo, os julgadores oriundos do setor privado que ali representam os interesses dos contribuintes não se revestem da qualificação de autoridade administrativa para constituir crédito tributário mediante lançamento, nos termos do artigo mencionado, de maneira que o simples agravamento da exigência tributária nesta circunstância seria totalmente contrária à legislação. Qualquer ato neste sentido será nulo de pleno direito. Nulidade por incompetência do agente lançador.

No dizer de Alberto Xavier, "a proibição de agravar o lançamento no próprio processo de impugnação resulta da aplicação de regras

dões de que resultem agravamento da exigência inicial, inovação ou alteração da fundamentação legal da exigência, será lavrado auto de infração ou emitida notificação de lançamento complementar, devolvendo-se, ao sujeito passivo, prazo para impugnação no concernente à matéria modificada".

de competência material, que vedam aos órgãos de julgamento a prática de atos tributários, no exercício de uma administração ativa".[30]

A legislação federal acima transcrita contém implícita esta preocupação ao exigir lançamento complementar para agravar a exigência inicial, presumindo-se que este lançamento será lavrado não pelo julgador, mas por autoridade administrativa competente para o feito. Portanto, não é no ato da decisão que ocorrerá o agravamento, mas através de novo ato de lançamento complementar. A decisão serve apenas de instrumento denunciador; não é ato constitutivo do novo gravame. A rigor, o agravamento da exigência tributária deve coadunar-se com o que prevê o art. 149 do CTN, no que tange à revisão do lançamento, descaracterizando, de certa forma, o instituto da *reformatio in pejus*, na sua concepção usual, aproximando-se mais de um formato de revisão de lançamento.

O raciocínio até aqui desenvolvido se ajusta à revisão do lançamento que se demonstrou subavaliado no seu aspecto material, deixando de incluir valores, operações ou fatos. Se a razão da reforma do ato para agravar for a alteração da fundamentação legal, a única forma viável será a substituição do lançamento, desconstituindo aquele viciado por erro e reformulando a exigência tributária através de novo lançamento, devidamente saneado da irregularidade constatada no lançamento original. Evidentemente não é concebível que o julgador, durante a tramitação do processo, possa inserir alterações na fundamentação legal, o que atentaria contra toda normatização do lançamento tributário (CTN, art. 142), além de criar uma insegurança jurídica de extremo prejuízo para o sujeito passivo.

Portanto, a reforma da decisão ou do lançamento, pelo julgador administrativo, para agravar a situação jurídica do contribuinte impugnante tem como primeira restrição a falta de competência legal do julgador para constituir crédito tributário através da *reformatio in pejus*.

Um segundo cenário pode se apresentar em que o julgador, normalmente de forma singular, detenha a competência formal para lançar crédito tributário, visto que ele é egresso do quadro dos funcionários fiscais da entidade federada. Também nesta hipótese não há como sim-

---

30. Alberto Xavier, *Do Lançamento: teoria geral do ato, do procedimento e do processo tributário*, 2ª ed., Rio de Janeiro: Forense, 1997, pp. 341 e 342.

plesmente decidir pelo agravamento da exigência tributária, porque tal ato afrontaria todo um ordenamento jurídico que regula o procedimento de fiscalização e a constituição do lançamento decorrente. Este agravamento representaria um lançamento complementar e por isso sujeito aos requisitos do art. 149 do CTN. Para tanto, novo procedimento de fiscalização há que se abrir, com o devido termo de início (art. 196, do CTN), requisito indispensável para vigorar o lançamento complementar, para o qual também deverá ser oferecido o contraditório e ampla defesa, no devido processo regular. Sob o ponto de vista legal, o próprio julgador poderia fazer todo este procedimento, afinal, ele é detentor de competência para lançar, porém, tal conduta atentaria contra a imparcialidade do julgador, visto que este teria seu ânimo dividido entre a função de lançar e a de julgar. Tal confusão de atividades esvaziaria por completo as razões de existir dos órgãos de julgamento administrativo, não oferecendo nenhuma credibilidade perante o contribuinte que pretendesse questionar uma exigência tributária. Não é razoável que as funções de lançar (arrecadar tributos) e a de julgar recaiam sobre a mesma pessoa ao mesmo tempo. Portanto, também nesta hipótese, a proclamada *reformatio in pejus* não tem aplicabilidade direta em sua concepção original; ela se transforma, porém, em uma forma de revisão de lançamento, procedimento que sempre deve subsumir-se aos contornos do disposto no art. 149 do CTN.

Além de todas estas restrições legais e de ordem prática contra a aplicação da *reformatio in pejus*, tal medida, nas suas mais variadas manifestações, ainda atenta contra os princípios da segurança jurídica, do direito ao contraditório e do devido processo legal.

A segurança jurídica pressupõe uma previsibilidade sobre os acontecimentos futuros no campo jurídico, permitindo antever o resultado a partir da adoção de determinadas condutas. Se o contribuinte notificado de um lançamento tributário fizer a impugnação do ato administrativo perante o órgão de julgamento, será com o ânimo de obter uma decisão que lhe favoreça, visando ao cancelamento do ato impugnado, total ou parcialmente. O resultado previsível que se possa conceber para quem recorre contra um ato administrativo é que a decisão seja em seu benefício ou, na pior das hipóteses, que não haja agravamento da situação. A quebra desta previsibilidade no resultado, com uma decisão agravada pelo julgador, quebra também a confiabilidade no sistema, com repercussão na segurança jurídica.

O princípio do direito ao contraditório e ampla defesa que para esta análise pode ser agrupado com o princípio do devido processo legal, estará também desprestigiado nos formatos de decisões que admitem a *reformatio in pejus*. Isto ocorre porque o contribuinte, sabendo da possibilidade de revisão do ato para o seu agravamento, é desestimulado a exercer o seu direito ao contraditório, criando-se, assim, um obstáculo psicológico para opor resistência ao ato administrativo considerado por ele ilegal.

Por arremate, a *reformatio in pejus*, com relação ao questionamento de exigências tributárias (lançamento de ofício), não atrai grandes interesses de argumentação, haja vista que o ordenamento jurídico pertinente não permite o agravamento da exigência com base em simples decisão do julgador, sem a lavratura de lançamento complementar, perdendo-se a sua caracterização conceitual. Numa acepção mais mitigada, seguindo inclusive a legislação federal do processo administrativo fiscal, que exige a complementação por novo lançamento, a medida desprestigia os princípios da segurança jurídica, por interferir na previsibilidade do resultado esperado de um ato contestatório e de ampla defesa e contraditório, na medida em que o contribuinte é desmotivado a se defender contra atos arbitrários, pelo receio de ter contra ele um novo gravame tributário.

3.6.4 Da possibilidade de reclassificação da multa do lançamento pelo julgador

Entre os requisitos que constituem o lançamento segundo os termos do art. 142 do CTN, figura a aplicação da penalidade cabível pela autoridade administrativa.

Na verdade, o dispositivo fala em *propor* a aplicação da penalidade cabível, dando a ideia inicial de que a autoridade lançadora do tributo não estaria habilitada legalmente para imputar ao notificado a penalidade pecuniária, somente propor a sua aplicação. Mas quem faria esta aplicação? O CTN não esclareceu. O entendimento que hoje prevalece na doutrina é de que a autoridade lançadora do tributo também aplica a penalidade pecuniária, no caso de o lançamento ser decorrente de um procedimento de fiscalização que apurara a ocorrência de uma infração, contra a ordem tributária.

O que se pretende analisar neste tópico é a possibilidade de o julgador reclassificar a multa aplicada pela autoridade administrativa responsável pelo lançamento.

De imediato, cabe registrar que o tema não admite generalização. A resposta não pode ser dada de forma genérica, negando ou permitindo esta possibilidade em todas as hipóteses que se apresentarem.

A reclassificação da multa na instância de julgamento administrativo é possível quando isto não implicar alterar a descrição da infração que ensejou o lançamento. A reclassificação somente pode ocorrer dentro do mesmo tipo penal tributário. Caso contrário, estar-se-ia introduzindo profundas alterações no lançamento que equivaleriam a sua reconstituição, ato que refoge da competência do julgador. A reclassificação da multa possível é aquela que muda a sua graduação dentro do mesmo tipo penal tributário, sem que haja mudança de fundamentação legal do ato ou de critério jurídico.

Por exemplo: uma legislação do ICMS pode descrever a infração de não submeter operações com mercadorias à tributação, de forma genérica, mas cominar multas em diversas graduações, dependendo das circunstâncias em que esta infração for cometida. Pode atribuir uma determinada multa para a hipótese em que não fora emitido documento fiscal e outra, em percentual menor, para o caso em que o contribuinte emitiu a nota fiscal, mas não a registrou nos livros fiscais próprios. O julgador pode interferir nesta graduação da multa, sem alterar o enquadramento da infração, preservando o lançamento na sua fundamentação legal. Esta nova graduação da penalidade pecuniária em nada prejudicará o direito ao contraditório e ampla defesa, visto que o contribuinte se defende do fato a ele atribuído como infração e não do dispositivo legal indicado.

Se, por outro lado, os fatos do processo recomendarem a alteração da infração, reúnem-se os motivos para cancelar o lançamento por inocorrência da infração apontada, cabendo a constituição de outro lançamento, com fundamentos novos. Descabe ao julgador reenquadrar a infração. Reenquadrar a infração equivale a cancelar o lançamento original e reconstituí-lo com outros fundamentos. Ao invés disso, que se cancele o ato fiscal por inocorrência da infração apontada, o que não impede que a autoridade fiscal proceda a novo lançamento, ajustando o enquadramento da infração.

Não parece viável, contudo, a reclassificação da multa majorando-a, ainda que dentro do mesmo tipo penal tributário, porque também implica lançar crédito tributário, para o qual o julgador não tem competência (CTN, art. 142).

Evidentemente, nos casos em que não houver um tipo penal tributário com graduação do percentual da multa, não há que se falar em reclassificação da multa.

Pensamos que a mesma orientação tem serventia para o julgamento no Poder Judiciário, podendo o juiz manejar a graduação da multa dentro de determinado tipo penal tributário, sem fazer o reenquadramento da infração.

3.6.5 A aplicação da equidade

A equidade tem a sua origem no Direito Romano, onde se fazia uma nítida diferença entre o que se denominava *justum*, prática daquilo que se considerava justo e de direito, e *legitimum*, que era vinculado à lei. Para os romanos, o direito no sentido de justo sobrepunha-se à lei formal.

Ao longo da história, o conceito do Direito extrapola a observância das regras positivadas, ao cumprimento do *legitimum*, surgindo movimentos que pregam o direito alternativo, o direito natural, sempre dentro de uma expectativa de que o Direito sirva como instrumento de fazer justiça entre os homens. Evidentemente, a equidade tem no seu fundamento tornar o Direito um ancilar de justiça, promovendo o bem comum, praticando uma justiça social menos atrelada ao positivismo e mais comprometida com o que os romanos denominavam de *justum*.

A equidade, se adotarmos um conceito contemporâneo, é uma forma de suavizar os rigores da norma quando aplicada em caso concreto, de modo que a visão generalista na qual a lei se forma não venha a agredir o direito natural do indivíduo destinatário da norma. Como a lei nasce a partir de uma concepção generalista, quando aplicada a um caso concreto pode se demonstrar por demais rigorosa e até injusta. A equidade aponta para um abrandamento deste rigor considerado exacerbado pelo julgador.

Em matéria de Direito Tributário, a equidade, constante do CTN como elemento auxiliar na aplicação da legislação tributária (art. 108, IV), tem sua utilização reduzida às questões de penalidade. O tributo decorre de lei e cumulativamente, da ocorrência do fato gerador. Uma vez constatada a ocorrência do fato gerador, as autoridades administrativas, tanto aquelas responsáveis pelo lançamento, como aquelas investidas na função judicante, não podem dispensar o imposto. A equidade não tem aplicabilidade para propor eventual dispensa do pagamento do tributo (CTN, art. 108, § 2º), mas pode ser invocada para suavizar certas normas de imputação de penalidades pecuniárias, por vezes não justificáveis sob o ponto de vista de um pensamento em conformidade com a justiça.

Entretanto, a equidade, em matéria de Direito Tributário, não tem sido de fácil aplicação, porque esbarra facilmente no princípio da isonomia. Ao se amenizar uma penalidade de um determinado contribuinte, por considerá-la excessiva, pode o outro contribuinte reclamar o mesmo tratamento, em igual situação. Este pleito pode se multiplicar, podendo dar origem a uma forma de anistia coletiva. Deste modo, pensamos que a equidade tem lugar somente em casos bem específicos, de difícil repetição de hipóteses, não podendo ser banalizada, sob pena de o julgador se transformar em legislador por via oblíqua.

Portanto, as legislações processuais tributárias locais podem prever o uso da equidade, mas somente para aplicação com relação às penalidades. O tributo é insuscetível da benesse decorrente desta entidade. Mesmo que a legislação local não tenha a previsão expressa, o contribuinte pode propor a aplicação da equidade para o julgamento da sua lide, quando o caso se ajustar numa hipótese de sua aplicabilidade, porque, no nosso entender, ela já se incorporou aos princípios gerais do Direito.

3.6.6 Inexatidões e erros materiais nas decisões

Nem sempre a legislação local prevê medida para solucionar as falhas nas decisões decorrentes de erros materiais, ou erros de cálculos que, por sua natureza, não são causas de nulidade da decisão, mas impõem dificuldades para tornar a decisão líquida, tornando imperativa alguma medida de correção.

O Decreto 7.574/2011, que dispõe sobre o contencioso administrativo na esfera federal, mostrou-se previdente com relação a este assunto, prescrevendo em seu art. 67 a seguinte norma: "As inexatidões materiais devidas a lapso manifesto e os erros de escrita ou de cálculos existentes na decisão deverão ser corrigidos de ofício ou a requerimento do sujeito passivo, mediante a prolação de um novo acórdão".

O Código de Processo Civil tratou do tema ao estatuir:

"Art. 463. Publicada a sentença, o juiz só poderá alterá-la:

"I – para lhe corrigir, de ofício ou a requerimento da parte, inexatidões materiais, ou lhe retificar erros de cálculo;

"II – por meio de embargos de declaração."

Muito bem. Para se evitar a ocorrência de erros e inexatidões, tanto nas decisões singulares como nos acórdãos, deverá haver o empenho por parte das autoridades intervenientes no processo para o seu saneamento, desde a autoridade preparadora até a julgadora, dirimindo-se as dúvidas, providenciando as diligências que se julgarem necessárias, intimando-se a recorrente para que faça a juntada do instrumento de procuração nas hipóteses em que a defesa for subscrita por pessoa diversa do contribuinte, enfim, saneando-se o processo para torná-lo apto ao julgamento.

Evidentemente, não basta o saneamento do processo para se evitar as incorreções no julgamento; é preciso que o julgador faça uma análise profunda de todos os fatos, conheça o processo em todos os seus detalhes, para depois julgar a lide. A fase de cognição do processo é de extrema importância porque é nesta análise que se embasa a fundamentação da decisão.

Mas se ainda assim ocorrer um erro material numa decisão ou acórdão, mesmo que a lei estadual não contemple esta circunstância, prescrevendo a medida corretiva, a solução terá que ser dada.

Como ao juiz não é permitida a omissão do julgamento por falta de lei, nas hipóteses em que a lei específica não prescrever uma solução para determinado fato, deverá o julgador buscar, subsidiariamente, regras de integração em outra norma, no caso, socorrer-se do Código de Processo Civil para solucionar o impasse.

Por fim, cabe ressaltar que a correção prevista no inciso I do art. 463 do CPC deve inserir-se dentro do chamado *erro de fato*, nunca como *erro de direito*.

Cabe, então, uma breve lição sobre a distinção entre o erro de fato e o de direito.

Erro de fato – Verifica-se no plano dos acontecimentos fáticos. O erro de fato decorre de uma conclusão falsa a partir da averiguação dos fatos, abstraído das questões de interpretação legal. Diz-se que ocorreu um erro de fato quando se tem por declarada uma situação que na verdade não ocorreu de fato. É o erro que ocorre adstrito ao contexto da análise dos fatos, dos documentos ou acontecimentos, sem transcender para as questões de indagações jurídicas. E nas palavras de Paulo de Barros Carvalho, "(...) o erro de fato é um problema *intranormativo*, um desajuste interno na estrutura do enunciado (...)".[31]

Erro de direito – Decorre de uma avaliação errônea quando o campo de pesquisa é a compreensão da norma legal, que suscita as suas vertentes interpretativas. O erro de avaliação é de natureza *internormativa*, envolvendo a multiplicidade de normas como objeto de pesquisa do agente.

3.7 Súmulas

A lei local pode prever a edição de súmulas para uniformizar a jurisprudência administrativa e dirimir conflitos de entendimento entre os julgadores, como, por exemplo, dispõe a legislação processual catarinense.[32] É de boa iniciativa esta previsão legal, porquanto visa a uniformizar a jurisprudência do órgão judicante, evitando que contribuintes diferentes obtenham decisões diferentes para a mesma matéria, o que é inadmissível em qualquer forma e esfera de julgamento.

---

31. Paulo de Barros Carvalho, "Processo administrativo tributário", cit., p. 245.
32. Lei Complementar 465/2009:
"Art. 27. Compete à Câmara Especial de Recursos a edição de súmulas para uniformizar a jurisprudência administrativa e dirimir conflitos de entendimento, nos seguintes casos:
"I – decisões reiteradas da Câmara Especial de Recursos ou das Câmaras de Julgamento; ou
"II – jurisprudência consolidada do Supremo Tribunal Federal ou do Superior Tribunal de Justiça."

A súmula figura entre as fontes formais do Direito Processual e é consequência de um entendimento pacificado sobre uma matéria e obriga o tribunal que a elaborou, até que seja modificada ou revogada, ou por lei superveniente que dá novo tratamento à matéria, ou por sobrevir novo entendimento no tribunal.

Evidentemente, estamos tratando apenas da súmula uniformizadora da jurisprudência, que pode ser editada pelo Poder Judiciário como pelos tribunais administrativos. Não se cogita aqui na súmula vinculante, de formulação restrita pelo Supremo Tribunal Federal, nos termos do art. 103-A, da Constituição Federal, que tem efeito vinculante sobre os demais órgãos do Poder Judiciário e sobre a Administração Pública direta e indireta.

Mantendo a fidelidade a este princípio básico da súmula (súmula não vinculante) o julgador singular não está obrigado a acolher a interpretação sumulada, podendo dela divergir em seus julgados, desde que, evidentemente, fundamentados adequadamente. A faculdade de divergir contribui para o debate e afasta a sabedoria dogmatizada, dando oportunidade a que novas teses surjam e possam propiciar a revisão de antigos conceitos e posicionamentos, às vezes conservados por inércia intelectual. Afinal, quem faz a história nem sempre são os sensatos, os contidos, os conservadores, os fiéis seguidores das regras previamente estabelecidas, mas aqueles que inovam, que ousam e revolucionam no campo das ideias, dos conceitos e da verdade constituída.

Em regra, no campo do Direito Processual, a súmula não tem força de lei para os julgamentos futuros, não vinculando o julgador ao seu enunciado, mas constitui-se em instrumento de padronização jurisprudencial, fazendo-se novamente a ressalva para as súmulas vinculantes no Poder Judiciário. Evidentemente, no processo administrativo, a súmula também não tem força de lei, nem ao menos opera como "normas complementares" consignadas no art. 100 do CTN, a não ser que lhe fosse atribuída eficácia normativa, de acordo com o previsto no inciso II do mesmo artigo. Portanto, no processo administrativo fiscal, a súmula também tem por objetivo a uniformização de jurisprudência.

Da mesma forma que a súmula não vincula obrigatoriamente o julgador singular, também não é norma a ser cumprida obrigatoriamente pela autoridade fiscal na aplicação da legislação tributária em suas ações fiscais, podendo, inclusive, defender outro posicionamento, desde que devidamente fundamentado.

3.8 O julgador nos tribunais administrativos

Se fizermos uma incursão pelas diversas legislações processuais dos órgãos de julgamento administrativo deste país, veremos uma diversidade de proposições, cada uma atendendo às políticas fiscais locais, onde muitas vezes são desprezados os mais elementares princípios processuais. Encontramos julgadores das Fazendas Públicas (da União, dos Estados e dos Municípios), com dedicação exclusiva às atividades de julgamento, mas também nos deparamos com situações em que o agente fiscal num período do dia é julgador e, em outro, reassume a função de fiscalização, ou, então, o que é mais grave, um servidor revestido num cargo de confiança do governo acumula a função judicante, o que contraria o princípio da isenção e imparcialidade do julgador.

Não se pode ser acusador e julgador simultaneamente. Tais funções são mutuamente excludentes, a bem da imparcialidade da atividade judicante.

No colegiado dos conselhos de contribuintes, de formação paritária, com representantes da Fazenda Pública e dos diversos segmentos dos contribuintes, ainda outro fenômeno se constata em alguns casos: a dificuldade de os julgadores se desvincularem dos interesses do segmento que representam e assumirem um papel verdadeiramente de juiz. Enquanto que os representantes dos segmentos dos contribuintes têm uma predisposição para afastar as exações fiscais, os integrantes do Conselho, que representam a Fazenda Pública, posicionam-se na defensiva do procedimento dos atos fiscais. Formam-se, então, duas correntes bem nítidas no colegiado: uma fiscalista e outra antifiscalista. Portanto, nem sempre os julgadores são convenientemente preparados para exercerem o ofício de julgar.

Nunca é demais lembrar que a legitimidade dos tribunais administrativos está atrelada à postura imparcial e independente de seus julgadores no seu ofício. Não se justifica manter um órgão judicante, com o ônus financeiro decorrente, se este terá apenas como objetivo mascarar um julgamento, mantendo atos fiscais que deveriam ser cancelados ou, então, apontando para o outro extremo, cancelando lançamentos procedentes.

O julgador que pretende beneficiar o Estado mantendo um lançamento improcedente está equivocado na sua avaliação, pois o contribuinte recorrerá ao Poder Judiciário e derrotará o Estado na pretensão de cobrar o crédito, condenando-o ao pagamento da sucumbência. Além do mais, o tribunal administrativo deve exercer uma função pedagógica, no sentido de obrigar que os agentes fiscais aprimorem cada vez mais as suas ações fiscais para serem defensáveis também no Poder Judiciário. O julgador, tolerante demais com as imperfeições nas ações fiscais, assumindo uma posição fiscalista, defendendo lançamentos desprovidos de méritos, pode prestar um desserviço à Administração Pública, não permitindo que o sistema se aprimore.

Da mesma forma, o julgador representante dos segmentos dos contribuintes, ao julgar de forma tendenciosa, favorável ao sujeito passivo notificado, estará contribuindo para a falência do sistema, dando razões para o surgimento de opiniões favoráveis à composição da câmara de julgamento exclusivamente por funcionários da Fazenda Pública.

Por estas razões, propomos relacionar alguns requisitos a serem observados para escolher ou formar o corpo de julgadores, tanto para o primeiro, como para o segundo graus, válidos para todos os níveis de administração: Federal, Distrital, Estadual e Municipal.

1. *Perfil de juiz.* Como já se disse, julgar é uma arte. É preciso escolher as pessoas com o perfil adequado para a função judicante; pessoas que tenham a sensatez de primeiro colher as argumentações das partes para depois formar o seu juízo; pessoas que têm a capacidade de se desvincular das suas funções originárias para se revestirem na função de julgador .Deve-se formar o corpo dos julgadores principalmente com pessoas que se demonstram predispostas para esta função, sem coerção, sem imposições administrativas, porque ninguém exercerá com qualidade uma função da qual não gosta ou que não escolheu.

2. *Preparação do julgador.* O tribunal administrativo não pode ser um depósito de pessoas desqualificadas profissionalmente, que servem somente para preencher o quadro. Seria de boa iniciativa (e a Receita Federal já adotou este critério) selecionar os julgadores mediante concurso público, preparando-se o concursando para a função de julgar. Enquanto a seleção não é feita por concurso público, que se exija que o candidato a julgador passe por um curso preparatório, com lições do Direito Material sobre o qual irá julgar, sobre Direito Processual local, e, principalmente, com lições sobre a função específica de julgar.

3. *Julgador com dedicação exclusiva*. Quem é juiz não pode exercer outra atividade incompatível com esta função. O julgador da Fazenda Pública não pode, simultaneamente, exercer a função de fiscalização de tributos. Falta-lhe a indispensável imparcialidade. Ou ele é juiz, ou é autoridade acusadora. O chefe de uma repartição fazendária não pode ser investido na função de julgador porque exerce uma função com vocação arrecadatória, totalmente incompatível com a função julgadora. Também lhes falta a indispensável imparcialidade. Nestas situações, o contribuinte pode impugnar o julgamento, arguindo a suspeição do julgador. Da mesma forma, o julgador representante dos segmentos dos contribuintes não pode exercer atividades que se incompatibilizem com a função judicante. Advogados que assumem a função de julgador não poderão exercer o mister da advocacia na área tributária.

4. *Nomeação por mandato*. Para garantir um maior grau de isenção no julgamento, o julgador deve ser nomeado por um mandato, de tempo determinado, que não deve coincidir com os mandatos dos respectivos governos. A atividade de julgar não pode ser cargo de confiança, de livre nomeação e exoneração do chefe do Poder Executivo, sob pena de lhe faltar liberdade e isenção no julgamento. A alternância dos governos não deve proporcionar alterações no corpo de julgadores, que se firma como um órgão estritamente técnico, não político.

5. *Estabilidade do órgão judicante*. Os tribunais administrativos, como órgãos técnicos, não devem sofrer influências pelas correntes políticas que se revezam no poder do Executivo. Afinal, a legislação que vincula os julgadores não muda com a mudança do governo, de maneira que, tanto melhor quanto menos alterações no corpo de julgadores houver. Com a mudança do julgador, quase sempre muda a jurisprudência, o que por certo gera insegurança jurídica para as partes.

6. *Formação paritária facultativa*. Embora quase todos os colegiados administrativos tenham formação paritária, ou seja, metade dos julgadores representa a Fazenda Pública e a outra metade representa os segmentos dos contribuintes e, normalmente, o presidente é uma pessoa de interesse equidistante, não há razões que obriguem esta formação. O tribunal administrativo pode operar perfeitamente apenas com componentes da Fazenda Pública, sem integrantes dos contribuintes, desde que estes efetivamente assumam a condição de juiz e que a Administração conceda ao tribunal uma autonomia que torne os julgadores total-

mente independentes e livres para o exercício da atividade judicante. Para isso, o tribunal deveria aproximar-se da concepção dos tribunais judiciais no que se refere à autonomia.

7. *Formação acadêmica do julgador.* É inquestionável que a função de julgar está intrinsecamente ligada às atividades dos operadores do Direito. Julgar controvérsias jurídicas, tanto na via administrativa como na judicial, é uma atividade específica do profissional do Direito, o que não quer dizer privativa. Outros profissionais, pelo menos na esfera administrativa, exercerem a atividade judicante.

Desta forma, a nomeação para julgador, deve predominantemente recair sobre um profissional do Direito, ainda que o processo administrativo tramite sem as amarras do formalismo processual. Todavia, têm-se colhido experiências muito positivas na formação eclética de tribunais administrativos, contando com integrantes de formação jurídica e contábil. Considerando que o julgamento de lançamentos tributários exige frequentemente conhecimentos da área contábil, este profissional se mostra importante na formação do colegiado.

8. *Nomeação do julgador pelo critério técnico.* Nas alternâncias do poder no estado democrático, há uma ampla cultura em nossa Administração Pública de trocar os ocupantes dos cargos públicos. As animosidades políticas dos novos eleitos se refletem diretamente no trato dos funcionários públicos, implantando um maniqueísmo inaceitável numa sociedade que vive no estado de direito. O governante que assume o poder procura acomodar os seus aliados políticos nos cargos que considera estratégicos, que exercem atração sobre aqueles que reivindicam uma compensação pelo esforço na campanha eleitoral, desalojando, por consequência, os antigos ocupantes, tidos como aliados do governo substituído. São os chamados cargos de "confiança", como se todo o corpo dos demais servidores não merecesse confiança. Esta troca de ocupantes dos cargos públicos nunca deve atingir o corpo dos julgadores dos tribunais administrativos. É por isso que se recomenda que eles sejam nomeados por um determinado mandato que não possa ser interrompido e que, por bem, não seja coincidente com o mandato do chefe do Executivo. O cargo de julgador não deve ser de livre exoneração do governo que se instala, que pode sentir-se tentado a colocar neste posto estratégico um aliado político. Julgador não pode ser cargo político, não pode ser cargo de "confiança", e sua nomeação deve ser exclusivamen-

te pelo critério técnico. Aliás, política no Brasil tem sido uma arte de colocar as pessoas erradas nos lugares errados, preponderando as alianças de apoio partidário em detrimento das aptidões técnicas. É engenheiro ou médico cuidando da área econômica e economistas cuidando da área de saúde, enfim, não se tem a menor preocupação de adequar o cargo ao perfil do seu ocupante. Nega-se toda a lógica da educação formal. Que se livrem os tribunais administrativos destes vícios da Administração Pública.

Eis alguns dos requisitos básicos que devem ser observados na formação do corpo de julgadores, sem que se tenha a pretensão de exaurir a lista, lembrando, por fim, que o tribunal administrativo somente se justifica enquanto operar efetivamente como órgão julgador, com a autonomia e independência necessárias para que o julgamento não se transforme numa simples homologação dos atos fiscais.

Note-se que não colecionamos nenhum item que fizesse alusão à qualidade do julgador no tocante à probidade, honestidade e seriedade no trato da coisa pública, contando que estas qualidades são pressupostos básicos inerentes a qualquer função pública . Assim, não deve ser preocupação do escritor destacá-las por ser demais evidente que uma pessoa que se proponha a exercer qualquer função pública seja detentora destas características, ainda mais, tratando-se de uma função judicante.

3.9 O exaurimento do processo administrativo para a denúncia crime

Neste tópico pretende-se levar à discussão a prejudicialidade do processo administrativo tributário, diante da ação penal contra o contribuinte impugnante de uma exigência tributária que lhe foi imposta pelo fisco. Em outros termos, a análise se focará na possibilidade, ou não, de o contribuinte que está contestando uma exigência tributária em processo administrativo ter contra ele impetrada uma ação penal para sancionar o delito cometido contra a ordem tributária.

Sob o ponto de vista normativo, o art. 83 da Lei 9.430/1996 é taxativo ao viabilizar a representação fiscal para fins penais somente após proferida a decisão final no órgão de julgamento administrativo. São os termos deste artigo:

"Art. 83. A representação fiscal para fins penais relativa aos crimes contra a ordem tributária definidos nos arts. 1º e 2º da Lei n. 8.137, de 27 de dezembro de 1990, será encaminhada ao Ministério Público após proferida a decisão final, na esfera administrativa, sobre a exigência fiscal do crédito tributário correspondente."

O dispositivo legal, embora tivesse como destinatário o agente fiscal, definindo o momento em que este devia representar o contribuinte notificado para fins penais, não interferindo na prerrogativa do agente do Ministério Público, titular da ação penal, abriu o debate sobre a sua constitucionalidade frente ao art. 129, I, da Constituição Federal. O argumento que se firmava para remover o dispositivo legal da ordem jurídica era o enfrentamento da regra constitucional no que tange à exclusividade da atribuição ao Ministério Público para promover a ação penal, o que inclui a definição do momento desta medida.

Numa primeira apreciação, o STF deu acolhida à pretensão do Ministério Público, não reconhecendo no art. 83 da Lei 9.430/1996 o poder de restringir a ação deste órgão no seu mister de propor as ações penais inerentes aos crimes contra a ordem tributária, conforme decisão publicada no *DJU*, em 25.9.1998, em Medida Cautelar na Ação Direta de Inconstitucionalidade 1.571.[33]

33. "Ementa: Ação direta de inconstitucionalidade. 2. Lei n. 9.430, de 27.12.1996, art. 83. 3. Arguição de inconstitucionalidade da norma impugnada por ofensa ao art. 129, I, da Constituição, ao condicionar a *notitia criminis* contra a ordem tributária 'a decisão final, na esfera administrativa, sobre a exigência fiscal do crédito tributário', do que resultaria limitar o exercício da função institucional do Ministério Público para promover a ação penal pública pela prática de crimes contra a ordem tributária. 4. Lei n. 8.137/1990, arts. 1º e 2º. 5. Dispondo o art. 83, da Lei n. 9.430/1996, sobre a representação fiscal, há de ser compreendido nos limites da competência do Poder Executivo, o que significa dizer, no caso, rege atos da administração fazendária, prevendo o momento em que as autoridades competentes dessa área da Administração Federal deverão encaminhar ao Ministério Público Federal os expedientes contendo *notitia criminis*, acerca de delitos contra a ordem tributária, previstos nos arts. 1º e 2º, da Lei n. 8.137/1990. 6. Não cabe entender que a norma do art. 83, da Lei n. 9.430/1996, coarcte a ação do Ministério Público Federal, tal como prevista no art. 129, I, da Constituição, no que concerne à propositura da ação penal, pois, tomando o MPF, pelos mais diversificados meios de sua ação, conhecimento de atos criminosos na ordem tributária, não fica impedido de agir, desde logo, utilizando-se, para isso, dos meios de prova a que tiver acesso. 7. O art. 83, da Lei n. 9.430/1996, não define condição de procedibilidade para a instauração da ação penal pública, pelo Ministério Público. 8. Relevância dos fundamentos do pedido não caracterizada, o que é bastante ao indeferimento da cautelar. 9. Medida cautelar indeferida."

Porém, este entendimento logo seria reformulado pela mesma Corte, reconhecendo falta de justa causa para a ação penal na pendência da decisão definitiva no processo administrativo tributário. Não haveria razões para acionar o contribuinte criminalmente, considerando que ele possa ser absolvido da responsabilidade tributária pelo órgão administrativo de julgamento.

À própria Ação Direta de Inconstitucionalidade acima mencionada, no julgamento do mérito, o mesmo tribunal negou procedência, assentando o entendimento segundo o qual não haveria justa causa para a ação penal antes de constituído definitivamente o crédito tributário, considerando que o crime contra a ordem tributária é de resultado.[34]

A partir de então, o STF consolidou jurisprudência no sentido de condicionar a interposição da ação penal à decisão definitiva do tribunal administrativo que reconheça a procedência do crédito tributário lançado, do qual decorre o ilícito penal contra a ordem tributária, conforme revela o trecho da ementa referente à decisão proferida no processo do Recurso Extraordinário 230.020, decisão publicada no *DJU* em 25.6.2004.

"(...) Crime material contra a ordem tributária (L. 8.137/1990, art. 1º): lançamento do tributo pendente de decisão definitiva do processo administrativo: falta de justa causa para a ação penal, suspenso, porém, o curso da prescrição enquanto obstada a sua propositura pela falta do lançamento definitivo: precedente (HC 81.611, Pleno, 10.12.2003, Pertence, Inf. STF 333)."

---

34. "Ementa: 1. Ação direta de inconstitucionalidade. 2. Art. 83 da Lei n. 9.430, de 27.12.1996. 3. Arguição de violação ao art. 129, I, da Constituição. *Notitia criminis* condicionada 'à decisão final, na esfera administrativa, sobre a exigência fiscal do crédito tributário'. 4. A norma impugnada tem como destinatários os agentes fiscais, em nada afetando a atuação do Ministério Público. É obrigatória, para a autoridade fiscal, a remessa da *notitia criminis* ao Ministério Público. 5. Decisão que não afeta orientação fixada no HC 81.611. Crime de resultado. Antes de constituído definitivamente o crédito tributário não há justa causa para a ação penal. O Ministério Público pode, entretanto, oferecer denúncia independentemente da comunicação, dita 'representação tributária', se, por outros meios, tem conhecimento do lançamento definitivo. 6. Não configurada qualquer limitação à atuação do Ministério Público para propositura da ação penal pública pela prática de crimes contra a ordem tributária. 7. Improcedência da ação."

Neste mesmo sentido tem julgado o STJ, determinando o trancamento da ação penal enquanto estiver pendente o julgamento do processo administrativo sobre a efetiva exigibilidade do crédito tributário.

Sobre esta matéria nós nos posicionamos, na primeira edição deste livro, quanto à possibilidade de o Ministério Público impetrar ação penal contra o contribuinte que estivesse discutindo o crédito tributário respectivo, em casos específicos em que a decisão definitiva do julgador administrativo não fosse necessária para a comprovação do ilícito tributário. Em situação em que a materialidade do crime e a sua autoria estivessem expostas de forma evidente, poderia o Ministério Público dar procedibilidade da ação penal pública sem que houvesse o exaurimento do processo administrativo.

Porém, uma nova leitura da legislação específica e uma análise das decisões judiciais pertinentes nos fez tomar posicionamento contrário daquele adotado anteriormente. O argumento de convencimento neste sentido está respaldado no próprio direito à defesa na esfera administrativa, expressamente definido na Constituição Federal (art. 5º, LV). Ora, o crime contra a ordem tributária é de resultado, o que significa dizer que é preciso que haja alguma forma de supressão no recolhimento do tributo para caracterizar o delito, nos termos da Lei 8.137/1990, art. 1º, incisos I a IV.

Oportuno neste ponto fazer uma breve digressão sobre a extinção da punibilidade pelo pagamento do tributo devido, matéria relacionada diretamente ao tema em análise.

Segue-se que o art. 34 da Lei 9.249/1995 prevê a extinção da punibilidade dos crimes contra a ordem tributária pelo pagamento do tributo sonegado, desde que este pagamento ocorra antes do recebimento da denúncia do crime oferecida pelo Ministério Público. A Lei 10.684/2003, que dispõe sobre parcelamento de débitos tributários federais, entre outras providências, determina a extinção da punibilidade do crime fiscal quando houver o pagamento integral do débito tributário, sem mencionar a condição de sua ocorrência anterior ao recebimento da denúncia crime. Esta lei conduziu o STF a firmar posicionamento, segundo o qual o pagamento do tributo a qualquer tempo é causa extintiva da punibilidade, aplicando-a inclusive com efeito retroativo (HC 81.929, publicado no *DJU* de 27.2.2004). Posteriormente, esta condição do pagamento anterior ao recebimento da denúncia criminal para a extinção da punibilidade é restabelecida, pelo menos com relação ao crédito tributário consolidado em processo de parcelamento, através dos §§ 2º e 4º do art. 6º da Lei 12.382/2011.

Retomemos o tema proposto (exaurimento do processo administrativo para a denúncia crime).

Conforme já alertado linhas anteriores, o assunto tem relação com o direito ao contraditório no plano administrativo. Admitindo-se a procedibilidade da ação penal antes da decisão definitiva no processo administrativo, estar-se-ia criando óbice ao direito de o contribuinte se defender em sede administrativa. Qual a razão disso? É que o contribuinte, ao impugnar administrativamente o crédito tributário lançado, estaria sujeito a sofrer os transtornos de uma ação penal durante a tramitação do processo administrativo, da qual se livraria se, ao invés de questionar o ato fiscal, recolhesse o crédito tributário correspondente, sem qualquer questionamento. Esta circunstância poderia criar as perfeitas condições para que o contribuinte optasse em pagar um tributo que sabe não ser devido para livrar-se do risco de suportar uma ação penal. Portanto, o bem jurídico que nos fez mudar de posição é o do direito da ampla defesa em sede administrativa. O direito ao contraditório deve ser amplo e irrestrito, sem nenhum embaraço de qualquer ordem. A simples possibilidade de ter que suportar uma ação penal diante da opção de impugnar um lançamento, ao invés de recolher o crédito correspondente, caracteriza uma pressão de desestímulo para o exercício do direito de contraditar, razão suficiente para justificar a postergação da propositura da ação penal somente após a decisão definitiva no órgão de julgamento administrativo que reconheça a responsabilidade tributária do contribuinte.

A matéria já está pacificada pelo STF, com emissão da Súmula Vinculante de n. 24, nos seguintes termos:

"Não se tipifica crime material contra a ordem tributária previsto no art. 1º, incisos I a IV, da Lei n. 8.137/1990, antes do lançamento definitivo do tributo."

A redação não é precisa em conformidade com os conceitos de ordem tributária, visto que a adoção da locução *lançamento definitivo* pressupõe a existência de *lançamento provisório* antes da decisão definitiva na via administrativa. Tal categorização de lançamento não se verifica no sistema. O lançamento ingressa no ordenamento positivado como válido e definitivo a partir da notificação válida ao sujeito passivo. A sua suscetibilidade à modificação não o classifica como provisório. Portanto, adotando-se a linguagem específica do ordenamento jurídico tributário, a súmula leva à conclusão de que a ação penal pode ser instaurada após a notificação do lançamento ao sujeito passivo, com seu *status* de definitivo. Contudo, sabe-se que a intenção da Corte Suprema não foi essa. A intenção efetivamente foi condicionar a procedibilidade da ação penal à decisão definitiva no julgamento do processo administrativo. Talvez o redator da Súmula 24 tenha sido influenciado pela redação também não feliz do art. 174, *caput*, do CTN, o qual também se refere à "constituição definitiva" do crédito tributário para efeito de prescrição, quando na verdade apenas se pretendia marcar como termo inicial da prescrição a decisão em instância final no processo administrativo.

Todavia, a posição firmada no sentido de admitir o processo crime após a decisão definitiva no processo administrativo enfrenta dificuldades num plano de maior depuração científica da análise. É que a decisão definitiva administrativa somente vincula a Administração, mas não o contribuinte, resultando daí que este, ao ser vencido no processo administrativo, pode reiniciar toda a discussão contra a exigência tributária no Poder Judiciário, com possibilidade de êxito em suas pretensões extintivas do crédito tributário. Poder-se-ia então argumentar que somente após o trânsito em julgado na via judicial caberia o enquadramento criminal do contribuinte, pois que até então não se teria certeza jurídica da prática do crime contra a ordem tributária. Portanto, a matéria admite outros desdobramentos doutrinários.

Capítulo IV
PROVAS

4.1 Noções conceituais. 4.2 Avaliação da prova em matéria tributária. 4.3 Meios de prova: 4.3.1 Confissão – 4.3.2 Prova documental – 4.3.3 Prova emprestada – 4.3.4 Prova testemunhal – 4.3.5 Prova por meio de presunção legal: 4.3.5.1 Suprimento de caixa – 4.3.5.2 Ativo oculto ou passivo fictício – 4.3.5.3 Presunção de venda através do controle quantitativo de mercadorias – 4.3.6 Prova pericial – 4.3.7 Diligências – 4.3.8 Prova indireta ou indiciária – 4.3.9 Ônus da prova x presunção de legitimidade – 4.3.10 Provas ilícitas.

4.1 Noções conceituais

Ao vocábulo *prova* pode-se atribuir três concepções diferentes. A primeira o distingue como instrumento, como *meio de prova*, tais como a prova documental, testemunhal, pericial etc., que serve para a formação de juízo de valor da pessoa encarregada da apreciação de determinado fato. Outra ideia que o vocábulo traduz é a *ação* de produzir a prova. A pessoa sobre a qual recai o ônus de provar algo que age ativamente para que a verdade, sob a sua ótica, venha ao conhecimento de quem de direito. Uma terceira concepção atribuída ao termo se constitui na formação de juízo de valor, da convicção ou da certeza do julgador sobre determinado fato objeto da contenda.[1]

Examinando a prova no seu aspecto instrumental, isto é, como meio de prova, pode-se conceituá-la, em apertada síntese, como elemento informativo que permite concluir pela verdade jurídica sobre um fato alegado, oferecendo os meios idôneos para a verificação da exati-

---

1. José Albuquerque Rocha, *Teoria Geral do Processo*, cit., p. 268.

dão do argumento apresentado sobre ele. No dizer de João Monteiro, a prova é uma "indução lógica, é um meio com que se estabelece a existência positiva ou negativa do fato probando, e é a própria certeza dessa existência".[2]

É preciso ressaltar, desde logo, que a verdade associada à prova não é uma verdade absoluta, o que é inatingível no mundo real. Ela é mais uma verdade formal ou uma certeza jurídica apta à formação de juízo do julgador, para que este decrete uma decisão supostamente correta, baseada na verdade jurídica reproduzida em linguagem própria no processo, decisão esta aceita pelas partes como o restabelecimento da justiça, dentro de uma ordem jurídica instituída por uma sociedade.

É neste sentido que Sérgio André Rocha, com apoio nos ensinamentos de Giuseppe Chiovenda leciona: "Diante do exposto, tem-se que o conceito de prova se encontra diretamente vinculado à formação da convicção do julgador quanto à existência e validade dos fatos trazidos à sua apreciação. Nota-se que ao se influenciar o entendimento do julgador quanto a determinado fato não se estará comprovando veracidade, mas a verossimilhança de sua ocorrência".[3]

Inspirando-se no ensinamento de Francesco Carnelutti, escreve Leandro Porto da Silveira Neto: "A certeza, enquanto escolha, vai gerar uma aflição ao julgador: este terá que *escolher* uma dentre as opções contidas no processo (p. ex., acolher a tese de legítima defesa e absolver o acusado ou condená-lo por homicídio qualificado)".

A prova é o elemento fundamental para o convencimento do julgador. A argumentação sem prova não produz efeito persuasivo para direcionar o julgamento de uma causa, e não serve como suporte de fundamentação. A acusação sem prova pode até ser considerada como delito por causar injustamente danos morais à pessoa acusada, enfim, tudo o que se alega para influenciar aquele a quem foi atribuído o dever de julgar deve ser provado, evidentemente, levando-se em consideração questões relacionadas ao ônus da prova. Há, porém, uma ressalva com relação à necessidade de prova: os *fatos notórios*, de conhecimento comum do público, não precisam ser provados.

---

2. João Monteiro, *Programa do Curso de Processo Civil*, vol. II, 3ª ed., p. 96.
3. Sérgio André Rocha, *Processo Administrativo Fiscal*, cit., p. 146.

Uma relação processual é movida à prova. Não havendo prova, fatalmente a lide terá vida curta e a relação sucumbirá por lhe faltar vigor na sustentabilidade dos argumentos que realimentam a discussão no processo.

Em matéria tributária, ao se tratar, por exemplo, de matéria relacionada à exigência tributária de ofício, a prova é o elemento que dá sustentabilidade ao lançamento lavrado pela autoridade administrativa para recuperar um crédito tributário sonegado. A infração da qual decorreu o lançamento há que ser provada nos autos da constituição do lançamento, o que não significa a necessária juntada de documentos que denunciam a conduta indevida do contribuinte, podendo ser tal prova reduzida a termo, com a produção de relatórios, nos quais resta demonstrada, pela autoridade fiscal, o fato ocorrido contra a ordem tributária. Toda descrição da infração deve traduzir a ideia de verossimilhança que possa influenciar na convicção de juízo para a autoridade julgadora, seja na esfera administrativa, seja na judicial.

A cobrança de tributo é matéria de lei. Conforme já assinalado alhures, o poder de tributar do Estado representa poder de interferência na esfera do Direito Privado do contribuinte, na medida em que limita os seus direitos à propriedade, forçando a transferência de parte de sua riqueza para o poder estatal. Tal poder agressivo nos interesses particulares somente poderia ser legitimado via lei.

Por esta mesma ordem, a cobrança de crédito tributário via lançamento deve estar fundamentada em lei, com a devida comprovação dos fatos que lhe dão causa, não havendo lugar para dúvidas ou incertezas numa relação jurídica tributária. Segundo Lídia Maria Lopes Rodrigues Ribas, "no caso de incerteza sobre a aplicação da lei fiscal, são mais fortes as razões para salvaguarda do patrimônio dos administrados que as que ao seu sacrifício".[4] O próprio CTN prescreve o benefício da dúvida ao contribuinte (art. 112). Portanto, a dúvida, de uma maneira geral, aponta para a improcedência do lançamento tributário, se for o caso, ou para a acusação fiscal de modo geral.

---

4. Lídia Maria Lopes Rodrigues Ribas, *Processo Administrativo Tributário*, cit., p. 194.

4.2 Avaliação da prova em matéria tributária

A imprescindibilidade da prova efetiva nas relações jurídicas tributárias afasta, em princípio, a possibilidade de uso de presunções ou indícios para exigir do contribuinte a cobrança de um crédito tributário decorrente de fraudes fiscais, ressalvadas as presunções legais, assim nominadas por constarem na lei, matéria que será examinada mais adiante.

Porém, os procedimentos fiscais na sua dimensão mais prática adotam uma certa carga presuntiva que interage na convicção do agente a quem cabe o dever de fiscalizar o cumprimento das obrigações tributárias, procedimentos estes já perfeitamente assimilados tanto pela comunidade jurídica, como pelos contribuintes envolvidos. Como isso ocorre?

No Direito Civil, a prova de propriedade de um imóvel é documental e se faz por meio do registro da escritura no Registro de Imóveis. A observação é direta e simples, sem nenhum apoio em qualquer forma de presunção. O mesmo acontece quando se prova o adimplemento de uma prestação por meio documental. A exibição do documento é fatal. Prova que o pagamento foi efetuado sem o auxílio em presunção.

No Direito Tributário, em algumas situações, a prova se materializa de forma diferente. O agente fiscal do ICMS, por exemplo, ao se deparar com um documento fiscal sem destaque do imposto devido deverá fazer o lançamento de ofício, *presumindo* que este imposto não destacado também não será recolhido.[5] Da mesma forma, a constatação de um registro de crédito do imposto considerado indevido induzirá o agente fiscal a lavrar o lançamento de ofício pela sua glosa, *presumindo* que este crédito será utilizado para a compensação de débito do imposto quando da apuração do valor a recolher. E ainda um terceiro exemplo, quando o agente fiscal levantar a omissão do registro de uma nota fiscal nos livros fiscais competentes, procede ao lançamento, enquadrando a infração como de evasão tributária, decorrente do ato de não submeter a operação à tributação, de forma *presumida*.

---

5. As legislações do ICMS, em regra, definem uma data de recolhimento diferente da data da realização das operações com mercadorias, postergando esta exigência normalmente para o mês seguinte. Daí a razão da possibilidade de haver o recolhimento do imposto não destacado no documento fiscal.

Já se falou que este apoio na presunção desmerece a prova. Caberia ao agente fiscal investigar até o final do processo para cientificar-se de que efetivamente o imposto não fora recolhido. E a justificativa é a seguinte. No primeiro exemplo, no caso da emissão da nota fiscal sem destaque do imposto, o contribuinte pode ter efetuado o seu recolhimento, e a infração estaria afastada; no segundo caso, com referência ao crédito registrado indevidamente, teria que se provar se este efetivamente teve repercussão no montante do imposto apurado para recolher; e no último exemplo, o contribuinte, a despeito de não ter registrado a nota fiscal, poderia ter recolhido o imposto correspondente.

Seguem, porém, alguns comentários de apoio a esta "presunção" na apreciação da prova. Em primeiro lugar, têm-se os procedimentos de fiscalização do ICMS no ato da interceptação das mercadorias em trânsito, de efeito momentâneo, de grande valia no controle da evasão fiscal. Estes procedimentos devem avaliar os fatos verificados na hora e local da ocorrência, aplicando-lhes a legislação com as eventuais penalidades pecuniárias cabíveis. A ação fiscal é instantânea, sem possibilidade de regularização posterior, o que vem ao encontro do instituto da denúncia espontânea em matéria tributária (art. 138, do CTN) que beneficia o contribuinte, na sua iniciativa de boa-fé, que se antecipa no cumprimento de sua obrigação tributária antes de qualquer início de interferência fiscal. Atrelado a este instituto está o grau de eficácia, contra as práticas de evasão fiscal, das ações de fiscalização promovidas com o benefício da surpresa. Não fosse admitida esta modalidade de prova (a falta de emissão de nota fiscal como prova de infração de não submeter a operação à incidência tributária), o contribuinte não sentiria o peso da probabilidade punitiva, sabendo que não seria autuado pelo fisco pelo ato de não emitir a nota fiscal, visto que poderia alegar que iria efetuar o recolhimento no prazo estabelecido, o que constituiria uma certa blindagem contra as repressões fiscais de efeito surpresa.

Em segundo plano, o assunto deve ser examinado com a devida cautela em cada caso para que esta avaliação de prova não venha a ser responsável pela cobrança de crédito tributário indevido. Nas situações descritas (emissão de nota fiscal sem destaque do imposto, omissão de registro de notas fiscais nos livros competentes ou registro de crédito para ser compensado com o débito do imposto), caso restar comprovado que o imposto não destacado na nota fiscal, ou aquele cuja nota fiscal não foi registrada, foi devidamente recolhido, ou que o crédito registrado efetivamente não representa a possibilidade de ser apropriado na compensação com o débito, o que pode ocorrer, por exemplo, na hipótese de uma empresa não contribuinte do ICMS registrar a crédito o imposto referente às aquisições de mercadorias, crédito este que não será levado à compensação por não haver imposto a recolher, deve-se, de plano, afastar a exigência deste imposto do lançamento, para evitar o *bis in idem*, podendo, contudo, haver razões para prevalecer a imposição da multa, dependendo da tipificação legal da infração.

No lançamento tributário, muitas vezes a prova vem implícita na acusação fiscal, porque é uma circunstância elementar da infração tipificada. Assim, por exemplo, se a autoridade fiscal acusar o contribuinte de não instalar o equipamento emissor de cupom fiscal – ECF –, obrigação acessória atribuída a contribuintes que registram um determinado montante de receita anual, implícito está que o contribuinte notificado enquadra-se neste limite de receita. Não precisa a autoridade fiscal produzir prova desta receita.

Da mesma forma, se nas fiscalizações estaduais do ICMS o contribuinte for notificado pela infração de não registrar documentos fiscais relativos à entrada de mercadorias, cumpre ao agente fiscal relacionar estas notas fiscais, com todos os dados (emitente, data, série etc.), para possibilitar a produção de defesa, não se exigindo, porém, a juntada destas notas fiscais.

No caso desta relação de notas fiscais, teses de defesa são frequentemente construídas com base no argumento de que esta relação, lavrada de forma unilateral pela autoridade fiscal, não se constituiria em prova. Somente a juntada das notas fiscais formaria a prova do ilícito fiscal.

Na esteira da contestação da relação de notas fiscais, é colocada sempre a possibilidade de que, a despeito da existência da informação fornecida ao fisco do recebimento da mercadoria, esta aquisição poderia não ter se concretizado, havendo sempre a possibilidade de uma empresa, de forma fraudulenta, simular um fornecimento de mercadorias para o contribuinte fiscalizado, ao emitir nota fiscal que mascarasse uma informação ao fisco. De fato, esta possibilidade, embora remota, existe. Mas a pergunta que se faz é a seguinte: e se fosse anexada a nota fiscal haveria alguma mudança? A prova seria mais segura? Efetivamente nada mudaria. A presença da nota fiscal não favorece o contribuinte que eventualmente tenha sido vítima de uma fraude de outra empresa que emitira documentos fiscais simulando um fornecimento de mercadorias. Por que então exigir que o processo seja instruído com as notas fiscais relacionadas, se isto não beneficiará o contribuinte em sua defesa? A conclusão a que se chega é que se a relação de notas fiscais não é prova para a infração de não registro de notas fiscais relativas à entrada de mercadorias, os próprios documentos fiscais também não o são.

Este tópico tem particular interesse com a implantação de uma rede de informações fiscais entre os fiscos das diversas unidades da Federação – Super-Rede –, nos termos do Convênio 57/95, através da qual está sendo formado um banco de dados das circulações de mercadorias. Com base neste banco de dados, a autoridade fiscal extrai a informação acerca dos fornecimentos de mercadorias para um determinado contribuinte, informação que será confrontada com os registros fiscais.

Se, por outro lado, o sujeito passivo for notificado por uso de documentos de forma fraudulenta, assim como por emissão de notas fiscais "calçadas", ou impressão paralela, é necessária a juntada dos documentos para provar o ilícito fiscal, porque a tipificação da infração é intrínseca ao documento.

A questão do momento da apresentação da prova está intimamente relacionada ao princípio da preclusão no processo administrativo, matéria já analisada em tópico próprio neste trabalho.

Resta apenas repisar o argumento que se apoia na admissibilidade da preclusão no processo administrativo, via de regra, a despeito dos princípios da verdade real e da formalidade moderada, visto que uma desregulamentação neste sentido tumultuaria o processo, eternizando-o, fazendo com que ele não cumprisse com a sua finalidade instrumental numa relação contenciosa.

O Decreto 7.574/2011, que dispões sobre o processo administrativo fiscal federal, no § 4º do art. 57, estabelece que a prova deve ser apresentada na impugnação, sob pena de precluir o direito de o contribuinte fazê-lo em outro momento, ressalvadas as hipóteses de força maior, de fato superveniente ou quando a prova se destinar a contrapor fatos ou razões posteriormente trazidos aos autos. Nestas hipóteses, a impugnante deve requerer a juntada das provas após a impugnação, motivada nas ocorrências mencionadas (§ 6º, art. 57).

Firma posição contrária a Lei 9.784/1999, que dispõe sobre o processo administrativo federal, permitindo que o interessado junte documentos e pareceres, faça requerimento de diligências e perícias, bem como possa aduzir alegações referentes à matéria objeto do processo (art. 38), repelindo, portanto, a preclusão admitida pela legislação do fisco federal.

A matéria relativa à preclusão no processo administrativo já foi examinada neste trabalho. Pretende-se, contudo, relembrar neste segmento que o tema não é pacífico na comunidade jurídica, requerendo cautela na análise em cada caso específico. Um fato deve ser considerado: a renúncia da preclusão não pode se constituir em causa para tumultuar o processo.

4.3 Meios de prova

A produção de prova consiste no procedimento de produzir o recurso idôneo e eficaz para levar ao julgador o convencimento de determinado fato alegado. No dizer de José Albuquerque Rocha, "são os elementos de juízo, vale dizer, são os dados, objetos ou coisas que vão ser analisados pelo julgador para formar seu convencimento sobre as afirmações das partes".[6]

Não se pode pretender compor uma lista taxativa dos meios de prova, visto que qualquer meio ou forma de prova é admitido em nosso Direito, desde que não seja obtido de forma ilícita. Segundo o art. 332 do CPC, "Todos os meios legais, bem como os moralmente legítimos, ainda que não especificados neste Código, são hábeis para provar a verdade dos fatos, em que se funda a ação ou a defesa". Há, portanto, campo fértil para inovar nesta área. E esta inovação está acontecendo nos nossos dias com o surgimento dos documentos ou provas eletrônicas ou virtuais.

No processo administrativo tributário todos os meios de prova também são admitidos, embora nem todos sejam da mesma estatura de eficácia. Predomina, de forma absoluta, a prova documental. A perícia e as presunções legais também são de grande utilização no Direito Tributário. A confissão e a prova testemunhal são de utilização extrema-

---

6. José de Albuquerque Rocha, *Teoria Geral do Processo*, cit., p. 258.

mente restrita no campo tributário, só se prestando para obtenção de informações secundárias ou auxiliares num contexto de formação de um juízo. Jamais um contribuinte pode ser compelido a pagar um tributo considerado devido em razão de informações advindas de uma testemunha ou em razão da própria confissão. A chamada confissão irretratável da dívida tributária, que por vezes é exigida de contribuintes que pretendem obter parcelamento de seu débito tributário, não tem nenhum efeito jurídico como prova da existência do débito.

4.3.1 Confissão

Segundo o art. 348 do CPC, a confissão, que pode ser judicial ou extrajudicial, ocorre quando a parte admite a verdade de um fato, contrário ao seu interesse e favorável ao adversário.

A confissão é um meio de prova que não deveria ser usado em matéria tributária no que tange a exigência de tributo e multa dele decorrente, visto que ninguém pode ser compelido a pagar um tributo que não deve, ainda que tenha reconhecido a dívida por confissão. A exigência do pagamento de um tributo tem sua origem em dois momentos distintos: (1) na lei instituidora do tributo e (2) na ocorrência do respectivo fato gerador. Portanto, para que um cidadão possa ser obrigado a pagar o IPVA, por exemplo, é necessário que o imposto tenha sido instituído por lei e que ele seja proprietário de um veículo automotor, circunstância que dá materialidade ao seu fato gerador (Lei + fato gerador = tributo). A conclusão é instintiva: não é exigível o crédito tributário inexistente, ainda que confessado. Além disso, não deve ser de interesse da Administração Pública, entidade abstrata, sem vontade própria, que representa os interesses da coletividade, cobrar um crédito tributário indevido.

No dizer de Eduardo Domingos Bottallo, "dada sua característica eminentemente *ex lege*, a obrigação tributária não nasce nem se torna exigível apenas por efeito de 'confissão' do contribuinte, ainda quando expressa".[7]

---

7. Eduardo Domingos. Bottallo, *Curso de Processo Administrativo Tributário*, cit., p. 101.

Sérgio André Rocha também se posiciona de forma contrária à admissibilidade da prova por confissão no processo administrativo tributário, embora por razões diversas da questão da legalidade. Escreve ele: "Como se adiantou acima, não parece possível falar em confissão no processo administrativo. De fato, na linha dos entendimentos defendidos no presente trabalho, no sentido de inexistir lide no processo desenvolvido perante a Administração Pública, não há espaço para esse instituto jurídico".[8]

A jurisprudência, no entanto, não é tão pacífica com relação a esta questão. O STJ já decidiu pela admissibilidade da prova de confissão, conforme a ementa abaixo transcrita.

"ICMS. Parcelamento. Ação declaratória. Prova pericial. Desnecessidade. As questões postas na ação declaratória em exame são de direito e não dependem de prova, muito menos pericial. No momento em que o contribuinte prefere parcelar a dívida, aceita o que lhe é exigido pelo Fisco, não mais havendo lugar para discussão sobre o principal e os acréscimos. Recurso improvido" (REsp 147697/SP, rel. Min. Garcia Vieira, *DJU* de 15.12.1997, p. 66.306).

O mesmo Tribunal decidiu no mesmo sentido nos AgRg no REsp 278268/PR, rel. Ministro Humberto Gomes de Barros, *DJU* de 12.11. 2001, p. 128; e AgRg no REsp 269597/PR, rel. Min. Humberto Gomes de Barros, *DJU* de 13.8.2001, p. 56.

"*Ementa*: Processual civil e tributário. Contribuições previdenciárias. Contratação de empresa para fornecimento de mão de obra à Prefeitura. Parcelamento. Confissão de dívida. Extinção do feito. Art. 269, V do CPC."

Na prática, as administrações tributárias têm se utilizado do expediente da confissão do contribuinte para a sua admissão nos programas de refinanciamento de dívida tributária,[9] inclusive, com a prometida renúncia do direito de ingressar no Poder Judiciário para questionar o crédito objeto do parcelamento. E o que é pior: tal confissão é estabele-

---

8. André Sérgio Rocha, *Processo Administrativo Fiscal*, cit., p. 155.
9. É o que, por exemplo, prevê o art. 71 da Lei 5.983/1981, de Santa Catarina, segundo o qual, "O requerimento do sujeito passivo solicitando o parcelamento de crédito tributário, na via judicial ou administrativa, valerá como confissão irretratável da dívida".

cida como condição de admissibilidade ao programa de parcelamento do crédito. Forçoso reconhecer a inexistência de valor jurídico nesta confissão pelas razões já expostas. Mas a carga arbitrária é acentuada quando o contribuinte é induzido a renunciar ao seu direito de defesa como condição de ser beneficiado com um parcelamento de sua dívida. Afinal, a lei não pode excluir da apreciação do Poder Judiciário lesão ou ameaça a direito (CF, art. 5º, XXXV). Justificável, porém, a exigência da renúncia ao questionamento do crédito tributário como condição para o usufruto de um benefício fiscal, tal como a anistia, a remissão, entre outros.

Concluindo, pode-se deduzir que a confissão não é prova própria para justificar a exigência de um tributo. Somente em casos específicos de infrações contra obrigações acessórias,[10] sancionadas por multa, talvez pudesse ter aplicabilidade a confissão como prova. Seria no caso em que um contribuinte confessasse não ter escriturado um livro fiscal contábil ou fiscal obrigatório pela legislação; não ter entregue certos documentos exigidos pelo fisco, entre outras obrigações instrumentais.

4.3.2 Prova documental

Nas palavras de Carnelutti, citado por Humberto Theodoro Júnior, *documento* é "uma coisa capaz de representar um fato".[11]

Para Pontes de Miranda, "documento, como meio de prova, é toda coisa em que se expressa por meio de sinais, o pensamento".[12]

Portanto, documento deve ser entendido em seu sentido lato. Não só os escritos, mas todos os registros de todas as modalidades, as fotografias, filmes, desenhos, e, mais modernamente, as gravações em meios magnéticos.

O documento é o meio de prova em Direito Tributário por excelência. O fato de a infração fiscal se verificar de forma objetiva, sem neces-

---

10. Segundo o art. 113, § 2º do CTN, "A obrigação acessória decorre da legislação tributária e tem por objeto as prestações, positivas ou negativas, nela previstas no interesse da arrecadação ou da fiscalização dos tributos".
11. Humberto Theodor Júnior, *Curso de Direito Processual Civil*, vol. 1, cit., p. 444.
12. Pontes de Miranda, *Comentários ao Código de Processo Civil*, t. IV, 3ª ed., Rio de Janeiro, Forense, 2001, p. 357.

sidade de perquirir o elemento volitivo do agente, faz com que a prova documental sobressaia de importância sobre todas as demais.

Não é só o documento oficial, aquele previsto em norma, que se presta como prova, mas também os papéis, relatórios, planilhas de natureza não oficial são provas eficazes. Aliás, um procedimento fiscal que se atenha aos limites do exame dos documentos e registros oficiais irá se revelar de absoluta inutilidade do ponto de vista da eficácia na apuração de irregularidades. Geralmente, as irregularidades não se revelam nos registros oficiais, mas nos registros de maior intimidade do contribuinte, nos relatórios pessoais, nas cadernetas guardadas na escrivaninha do gerente, enfim, todos aqueles registros que não serão exibidos para nenhuma autoridade, a não ser se objetos de apreensão.

Dentro do gênero prova documental, figura a prova materializada em registros magnéticos. Estes registros magnéticos têm inspirado as mais diversas correntes de interpretação, sendo aceitos como elemento de prova para uns, desde que tomadas as devidas cautelas, mas rejeitados por outros. A matéria, a nosso ver, é cercada por muita mistificação, atribuindo-se aos arquivos magnéticos uma feição de intimidade que não lhes é própria.

A discussão chega ao ponto de haver argumentos contrários à obrigatoriedade da exibição de informações contidas em meios magnéticos, sem ordem judicial, atribuindo-lhes o *status* de dados de foro íntimo e, por isso, protegidos pelo sigilo inviolável no direito pátrio. Mas a tese não resiste à mais elementar análise, pois no decorrer dos tempos os arquivos que antes eram guardados em um móvel, numa gaveta, hoje são guardados em meios eletrônicos, o que denominamos de arquivos magnéticos, não se distinguindo em nada quanto a sua origem. Se informações de foro íntimo fizerem parte dos arquivos magnéticos, também o fazem os arquivos antigos nas gavetas dos móveis, e nem por isso o agente fiscal tem tido sua autoridade questionada para colher informações nestes arquivos primitivos.

O que se percebe é que as teses de defesa contra a exibição dos arquivos magnéticos às autoridades administrativas estão sendo construídas tirando-se proveito dos posicionamentos vacilantes e por demais conservadores por parte de alguns magistrados que ainda veem no computador um meio de guardar segredos pessoais e informações de foro íntimo.

Os arquivos magnéticos podem ser objetos de apreensão pela autoridade administrativa a exemplo dos demais documentos e papéis, sob a licença do art. 195 do CTN. Entretanto, há que se cercar de toda a cautela na coleta desta prova, visando à segurança tanto para o contribuinte como para a Fazenda Pública, visto que estes meios se apresentam bastante vulneráveis a adulterações. Os arquivos apreendidos sem estes cuidados, aí sim, podem ser desclassificados como meios de prova confiável.

No mundo jurídico, alguns conceitos também devem evoluir de forma que os avanços tecnológicos possam ser absorvidos sem ferir a segurança jurídica e sem retirar a robustez das provas que formam o livre convencimento do julgador.

Com o avanço da tecnologia, a forma de avaliação das provas deve admitir algumas adaptações para se manter na realidade do mundo contemporâneo, não dando relevo por demais a antigos e anacrônicos métodos que não têm mais aplicabilidade no mundo atual. O julgador deve avaliar a prova, formar o seu livre convencimento dentro do mundo real que o cerca. Não há como desconhecer, hodiernamente, da importância do chamado documento eletrônico, dos arquivos magnéticos, das mercadorias em forma de *bits* (arquivos de computador recebido pelo *download*), entre outros fatos. Velhos conceitos são suplantados numa velocidade inimaginável e o mundo jurídico deve acompanhar esta evolução. O Direito tem, portanto, a sua legitimidade nos reais anseios de uma sociedade contemporânea, com suas peculiaridades marcadas pelos diversos estágios pelos quais passa a evolução da humanidade.

Já disse um professor americano: "Nós interpretamos a nossa Constituição americana de 1787 não com os olhos de então, quando foi feita, mas com os olhos de hoje".

No dizer do americano, não é a lei que deve ser modificada a cada estágio novo da evolução de uma sociedade, mas a lei velha deve ser inserida no contexto contemporâneo, com a interpretação teleológica, de forma que tenha aplicação prática e atualizada para as novas situações que se apresentam.

Por isso, faz-se necessário avaliar as provas dentro do contexto atual, na realidade do mundo que nos cerca, sem dogmatismos, sem conceitos pré-estabelecidos, sem que com isso, evidentemente, se enfraqueça a segurança probante.

A respeito da prova eletrônica, cabe fazer um registro digressivo, dada a sua importância contemporânea.

Desde os primórdios até os nossos dias, a humanidade muito avançou na forma de registro de sua história, de seus conhecimentos e informações, sendo a escrita o principal instrumento nesta tarefa. Conforme a história ensina, a escrita foi inventada pelos antigos sumérios e a sua primeira forma era através de desenhos para estilizar objetos, conhecido hoje como pictograma (3.500 a.C.). E a evolução nesta área não para, a ponto de, em nossos dias, guardarmos a nossa memória e arquivos em meios magnéticos que somente podem ser acessados ou lidos por equipamento especial: o computador.

A larga utilização da informática no cotidiano trouxe um enorme progresso e facilidades em nossas atividades, mas fez surgir, por outro lado, alguns problemas , cujas soluções permitem a assimilação desta tecnologia em nosso mundo real preso a uma cultura burocrática, alimentada pela produção de papéis e documentos indispensáveis para a segurança jurídica.

O ponto crucial, que suscita teses controversas, é a aceitação do registro eletrônico como documento probante, se adotarmos a concepção conservadora formada pelo conceito clássico de documento. Daí o assunto que se pretende abordar: os arquivos magnéticos como meios de prova documental, particularizando a análise para o ramo do Direito Tributário, onde o fisco amiúde tem sido questionado sobre a utilização dos meios magnéticos para fundamentar as suas ações fiscalizatórias.

Inicialmente, temos que desmistificar o computador no que se refere aos registros eletronicamente armazenados. Um arquivo eletrônico em nada difere de um tradicional arquivo de papéis e documentos mantido numa estante de escritório, exceto quanto à tecnologia empregada em seu armazenamento. Por isso padece de fundamento a tese que advoga a inviolabilidade de dados contidos no computador, amparada na CF, art. 5º, XII, que se refere ao sigilo na comunicação pelos diversos meios; há os que ainda alegam que as informações armazenadas no computador são de natureza íntima, não podendo ser levadas ao conhecimento de outrem como meio de prova, sob pena de violar a intimidade da vida privada, bem tutelado pelo art. 5º, X, da CF.

É preciso esclarecer que a Constituição Federal, quando menciona inviolabilidade de "dados" (art. 5º, XII), se refere ao sigilo da correspondência e das comunicações, de forma a tutelar a inviolabilidade destes "dados" enquanto meios pelos quais se processa a comunicação. Assim, não se cogita da proteção das informações magneticamente guardadas como se fossem parte da intimidade de seu usuário fora da hipótese de comunicação.

Na área fiscal, fosse negado o livre acesso dos agentes do fisco aos registros nos meios magnéticos ou considerada ilícita a prova através deles obtida, extinta seria a sua função por ineficácia, tal a proporção dos contribuintes que adotam o sistema eletrônico de processamento de dados em suas empresas. Naturalmente, cuidados devem ser tomados quando da coleta destes dados, visando a afastar qualquer possibilidade de manipulação dos mesmos por quem quer que seja, cuidados, aliás, indispensáveis a qualquer outro documento convencional.

É hora de transferir os arquivos magnéticos do mundo virtual ou da fantasia para o mundo real; o conceito de documento deverá ser repensado, porque um disquete, um microcomputador, um relatório gravado, ou mesmo uma memória RAM, tudo são documentos e, como tais, devem servir de meio de prova no mundo jurídico e particularmente nas ações fiscais.

Não importa se os fatos que servem de prova são registrados em forma de pictograma ou em linguagem binária própria do computador; o que interessa ao apreciador da prova é a existência inconteste do fato. Se o computador é seguro para monitorar o lançamento de uma nave espacial à lua, merece o nosso crédito como armazenador de dados e informações que se traduzirão em documento de prova.

4.3.3 Prova emprestada

Prova emprestada em Direito Tributário é aquela cedida para órgãos de fiscalização diversos daquele que a colheu. Pode também resultar no fornecimento de certidão extraída de um processo para servir de prova em outro.

Em Direito Tributário, a prova emprestada tem maior expressão no compartilhamento das provas de práticas de infrações contra a ordem tributária por mais de um órgão de fiscalização, através da mútua assistência entre as diversas entidades da federação, no exercício de suas respectivas competências tributárias.

A prova emprestada não é só uma simples extração de uma certidão de um processo a ser trasladado para outro. A sua funcionalidade é bem mais ampla, tendo serventia, principalmente, para subsidiar procedimentos de fiscalização de mais de um órgão fiscalizador.

A prova emprestada ganha importância em matéria tributária, haja vista que um fato pode ter repercussões nas diversas esferas de tributação. Assim, se a Receita Federal apreender uma prova de evasão fiscal, um livro de "caixa dois", por exemplo, este documento também será de interesse do fisco estadual e, dependendo do caso, também do fisco municipal. É por esta razão que o CTN prevê a assistência mútua entre os entes federados em matéria de fiscalização. Coube ao art. 199 esta normatização, que assim prescreve:

"Art. 199. A Fazenda Pública da União e as dos Estados, do Distrito Federal e dos Municípios prestar-se-ão mutuamente assistência para a fiscalização dos tributos respectivos e permuta de informações, na forma estabelecida, em caráter geral ou específico, por lei ou convênio."

Vê-se que a mencionada assistência mútua deve seguir uma forma estabelecida em lei ou convênio entre os entes federados interessados nesta interação fiscal. Entretanto, não havendo esta lei e nem o convênio específico, seria então o artigo do CTN letra morta? Entendemos que não. A interação fiscal entre as pessoas de Direito Público com poderes para tributar e arrecadar atende ao interesse público e se for procedida dentro dos critérios e limites legais, com observância sempre dos princípios do devido processo legal, com a garantia da ampla defesa e do contraditório, é pacífica a legalidade de transferência de informações entre os fiscos, compreendendo inclusive a prova emprestada.

Aliomar Baleeiro, em seu sempre magistral ensinamento, reportando-se à falta desta lei ou convênio, faz o seguinte comentário:

"E se não houver convênio?

"A despeito do rigor do art. 198, parágr. único, que excetua 'unicamente' a requisição judicial, no interesse da justiça e os casos no artigo 199, parece-nos que as sanções daquele dispositivo não têm lugar contra agentes da pessoa de Direito Público, que, por espírito de cooperação ou de cortesia oficial, no interesse da fiscalização, fornecerem a outra pessoa de Direito Público, sob reserva de sigilo, as informações indispensáveis.

"A quebra do segredo, nesse caso, será crime, ilegalidade, dolo ou culpa do Fisco beneficiado da informação ou de funcionários deste (...)."[13]

No entanto, o STJ já decidiu de forma contrária, condicionando a efetividade da prova emprestada à existência de lei ou convênio específicos, conforme a ementa transcrita:

"Tributário. Prova emprestada. Fisco estadual x fisco federal (arts. 7º e 199 do CTN).

"1. A capacidade tributária ativa permite delegação quanto às atividades administrativas, com a troca de informações e aproveitamento de atos de fiscalização entre as entidades estatais (União, Estados, Distrito Federal e Municípios).

"2. Atribuição cooperativa que só se perfaz por lei ou convênio.

"3. Prova emprestada do Fisco Estadual pela Receita Federal que se mostra inservível para comprovar omissão de receita.

"4. Recurso especial improvido."[14]

A prova emprestada não dispensa a abertura do processo regular de fiscalização, com a lavratura dos termos correspondentes, observância dos prazos, enfim, o cumprimento dos ritos e das formalidades que lhe são pertinentes. A prova emprestada não pode ser uma extensão do lançamento do fisco que a emprestou, mas apenas subsídio para que o fisco destinatário das informações faça a análise de sua validade, da repercussão na evasão de seus tributos e constitua o seu crédito tributário, de forma autônoma, livre de influências das interpretações dos agentes fiscais que a cederam. Seria totalmente improcedente tomar como prova uma decisão de determinado órgão de julgamento que reconhecesse a ocorrência de uma infração contra a ordem tributária. Tal medida sequer seria prova emprestada, aproximando-se mais de uma conduta de plágio de procedimento.

E ainda mais. Pode o contribuinte que sofreu o lançamento de crédito tributário por dois entes federados, União e Estado, por exemplo, com base numa mesma prova, resolver quitar o crédito pertencente ao Estado, mas discutir o da União. Isto é perfeitamente viável. O paga-

---

13. Aliomar Baleeiro, *Direito Tributário Brasileiro*, cit., p. 622.
14. REsp 310.210-MG, *DJU* 4.11.2002, p. 179, *RDDT* 88/236.

mento do crédito do Estado não é confissão irretratável do ilícito tributável confirmado através da prova emprestada. O contribuinte pode ter motivos de diversa ordem para assim proceder.

E caso a prova for coletada não por um órgão fiscalizador de tributos, mas pela Polícia Federal, por exemplo. Poderia também esta prova ser disponibilizada para apurar eventuais irregularidades de ordem tributária?

O art. 199 do CTN refere-se às Fazendas Públicas e a doutrina não tem enfrentado muito esta questão. Entendemos, contudo, que, sob o argumento da predominância do interesse público sobre o particular, a Polícia Federal não só pode como tem o dever de repassar para o fisco correspondente as informações coletadas que tenham repercussão no pagamento dos tributos. E a prova emprestada de um órgão que não é necessariamente fiscalizador de tributos deve receber o carimbo de validade para instruir o processo de constituição do crédito tributário. A justificativa de ordem jurídica parece-nos que pode se extrair do art. 197 do CTN, o qual relaciona diversas entidades que são obrigadas a prestar informações de interesse fiscal à autoridade administrativa, mediante intimação. Com a leitura deste artigo tem-se uma ideia do intento do legislador em fazer convergir para o fisco as informações que lhe são interessantes, venham de onde vierem, desde que a sua obtenção tenha sido por meios lícitos. É lógico, então, que a Polícia Federal pode e deve emprestar informações e provas ao fisco, mediante intimação, ou espontaneamente, não necessitando, para isso, da intervenção judicial, para dar-lhes legitimidade.

Sabemos que na prática esta troca de informações não é utilizada como seria recomendável. Muitas vezes a autoridade detentora das provas oferece certas resistências veladas para esta cooperação, talvez por falta de espírito de colaboração, ou por excesso de corporativismo das pessoas envolvidas. Na hipótese em que forem coletores das provas o Estado-membro, o Distrito Federal ou o Município, ainda há um fator inibidor de ordem legal para que ocorra o compartilhamento das informações: é que, nos termos do art. 187 do CTN, é estabelecida uma ordem de preferência na cobrança de crédito tributário no caso de falência e concordatas, cabendo em primeira ordem a União e, em seguida, os Estados, DF e os Municípios. Esta norma guarda resquícios do regime de exceção, com a centralização de poderes para a União, que, a nosso ver, não foi recepcionada pela Constituição Federal vigente, haja vista que esta delimita a competência tributária de forma rígida, para cada ente federativo, não podendo um interferir na competência do outro, sem impor ou sugerir qualquer ordem de preferência ou hierarquia. O fato é que a norma com o *status* de lei complementar existe, e os Estados, DF e os Municípios sentem-se prejudicados em compartilhar com a União informações por eles coletadas, porque no caso de haver lançamento de ofício da União e do Estado, a preferência pela cobrança recairá sobre a União.

Por fim, pensamos que as administrações fazendárias, juntamente com os demais poderes constituídos, têm uma enorme dívida para com a sociedade carente de recursos públicos em não implementar uma estrutura eficaz de intercâmbio de informações fiscais, entre as diversas áreas do fisco, com a finalidade de cercear efetivamente as práticas de sonegação e demonstrar ao contribuinte o poder investigatório, desestimulando a evasão fiscal. Trabalhar de forma isolada e buscar os próprio elementos de prova, como ocorre atualmente com cada unidade fiscal, mantendo-se distanciadas umas das outras, qual fossem entidades totalmente estranhas, mais parece uma simulação de fiscalização do que um real interesse político de minorar as práticas de sonegação fiscal, tão nocivas à sociedade democrática que reclama por justiça tributária.

4.3.4 Prova testemunhal

Assume a condição de testemunha a pessoa que presta informações na forma de homem comum, sobre fatos dos quais tem conhecimento, de interesse na solução de uma lide. É a informação leiga que caracteriza a testemunha e, neste aspecto, ela difere do perito que presta informações que requerem conhecimentos especializados em determinada área de conhecimento.

Nas palavras de Alessandra Dabul, "O testemunho constitui o relato de alguém acerca de um acontecimento que não lhe diz respeito, pelo menos não diretamente, mas sobre o qual guarda conhecimento ou proximidade suficiente à elaboração da informação".[15]

---

15. Alessandra Dabul, *Da Prova no Processo Administrativo Tributário*, Curitiba, Juruá Editora, 2004, p. 79.

A prova testemunhal tem aplicação restrita no processo administrativo tributário, matéria que pela sua natureza objetiva reclama, preponderantemente, provas documentais. Contudo, nenhum meio de prova admitido em nosso Direito pode ser totalmente rejeitado em matéria tributária; sempre haverá situações em que o testemunho de uma terceira pessoa pode contribuir para o deslinde de uma questão em investigação de interesse fiscal.

É desnecessário dizer que a prova testemunhal não tem idoneidade para definir uma obrigação tributária de recolher determinado tributo, obrigação esta que, conforme se sabe, provém sempre de um fato gerador específico. No entanto, a prova testemunhal pode ser um meio eficaz nas investigações das mais variadas formas de fraude contra a ordem tributária e se constituir numa fonte de informações imprescindíveis nos procedimentos de investigação de natureza fiscal.

Assim, pode a autoridade fiscal buscar informações junto a terceiros sobre o efetivo exercício da atividade de um estabelecimento para investigar se ele efetivamente efetuou venda de mercadorias ou se apenas emitiu notas fiscais, em operações simuladas, com o objetivo de gerar crédito do ICMS ilegítimo.

O depoimento de testemunho também pode servir, por exemplo, para confirmar a alegação de que um contribuinte negou-se a assinar determinado termo, documento ou o próprio lançamento.

A prova testemunhal também pode servir a favor do contribuinte. Exemplifica-se a hipótese em que um transportador, ao ter sua carga interceptada pela fiscalização, apresente a nota fiscal solicitada, a qual não é aceita por conter uma irregularidade no preenchimento, resultando na lavratura de lançamento tributário. Um testemunho pode ser de relevância para firmar a versão do contribuinte na impugnação do lançamento.

Outro exemplo, citado por Hugo de Brito Machado Segundo: "O impugnante comparece à repartição fiscal para cumprir determinada exigência no último dia do prazo de que lhe foi fixado (apresentar defesa, manifestar-se sobre a perícia, interpor recurso etc.), e encontra a repartição vazia, de modo anômalo, antes do término do expediente normal. Indagando a respeito do servidor responsável pelo protocolo de petições, é informado pelo porteiro que o mesmo 'teve de sair mais cedo'. Nesse caso, o testemunho do porteiro – e do servidor que 'teve de sair mais cedo' – são essenciais para demonstrar a tempestividade do ato praticado no dia seguinte".[16]

Portanto, a prova testemunhal, conforme já alertado, não se constitui em meio adequado, por si só, para dar origem a uma obrigação tributária principal, no sentido de poder compelir o contribuinte a recolher um crédito tributário (tributo ou multa), mas representa um meio eficaz em qualquer procedimento investigatório no deslinde das mais variadas formas de fraudes tributárias. Além do mais, o testemunho é de extrema relevância para resguardar direitos do contribuinte em situações em que se estabelece controvérsia entre a versão deste e a do agente administrativo.

4.3.5 Prova por meio de presunção legal

Presumir é tomar como verdadeiro um fato com base nas observações na generalidade. É uma conclusão lógica a partir da constatação de determinados fatos que somente poderiam resultar neste desfecho.

Nas palavras de Lídia Maria Lopes Rodrigues Ribas, "a presunção é meio excepcional de prova, que conduz a um raciocínio que, partindo do exame de fato conhecido, conclui pela existência de fato ignorado".[17]

Para Ruy Barbosa Nogueira, "presunção é a consequência, que a lei, ou o juiz, tira de um fato certo como prova de um outro fato, cuja verdade se quer saber".[18]

A presunção admite pelo menos duas classificações: a primeira divide a presunção em *simples* ou presunção *hominis*, que diz respeito ao convencimento do julgador na apreciação das provas, sendo fruto do senso comum,[19] e a presunção *legal*, assim chamada por estar expressamente prevista em lei. Enquanto a presunção simples é formulada por qualquer pessoa na formação de sua convicção, a presunção legal se

---

16. Hugo de Brito Machado Segundo, *Processo Tributário*, cit., p. 158.
17. Lídia Maria Lopes Rodrigues Ribas, *Processo Administrativo Tributário*, cit., p. 208.
18. Ruy Barbosa Nogueira, *Curso de Direito Tributário*, cit., p. 269.
19. Eduardo Domingos Bottallo, *Curso de Processo Administrativo Tributário*, cit., p. 103.

manifesta pela vontade do legislador. A presunção aqui abordada é a legal, à qual é atribuída a qualidade de meio de prova.

A segunda classificação das presunções divide-as em presunção *absoluta* (*juris et de jure*), a qual não admite prova em contrário, e a presunção *relativa* (*juris tantum*), assim concebida por admitir prova em contrário, invertendo, no entanto, o ônus da prova para o acusado. Isto significa dizer que o fisco acusa o contribuinte de um fato, utilizando-se do método presuntivo, cabendo ao acusado produzir prova em contrário para afastar a acusação fiscal.

No Direito Tributário somente se admite a presunção *relativa*, aquela que pode ser afastada por melhor prova do contribuinte acusado.

Há que se manter uma distinção entre a presunção, ficção e indícios. A explicação elucidativa com relação à presunção e ficção vem de Alfredo Augusto Becker: "Na *ficção*, a lei estabelece como verdadeiro um fato que é *provavelmente* (*ou com toda certeza*) falso. Na presunção a lei estabelece como verdadeiro um fato que é *provavelmente verdadeiro*. A verdade jurídica imposta pela lei, quando provável (ou certa) falsidade é ficção legal; quando se fundamenta numa provável veracidade é presunção legal".[20]

Os indícios diferem da presunção e ficção jurídica na medida em que estes representam mais um indicativo ou um caminho aberto para a investigação quando tomados de forma isolada. O indício fica no campo das insinuações, das conjecturas, mas a conjugação de vários indícios, que indicam para uma solução, pode resultar numa prova indiciária, sendo razão forte o suficiente para o convencimento do julgador sobre determinado fato (presunção *hominis*), ou então constituir-se no pressuposto para a instituição de uma presunção legal. O que dizer de um cidadão que revela sinais exteriores de riqueza de forma totalmente incompatível com a sua única fonte de renda? Tal situação pode se constituir em indício de sonegação de impostos. Situações como essa normalmente são traduzidas em presunção legal, instrumentalizando o agente fiscal a proceder uma investigação fiscal, lançando o crédito tributário com base na prova presumida, dando oportunidade ao contribuinte de apresentar melhor prova para afastar a presunção relativa.

20. Alfredo Augusto Becker, *Teoria Geral do Direito Tributário*, 2ª ed., São Paulo, Saraiva, 1992, p. 463.

É preciso reconhecer a grande utilidade da presunção legal em matéria de Direito Fiscal, porquanto se presta como meio de prova de fatos só conhecidos no mundo não oficial, nos sinais exteriores, mas que não têm correspondência nos registros oficiais e, por isso, não são alcançados por qualquer diligência fiscal que se detenha aos documentos oficiais e de uso obrigatório como o único meio de provar o ilícito tributário.

É através da presunção legal que o fisco obtém êxito na busca do tributo sonegado por contribuintes que externam uma aparência de hipossuficiência em seus negócios, mas acumulam fortunas no seu patrimônio pessoal, sem, no entanto, ter fonte alternativa de receita. É por meio da presunção legal que o fisco consegue provar fatos e atos que resultaram na evasão fiscal, que não se provariam pela forma convencional (provas documentais diretas), porque o contribuinte não os documentou.

Se o ato de presumir é partir de um fato conhecido para chegar a uma conclusão lógica e determinada há que se construir este raciocínio lógico que conduz para esta conclusão. As presunções podem ser equações matemáticas, como podem ser deduções lógicas a partir de informações conhecidas. Cabe ao legislador sistematizar o método presuntivo que pretende normatizar. Neste tópico pretende-se abordar as modalidades de presunções mais usuais em matéria tributária.

4.3.5.1 Suprimento de caixa

O suprimento de caixa traduz a ideia de preservar a conta caixa com saldo de numerário (saldo devedor, para falar em termos contábeis) de forma artificial e ardilosa, registrando entrada simulada de dinheiro ou omitindo registro de saída, sempre para evitar o estouro de caixa (saldo credor).

O suprimento de caixa pode se manifestar sob três formas distintas: 1) saldo credor da conta; 2) registro de ingresso simulado de recurso na conta; 3) omissão de registro de saída de numerário.

O suprimento de caixa não é um ato de sonegação fiscal em si, mas situação que a revela, visto que representa uma medida que tem por objetivo ocultar os efeitos no fluxo de caixa decorrentes de sonegação fiscal ocorrida em momento anterior. Portanto, o suprimento de caixa nem sempre é contemporâneo ao ato de evasão fiscal. Pode ocorrer em momento posterior.

Num enfoque da técnica contábil, a conta caixa é de natureza devedora, admitindo somente saldo devedor ou saldo zero. O saldo credor não é possível traduzir no mundo físico, pois seria como se tivéssemos condições de retirar numerário da tesouraria além do existente fisicamente.

Na linguagem dos registros contábeis, as vendas de mercadorias ou de serviços resultam em entrada de numerário, registrada a débito da conta caixa e, em contrapartida, os pagamentos são lançados a crédito da mesma conta. Se o contribuinte registrar todas as operações de ingressos e todas as de desembolsos de numerário, a conta caixa sempre se apresentará com saldo devedor e, na pior das hipóteses, com saldo zero; mas se deixar de registrar alguma operação de venda, esta situação ficará comprometida, podendo a conta escritural apresentar saldo credor, que é uma evidência da omissão de registro contábil de operações de venda, e na análise fiscal, omissão de registro de operações tributáveis. Para evitar este "estouro de caixa", que se torna iminente em face da omissão do registro de operações de venda, o contribuinte lança mão de vários artifícios e ajustes contábeis, tais como: a) simulação e registro contábil de empréstimos; b) não registro contábil de pagamentos de dívidas; c) não registro contábil de compra de bens para o ativo imobilizado, entre outros. Por conseguinte, todos estes artifícios e manobras contábeis tendentes a preservar o saldo devedor na conta caixa denunciam a omissão de registro contábil de operações das quais derivam ingressos de numerário. E, no caso do contexto da fiscalização do ICMS, por exemplo, traduz-se na omissão de registro de venda de mercadorias tributáveis, resultando na sonegação fiscal. Ou seja, a conta caixa, embora apresente saldo credor, tem na verdade disponibilidades oriundas de suprimento de recursos decorrentes de vendas não registradas.

No caso de empréstimos de numerário (mútuo) a discussão do suprimento de caixa abrange ainda a questão da origem de numerário do mutuante. Sobre a pessoa que faz empréstimo, que pode ser sócio da sociedade empresária ou terceira pessoa, recai o ônus da prova da origem dos recursos emprestados. A falta de origem faz prova a favor do fisco na acusação fiscal de suprimento de caixa por registro de empréstimo simulado.

Evidentemente, falar em suprimento de caixa só tem sentido quando se está examinando escrita contábil revestida das formalidades legais. A escrita fiscal não comporta esta presunção. Qual a razão disso? É que somente na escrita contábil, através da técnica da escrituração das partidas dobradas é que a conta caixa se apresenta como um termômetro da movimentação financeira da organização. Na hipótese de o contribuinte manter somente a escrita fiscal não haverá interesse na prática de atos de suprimento de caixa, visto que não há saldo a ser preservado.

Cabe advertir que o método presuntivo do suprimento de caixa é de extrema complexidade e deve ser usado com critério e o maior cuidado possível para que a sua eficácia para apurar evasão tributária não venha a ser comprometida. Deve-se fazer uma leitura adequada do suprimento de caixa (seja saldo credor, ingresso simulado ou saída omitida), para visualizar nele uma real omissão de receita com repercussão na sonegação tributária. O que dizer, por exemplo, de uma situação em que a conta caixa apresenta saldo credor, mas a conta disponível no banco registra saldo que cobre com folga o saldo credor da conta caixa? A leitura possível deste fenômeno pode conduzir para um desajuste na escrituração contábil, de maneira que o saldo credor da conta caixa não seja revelador de nenhuma omissão de receita.

São estas as formas exemplificativas de suprimento de caixa. Pela sua natureza abrangente, este método tem aplicação em estabelecimentos de qualquer atividade econômica, seja de comércio, indústria, ou de prestação de serviços, nos procedimentos de fiscalizações de todos os tributos relacionados ao movimento econômico da empresa (faturamento, receita, vendas de mercadorias, prestações de serviços etc.).

4.3.5.2 Ativo oculto ou passivo fictício

Algumas legislações estabelecem formas autônomas de presunção, com fundamentos no ativo oculto e no passivo fictício.

O ativo oculto ocorre quando se constata, no estabelecimento, a existência de fato de bens corpóreos, pertencentes ao ativo imobilizado, como, por exemplo, um veículo, as máquinas, instalações, entre outros itens, sem que haja registro contábil da aquisição destes bens. Diz-se então que o ativo está oculto aos olhos da escrita contábil.

A presunção legal de evasão tributária com base no ativo oculto tem os mesmos fundamentos do suprimento de caixa: ocorreu a omissão do registro de entrada do bem porque não havia saldo suficiente da conta caixa para suportar o lançamento, ou este se apresentava de valor reduzido que não recomendava o registro, visto que mais adiante poderia haver o "estouro" da conta.

O passivo fictício decorre do ato omissivo de não registrar pagamentos de contas do passivo, também por falta de caixa ou como alternativa para prevenir o futuro "estouro" desta conta.

É o caso de se encontrar na conta fornecedores títulos em aberto que já foram pagos. O valor contábil do saldo da conta fornecedores é superior à soma real dos títulos a serem pagos. Há, portanto, um passivo (parte da conta de fornecedores) que é ficto, existente somente na escrituração contábil, sem a correspondente dívida com os fornecedores.

Tanto o ativo oculto como o passivo ficto são variações do suprimento de caixa, em razão de sua interligação. Os dois fenômenos decorrem de atos preventivos da conta caixa. Desnecessário, portanto, que a lei faça menção expressa a estas duas formas de presunção legal.

Por fim, estas duas formas de presunção legal também somente têm aplicação nos registros contábeis revestidos das formalidades legais, pela mesma razão exposta no suprimento de caixa.

4.3.5.3 Presunção de venda através do controle quantitativo de mercadorias

A presunção a seguir examinada tem aplicação somente com relação às operações com mercadorias e consiste na construção da equação matemática, tomando como variáveis os estoques, inicial e final, as compras e as vendas registradas.

$$EI + C - EF = VE$$

Onde:

EI = estoque inicial
C = compras
EF = estoque final
VE = vendas efetivas.

Faz-se então a comparação das vendas efetivas com as vendas registradas. Caso as vendas efetivas sejam em quantidade maior que as vendas registradas, presume-se evasão tributária com relação à diferença. Esta presunção é construída a partir das informações obtidas por meio dos registros em livros fiscais, não sendo obrigatória a escrita contábil.

Eis um exemplo prático:

MERCADORIA: Geladeira em Unidade

VARIÁVEL QUANTIDADE

(+) EI (estoque inicial) 15
(+) C (compras) 45
(–) EF (estoque final) 05
(=) VE (vendas efetivas) 55
(–) VR (vendas registradas) 40
(=) VNR (vendas não registradas) 15
(x) Preço unitário .... R$ 800,00
(=) Vendas não registradas .... R$ 12.000,00

Estes são alguns exemplos de métodos de presunção legal adotados pelas administrações tributárias federais, estaduais e municipais, com as devidas adaptações às peculiaridades dos seus respectivos tributos. Não é objetivo deste trabalho o aprofundamento desta questão. A abordagem destes métodos de presunção serve apenas para exemplificar o mecanismo de composição de um raciocínio lógico que permite a obtenção de conclusões de razoável certeza, a partir de uma premissa conhecida.

4.3.6 Prova pericial

A perícia remete a conhecimento especializado em determinada área. É uma forma de provar de fato que depende de um conhecimento especial.[21] É o meio utilizado para que o julgador seja informado de um conteúdo de prova que, para servir de formação de juízo, precisa ser traduzido em linguagem leiga, sem as barreiras do necessário conhecimento técnico para a sua assimilação. Por óbvio, a perícia deve ser executada por um perito,[22] assim qualificado por possuir os conhecimentos técnicos específicos para examinar determinada matéria.

No seu aspecto procedimental, a perícia consiste em exames, vistorias ou avaliações técnicas por um perito formalmente nomeado, sendo que a conclusão apresentada ao julgador não lhe retira a prerrogativa do livre convencimento na sua avaliação como meio de prova.

No processo administrativo tributário, o julgador deve ser cauteloso em deferir perícia para apurar fatos vinculados à escrituração fiscal e contábil ou a documentos fiscais, porque estes fatos devem ser apurados pela autoridade fiscal, que se presume ter conhecimento técnico necessário para isso.[23] A perícia não pode ser um expediente para refiscalizar o que já foi fiscalizado. Ela deve apontar, principalmente, para matéria especializada fora da área do conhecimento da autoridade notificante e do próprio julgador. Não há nenhum sentido em que as partes requeiram perícia de escrita contábil ou assuntos relacionados aos registros fiscais de maneira geral, visto que esta área de conhecimento deve ser de domínio tanto da autoridade fiscal como do julgador. Não se concebe a ideia de que um auditor fiscal não domine a técnica de auditoria dentro de sua área de atuação; também o julgador do órgão administrativo não pode justificar sua ignorância na matéria, visto que a essência dos julgamentos gravita em torno destes temas de forma rotineira.

Para efeito de perícia, as legislações locais de cada ente federado devem estabelecer as regras para que o seu pedido não fique numa ma-

---

21. Pontes de Miranda, *Comentários ao Código de Processo Civil*, t. IV, cit., p. 472.
22. CPC, "Art. 421. O juiz nomeará o perito, fixando de imediato o prazo para a entrega do laudo. (...)".
23. A legislação do processo administrativo tributário de Santa Catarina prevê expressamente o indeferimento da perícia quando a prova do fato não depender de conhecimento técnico especializado, entre outros motivos (Lei Complementar 465/2009, art. 34, III).

nifestação de intenção vaga e imprecisa, servindo unicamente para engrossar o elenco de razões genéricas de defesa, sem nenhum resultado prático. Deve ser determinada com precisão a matéria ou o objeto da perícia e a indicação dos quesitos a serem periciados.

Um exemplo prático de matéria que pode ensejar o pedido de perícia são os arquivos magnéticos, que amiúde são o centro de discussões quanto à vulnerabilidade, já que nem sempre oferecem a segurança necessária para servir de documento de prova.

Da mesma forma como na diligência, uma vez requerida a perícia pelo contribuinte, o julgador terá que apreciar o pedido, deferindo-o ou negando a sua procedência, com a devida motivação, sob pena de nulidade do julgamento, por cerceamento do direito de defesa.

Por fim, a perícia pode ser requerida pelas partes ou determinada pelo próprio julgador por diligência, quando este entender necessária esta medida para o seu convencimento.

4.3.7 Diligências

A diligência não é bem um meio de prova; é mais uma medida utilizada na busca da prova que se fizer necessária para a formação de juízo. É um expediente utilizado no processo que visa a alargar o conhecimento sobre fatos ainda não muito bem esclarecidos, que objetiva dirimir dúvidas ou aprofundar a investigação na busca da verdade. É um procedimento processual de larga utilização no processo administrativo e auxilia o julgador na formação de sua convicção para imprimir mais segurança em seu julgamento.

Dois importantes requisitos devem ser observados no pedido de qualquer diligência:

1) Verificar se factível a execução da tarefa exigida para dar cumprimento à diligência, considerando os meios que a autoridade executante dispõe. De nada adianta baixar um processo em diligência, solicitando uma providência impossível de ser cumprida com as condições disponíveis.

2) Deve ser examinada a eficácia da diligência para o propósito a que se destina. A diligência deve ser fator determinante para a tomada de uma posição no julgamento, sem que isso afaste o poder discricionário do julgador na formação de seu juízo.

A diligência geralmente é solicitada pelo julgador, tanto de primeiro como de segundo grau, e deve ser considerada como uma ordem a ser cumprida pela pessoa a quem é destinada, ainda que esta não seja subordinada hierarquicamente à autoridade solicitante. O não cumprimento da diligência só tumultua o processo.

Também não cabe negar o cumprimento da diligência sob a alegação de a mesma ser descabida ou inoportuna. Esta avaliação cabe exclusivamente ao julgador que a solicitou. Pode, no entanto, a autoridade destinatária deixar de cumprir a diligência caso não disponha dos meios ou condições materiais necessários para o seu cumprimento.

Não deve ser requerida diligência para esclarecer pontos obscuros no lançamento que podem comprometer a sua compreensão e ser razão de macular o ato fiscal por vício de forma. Deve-se lembrar que a diligência não se presta para sanear defeito do lançamento; ela é um instrumento de investigação dos fatos, não medida saneadora de imperfeições do ato fiscal. Se o lançamento estiver viciado na sua constituição, razões há para o seu cancelamento.

Também não se justifica diligenciar para suprir deficiências da defesa, no sentido de potencializar as razões do recurso. O julgador não está autorizado para assim agir. A defesa deve ser de inteira responsabilidade da parte. Assim como o instituto da diligência pode ser de grande valia na busca da verdade dos fatos, a sua má utilização também pode operar como uma barreira à desejada celeridade processual. Por vezes, o recorrente traz ao julgador apenas a dúvida, induzindo-o a pesquisar o assunto por meio da diligência, numa manobra procrastinatória. O julgador deve ter a sensibilidade necessária para assimilar o verdadeiro objetivo da diligência requerida pelo contribuinte, e, em caso de estar convencido de ser uma manobra protelatória, deve de pronto indeferi-la.

O contribuinte também tem direito à diligência em hipótese em que esta medida seja necessária para esclarecer um fato. Este pedido pode ser feito no próprio recurso e o julgador deve apreciar o pedido, deferindo-o ou não. Em caso negativo, haverá que motivar o indeferimento. A omissão da apreciação pode ser causa de nulidade do julgamento, por cerceamento do direito de defesa.

4.3.8 Prova indireta ou indiciária

A prova pode ser considerada direta ou indireta segundo o grau de proximidade do julgador com o fato que se pretende provar. Uma percepção imediata do julgador do fato remete à prova direta; quando impossível esta observação direta, tem-se a prova indireta,[24] a qual engloba as presunções, ficções e indícios.

Já se tratou das presunções e ficções. Neste segmento pretende-se fazer uma breve referência à prova indireta na modalidade indiciária.

A chamada prova indiciária tem recebido uma abordagem lacunosa pela doutrina e, quando é mencionada, recebe um tratamento reservado, tratando-se de matéria tributária.

Adverte José Eduardo Soares que as figuras da presunção, ficção e indícios só podem ser usadas com a máxima cautela e absoluto rigor jurídico em matéria tributária.[25]

Para Moacyr Amaral Santos, "os indícios são fatos aos quais se chega por processo de raciocínio, razão pela qual não conduzem à certeza absoluta: sempre permanecem no campo das conjecturas".[26]

No entanto, todos os meios de prova capazes de conduzir o julgador para um convencimento seguro, próximo da verdade, ainda que de forma indireta, devem ser acolhidos, em qualquer ramo do Direito, desde que atendidos os requisitos de validade prescritos no CPC (art. 332).

Cândido Rangel Dinamarco reconhece a validade da prova indireta como base de apoio para a formação do convencimento do julgador, ao escrever: "É *indireta* a prova de fatos que em si mesmos não teriam relevância para o julgamento, mas valem como indicação de que o fato relevante deve ter acontecido – e tais são os *indícios*, ou *fatos-base*, sobre os quais o juiz se apoia mediante a técnica das *presunções*, para tirar conclusões sobre o *fato probando*".[27]

---

24. Sérgio André Rocha, *Processo Administrativo Fiscal*, cit., p. 160.
25. Ives Gandra da Silva Martins (Coord.), *Caderno de Pesquisas Tributárias*, n. 9, São Paulo, Resenha Tributária, 1984, p. 331.
26. Moacyr Amaral Santos, *Primeiras Linhas do Direito Processual*, 2ª ed., São Paulo, Saraiva, 1997, p. 436.
27. Cândido Rangel Dinamarco, *Instituições de Direito Processual Civil*, vol. III, cit., p. 91.

Em Direito Tributário também não se pode desprezar a chamada prova indiciária, formada pela reunião de vários indícios que indicam uma mesma conclusão. Se um indício tomado de forma isolada não prova o fato, vários podem constituir-se numa prova válida. Por outro lado, há que se reconhecer que esta prova carrega uma subjetividade maior que qualquer outra, porquanto o avaliador deve definir a partir de que ponto os vários indícios possam ser considerados como prova. Vale aqui a capacidade da autoridade lançadora que coleta as provas e do julgador na sua valoração para que a prova indiciária seja segura.

Por vezes se desenham situações em que se torna impossível a obtenção de uma prova concreta e objetiva, baseada em documento, mas todas as pesquisas e investigações indicam uma mesma direção, permitindo ao julgador a formação de seu convencimento acerca de um fato, através da técnica de presunção pessoal.

Recomendável que as hipóteses em que há indícios da ocorrência de um determinado fato, no caso um delito contra a ordem tributária, sejam positivadas em presunções legais com a reversão do ônus da prova ao contribuinte acusado. Isso gera uma maior segurança no uso das provas indiretas, pois que a acusação, de certa forma, não é definitiva, é mais uma provocação para que o contribuinte acusado apresente a sua versão sobre o fato.

Estas são as principais provas que merecem destaque. Outras há, como as demais especificadas no Código de Processo Civil e que podem ser utilizadas no Direito Tributário, na medida em que apresentam alguma eficácia na elucidação dos fatos.

4.3.9 Ônus da prova x presunção de legitimidade

Etimologicamente, a palavra *ônus* (do latim *onus*) significa carga, encargo, fardo, obrigação ou gravame. O estudo do ônus da prova, então, tem por objeto a forma da distribuição da carga ou do peso, ou ainda do encargo, entre as partes, numa relação jurídica processual, no que se refere à produção da prova. Se o processo é movido a argumentos e fatos expostos pelas partes que abonam as suas pretensões no julgamento, a prova é o instrumento ou meio que os robustece, dando-lhes maior credibilidade. Mas sobre quem recai o ônus da prova?

Segundo Humberto Theodoro Junior, "esse ônus consiste na conduta processual exigida da parte para que a verdade dos fatos por ela arrolados seja admitida pelo juiz".[28]

A ideia do ônus não se confunde com o dever ou obrigação jurídicos. Um dever jurídico deve ser cumprido pela pessoa dele incumbida, sob pena de sofrer sanção; o ônus, por sua vez, representa uma carga, que se não assumida, não resulta em nenhuma punição, mas apenas impede que a parte seja favorecida pelos benefícios decorrentes. Se alguém tem uma obrigação contratual, o seu inadimplemento resulta em sanção segundo a cláusula penal pactuada; se por outro lado, um contribuinte tiver que assumir o ônus de provar uma condição para usufruir de uma isenção tributária, por exemplo, a omissão dessa prova não é causa de sanção, mas impede que este benefício produza efeitos práticos para o contribuinte omisso.

Segundo a Teoria Geral das Provas, cabe à parte que alega um fato a seu favor o ônus de provar. A anunciada teoria reproduz sinteticamente a regra normatizada no art. 333 do CPC, segundo a qual

"Art. 333. O ônus da prova incumbe:

"I – ao autor, quanto ao fato constitutivo do seu direito;

"II – ao réu, quanto à existência de fato impeditivo, modificativo ou extintivo do direito do autor."

A matéria ganha interesse peculiar no processo administrativo tributário diante da polêmica discussão acerca da *inversão do ônus da prova* pertinente ao ato administrativo diante de sua prerrogativa da *presunção de legitimidade*, traduzindo a ideia de que a Administração Pública não precisa sempre provar os seus atos, os quais devem ser havidos como legítimos e legais, até que se prove o contrário pelo administrado.

Os fundamentos da presunção da legitimidade, com a alegada consequente inversão do ônus da prova, residem no desinteresse pessoal do agente administrativo na prática do ato, não havendo motivos para que este se distancie das normas legais, presumindo-se que a sua atuação tenha se restringido aos ditames da lei. Há ainda a questão da suprema-

---

28. Humberto Theodor Júnior, *Curso de Direito Processual Civil*, vol. 1, cit., p. 423.

cia da Administração Pública sobre os administrados, legitimada pela preferência do interesse público sobre o particular, entre outros argumentos. Dos autores administrativistas italianos vem a fundamentação da presunção de legitimidade na *imparcialidade* dos agentes públicos em suas atividades funcionais. Diferente do que ocorre com atos jurídicos firmados entre dois particulares, onde cada parte move as suas ações atendendo aos seus interesses próprios, visando a tirar da relação jurídica o melhor proveito, o funcionário público não alimenta os mesmos interesses de cunho pessoal na prática dos atos administrativos, pelo contrário, os servidores públicos são movidos mais pelo senso de justiça, pela imparcialidade ou mesmo pelo cumprimento de seu dever funcional.

Além disso, ainda segundo os italianos, o agente público sabe que seu ato sofre controle da legalidade, podendo ser impugnado perante a autoridade superiora, dentro do princípio da ampla defesa e do contraditório. Diante da certeza deste controle, não teria sentido, por exemplo, o agente fiscal lavrar um lançamento com excesso de exação do qual não se aproveita e, ainda, podendo ter que responder por um processo criminal.

Porém, a doutrina contemporânea parece repelir o atributo da inversão do ônus da prova dos atos administrativos, que seria sustentado pela atuação legítima e imparcial dos agentes da Administração Pública. Colecionam-se posições firmes de doutrinadores pela aplicação da Teoria Geral das Provas prevista no Código de Processo Civil no processo administrativo tributário, como em todo ato administrativo. Esta teoria é traduzida na acepção segundo a qual, quem alega um fato a seu favor há que produzir a prova correspondente, sem tratamento privilegiado para a Administração.

É neste sentido que leciona Hugo de Brito Machado:

"O desconhecimento da teoria da prova, ou a ideologia autoritária, tem levado alguns a afirmarem que no processo administrativo fiscal o ônus da prova é do contribuinte. Isto não é, nem poderia ser correto em um Estado de Direito Democrático. O ônus da prova no processo administrativo fiscal é regulado pelos princípios fundamentais da teoria da prova, expressos, aliás, pelo Código de Processo Civil, cujas normas são aplicáveis ao processo administrativo fiscal.

"No processo administrativo fiscal para a apuração e exigência do crédito tributário, ou procedimento administrativo de lançamento tributário, autor é o Fisco. A ele, portanto, incumbe o ônus de provar a ocorrência do fato gerador da obrigação tributária que serve de suporte à exigência do crédito que está a constituir. Na linguagem do Código de Processo Civil, ao autor incumbe o ônus da prova do fato constitutivo de seu direito (Código de Processo Civil, art. 333, I). Se o contribuinte, ao impugnar a exigência, em vez de negar o fato gerador do tributo, alega ser imune, ou isento, ou haver sido, no todo ou em parte, desconstituída a situação de fato gerador da obrigação tributária, ou ainda, já haver pago o tributo, é seu o ônus de provar que alegou (...) São na linguagem do Código de Processo Civil, fatos impeditivos do direito do Fisco."[29]

Lídia Maria Lopes Rodrigues Ribas também se posiciona contra a possibilidade da inversão do ônus da prova por conta da presunção de legalidade dos atos administrativos, ao afirmar: "Outrossim, não se admite mais que a presunção de legitimidade do ato administrativo do lançamento inverta o ônus da prova e, por isso, exonere a Administração de provar os fatos que afirma".[30]

Outro autor que atribui à inversão do ônus da prova dos atos administrativos uma concepção desatualizada é Paulo de Barros Carvalho. Ele nos ensina: "Com a evolução da doutrina, nos dias atuais, não se acredita mais na inversão da prova por força da presunção de legitimidade dos atos administrativos e tampouco se pensa que esse atributo exonera a Administração de provar as ocorrências que afirmar terem existido. Na própria configuração oficial do lançamento, a lei institui a necessidade de que o ato jurídico administrativo seja devidamente fundamentado (...)".[31]

Neste mesmo sentido se manifestam Marcos Vinicius Neder e Maria Tereza Martínez López, para os quais "não há normas jurídicas que imponham a presunção de legitimidade ao lançamento tributário no que

---

29. Hugo de Brito Machado, *Mandado de Segurança em Matéria Tributária*, cit., p. 273.
30. Lídia Maria Lopes Rodrigues Ribas, *Processo Administrativo Tributário*, cit., p. 207.
31. Luiz Eduardo Shoueri (Coord.), *Direito Tributário: homenagem a Alcides Jorge Costa*, vol. II, São Paulo, Quartier Latim, 2003, p. 860.

se refere ao seu conteúdo. Deve o fisco provar o fato constitutivo do seu direito de exigir o crédito tributário".[32]

Sérgio André Rocha também se filia à corrente que não reconhece na presunção de legitimidade o atributo da inversão do ônus da prova, escrevendo o seguinte: "Assim, não há que se falar em transferência do ônus da prova da Administração para o administrado, sendo certo que, enquanto este tem mero ônus de provar os fatos que demonstram a ilegalidade e ilegitimidade do ato administrativo, aquela tem verdadeiro dever jurídico".[33]

Neste sentido ainda se posicionam autores como Eduardo Domingos Bottallo,[34] com apoio nos ensinamentos de Paulo de Barros Carvalho e Hugo de Brito Machado Segundo.[35]

De fato, os estudos e reflexões conduzem para a adequação da Teoria Geral das Provas concebida pelo Código de Processo Civil para os feitos da Administração Pública, com a consequente negação do privilégio de lhe ser permitido alegar ou acusar sem necessidade de provar, sempre sob a proteção da prerrogativa da presunção de legitimidade que atribuiria a todos os seus feitos manifestações pontuais da própria lei.

Já nos posicionamos de forma a aceitar a inversão do ônus da prova, de forma absoluta, como prerrogativa aderente à presunção de legitimidade na primeira edição deste livro, posição ora revista por um processo de assimilação de posições divergentes.

A posição que ora adotamos, porém, não se alinha com os exatos termos de posições da doutrina aludida que repelem por completo qualquer efeito com relação ao ônus da prova decorrente da presunção da legitimidade. Sugerimos uma posição mitigada desta prerrogativa, ou seja, a inversão do ônus da prova deve merecer uma interpretação com tempero.

Não se concebe a ideia de que a Administração não precisa nada provar e que a acusação por ela efetuada aciona o acusado a se defen-

32. Marcos Vinicius Neder e Maria Teresa Martinez López, *Processo Administrativo Tributário*, cit., p. 171.
33. Sérgio André Rocha, *Processo Administrativo Fiscal*, cit., p. 152.
34. Eduardo Domingos Bottallo, *Curso de Processo Administrativo Tributário*, cit., p. 93.
35. Hugo de Brito Machado Segundo, *Processo Tributário*, cit., p. 141.

der, ainda que não haja provas de sua acusação. A presunção de legitimidade deve estar mais relacionada à *credibilidade* do procedimento administrativo do que à liberação do ônus da prova. Em segundo plano, a presunção de legitimidade se aperfeiçoa com a *motivação*, ou com a *transparência* no procedimento da prática dos atos administrativos. Observado sob a ótica da defesa, deve o ato administrativo ser praticado com a devida motivação, ou descrição detalhada em linguagem que permita o administrado ou acusado conhecer do conteúdo do ato e dele se defender, se for o caso. De certa forma, o encargo da prova dos atos administrativos é substituído pela motivação e transparência com que estes feitos são concretizados. Desta forma, para ficar no campo do Direito Tributário, o agente fiscal, ao elaborar um relatório contendo notas fiscais não lançadas nos registros fiscais e contábeis, não está obrigado a juntar todos estes documentos e os respectivos livros como prova da omissão de registro. O relatório, desde que contenha as informações necessárias para dar ao procedimento a devida transparência e motivação, já é prova suficiente para sustentar a acusação fiscal. É neste sentido que opera a presunção de legitimidade, não para inverter o ônus da prova, mas para abrandar o rigor na sua produção, aceitando um relatório lavrado pela autoridade pública competente como documento de prova.

A presunção de legitimidade também se manifesta, na sua forma mitigada, na confrontação de um ato administrativo contra simples argumento contrário à sua validade, sem a juntada de prova. Confrontando-se a versão da autoridade pública com a do administrado há de prevalecer aquela.

Há, porém, pelo menos uma hipótese específica em que a inversão do ônus da prova, para quem a admite no seu conceito primitivo, ou mesmo a inversão mitigada, não tem aplicabilidade. É quando caberia ao contribuinte produzir prova negativa para destruir a presunção de legitimidade. Pode ocorrer, por exemplo, que o fisco acuse o contribuinte de emitir notas fiscais paralelas, assim havidas por terem sido impressas sem autorização fiscal. Considere que a autoridade fiscal elabore somente uma relação destas notas fiscais, sem a juntada dos documentos. Como poderia o contribuinte fazer prova de que estes documentos não existem? Seria exigir dele a produção de prova negativa. Neste caso, o fisco deve constituir sua prova efetiva, juntando os documentos impressos fraudulentamente, para que sobre eles (a sua cártula) o acusado possa se manifestar.

Decisão com relação a esta matéria específica foi tomada pelo Tribunal de Justiça de São Paulo, em 2008, enfocando exatamente a inaplicabilidade da presunção de legitimidade em hipótese em que esta prerrogativa venha a compelir o acusado a produzir prova de fato negativo. A decisão não trata de matéria tributária. Todavia, no processo tributário podem ocorrer também estas mesmas circunstâncias em que a inversão do ônus probante exige a tarefa impossível de produzir fatos negativos, como por exemplo, a hipótese acima descrita.

A decisão, por certo, terá um impacto importante na aplicação da presunção de legitimidade, especialmente no que diz respeito a sua consequência no campo do ônus da prova e serve para refinar a sua concepção conceitual.

"Execução fiscal. Multa de publicidade. Violação aos arts. 25 e 34, § 3º, ambos da Lei Municipal 10.315/1987. Certeza e exigibilidade da CDA infirmadas pela não apreensão do material. A apreensão do material publicitário pelo órgão fiscalizador é imprescindível à comprovação da materialidade da infração imputada à embargante/ apelante. Nulidade do auto de multa e inexigibilidade da CDA configuradas. Recurso provido. Extinção da execução (...). Voto: Com efeito, sob este aspecto, o ônus da prova compete à Municipalidade, mesmo porque se trata de prova (apreensão do material publicitário) que está sob o alcance do Fisco, já que não se pode exigir do contribuinte a prova de fato negativo."[36]

O que deve, no entanto, prevalecer como conteúdo informativo da presunção de legitimidade, talvez na sua versão mais moderna, não é a direta inversão do ônus da prova ao acusado, mas a confiabilidade que deve inspirar um ato administrativo perante o administrado, exatamente por ser um ato de origem oficial, legitimado pelo interesse público e de autoria de um agente movido exclusivamente por seu dever funcional e, principalmente, vinculado à lei. Se ao Estado cabe exigir o cumprimento das leis pelo cidadão, cumpre a ele também dar o exemplo de fiel cumpridor da norma em toda a sua dimensão. A presunção de legitimidade, para quem a admite, por fim, é de natureza relativa (*juris tantum*), cedendo diante de melhor prova apresentada pelo acusado.

36. TJSP, Apelação 655.160.5/0, 15ª Câmara de Direito Público, *DJe* 7.3.2008.

4.3.10 Provas ilícitas

A nossa Constituição Federal fixou posição no sentido de repelir as provas que não tenham sido obtidas por meios legais: "São inadmissíveis, no processo, as provas obtidas por meios ilícitos" (art. 5º, LVI, CF). A mesma regra é reproduzida no art. 30 da Lei 9.784/1999 e, por óbvio, todas as leis devem adequar-se à regra básica da Lei Maior.

O vício na obtenção da prova, a doutrina segmentou em duas categorias. Numa primeira categoria têm-se as *provas ilícitas*, assim denominadas aquelas colhidas por meio de uma conduta contrária à lei no que diz respeito ao direito material, o que poderia ocorrer na hipótese em que uma autoridade fiscal invadisse a residência de um contribuinte na busca de documentos de prova de um ilícito tributário, sem a devida autorização judicial. O direito material ferido seria o da inviolabilidade domiciliar. Em segundo lugar, quando a prova é colhida sem observar as normas processuais, ocorre a *prova ilegítima*, também imprestável para instruir o processo.

A análise da licitude das provas coloca em confronto dois importantes valores jurídicos: a *segurança jurídica*, que repele a admissibilidade das provas ilícitas ou ilegítimas, propiciando uma maior segurança aos investigáveis em potencial, e a *justiça* que aceita relativizar a admissibilidade de provas ilícitas, representando a prevalência da justiça sobre a segurança formal.[37]

A discussão sobre a licitude na obtenção das provas, a admissibilidade ou não através de práticas ilícitas na sua obtenção, ou ainda a relativização nesta admissibilidade são matéria que transcende as fronteiras do território brasileiro. Países alienígenas também se ocupam desta matéria, com o estabelecimento de polêmicas que são próprias de seu conteúdo. Neste sentido, importante registro feito por Lídia Maria Lopes Rodrigues Ribas: "Também os sistemas alemão e italiano dão dignidade constitucional à proibição da prova ilícita, embora não seja absolutamente característica de países não autoritários, uma vez que na Inglaterra, por exemplo, a busca da verdade real faz com que toda prova seja válida, desde que relevante, e na França também não existe, em princípio, proibição de provas ilícitas. A jurisprudência alemã ressalva

---

37. Sérgio André Rocha, *Processo Administrativo Fiscal*, cit., p. 165.

a teoria da proporcionalidade, segundo a qual, em caráter excepcional, quando houver ameaça a um bem jurídico relevante e não houver outro meio lícito e legal para resguardar o bem ameaçado, acolhe-se a prova ilícita, baseando-se no princípio do equilíbrio entre valores fundamentais contrastantes. Esse princípio alemão da *proporcionalidade* aproxima-se da construção jurisprudencial da *razoabilidade*, importante e significativo nas manifestações da Suprema Corte americana".[38]

No Brasil, como se sabe, a prova ilícita é repelida com os argumentos recheados de sentimentos de constitucionalismo, dando ênfase à pretensa segurança jurídica formal das pessoas passíveis de investigação, em evidente detrimento do valor da justiça. Há um caminho a trilhar, em nossa avaliação, para que se faça uma aproximação do tratamento que países como a Inglaterra e a França dispensam a esta questão. A rejeição de forma absoluta da prova ilícita atende a uma cultura de proteção excessiva aos sigilos na suas diversas concepções, com prejuízos no controle de atos delituosos de maneira geral e, em especial, na área tributária. Excessiva preocupação com a segurança jurídica formal resulta em prejuízo na segurança geral do cidadão.

Ainda que o nosso ordenamento jurídico não reconheça a validade de provas ilícitas, o julgador pode usar das informações nelas constantes na formação de juízo, sob pena de o processo perder a total legitimidade perante uma sociedade que clama pela justiça. O processo é apenas um meio para a obtenção deste objetivo; a prova é peça do processo, e ambos são instrumentos, não o fim em si.

---

38. Lídia Maria Lopes Rodrigues Ribas, *Processo Administrativo Tributário*, cit., p. 203.

Capítulo V
LANÇAMENTO TRIBUTÁRIO

5.1 Anotações introdutórias. 5.2 Conceito. 5.3 Lançamento por processo eletrônico. 5.4 Competência privativa para lançar. 5.5 Eficácia declaratória ou constitutiva do lançamento. 5.6 O lançamento e a vigência da legislação no tempo. 5.7 Notificação do lançamento para efeitos jurídicos. 5.8 A responsabilização solidária no lançamento e o direito ao contraditório e defesa em processo administrativo tributário. 5.9 Lançamento, exigibilidade e exequibilidade do crédito tributário. 5.10 Lançamento x medidas judiciais. 5.11 Constituição definitiva do crédito tributário como início do prazo prescricional. 5.12 Modalidades de lançamento: 5.12.1 Lançamento de ofício ou direto – 5.12.2 Lançamento por declaração ou misto – 5.12.3 Lançamento por homologação. 5.13 Alteração do lançamento – 5.14 A revisão do lançamento tributário de ofício (CTN, art. 149): 5.14.1 Revisão do lançamento ou do procedimento fiscal? – 5.14.2 Revisão do lançamento por erro de direito ou erro de fato – 5.14.3 Impossibilidade de revisão de lançamento em razão da modificação de critério jurídico da autoridade administrativa. 5.15 Reemissão do lançamento cancelado por vício formal, com a reabertura do prazo decadencial, segundo o art. 173, II, do CTN: 5.15.1 Vício formal – 5.15.2 Incompetência da autoridade notificante como vício formal de lançamento – 5.15.3 Nossa posição sobre o tema.

5.1 Anotações introdutórias

O Código Tributário Nacional, Lei 5.172/1966, trata do lançamento tributário dentro do Capítulo II, da Constituição do Crédito Tributário, dispondo sobre o seu conceito, hipóteses de modificação e modalidades, sugerindo ser indispensável este ato administrativo para o nascimento do crédito tributário em todas as hipóteses.

A forma de disposição desta matéria pelo CTN causa uma enorme confusão entre aqueles que a estudam e tentam compreendê-la dentro de um contexto que faça sentido no mundo fenomênico. E esta complexidade, que marca o tema, é inadmissível, visto que o assunto é de extrema simplicidade, não justificando a viagem de raciocínio complexo feita pelo legislador. Afinal, o que poderia haver de complexo na dinâmica de apuração e recolhimento de um tributo, seja por iniciativa do sujeito passivo, seja por ato de ofício da Fazenda Pública? O tratamento normativo dado ao lançamento não é nenhum primor sob o ponto de vista de clareza e objetividade, pelo menos sob a ótica da atual estrutura normativa tributária nacional. Criou-se uma complexidade artificial. O lançamento tributário, de uma forma geral, trata da dinâmica de fazer a subsunção dos fatos determinantes do crédito tributário na norma. Alberto Xavier, ao comentar a definição de lançamento constante do art. 142 do CTN, diz que todos os procedimentos arrolados no dispositivo são "momentos lógicos do processo subsuntivo".[1] Luciano Amaro, ao analisar o lançamento por homologação demonstra também o seu inconformismo diante da complexidade normativa construída sobre um tema simples. Escreve ele: "(...) o Código Tributário Nacional teve de construir, com enorme dose de artificialismo, a ideia do lançamento *por homologação*. A hipótese em relação à qual a questão se coloca é extremamente simples; complexo é, porém, o tratamento legal dado pelo Código à matéria".[2]

Tem-se por principal foco desta dificuldade de compreensão a inadequação do conceito de lançamento traçado pelo Código às situações fáticas que ocorrem nas relações jurídicas tributárias na realidade. Por mais que o exegeta faça uma interpretação abrangente e aberta, afastando por completo a literalidade na interpretação, terá ele dificuldades de ajustar o conceito de lançamento a todas as situações da realidade factual no mundo das relações jurídicas tributárias que hoje se apresentam.

Entre as dificuldades que o sistema normativo apresenta pode-se destacar a sua indefinição sobre a natureza constitutiva do crédito tributário e a incoerência conceitual que se revela numa análise sistêmica da norma específica, quando se verifica que a regra matriz do lançamento prevista no art. 142 do CTN encerra a ideia de um comportamento ativo

---

1. Alberto Xavier, *Do Lançamento*..., cit., São Paulo, Forense, 1997, p. 66.
2. Luciano Amaro, *Direito Tributário Brasileiro*, 10ª ed., São Paulo, Saraiva, 2004, p. 352.

da autoridade administrativa, ou uma ação com objetivo constitutivo de um crédito tributário. Isso ocorre paralelamente ao fato de que o mesmo Código admite a existência de modalidade de lançamento por homologação, que pode ocorrer por omissão da autoridade administrativa, ou por um não ato, que é o caso do decurso do prazo decadencial para a constituição do lançamento de ofício (art. 150, CTN).

Por conta destas dificuldades impostas pela norma de ajustar a estrutura conceitual do lançamento ao mundo real das relações jurídicas tributárias, as mais diversas teses têm sido levantadas, sempre na tentativa de oferecer uma melhor solução para o ajustamento da norma ao mundo fenomênico. Nem todas as teorias obtêm êxito. Sérgio André Rocha, ao se debruçar sobre o tema, expõe a sua crítica à posição majoritária que restringe o ato de lançamento a uma iniciativa da autoridade administrativa. Segundo ele, o lançamento é uma atividade de concretização de seu comando, por vezes materializada em um ato específico e realizada pelo sujeito ativo, pelo sujeito passivo ou por ambos os sujeitos da relação jurídica tributária em conjunto. O lançamento seria uma série de condutas a serem realizadas tanto pela Fazenda Pública como pelo sujeito passivo.[3]

Não se sabe se é em razão da defasagem da lei aos nossos dias ou se por uma falta de clareza conceitual do legislador, o fato é que não se pode render elogios à redação de uma lei que causa tanta divergência de entendimento entre aqueles que a interpretam. Não nos filiamos à corrente que visualiza na complexidade legislativa uma aparente erudição. A lei deve se utilizar da linguagem clara, precisa e compreensível para transmitir a ordem nela contida aos destinatários; a lei não pode ser uma peça com enigmas a serem decifradas por décadas pelos especialistas para a sua exata compreensão. A lei, assim elaborada, não garante méritos intelectivos ao seu legislador, mas revela uma dificuldade na coordenação das ideias ao compor o texto normativo.

É proposição nossa enfrentar estas dificuldades nesta análise, atribuindo ao lançamento uma concepção que lhe dê sentido prático no mundo real, ao adotarmos uma interpretação abrangente e aberta, apontando, ao mesmo tempo, as críticas que lhe são cabíveis.

3. Sérgio André Rocha, *Processo Administrativo Fiscal*, cit., pp. 249-250.

Registre-se que o lançamento é matéria reservada à lei complementar sob a orientação constitucional do art. 146, III, "b", segundo o qual: "Art. 146. Cabe à lei complementar: (...)

"III – estabelecer normas gerais em matéria de legislação tributária, especialmente sobre: (...)

"b) obrigação, *lançamento*, crédito, prescrição e decadência tributários" (grifo nosso).

Portanto, as diversas pessoas políticas (União, Estados, Distrito Federal e Municípios) não podem veicular, por meio de lei ordinária local, matéria relacionada ao lançamento, que lhe dispense tratamento diverso daquele disposto na lei complementar.

É sempre bom lembrar que o CTN foi recepcionado como lei complementar *ratione materiae*, pela Constituição Federal de 1988. Esta recepção já havia sido efetuada pelas Constituições anteriores. Deste modo, como lei complementar referida no dispositivo constitucional citado, deve-se entender o nosso velho CTN (art. 142 a 150).

5.2 Conceito

O CTN, em seu art. 142, oferece o conceito formal do lançamento tributário, embora com inúmeras imperfeições as quais serão apontadas mais adiante. Eis os seus termos:

"Art. 142. Compete privativamente à autoridade administrativa constituir o crédito tributário pelo lançamento, assim entendido o procedimento administrativo tendente a verificar a ocorrência do fato gerador da obrigação tributária correspondente, determinar a matéria tributável, calcular o montante do tributo devido, identificar o sujeito passivo e, sendo caso, propor a aplicação da penalidade cabível.

"Parágrafo único. A atividade administrativa de lançamento é vinculada e obrigatória, sob pena de responsabilidade funcional."

Cabe fazer o registro de alguns conceitos doutrinários.

Para Eurico Marcos Diniz de Santi, "Lançamento tributário é o ato-norma administrativo que apresenta estrutura hipotético-condicional. Este associa à ocorrência do fato jurídico tributário (hipótese) uma relação jurídica intranormativa (consequência) que tem por termos o sujeito ativo e o sujeito passivo, e por objeto a obrigação deste em prestar a conduta de pagar quantia determinada pelo produto matemático da base de cálculo pela alíquota".[4]

Mizabel Abreu Machado Derzi apresenta também a sua definição de lançamento. Entre o seu teor constata-se a inserção de conteúdo instrumental para a formação do título executivo do crédito tributário. "O lançamento é ato jurídico administrativo vinculado e obrigatório, de individualização e concretização da norma jurídica ao caso concreto (ato aplicativo), desencadeando efeitos confirmatórios-extintivos (no caso de homologação do pagamento) ou conferindo exigibilidade ao direito de crédito que lhe é preexistente para fixar-lhe os termos e possibilitar a formação do título executivo".[5]

O lançamento assume uma posição de norma concreta individual para Paulo de Barros Carvalho. Segundo ele, o lançamento é: "(...) ato jurídico administrativo, da categoria dos simples, constitutivos e vinculados, mediante o qual se insere na ordem jurídica brasileira uma norma individual e concreta, que tem como antecedente o fato jurídico tributário e, como consequente, a formalização do vínculo obrigacional, pela individualização dos sujeitos ativo e passivo, a determinação do objeto da prestação, formado pela base de cálculo e correspondente alíquota, bem como pelo estabelecimento dos termos espaço-temporais em que o crédito há de ser exigido".[6]

Adotando a posição segundo a qual o lançamento é ato privativo da autoridade administrativa, em interpretação harmoniosa como o disposto no art. 142 do CTN, não admitindo, portanto, o *autolançamento*, que seria aquele efetuado pelo sujeito passivo, poder-se-ia definir o lançamento como um ato administrativo que consiste em subsumir os fatos jurídicos tributários definidores de uma relação jurídica tributária à norma, formalizando e individualizando o crédito tributário em razão da omissão, consentida ou não, do sujeito passivo, podendo ainda ser instrumento de constituição de crédito tributário para algumas hipóteses (lançamento de multa ou lançamento de ofício por imposição legal).

4. Eurico Marcos Diniz de Santi, *Lançamento Tributário*, São Paulo, Max Limonad, 1996, p. 135.
5. In Carlos Valder do Nascimento (Coord.), *Comentários ao Código Tributário Nacional*, 6ª ed., Rio de Janeiro, Forense, 2001, p. 355.
6. Paulo de Barros Carvalho, *Curso de Direito Tributário*, 13ª ed., São Paulo, Saraiva, 2000, p. 383.

O lançamento é uma norma de relação individual e concreta entre a Fazenda Pública, na qualidade de titular do crédito tributário, e o sujeito passivo, o qual se obriga a suportar o ônus tributário. O agente fiscal, com base nas normas abstratas (legislação de modo geral), procede ao lançamento, aplicando ao caso concreto estas normas e criando outra, de relação individual, que obriga o contribuinte, constituindo o crédito tributário em algumas hipóteses (lançamento de multa por infração à obrigação acessória), ou apenas formalizando-o, criando as condições legais necessárias para propor a cobrança forçada do crédito.

O lançamento é ato privativo da autoridade administrativa competente. Este enunciado implica a necessidade de identificação da pessoa responsável pelo ato, não podendo a Fazenda Pública emitir lançamentos através dos meios eletrônicos sem a identificação da autoridade emitente, sem a assinatura desta. Sendo o lançamento uma norma, mister que seja identificado o agente emitente que detenha competência legal para a sua edição. Esta vinculação do ato do lançamento à autoridade, com a necessária identificação do autor do lançamento perante o sujeito passivo destinatário do ato, decorre do aspecto vinculativo do ato de lançar, que é veiculado pelo parágrafo único do art. 142 do CTN. Segundo este dispositivo, "a atividade administrativa de lançamento é vinculada e obrigatória, sob pena de responsabilidade funcional".

Esta relação do lançamento com o seu emitente tem por objetivo proteger o contribuinte de arbitrariedades que poderiam ocorrer por conta do anonimato do responsável pela emissão, obrigando a pessoa notificada a fazer oposição contra todo um sistema despersonalizado, sem que uma pessoa se responsabilizasse pelo ato.

Usando os termos do art. 142 do CTN, o lançamento é um ato administrativo e se forma com os seguintes procedimentos:

a) verificar a ocorrência do fato gerador da obrigação tributária,[7] que no caso do ICMS, por exemplo, é detectar se houve a saída de mercadorias, ou a importação de mercadorias ou bens, fatos legalmente definidos como geradores do imposto;

b) determinar a matéria tributável, que consiste na verificação da legislação aplicável ao caso concreto. É a observância do princípio da legalidade;

---

7. Segundo o art. 114 do CTN, "fato gerador da obrigação principal é a situação definida em lei como necessária e suficiente à sua ocorrência".

c) calcular o montante devido do imposto, determinando a base de cálculo, a alíquota aplicável e obter o valor final a ser lançado;

d) identificar o sujeito passivo da obrigação tributária. Este sujeito passivo pode ser o *contribuinte*, que é aquele que tem uma relação direta com o fato gerador, ou *responsável*, que é aquela pessoa a quem é atribuída a responsabilidade tributária por lei, quando não se revestir das condições de contribuinte do imposto;

e) propor a aplicação da penalidade quando cabível. É claro que na hipótese de a lei exigir o lançamento de ofício originalmente, como ocorre, por exemplo, com o IPTU, determinando o *quantum* a recolher referente a um exercício pelo proprietário do imóvel, não haverá a imposição de penalidade, pois nenhuma norma o contribuinte infringiu. Por outro lado, num lançamento de ofício decorrente de uma investigação fiscal em matéria do ICMS, por exemplo, tendo sido constatadas irregularidades à legislação tributária, cabe além do lançamento do imposto sonegado, a imposição da multa específica para a infração apontada. Importante observar que esta multa lançada constitui-se, junto com o imposto, o chamado *crédito tributário*, contrariando o conceito de tributo no art. 3º do CTN, segundo o qual não é tributo a prestação pecuniária decorrente de sanção de ato ilícito, que é a multa. Portanto, qualquer multa, mesmo as decorrentes do ilícito fiscal, nunca é *tributo*, segundo o conceito expresso no CTN; entretanto, por uma antinomia conceitual do próprio CTN, a multa decorrente do descumprimento da obrigação tributária integra o crédito tributário (art. 113, § 1º, c/c art. 139, ambos do CTN), seja na forma de lançamento de ofício ou não. Por fim, não é caso de proposição de aplicação de uma penalidade pecuniária, conforme diz o dispositivo, mas de aplicação efetiva. A expressão é infeliz, sugerindo que a autoridade administrativa cogitada pelo legislador não seria competente para impor a penalidade. O termo *propor* deve ser entendido como *aplicar*.

E o artigo arremata a matéria com o parágrafo único que atribui ao procedimento administrativo de lançamento a feição vinculante e obrigatória. Vinculante, porque segue o mesmo ordenamento de todos os atos administrativos que devem ser praticados seguindo rigidamente os ditames da lei, sem dela desviar-se, não dando espaço para que o agente público aja com poder discricionário, fazendo prevalecer a sua conveniência e oportunidade. É obrigatório porque não cabe à autoridade a liberalidade de fazer qualquer opção entre lançar ou não um tributo que sabe devido. É dever dela proceder ao lançamento; não é uma faculdade.

O conceito legal aqui examinado merece algumas considerações de ordem crítica, tanto no seu aspecto de conteúdo normativo como em sua própria redação, que se mostra imprecisa em várias passagens.

Em primeiro lugar, ao lançamento é atribuída a qualidade de *constituição* do crédito tributário. Veremos mais adiante, em tópico próprio, que nem sempre o lançamento de ofício constitui ou faz nascer o crédito tributário. Este lhe é pré-existente e nasce a partir da efetividade do fato gerador. Para ficarmos no exemplo do imposto estadual – o ICMS –, o comerciante, ao vender uma mercadoria, dando efetividade concreta ao fato gerador do imposto, fez nascer o crédito tributário que lhe cabe recolher, sem que haja qualquer lançamento. Somente haverá lançamento, nos termos do art. 142, diante de uma conduta de evasão fiscal deste comerciante, que tenha ocultado o fato gerador mencionado, não emitindo, por exemplo, a respectiva nota fiscal.

O dispositivo legal também não é preciso nos termos formais quando se refere ao lançamento como um *procedimento* administrativo. Seguramente, o ato de lançar é um *ato* administrativo com toda a sua caracterização formal, ingressando no mundo jurídico como uma norma específica. Os procedimentos haverão de ser executados em momento prévio pelo autor do lançamento, que consiste em reunir os elementos fáticos para formular o ato. Precede ao lançamento o procedimento de identificar a ocorrência do fato gerador, o calcular o montante devido, identificar o sujeito passivo, entre outros procedimentos.

É sofrível a escolha do termo *tendente* pelo legislador para designar o objetivo do lançamento. O verbo *tender* traduz uma inclinação, uma proposição ou apenas uma vocação. O ato administrativo do lançamento repele esta conduta de falta de ação conclusiva. A autoridade administrativa não terá a inclinação de verificar a ocorrência do fato gerador, mas o fará, com determinação, de forma obrigatória e vinculada nos estritos parâmetros da lei.

É imprecisa também a redação do dispositivo ao sugerir a *proposição* da aplicação da penalidade cabível. Ora, a autoridade administrativa competente para lançar não propõe a quem quer que seja, a aplicação de penalidade pecuniária. Ela já fará a devida aplicação, subsumindo a ocorrência fática ao tipo infracional, se for o caso. O verbo propor sugere a existência de uma segunda autoridade administrativa de hierarquia superior, a quem fosse dirigida a proposição para a aplicação da penalidade. É como se a autoridade administrativa competente para efetuar o lançamento não fosse competente para aplicar a penalidade pecuniária. A lógica que faz a norma ter sentido impõe que a proposição aqui mencionada deve significar a efetiva aplicação da penalidade cabível. Por conta desta redação já se formou corrente de pensamento que propunha a submissão de todos os lançamentos de ofício à apreciação do órgão de julgamento administrativo, mesmo aqueles não impugnados pelo sujeito passivo, com a única finalidade de validar a aplicação da multa. Pensamento infeliz hoje já suplantado.

Por outro lado, a redação é coerente quando prevê a aplicação da penalidade pecuniária não de forma geral em qualquer lançamento de ofício, mas para as hipóteses em que esta sanção seja cabível. Nem sempre o lançamento tributário decorre de uma infração à ordem tributária. Há tributos que, por sua característica, são lançados originariamente de ofício, por imposição legal, como é o caso do IPTU. Neste lançamento não há penalidade a ser lançada.

O artigo encerra sua redação com uma redundância ao atribuir à atividade administrativa de lançamento a condição de *vinculada* e *obrigatória*, visto que ato vinculado é obrigatório pela sua natureza. Dizer que um ato administrativo é vinculado à lei é dizer que a sua prática é de natureza obrigatória, afastando a opção de escolha do agente a quem cabe praticá-lo.

5.3 Lançamento por processo eletrônico

Pela exposição acima verificou-se que o lançamento é uma norma que obriga o sujeito passivo perante o titular do crédito tributário e, como tal, nunca pode prescindir da identificação da autoridade emitente, revestida da adequada competência e respectiva assinatura. Um ato normativo não pode surgir a partir de um sistema eletrônico, de forma despersonalizada, sem poder ser atribuído à responsabilidade de uma determinada autoridade, como se a máquina tivesse preferência sobre todo o ordenamento jurídico vigente. Felizmente, ainda não atingimos este grau de "modernidade" para que nos sujeitemos às conveniências operacionais ditadas pelo sistema eletrônico. Não raro podemos ouvir pessoas usarem como justificativa de determinada conduta as limitações ou regras do "sistema", dizendo que não podem fazer a tarefa de uma determina forma porque o "sistema" não aceita. É no mínimo aviltante tal afirmativa.

Mas voltando ao lançamento, hoje é comum a sua emissão pelo processo eletrônico, o que deve ser considerado um avanço tecnológico, e esta sistemática deve ser implantada em todas as situações em que for possível. Entretanto, o que se discute atualmente no meio dos estudiosos do Direito Tributário é se pode um sistema eletrônico emitir lançamentos no anonimato, de forma despersonalizada, sem identificação da autoridade lançadora, como ocorre em muitas situações.

A informática invade a nossa vida com tal intensidade, ganhando cada vez mais espaço nas nossas atividades profissionais e não profissionais, que às vezes colocamos estes avanços tecnológicos como uma nova ordem social, criando, de certa forma, uma hierarquia, na qual as atividades de processamento eletrônico figuram no ápice, esquecendo todo o ordenamento jurídico que regula os limites de nossa sociedade. Só assim, no nosso entender, poder-se-ia explicar a razão desta mentalidade liberalizante no que se refere à formalização dos atos administrativos.

Portanto, independentemente da forma de emissão do lançamento tributário, em todas as esferas de administração, se de forma manual ou eletrônica, terá que se observar o que preceitua o art. 142 do CTN, segundo o qual o lançamento é atribuição privativa da autoridade administrativa. E não devemos esquecer que lançamento é matéria de lei complementar, por ordem da Constituição Federal, art. 146, III, "b". Não podemos pretender destruir esta norma complementar com uma lei ordinária. Se o CTN, que é lei complementar, diz que "Compete privativamente à autoridade administrativa constituir o crédito tributário pelo lançamento..." (art. 142), não é uma lei ordinária que determinará o contrário.

5.4 Competência privativa para lançar

Outra questão que importa mencionar diz respeito à competência para efetuar o lançamento tributário. Sendo o lançamento um ato privativo da autoridade administrativa, revestida de competência necessária, pode uma outra autoridade, judiciária, ou mesmo administrativa, sem competência para lançar, alterar o lançamento, formando-lhe nova base tributária, nova alíquota, enfim, novo valor do imposto, o que equivaleria praticamente na elaboração de um novo lançamento? Ou seja, quem não tem competência para lançar pode alterar o lançamento?

Por força do dispositivo legal citado (art. 142, do CTN), há que ser uma autoridade administrativa a quem a lei atribui a competência para lançar crédito tributário. Assim, uma autoridade judiciária, um juiz, não pode alterar o lançamento, porque lhe falta competência. Ele não é autoridade administrativa, é autoridade judiciária. Quem não pode constituir também não pode alterar. Isto não implica dizer que o magistrado não tem competência para intervir na disputa travada numa relação jurídica tributária entre o sujeito ativo e o sujeito passivo. O Poder Judiciário pode desconstituir a relação jurídica tributária, afastando a exigência do crédito tributário lançado, mas não é órgão competente para reformular o conteúdo do lançamento, seja em seu aspecto quantitativo, seja em sua fundamentação legal.

Admitir que o lançamento seja uma norma de relação individual de aplicação concreta, ato privativo da autoridade administrativa revestida da necessária competência e que uma outra pessoa, sem as prerrogativas necessárias para fazer o lançamento, faça nele alterações, equivale a permitir que o membro do Poder Judiciário altere uma lei, cuja edição é privativa do Poder Legislativo. De fato, o juiz não pode alterar nenhum ato normativo (lei, decreto, regulamento, portaria...). Ele pode declarar a sua inconstitucionalidade, sua ilegalidade, ou, ainda, negar-lhe a aplicação em caso concreto. Neste caso, o julgador nega a validade da norma por inteiro, não altera o seu conteúdo normativo.

É uma tese que precisa ser ainda assimilada nos meios próprios. Hoje, na prática, não se atenta para esta questão de competência com este rigorismo. A maior incidência de alterações de lançamento ocorre nos tribunais administrativos, pelo fato de serem tribunais especializados. Nos julgamentos destes tribunais, fazem-se alterações de toda ordem no lançamento. Bases de cálculo são reavaliadas, alíquotas reduzidas, multas alteradas, enfim, valores são excluídos pelas mais variadas razões, a ponto de, às vezes, quase se formar um novo lançamento. De lembrar que a composição dos conselhos de contribuintes é paritária, de modo que nem todos os membros são revestidos da capacidade para lançar crédito tributário. No entanto, não se verifica grandes preocupações no meio jurídico com esta questão específica relacionada à competência para alterar lançamento por meio do julgamento.

Pela mesma razão de competência, é nulo, de pleno direito, o lançamento constituído por pessoa não integrante do quadro de funcionários do Estado, como um advogado, contador ou empresa de auditoria. Tem-se verificado que empresas de assessoria ou de auditoria tributária procuram prefeituras para oferecer seus serviços de fiscalização de tributos, numa estratégia de terceirização de serviços públicos. Como o particular (não autoridade pública) não tem competência para lançar crédito tributário, propõe-se então que uma autoridade fiscal apenas assine formalmente os termos constitutivos do crédito, simulando uma legalidade inexistente. Tal medida contraria todo o ordenamento jurídico pertinente. A começar pela quebra do sigilo fiscal. O contribuinte não é obrigado a exibir os documentos de interesse fiscal para pessoa não habilitada legalmente para o seu exame, nem é obrigado a lhe franquear o acesso às dependências de seu estabelecimento. Pode alegar a quebra do sigilo fiscal. Além de ser ilegal, tal medida ainda contribui para o desmantelamento de um quadro técnico de funcionários públicos, aos quais deve ser atribuída a responsabilidade pela fiscalização e lançamento tributário.

Cumpre lembrar que a Constituição Federal, em seu art. 37, inciso XXII, reforça a vinculação das atividades da administração tributária aos servidores públicos de carreiras específicas, ao mesmo tempo em que prioriza a disponibilização de recursos para estas atividades, afastando definitivamente a possibilidade de terceirização daquelas relacionadas à fiscalização e lançamento tributário.

"Art. 37. (...).

"XXII – as administrações tributárias da União, dos Estados, do Distrito Federal e dos Municípios, atividades essenciais ao funcionamento do Estado, exercidas por servidores de carreira específica, terão recursos prioritários para a realização de suas atividades e atuarão de forma integrada, inclusive com o compartilhamento de cadastros e informações fiscais, na forma da lei ou convênio."

A questão da competência com relação ao lançamento tributário também impede que o poder legiferante do Poder Legislativo intervenha neste ato para modificá-lo. Nos termos do art. 145 do CTN, o lançamento somente pode ser modificado por impugnação do sujeito passivo, por recurso de ofício ou por iniciativa da própria autoridade, em casos específicos. Essa relação de formas de alteração de lançamento deve ser entendida como exaustiva, de maneira que não cabe inventar-se outra modalidade de modificação de lançamento diversa daquelas mencionadas pelo Código. Desta forma, um lançamento não pode ser modificado por lei. Não há previsão legal para tal medida. A lei pode conceder remissão (art. 156, IV, CTN), anistia (art. 175, II, CTN), institutos de benefício fiscal que concedem o perdão do crédito tributário ou da multa, respectivamente. Caso este benefício do "perdão" se refira a crédito tributário já constituído mediante lançamento, a lei torna sem efeito a relação jurídica tributária por ele constituída, desonerando o contribuinte do cumprimento da respectiva obrigação tributária, contudo, tal repercussão jurídica não deve ser confundida como forma de modificação do lançamento. Perdoar um crédito tributário, ainda que seja parte de um lançamento, não significa modificá-lo. A modificação está atrelada à motivação amparada na sua legalidade, através da qual a autoridade competente exerce o controle da legalidade do ato, enquanto que a remissão e anistia decorrem de uma decisão de política fiscal da pessoa política, no exercício da competência tributária que lhe é concedida pela Constituição Federal.

5.5 Eficácia declaratória ou constitutiva do lançamento

Embora não haja unanimidade nesta posição entre os doutrinadores, a tese mais aceita é a de que o lançamento tem apenas um efeito declaratório, no sentido de declarar um crédito tributário já existente em vista da ocorrência do fato gerador, não sendo constitutivo do crédito tributário. De acordo com este entendimento, o lançamento não cria um direito novo e, por isso, não tem eficácia constitutiva, mas apenas declara um direito já pré-existente por conta da ocorrência do fato gerador. O lançamento apenas formaliza o crédito tributário, o individualiza, tornando-o apto a ingressar na esfera da exigibilidade, nos casos em que ele é obrigatório para esta finalidade. Temos, por exemplo, a hipótese do ICMS apurado e declarado pelo próprio contribuinte, sem a formalização do lançamento de ofício.

Aliás, não é por outra razão que o art. 144 do CTN determina a aplicação da lei vigente na data da ocorrência do fato gerador. Aplica-se a lei então vigente, porque foi onde se constituiu o direito do Estado com relação ao seu crédito tributário.

Conforme já anunciado, esta é a posição majoritária na doutrina, à qual nos havíamos filiado na primeira edição deste livro.

Contudo, uma análise mais detida, fruto da exposição aos fatos do cotidiano em matéria tributária, conduziu-nos para uma reavaliação do tema. A mudança de entendimento não se posiciona entre a dicotomia lançamento constitutivo ou declaratório. A tese do lançamento com efeito declaratório, para a maioria dos casos, ainda tem a nossa preferência por se aproximar mais da realidade factual. A nossa reavaliação consiste em negar a generalidade nesta conceituação. Ou seja, nem todos os lançamentos tributários têm a mesma natureza jurídica do ponto de vista de criar um novo direito. É certo que o lançamento de um tributo que havia sido sonegado ou não recolhido é ato declaratório. O crédito é um fato pré-existente. Não se cria nenhum crédito novo. Porém, ao se lançar uma penalidade pecuniária por descumprimento de uma obrigação acessória, está-se criando sim um crédito tributário que não existia antes do lançamento, fato que lhe atribui um efeito constitutivo do crédito tributário. A mesma situação ocorre com relação aos tributos que, por força de lei, são lançados de ofício, como ocorre como o IPTU. Nesta modalidade de tributo, a ocorrência do fato gerador cria a obrigação tributária e o lançamento faz nascer o crédito tributário correspondente. Portanto, em nossa avaliação o lançamento produz efeito declaratório (a maior parte deles – nos tributos que admitem lançamento por homologação) sempre que se formaliza um crédito pré-existente; terá efeito constitutivo sempre que este ato seja necessário para a sua efetiva constituição.

Por fim, vale repisar o que já se argumentou a respeito da dicção do art. 142 do CTN, segundo a qual o lançamento seria um procedimento que *constituiria* o crédito tributário. Tal enunciado já recebeu o tratamento crítico quando tratamos do conceito de lançamento.

5.6 O lançamento e a vigência da legislação no tempo

São os seguintes os termos do art. 144 do CTN:

"Art. 144. O lançamento reporta-se à data da ocorrência do fato gerador da obrigação tributária e rege-se pela lei então vigente, ainda que posteriormente modificada ou revogada.

"§ 1º. Aplica-se ao lançamento a legislação que, posteriormente à ocorrência do fato gerador da obrigação, tenha instituído novos critérios de apuração ou processos de fiscalização, ampliado os poderes de investigação das autoridades administrativas, ou outorgado ao crédito maiores garantias ou privilégios, exceto, neste último caso, para efeito de atribuir responsabilidade tributária a terceiros.

"§ 2º. O disposto neste artigo não se aplica aos impostos lançados por períodos certos de tempo, desde que a respectiva lei fixe expressamente a data em que o fato gerador se considera ocorrido."

O texto legal traduz o princípio da *irretroatividade* da lei que vige em Direito Tributário, ressalvadas as exceções, a exemplo dos demais ramos do Direito. Cumpre lembrar que a retroatividade da lei tributária é vedada pelo art. 150, III, "a" da CF. Excepcionalmente, quando resultar em benefício ao contribuinte e se referir à infração e, ainda, quando se tratar de lei interpretativa, a lei tributária retroagirá, nos termos do art. 106 do CTN.

Para melhor compreensão deste dispositivo, é preciso fazer uma distinção entre a lei *material*, da qual decorre a obrigação tributária, que é a lei que institui o imposto, descreve o seu fato gerador, além de outras obrigações tributárias, da lei *adjetiva*, ou de natureza processual, que cuida das regras procedimentais relativas à atividade do lançamento.

Assim, quando o artigo acima transcrito determina a aplicação da lei vigente na época da ocorrência do fato gerador, está se referindo à lei material, que é aquela que a autoridade fiscal aplica ao caso concreto na lavratura do lançamento. Se na data do fato gerador a alíquota do ICMS era de 17%, é esta que o agente fiscal deve aplicar, mesmo que na data da lavratura do lançamento esta alíquota já tenha sofrido alteração, não importando se foi majorada ou diminuída. É porque o direito da Fazenda Pública ao crédito tributário nasceu na data da ocorrência do fato gerador. O mesmo ocorre nas hipóteses em que determinada operação, que antes era tributada, passou a gozar do benefício da isenção. Se na data do fato imponível a operação era tributada e na data do lançamento a mesma operação já está no abrigo da isenção, deve ser lançado o imposto devido na data da ocorrência do fato gerador. Não se aplica, neste caso, o disposto no art. 106, II do CTN, porque aquele dispositivo refere-se sempre à *infração*, e não à aplicação da lei tributária no lançamento.

Já o § 1º, do art. 144, refere-se à lei *adjetiva*, que é aquela que regula o procedimento, as formalidades relativas à atividade de lançar. Com referência a este dispositivo, aplica-se a lei vigente na data da lavratura do lançamento, sem perquirir qual a legislação vigente na data da ocorrência do fato gerador, exceção feita para a atribuição de responsabilidade tributária a terceiros.

Se, por exemplo, na data do procedimento de lançamento, a autoridade fiscal tiver maiores poderes fiscalizatórios do que dispunha na data da ocorrência do fato gerador, como, por exemplo, a possibilidade da quebra do sigilo bancário sem a interferência do Judiciário, o que ocorreu com a autorização da Lei Complementar 105/2001, ela poderá exercer este novo poder para lançamentos cujos fatos geradores tenham ocorrido em época em que não detinha este poder. Aplica-se a lei vigente na data do procedimento.

É preciso frisar que esta forma de aplicação da lei *adjetiva* ao lançamento não representa de maneira alguma a retroatividade de lei superveniente, pelo contrário, ratifica o princípio jurídico da irretroatividade, pois esta lei tem aplicação na *atividade* de lançar, e esta atividade ocorre não na data do fato gerador, mas na data da lavratura ou do procedimento de lançamento.

A aplicação desta legislação procedimental, imediatamente após a sua vigência, passível de ser utilizada para fiscalizações em exercícios anteriores a sua edição, sempre nos pareceu de clareza inquestionável, dado a sua natureza processual e com base no próprio texto do § 1º do art. 144 do CTN, que menciona inclusive a *ampliação dos poderes de investigação das autoridades administrativas*, como exemplo de aplicação desta legislação no tempo. Parece-nos que a inserção de norma permissiva da quebra do sigilo bancário pela autoridade administrativa, concedendo-lhe uma ampliação dos poderes investigatórios, se ajusta com perfeição aos termos do CTN, sem que com isso haja qualquer transgressão à disposição constitucional que veda a retroatividade da lei tributária. A despeito disso, uma decisão da 2ª Turma do Tribunal Regional Federal, 4ª Região, por maioria, deu provimento a uma apelação em Mandado de Segurança 2001.72.003715-0/SC, publicada no *DJU 2* de 3.4.2002, p. 488, com a seguinte ementa:

"Quebra do sigilo bancário. Lei Complementar n. 105/2001. Irretroatividade.

"Apenas a partir da vigência da Lei Complementar n. 105, de 10 de janeiro de 2001, é possível o acesso a informações na forma estatuída pela Lei n. 10.174 pelo Decreto n. 3.724/2001. A aplicação deste conjunto de normas para a obtenção de dados relativos a exercícios financeiros anteriores, como é o caso dos autos, implica ofensa ao princípio da irretroatividade das leis, emoldurado no inciso XXXVI do artigo 5º da Constituição Federal. Melhor explicando, não pode a autoridade fazendária ter acesso direto às operações bancárias ativas e passivas do contribuinte, como preconiza a citada Lei Complementar n. 105/2001, justamente porque a Carta Magna veda a edição de lei retroativa, alcançando fatos e situações jurídicas pretéritas a sua vigência."

Conforme se vê, a decisão está fundamentada na regra constitucional do inciso XXXVI do art. 5º, que assim escreve: "a lei não prejudicará o direito adquirido, o ato jurídico perfeito e a coisa julgada".

Pensamos que uma análise mais detida conduzirá a jurisprudência para a posição defendida pelo Des. João Surreaux Chagas – posição mais coerente, mas que foi voto vencido –, o qual fundamentou o seu voto nos termos do já citado § 1º do art. 144 do CTN, denegando a apelação.

O § 2º exclui da aplicabilidade da regra deste artigo os impostos lançados por períodos certos de tempo, como é o caso do IPTU, do ITR e o IPVA. O fato gerador destes impostos não ocorre momentaneamente, como, por exemplo, acontece com o ICMS, o ITCMD, mas precisa de um determinado período para se completar, no caso, um ano. Contudo, para fins de determinação do sujeito passivo, em caso de mudança de titularidade do bem no decorrer do ano, a lei que institui estes impostos deve determinar o dia em que se considera ocorrido o fato gerador. Verifica-se que há leis estaduais instituidoras do IPVA, que fixam como data da ocorrência do fato gerador, em relação a veículos adquiridos em anos anteriores, o 1º dia de janeiro de cada ano. O que o § 2º quer dizer é que não se aplica a legislação vigente neste dia convencionado como ocorrido o fato gerador, mas toda a legislação vigente durante o ano em que o fato gerador se completa, o que equivale dizer que se aplica sempre a legislação mais recente, e não somente aquela que estava em vigor no dia convencionado como da ocorrência do fato gerador.

Esta interpretação não é abonada por uma grande parte da doutrina que se inclina para o entendimento, segundo o qual, deve-se aplicar a lei vigente naquela data específica definidora da ocorrência do fato gerador. Porém, este entendimento torna inócua a ressalva feita pelo parágrafo com relação ao artigo. De qualquer forma, a ressalva é de pouca utilidade prática no mundo factual diante do princípio da anterioridade que rege qualquer norma de agravamento tributário.

Por fim, a única certeza que o parágrafo admite ao intérprete é a de que sua redação é defeituosa. A ressalva é feita de forma incompleta, sem indicar um tratamento alternativo, deixando um campo aberto para as mais variadas especulações interpretativas.

Naturalmente, a mesma regra é válida para as obrigações acessórias. Quando a obrigação decorre da lei *material*, aplica-se a lei vigente na época da prática da infração; quando se tratar de uma obrigação decorrente da lei *adjetiva*, deve ser aplicada a lei vigente na data da efetivação do lançamento.

Por exemplo: o contribuinte não entregou um documento exigido pela fiscalização fazendária, por exemplo, uma DIEF, no prazo regulamentar. Aplica-se a lei vigente na data da omissão do contribuinte. Já na lei adjetiva, o contribuinte não atendeu a uma intimação do agente fiscal para exibir um livro fiscal. Neste caso, aplica-se a lei vigente na data da prática da infração, no caso da recusa da exibição do livro solicitado, não importando a que exercício este livro se refere.

5.7 Notificação do lançamento para efeitos jurídicos

Embora haja legislações locais de entidades federadas que adotem o termo "notificação fiscal" para designar o lançamento de ofício – termo que não é muito bem apropriado –, é preciso que se faça uma distinção entre o *lançamento tributário* e sua *notificação*. O lançamento tributário é uma norma concreta individual inserida no contexto jurídico pelo procedimento administrativo vinculado previsto no art. 142 do CTN, enquanto que notificação é o ato de *cientificar* o contribuinte da existência do lançamento contra ele lavrado. Esta norma individual concreta (lançamento), somente produzirá efeitos a partir da sua notificação; é por meio deste ato de ciência que o sujeito ativo exterioriza a pretensão de cobrança de seu crédito, dando oportunidade a que o sujeito passivo estabeleça o seu contraditório, se assim desejar. O lançamento, enquanto não levado ao conhecimento do sujeito passivo, embora revestido de toda formalidade legal, não vigora, não produz efeitos jurídicos, não obriga o contribuinte.

Ressalte-se, porém, que a falta de assinatura no lançamento não o torna viciado ou nulo em sua constituição. A omissão da ciência é falha sanável, bastando para isso colher a assinatura do sujeito passivo, de modo que o ato administrativo não assinado não é nulo de pleno direito. De qualquer forma, a sua inserção no mundo jurídico só se verifica com a formalização da ciência do notificado.

A falha de cientificação do lançamento também será suprida pela simples manifestação do sujeito passivo sobre o mesmo, que pode ocorrer por meio da sua impugnação perante o órgão de julgamento administrativo ou no Poder Judiciário, passando-se a contar como prazo de cientificação a data da prática de ato processual que implica o conhecimento da existência do lançamento. Torna-se evidente que, se o contribuinte notificado não vier a praticar o ato de conhecimento da existência do lançamento dentro do prazo decadencial (art. 173, I, do CTN), perde a Fazenda Pública o direito de fazer a exigência tributária, já que o contribuinte pode opor a decadência do direito constitutivo do lançamento. A não notificação do sujeito passivo no prazo decadencial implica a inexistência do lançamento no plano jurídico, ainda que este tenha sido elaborado de fato.

5.8 A responsabilização solidária no lançamento e o direito ao contraditório e defesa em processo administrativo tributário

Ganha cada vez mais relevância na comunidade jurídica tributária o tema relacionado à responsabilização de pessoas diversas da pessoa jurídica, especialmente em decorrência da responsabilidade solidária, na relação jurídica tributária estabelecida através da norma concreta individualizada do lançamento do crédito tributário. Esta relevância se justifica tanto por sua aplicabilidade em ocorrências práticas, como pela diversidade dos entendimentos que sobre o tema são manifestados pelos operadores do direito. Nem a jurisprudência e muito menos a doutrina têm indicado um caminho seguro que possa levar a um ambiente de segurança jurídica neste contexto.

A questão que se pretende expor para reflexão é a necessidade ou não de inclusão do responsável solidário no lançamento tributário e a sua suscetibilidade ao questionamento no processo administrativo.

Segundo o art. 142 do CTN, um dos requisitos de formulação do lançamento de ofício é a identificação do sujeito passivo contra o qual a exigência vigorará. O erro nesta identificação invalida o lançamento, eis que não se pode cobrar nenhum crédito tributário de quem não tem nenhuma relação com o fato jurídico tributário e nem foi alocado como responsável por instrumento legal.

Novamente reportando-se ao CTN, tem-se que o "sujeito passivo da obrigação principal é a pessoa obrigada ao pagamento de tributos ou penalidade pecuniária", (art. 121). Segue o mesmo Código a dividir o sujeito passivo em duas espécies: (I) contribuinte, promovedor do fato gerador, e (II) responsável, sem ação na promoção do fato gerador, mas assim definido por imposição de lei.

Para circunscrever a normatização do tema sugere-se ainda a menção do art. 124 do mesmo Código, que trata da responsabilidade solidária na relação jurídica tributária, particularizando-as em duas espécies: (I) a decorrente de interesse comum, e (II) a que tem sua origem através de imposição legal. O parágrafo único do artigo frisa que a responsabilidade não comporta benefício de ordem.

Por esta contida incursão na norma verifica-se que o sujeito passivo é entidade da qual será exigida a obrigação tributária, não sendo relevante perquirir sobre sua condição ativa em relação à ocorrência do fato gerador.

Já neste ponto começa a ficar claro que é atribuição da autoridade lançadora do crédito tributário a devida identificação do sujeito passivo, seja ele o contribuinte ou responsável tributário sob qualquer título. Sem esta identificação, o lançamento não se completa. Seria inserir no sistema norma que não reúne todas as condições de validade. O art. 142 não se compatibiliza com a lavratura de lançamento inconclusivo. Não se concebe a atribuição compartilhada no ato de lançar, muito menos são tolerados atos postergáveis para posterior inserção de responsáveis tributários.

Deve-se refutar com veemência, portanto, o entendimento que orientava os julgados do extinto 1º Conselho de Contribuintes do Ministério da Fazenda, segundo o qual não cabia no âmbito dos julgadores administrativos discutir a responsabilidade solidária, por ser atribuição privativa da Procuradoria da Fazenda Nacional a análise da correta identificação do responsável tributário, entendimento este que sinalizava para a possibilidade de inclusão de nomes no rol de sujeição passiva em oportunidades diversas daquela na qual é lavrado o lançamento. Segue transcrito o seguinte julgado:

"Responsabilidade. Incabível discutir-se responsabilidade solidária no processo administrativo fiscal, pois tal questão está adstrita à fase de cobrança do crédito tributário."[8]

A posição destes julgados era insustentável e não poderia resistir à análise mais contida. A mudança de posição era uma questão de tempo. Felizmente, podem-se registrar julgados mais recentes do Conselho Administrativo Federal que sinalizam para entendimento oposto, reconhecendo a competência do julgador administrativo para apreciar recurso apresentado por terceira pessoa responsável, qualificado como sujeito passivo.[9]

O fato é que o lançamento tributário deve conter evidenciado o sujeito passivo do o qual o Estado pretende obter o recolhimento do crédito tributário. Nem sempre o sujeito passivo é determinado numa pessoa singular. No caso de responsabilidade solidária pode ocorrer que além da pessoa jurídica, outras pessoas físicas devam integrar o rol dos responsáveis, o que obriga a autoridade lançadora inscrever estes nomes como devedores, notificando-os individualmente para viabilizar o exercício do direito de defesa também individualmente de cada devedor. Eis a regra da qual não se deve afastar: o lançamento deve ser lavrado contra todos os responsáveis solidários e a estes deve ser assegurado o direito ao contraditório ainda em sede administrativa (art. 5º, LV, CF). É evidente que a inclusão de responsável solidário deve ser precedida de ampla investigação do fato jurídico que permita a vinculação

---

8. Acórdão 101.95.816, do 1º Conselho de Contribuintes do Ministério da Fazenda, *DOU* 8.12.2006.

9. Acórdão 108.09.291, do 1º Conselho de Contribuintes do Ministério da Fazenda, *DOU* 28.11.2007.

desta responsabilidade. Há que se motivar a responsabilidade solidária com a linguagem narrativa competente acompanhada de prova. A inserção de responsável tributário sem motivação é nula, assim como é nulo o lançamento sem motivação. Por isso não nos parece viável definir como sujeito passivo a pessoa jurídica adicionada de todos os seus sócios, estes como responsáveis solidários, sem demonstrar qualquer vinculação destes sócios ao fato jurídico tributário. E, pior ainda, sem ofertar aos supostos responsáveis solidários (os sócios) o direito à defesa individual. Ora qualquer responsabilização tributária é suscetível a questionamento administrativo e judicial.

Firmemos então neste passo o entendimento de que o responsável solidário deve ser já identificado no lançamento, cumprindo o que determina o art. 142 do CTN, e que esta inclusão deve ser devidamente motivada. A definição de responsabilidade solidária não é uma questão restrita ao plano do processo de execução, mas é procedimento de definição do sujeito passivo e, por isso, de atribuição exclusiva e obrigatória da autoridade notificante. A partir desta premissa fica evidenciado que este responsável solidário também terá direito ao contraditório em sede administrativa, sob pena de se infringir o mandamento constitucional que consagra a ampla defesa em processo administrativo e judicial (art. 5º, LV). Também segundo a Constituição Federal, ninguém será privado de seus bens sem o devido processo legal (art. 5º, LIV). O responsável tributário tem ação contra o mérito do lançamento, bem como contra as razões de sua inclusão como responsável solidário. A preterição deste direito de defesa é causa de nulidade do processo de positivação do crédito tributário. É dever, portanto, da autoridade lançadora identificar os responsáveis solidários e notificá-los para o exercício de sua defesa, como é dever também do julgador administrativo apreciar a impugnação dos responsáveis, sob pena de nulidade de sua decisão.

Com relação à questão procedimental, nada impede que o ato de responsabilização ocorra através de relatório ou termo em separado, não sendo necessário que os nomes dos responsáveis sejam inscritos no corpo do instrumento do lançamento tributário.

Em consequência disso, considerando que a certidão de dívida ativa (CDA) é produto do lançamento tributário e dele não pode se distanciar no seu conteúdo, o nome do responsável também deve constar no referido título, sob pena de sua invalidade como instrumento de execução contra o responsável.

Leciona Marcos Vinicius Neder:

"(...) e o Fisco constata a presença de solidariedade por interesse comum, durante o procedimento de fiscalização, todos os devedores solidários devem constar no lançamento tributário e do título executivo. A obrigação tributária solidária é una e todos os envolvidos já se encontram na posição de sujeitos passivos da obrigação desde a ocorrência do fato jurídico tributário. (...).

"Decerto, os responsáveis tributários arrolados no lançamento fiscal poderão exercer plenamente seu direito de defesa administrativa por força do artigo 58 da Lei n. 9.784/1999, que prevê que aqueles que tenham direitos afetados por decisão administrativa possam ingressar no processo administrativo para exercer sua defesa."[10]

Transgride o ordenamento jurídico a prática de inscrever o responsável tributário somente na fase de execução fiscal, aditando a certidão de dívida ativa com a inclusão do nome do novo responsável. O processo administrativo, em se tratar de lançamento de ofício, é condição indispensável para a efetiva constituição da dívida ativa que goza da presunção de certeza e liquidez (art. 204, do CTN). Segundo Daniel Monteiro Peixoto, "(...) o direito de apresentar impugnação e recursos administrativos deve ser garantido a todos aqueles enquadrados como responsáveis tributário".[11] A certidão de dívida ativa deve reproduzir os termos do lançamento. Como título executivo extrajudicial que é, tem no lançamento seus fundamentos de validade, não lhe cabendo inovar. As emendas ou substituições referidas no § 8º do art. 2º da Lei 6.830/1980 devem cingir-se aos erros formais ou materiais do próprio título.

Até este ponto, desenvolveu-se a tese que sugere o rigor na precisa definição do sujeito passivo no processo de positivação do crédito tributário através do lançamento, nas hipóteses de responsabilidade solidária, nos termos do art. 124 do CTN, em que mais de uma pessoa, física ou jurídica, pode ser demandada para responder pela totalidade do cré-

---

10. Marcos Vinícius Neder, in *Direito Tributário e os Conceitos de Direito Privado* – VII Congresso Nacional de Estudos Tributários, São Paulo, Noeses, 2010.

11. Daniel Monteiro Peixoto, *Responsabilidade Tributária*. Doutorado em Direito. São Paulo, PUC-SP, 2009.

dito tributário, sem benefício de ordem, propiciando a todos os responsáveis o direito ao contraditório administrativo. Ocorre que a responsabilidade tributária positivada no CTN abrange várias circunstâncias nem sempre ajustadas ao formato da solidariedade. As hipóteses que mais guardam interesse com o tema desenvolvido são as do inciso VII do art. 134, com relação à responsabilidade dos sócios, no caso de liquidação de sociedade de pessoas, e as o art. 135, com especial atenção para o seu inciso III. O referido artigo define a responsabilidade atribuível às pessoas nele relacionadas, em circunstâncias também definidas. Além destas hipóteses, há ainda que se considerar a teoria da desconsideração da personalidade jurídica, que representa outra medida de redirecionamento da responsabilidade tributária para o sócio que fez uso indevido da pessoa jurídica para fraudar credores, entre os quais o fisco. O que se pretende dizer é que toda a exposição com relação à necessidade de identificar o sujeito passivo no lançamento e o direito ao contraditório, que deve ser oferecido para cada responsável, também se aplica a estes formatos de responsabilidade tributária expressamente positivada pelo mencionado Código.

A questão assume maior complexidade quando o conhecimento dos fatos determinantes da responsabilidade solidária for superveniente à lavratura do lançamento. Em outros termos, o lançamento tributário já foi concluído com a definição de determinado sujeito passivo, por exemplo, a pessoa jurídica. Após este feito, novos fatos vêm ao conhecimento do fisco que sinalizam para a responsabilidade solidária de terceira pessoa (sócio, gerente, contador etc.). Qual a solução a ser adotada?

A hipótese se ajusta aos requisitos de revisão de lançamento previstos no art. 149 do CTN, cabendo ao fisco rever o seu ato para definir a devida responsabilidade tributária, com a inclusão dos novos responsáveis tributários e a devida motivação. A revisão do lançamento, porém, não é cabível quando a redefinição da responsabilidade tributária decorrer de mudança de critério jurídico da administração tributária, segundo a prescrição restritiva do art. 146 do CTN. Em outros termos, se a Fazenda Pública passou a atribuir responsabilidade tributária a pessoa diversa da pessoa jurídica por conta de nova orientação interpretativa, esta nova posição não pode servir para justificar uma cobrança retrospectiva. Há de se preservar a segurança jurídica.

Pelo corte temático estabelecido em nossa abordagem foram enfocadas questões relativas à responsabilidade tributária, com o foco específico para a oportunidade da definição do sujeito passivo no processo de positivação do crédito tributário. Por estar vinculado ao tema, demonstramos também a nossa convicção sobre a obrigatoriedade de ser oportunizado, a cada um dos responsáveis indicados no lançamento, o direito ao contraditório e ampla defesa no processo administrativo. Esboçamos uma proposição de procedimento considerando o momento da constatação dos fatos responsáveis pelo redirecionamento da responsabilidade para terceiras pessoas – se no momento do procedimento fiscal ou após a lavratura do lançamento –, mas nos limitamos a analisar a matéria exclusivamente no âmbito administrativo. Circunscreveu-se a nossa análise ao curso do processo de positivação da formalização do crédito tributário, considerado, para este fim, o procedimento de fiscalização, com o lançamento do crédito tributário até a inscrição do referido crédito em dívida ativa. A formação do título executivo extrajudicial (inscrição da dívida ativa) é o marco de finalização da atuação administrativa no processo de positivação das medidas necessárias para a exigência do crédito tributário, título este que instrumentaliza o início da fase judicial, com o manejo do processo de execução competente, ambiente em que a questão do redirecionamento é regulada pela lei processual judicial, não sendo objeto deste trabalho.

5.9 Lançamento, exigibilidade e exequibilidade do crédito tributário

Nem sempre são analisados com clareza e a devida distinção os fenômenos de lançamento do crédito tributário, a sua exigibilidade no âmbito administrativo e a sua exequibilidade judicial. Não raro são confundidos e erroneamente assimilados, mormente diante da interpretação do conteúdo de decisões judiciais, principalmente no tocante ao lançamento e à exigibilidade do crédito.

O lançamento é o resultado de um conjunto de procedimentos administrativos, atribuídos à competência da autoridade administrativa, que tem como finalidade a formalização do crédito tributário, sua individualização, criando uma norma que obriga o sujeito passivo a cumprir uma obrigação tributária, conforme definido no artigo 142 do CTN.

Há motivos para censurar o termo utilizado pelo CTN quando atribui ao lançamento a função de *constituir* o crédito tributário de forma sistemática. O lançamento nem sempre constitui, sendo que por vezes apenas declara ou formaliza um crédito que nasceu com a ocorrência do fato gerador.

Da mesma forma que o lançamento nem sempre *constitui* o crédito tributário, também é verdade que nem sempre este ato é imprescindível para tornar o crédito exigível. Os impostos ditos de lançamento por homologação, assim entendidos aqueles em que a legislação atribui ao contribuinte, de forma unilateral, desempenhar todos os procedimentos para calcular, escriturar e recolher o tributo, como, por exemplo, ocorre com relação ao ICMS, a exigibilidade ocorre mesmo sem o lançamento. Assim, por exemplo, se no mês de janeiro de 2002 um contribuinte promoveu uma operação com mercadorias da qual decorreu o fato gerador do imposto, a Fazenda Pública pode exigi-lo no momento de seu vencimento previsto em lei, a partir do qual o contribuinte, se não efetuar o pagamento, estará em mora, independentemente de lançamento administrativo. Evidentemente, aqui se está falando do imposto declarado pelo contribuinte. Diferente será o tratamento com relação ao tributo devido decorrente de operações sonegadas do fisco, que enseja um procedimento de fiscalização para apurar estes valores, o que culminará na lavratura do lançamento de ofício.

Por outro lado, há os tributos em que a lei determina expressamente o seu lançamento de ofício, nos termos do art. 149, I do CTN, como ocorre, por exemplo, em regra, com o IPTU. Nestas hipóteses o lançamento é imprescindível à exigibilidade do crédito tributário, porque sem este lançamento regularmente lavrado por uma autoridade administrativa, com a devida notificação ao sujeito passivo, não há como exigir administrativamente o respectivo crédito tributário.

Erram alguns Municípios quando elaboram o carnê com o IPTU, para dar materialidade ao lançamento de ofício, sem os requisitos previstos para o lançamento nos termos do art. 142 do CTN. Estes carnês/lançamentos não estão vinculados a nenhuma autoridade administrativa como autora do ato, não contêm nenhuma assinatura da autoridade lançadora e o contribuinte dele nem sempre é notificado. Estas irregularidades tornam inexigível o crédito tributário pela Fazenda Pública Municipal, porque se a lei determina que o lançamento seja de ofício, este deve ser elaborado dentro dos contornos da lei que fixa os requisitos do lançamento, que é o CTN, através de seu art. 142. Sem a notificação válida ao contribuinte, este não estará em mora se não efetuar o recolhimento no prazo fixado no carnê. Poderá fazê-lo em qualquer data, e a administração tributária municipal não terá argumentos jurídicos para lhe impor a cobrança de acréscimos decorrentes de mora.

Deve-se admitir que há uma certa acomodação ou tolerância com relação à exigência do cumprimento das regras prescritas no art. 142 do CTN, no lançamento do IPTU. A regra é flagrantemente ignorada, mas não afloram questionamentos sobre o procedimento da administração tributária municipal, talvez por falta de interesse pessoal do sujeito passivo, sabedor de sua obrigação tributária sobre a propriedade do imóvel.

Portanto, tratando-se de lançamento por homologação, o crédito prescinde de lançamento de ofício para a sua exigibilidade, a não ser quanto ao valor não declarado, produto da sonegação fiscal, quando a autoridade fiscal, por meio de uma investigação, constata as diferenças não recolhidas e elabora o lançamento de ofício, inclusive com a aplicação da penalidade pecuniária. Tratando-se de tributo para o qual a lei prevê lançamento de ofício, porém, a exigibilidade depende deste lançamento regularmente constituído, em obediência a todos os requisitos do art. 142 do CTN.

A exequibilidade, por sua vez, é a condição legal da qual se reveste a Fazenda Pública para promover a ação de execução do crédito tributário. Esta condição básica é a inscrição do crédito em dívida ativa, formando o título executivo extrajudicial, com a prerrogativa de presunção de certeza e liquidez.

5.10 Lançamento x medidas judiciais

Não raro o contribuinte, não concordando com uma determinada cobrança de imposto, socorre-se do Judiciário e busca uma medida preventiva para obstar que o Estado exerça esta exação fiscal. A justiça, então, defere uma liminar, suspendendo a exigibilidade do crédito tributário. O agente fiscal, ao visitar a empresa que detém a tutela contra a exigibilidade, é informado desta medida judicial e a empresa, com isso, pretende também suspender todas as atividades de fiscalização.

Entretanto, normalmente, a liminar não tem este alcance. É preciso fazer a devida distinção entre o ato administrativo de lançamento e o ato de exigir o crédito tributário. Mesmo estando a Fazenda Pública impedida de exigir o imposto, pode e deve proceder ao lançamento para prevenir a decadência. Pode fazer o lançamento e empreender todas as atividades de fiscalização necessárias para apurar a regularidade das atividades do contribuinte com referência ao cumprimento da legislação tributária, sem que com isso esteja desobedecendo à ordem judicial.

Por outro lado, descabe o lançamento da multa que normalmente seria devida caso não houvesse sido concedida a medida liminar. É isto que prevê o art, 63 da Lei 9.430/1996, *in verbis*:

"Art. 63. Não caberá lançamento de multa de ofício na constituição do crédito tributário destinada a prevenir a decadência, relativo a tributo e contribuições de competência da União, cuja exigibilidade houver sido suspensa na forma do inciso IV do art. 151 da Lei n. 5.172, de 25, de outubro de 1966."

É certo que este dispositivo legal refere-se aos tributos federais, mas a interpretação analógica manda aplicar esta medida também aos tributos dos demais entes federados.

A concessão de liminar é causa de suspensão da exigibilidade do crédito tributário, nos termos do inciso IV do art. 151, do CTN, entidade que obsta a exigência ou a cobrança, pelo sujeito ativo, do crédito tributário que considera lhe ser devido, contudo, não impede que a Fazenda Pública lavre o lançamento para prevenir a decadência do direito de fazê-lo. O lançamento da multa pela infração tributária é descabida neste momento, eis que a caracterização desta infração está na contingência da decisão judicial. Pode o Poder Judiciário decidir pela improcedência do crédito tributário, ruindo os fundamentos do lançamento, restando descaracterizada a infração.

Nesta hipótese de lançamento, descabe também a intimação do contribuinte para o recolhimento do imposto lançado dentro de um prazo estabelecido, considerando que a matéria está sob discussão judicial e a exigibilidade do crédito suspensa.

Na hipótese de o contribuinte obter uma liminar sustando o procedimento administrativo do lançamento, o que causaria estranheza, pois a Fazenda Pública estaria impedida de exercer a sua atividade administrativa, o que resultaria na interferência do Poder Judiciário em outro Poder, obviamente a autoridade fiscal deve abster-se de praticar este ato. No entanto, cabe à Fazenda Pública recorrer desta decisão com recurso próprio, requerendo, inclusive, a suspensão dos efeitos do *mandamus*.

De qualquer maneira, a medida judicial contra o lançamento não é o foco, talvez porque um dos seus pressupostos não se apresente com tanta evidência, que é o *periculum in mora*, pois que o lançamento nem sempre é ato constitutivo do crédito tributário e se processa fora da esfera de execução. Do lançamento até o momento da efetiva exigência do crédito tributário longo caminho se percorrerá, passando pelos recursos administrativos e judiciais na discussão do mérito. Deste modo, o único prejuízo que o contribuinte pode alegar para convencer o juiz a lhe conceder a liminar contra o lançamento é o ônus decorrente da impugnação do lançamento.

Na hipótese de o contribuinte proceder ao depósito do valor integral em juízo (art. 151, II CTN, causa de suspensão da exigibilidade do crédito), o lançamento de ofício também não fica obstado, desde que seja efetuado sem a inclusão dos acréscimos decorrentes de juros, correção monetária e multa, conforme veremos a seguir.

Embora a norma não pormenorize, neste aspecto, a doutrina reconhece como consequência desta medida a exclusão da correção monetária, dos juros e da multa, do crédito tributário depositado.

Nas palavras sempre magistrais de Sacha Calmon Navarro Coêlho:[12] "Feito o depósito judicial e integral da quantia litiganda, ficam excluídas as multas e os juros, se inexistente ato de lançamento, e incluídas, se já houver".

E em outro trecho de sua obra, afirma que "a mora, por outro lado, não prospera porque o depósito integral do crédito elide a aplicação dos juros pela demora de pagar, bem como das penalidades dirigidas a sancionar o inadimplemento da obrigação tributária na data fixada em lei".

Com referência à correção monetária, o mesmo autor lembra que incumbe ao Poder Público prover a atualização do valor depositado.

---

12. Sacha Calmon Navarro Coêlho, *Curso de Direito Tributário Brasileiro*, 10ª ed., Rio de Janeiro, Forense, 2009, p. 446.

Outro autor que aborda a questão, Láudio Camargo Fabretti,[13] assim se expressa: "Este depósito judicial tem a finalidade de evitar a aplicação de multa pelo atraso no recolhimento do tributo, os juros de mora e a correção monetária do crédito tributário".

De fato, o depósito judicial tem por finalidade aforrar o devedor da mora e das suas consequências, ou retirá-lo da condição de inadimplente, não havendo razões para a cobrança de qualquer acréscimo pela mora. É oportuno lembrar que o depósito judicial é feito em conta vinculada, com rendimentos (juros e correção monetária) que serão revertidos a favor do vencedor da causa. Caso a decisão seja favorável à Fazenda Pública, esta converterá o depósito em renda, devidamente corrigido e remunerado com os juros da caderneta de poupança. Logo não teria sentido cobrar do contribuinte correção monetária e juros do depósito. E a multa também é descabida em função da inexistência de mora ou ato infracional.

Registre-se que a leitura da correção monetária deve ser contemporizada, eis que esta entidade, que outrora reivindicava importante atenção dos economistas, não mais existe nos nossos dias. A taxa de juros a incorporou.

Um ponto que pode suscitar controvérsia é se ocorre efetivamente a decadência durante a vigência de uma liminar que obsta a exigência do crédito tributário, se a Fazenda Pública não efetivar o lançamento em tempo hábil para preveni-la.

O princípio que rege todas as formas de exaustão de direito por decurso de prazo, seja de decadência, prescrição, ou preclusão temporal, norteia-se pela inércia do titular do direito de exercê-lo a seu favor em determinado espaço temporal. O não exercício deste direito subjetivo revela o seu desinteresse. Este espaço finito de tempo para a busca dos direitos tende para um estado de segurança jurídica. Ora, se a Fazenda Pública não está impedida de exercer o seu direito de lançar o crédito tributário deve fazê-lo no prazo decadencial, sob pena da perda deste direito por decurso do prazo decadencial. Portanto, havendo uma liminar que apenas suspende a exigibilidade do crédito tributário, não obstando que o sujeito ativo promova o lançamento, este deve ser efe-

---

13. Láudio Camargo Fabretti, *Código Tributário Nacional Comentado*, 2ª ed., São Paulo, Saraiva, 1998, p. 151.

tuado dentro do prazo decadencial. Não o fazendo, a Fazenda Pública incorre na inércia e perde o direito de fazê-lo, ocorrendo o fenômeno da homologação do procedimento do sujeito passivo.

5.11 Constituição definitiva do crédito tributário como início do prazo prescricional

Um ponto que tem suscitado muita polêmica e que ainda não foi totalmente pacificado na doutrina e na jurisprudência é a determinação exata do momento em que o crédito tributário possa ser considerado *definitivamente constituído* para marcar a data inaugural do prazo de prescrição, nos termos do art. 174 do CTN. O que afinal deve ser entendido por crédito tributário *definitivamente constituído*, na linguagem deste Código?

Esta discussão passou a ser de grande interesse na relação jurídico-tributária, em função do tempo, por vezes longo, em que o processo contencioso tributário tramita nos tribunais administrativos para julgamento e, dependendo da tese que se adota durante este período, pode ser extinto o crédito tributário pela prescrição, conforme veremos a seguir.

Na verdade, de forma bem definida, há duas correntes posicionadas: a primeira advoga como termo inicial do período prescricional a data da notificação válida ao contribuinte do lançamento de ofício. Este segmento de doutrinadores só admite a interrupção do prazo prescricional nas hipóteses indicadas nos incisos I a IV do art. 174, do CTN. A outra corrente posterga a definitividade da constituição do crédito tributário, para abrir o prazo prescricional, para a data da decisão definitiva do julgamento administrativo, após exauridos os recursos nesta via.

Haveria então lançamento de efeito *provisório* (após a ciência ao sujeito passivo da notificação fiscal) e lançamento de efeito *definitivo* (lançamento declarado procedente em decisão definitiva no julgamento administrativo)?

O tributarista Paulo de Barros Carvalho, ao abordar o tema, rechaça com veemência a dicotomia do lançamento provisório e definitivo. Segundo o seu ensinamento, não há lançamento provisório,[14] o que há é

---

14. Paulo de Barros Carvalho, *Direito Tributário: fundamentos jurídicos da incidência*, 2ª ed., São Paulo, Saraiva, 1999, pp. 240-241.

o lançamento definitivo logo após a sua lavratura e notificação ao sujeito passivo, mesmo que seja suscetível a modificações por meio de recursos. Este autor cita o Prof. José Souto Maior Borges, em sua obra *Lançamento Tributário*, como aliado a sua tese. E para quem adota esta tese, tem argumentos para sustentar que a prescrição da ação de cobrança terá início naquela data, quando formalizado o lançamento, devidamente notificado ao sujeito passivo, com o respaldo do disposto no art. 174 do CTN, segundo o qual "a ação de cobrança do crédito tributário prescreve em cinco anos, contados da data da sua constituição definitiva (...)". Por este entendimento, durante a discussão do contencioso tributário na via administrativa, estaria correndo o prazo prescricional.

Filia-se à mesma tese o escritor Ruy Barbosa Nogueira, para quem o recurso administrativo apenas suspende a exigibilidade do crédito tributário, não o prazo de prescrição.[15]

Aliomar Baleeiro, citado por James Marins,[16] ao abordar o tema, assim escreve: "No CTN não há 'suspensão de prescrição', mas 'suspensão de exigibilidade do crédito tributário'. Se ela ameaçar o Fisco, este pode exercitar expedientemente seu poder hierárquico sobre seus agentes lerdos, ou, se houver embaraço insuperável por esse meio, poderá utilizar-se do protesto judicial com o que lhe acena o art. 174, II do CTN. Essa medida cautelar não figura como adorno da lei, mas para equiparar o Fisco ao particular, no duelo da cobrança de seus créditos".

Este mesmo entendimento é defendido por James Marins, que assim trata do tema: "Neste caso, com o fito de encontrar proteção contra os efeitos extintivos decorrentes do decurso do prazo prescricional deve a Administração Fazendária lançar mão dos instrumentos legais e formalmente corretos para tanto, ou seja, em se vendo embaraçada quer por delongas no processo administrativo ou judicial deve formular judicialmente protesto apto a obstar o fluxo prescricional (...)".[17]

Mas, conforme afirmamos, a discussão sobre este assunto está muito longe de direcionar-se para uma pacificação. Há entendimentos divergentes.

15. Ruy Barbosa Nogueira, *Curso de Direito Tributário*, cit., p. 306.
16. James Marins, *Direito Processual Tributário Brasileiro*, cit., p. 216.
17. Idem, ibidem.

Pela análise de Sacha Calmon Navarro Coêlho, "Um lançamento é definitivo quando efetivado, quando não mais possa ser objeto de recurso por parte do sujeito passivo ou de revisão por parte da Administração...".[18]

E complementa o autor, abordando a questão subsequente da prescrição, cujo prazo inicia-se com a constituição definitiva do crédito tributário:

"Do fato gerador da obrigação até o ato jurídico do lançamento ou até o dia previsto para a homologação do pagamento, correm os prazos decadenciais.

"Depois do lançamento e/ou durante todo o tempo de sua revisão (se houver) já não correm os prazos de decadência, nem podem correr os prazos de prescrição, que só há prescrição se inexistirem obstáculos *ab extra*. Pelo princípio da *actio nata*, ou seja, para que prescreva o direito de ação, é necessário que o autor possa exercê-lo livremente. A sua inércia e mais o fugir do tempo redundam na prescrição. O direito não socorre aos que dormem."[19]

E mais adiante arremata o autor: "As hipóteses legais de suspensão do crédito tributário *impedem o curso dos prazos de prescrição*, favorecendo a Fazenda Pública. Com efeito, durante todo o processo administrativo de discussão do crédito tributário (reclamações e recurso) não corre a prescrição".

A seguir, reproduzimos o julgado do STJ, inserido na obra citada do mesmo autor:

"Decadência e prescrição. Notificação do contribuinte. Impugnação. Perempção.

"Tributário. Lançamento fiscal. 1. Decadência. A partir da notificação do contribuinte (CTN, art. 145, I), o crédito tributário já existe – e não se pode falar em decadência do direito de constituí-lo, porque o direito foi exercido – mas ainda está sujeito à desconstituição na própria via administrativa, se for impugnado. A impugnação torna litigioso o crédito, tirando-lhe a exequibilidade (CTN, art. 151, III); quer dizer, o crédito tributário pendente de discussão não pode ser cobrado, razão pela qual também não se pode cogitar de prescrição, cujo prazo só ini-

---

18. Sacha Calmon Navarro Coêlho, *Curso de Direito Tributário Brasileiro*, cit., p. 723.

19. Idem, ibidem, p. 724.

cia na data da sua constituição definitiva (CTN, art. 174). 2. Perempção. O tempo que decorre entre a notificação do lançamento fiscal e a decisão final da impugnação ou do recurso administrativo corre contra o contribuinte, que, mantida a exigência fazendária, responderá pelo débito originário acrescido dos juros e da correção monetária; a demora na tramitação do processo administrativo fiscal não implica a perempção do direito de constituir definitivamente o crédito tributário, instituto não previsto no Código Tributário Nacional. Recurso especial não conhecido (Ac. Un. da 2ª T. do STJ, REsp nº 53.467-SP, rel. Min. Ary Pargendler, j. 5.9.96, Recte.: Iguatemy Operacional Indústria Comercio e Transportes Ltda.; Fazenda do Estado de São Paulo, *DJU* 1 30.9.96, p. 36.613, ementa oficial)."

Portanto, das considerações do autor acima, podemos extrair as seguintes conclusões:

1) A constituição definitiva do crédito tributário prevista no art. 174 do CTN somente ocorre após a decisão definitiva do órgão de julgamento administrativo.

2) A prescrição para a ação de cobrança do crédito somente se inicia na data em que for definitivo o lançamento, após o exaurimento dos recursos na esfera administrativa.

Filiamo-nos à doutrina deste último autor. Não é de se admitir que a lei contenha palavras inúteis em seu texto que não queiram nada significar de importante. Assim, a palavra *definitiva* que adjetiva a constituição do crédito tributário nos termos do art. 174 do CTN, deve ter algum significado. Ora, se o legislador pretendesse referir-se ao lançamento lavrado e notificado ao contribuinte, sem importar-se com a fase de sua contestação administrativa, não precisaria do adjetivo *definitivo*, pois que não existe lançamento *provisório*. O lançamento, depois de cientificado ao sujeito passivo, já ingressou no ordenamento positivado através de norma individual concreta, estando pronto para cumprir com as suas finalidades jurídicas. Mas uma vez qualificando o lançamento de *definitivo*, quis o legislador fazer referência a um crédito tributário que já se tornara imodificável no âmbito da administração fazendária, só podendo ser alterado na esfera judicial.

Não que se recepcione a dicotomia lançamento *provisório* e *definitivo*. Não se reconhece lançamento *provisório*. No entanto, pode-se falar em lançamento concluído que já ingressou no mundo jurídico como norma individual concreta, o que ocorre com a notificação ao sujeito passivo, e lançamento definitivo, que já passou pelo crivo do julgamento na esfera administrativa.

Aliás, a locução *definitiva* aqui enfocada deve ser interpretada dentro de uma acepção relativizada, na medida em que no mundo jurídico nenhum ato se assegura como definitivo de forma absoluta. Todos os atos jurídicos, ainda que aptos a produzirem efeitos, aparentando definitividade em sua formulação, podem ser revistos ou desconstituídos, a qualquer tempo. Um contrato pactuado e formalizado é ato definitivo até que as partes formem o distrato; o casamento é definitivo até que os cônjuges não mais se tolerem e rompam com o consórcio, e assim ocorre com todos os atos jurídicos. A definitividade atribuída ao lançamento também é relativa, porquanto a exigência tributária pode ser desconstituída tanto em processo administrativo como no judicial. Assim sendo, o lançamento já é definitivo quando de sua notificação ao sujeito passivo, ainda que ele possa ser alterado posteriormente no processo administrativo. Mas a definitividade, a que o legislador se refere neste Código, deve ser contextualizada, por ser aquela que impede a revisão administrativa do lançamento.

Este entendimento coaduna-se com o princípio geral da perda do direito subjetivo por seu titular, quando este, por inércia de ação, não o reivindicar dentro de um determinado período de tempo. A omissão de ação revela o desinteresse do titular do direito. A decadência ou a prescrição encerram uma ideia de punição, com a perda do direito, quando o seu titular não o reivindica por sua própria vontade. Porém, quando o direito não é exercido por uma impossibilidade jurídica, a lógica indica para a não superação deste direito, não havendo razões, em tese, para se falar em decadência ou prescrição, dependendo do caso.

No caso específico do processo administrativo tributário, que suspende a exigibilidade do crédito pela Fazenda Pública, art. 151, III, do CTN, também não há razão para admitir o transcurso do prazo prescricional. O exercício do direito de cobrar o crédito pelo sujeito ativo está obstado durante todo o período em que tramitar o processo no órgão administrativo de julgamento. Durante todo o interregno do contencioso administrativo, a Fazenda Pública não exige o seu crédito por impossibilidade jurídica e não por inércia de ação ou desinteresse.

A tese segundo a qual caberia à Fazenda Pública tomar as providências de agilizar o processo para prevenir a prescrição, admitindo assim que esta tenha o seu transcurso durante o processo administrativo, não se sustenta. Ora, por mais célere que fosse o processo administrativo, o prazo de prescrição sempre seria encurtado pelo tempo necessário para a sua tramitação e decisão definitiva. Se, por exemplo, a decisão conclusiva ocorrer em dois anos, o prazo de prescrição que originariamente é de cinco, passaria apenas a três anos. A tese perde consistência. Portanto, a denominada prescrição intercorrente não opera no processo administrativo. Enquanto estiver suspensa a exigibilidade do crédito tributário, por conta do processo administrativo, não terá início o prazo prescricional.

5.12 Modalidades de lançamento

O Código Tributário Nacional enumera três modalidades de lançamento:

a) Lançamento de ofício (art. 149);

b) Lançamento por declaração (art. 147);

c) Lançamento por homologação (art. 150).

O mesmo Código define os requisitos estruturais do lançamento no art. 142, os quais podem ser traduzidos na verificação da ocorrência do fato gerador, na determinação da matéria tributável e do montante a ser lançado como devido, na identificação do sujeito passivo, bem como na aplicação da penalidade pecuniária, se for o caso.

A modalidade de lançamento depende do grau de participação que o sujeito passivo mantiver no procedimento. Se não tiver nenhuma participação, tem-se o lançamento de ofício; se participar com o fornecimento apenas de informações para que a autoridade administrativa efetue o lançamento, temos o lançamento por declaração; e, por último, se o sujeito passivo realizar todo o procedimento para a apuração e recolhimento do imposto de forma unilateral, sem a participação da autoridade fiscal, o lançamento é por homologação.

Ainda cabe outra observação: a modalidade de lançamento não depende, na verdade, do tipo de tributo, mas da sua forma de arrecadação. Nada impede que um imposto que hoje é lançado de ofício, como o

IPTU, sofra algumas modificações em suas rotinas de arrecadação e venha a ser lançado por declaração, ou até por homologação. De qualquer forma, hoje, a absoluta maioria dos impostos enquadra-se na modalidade de lançamento por homologação. Esta é a tendência na técnica de arrecadação.

5.12.1 Lançamento de ofício ou direto

O lançamento de ofício ou direto é aquele efetuado pela autoridade administrativa com competência para o ato, de forma privativa, sem a participação do contribuinte. O contribuinte pode e deve agir como colaborador no fornecimento de informações ou documentos necessários para o procedimento, quando requisitado, mas nunca para interagir no procedimento ou apresentar contraditório.

Em primeiro lugar, a terminologia "ofício" provém do fato de a autoridade administrativa fazê-lo em razão de seu *ofício*, que exerce dentro da atividade estatal. O emprego do termo "direto" tem a sua justificativa da forma *direta* de formalização pela autoridade fiscal, sem a participação do contribuinte.

Conforme já vimos em exposições acima, é o lançamento de ofício que enseja a instauração do processo contencioso, porque é ele que exterioriza a pretensão da Fazenda Pública de cobrar o crédito que julga de sua titularidade, pretensão esta que pode ser resistida pelo contribuinte notificado, abrindo-se, então, o contraditório.

O lançamento de ofício é efetuado e revisto nas hipóteses previstas no art. 149 do CTN, que estão enumeradas nos incisos I a IX e vão desde a hipótese de lançamento de ofício por determinação legal (IPTU), procedimentos de revisão de lançamento anterior (reexaminar um procedimento fiscal anterior) e lançamento de crédito não declarado pelo contribuinte (procedimento de fiscalização para apurar sonegação fiscal).

Um exemplo de lançamento de ofício é aquele que é lavrado nos procedimentos de verificação fiscal dos contribuintes, onde a autoridade fiscal examina os documentos, livros, operações, para averiguar eventuais irregularidades perante a legislação tributária, apurando o crédito tributário sonegado, se for o caso, e aplicando a penalidade pecuniária cabível.

LANÇAMENTO TRIBUTÁRIO

Por último, cabe lembrar que todos os tributos comportam lançamento de ofício, no que se refere aos valores sonegados, mesmo aqueles que se submetem à técnica de apuração e recolhimento pelo chamado lançamento por homologação.

5.12.2 Lançamento por declaração ou misto

Desta forma de lançamento trata o art. 147 do CTN nos seguintes termos:

"Art. 147. O lançamento é efetuado com base na declaração do sujeito passivo ou de terceiro, quando um ou outro, na forma da legislação tributária, presta à autoridade administrativa informações sobre matéria de fato, indispensáveis à sua efetivação."

Os parágrafos do artigo referem-se a questões de erros na declaração e suas retificações, perdendo interesse a sua transcrição em face do enfoque dado à matéria, que é a caracterização da modalidade do lançamento.

Pois bem. O lançamento de declaração é aquele que é efetuado pela administração tributária, mas com base em informações fornecidas pelo contribuinte que suportará o ônus tributário. É também chamado de "misto", porque há, na sua elaboração, a participação das duas partes: do sujeito ativo e do sujeito passivo.

É uma modalidade de lançamento de pouca utilização atualmente.

Não se deve confundir a "declaração do imposto sobre a renda", conhecida por todos nós e feita anualmente para acertar as contas com a Receita Federal, como lançamento por declaração, porque este requer sempre a participação dos dois sujeitos, ativo e passivo, enquanto que a declaração do imposto de renda é procedimento unilateral do contribuinte, o que é característica de lançamento por homologação, conforme veremos adiante.

5.12.3 Lançamento por homologação

Diz-se lançamento por homologação quando ficam a cargo do sujeito passivo todos os procedimentos para apurar o montante do imposto devido e o seu recolhimento, sem prévio exame da autoridade fazendária. O termo "homologação" decorre da característica da forma de arrecadação do tributo, cabendo à autoridade administrativa *homologar* o procedimento ou a atividade do sujeito passivo, no que tange ao cumprimento de sua obrigação tributária principal.

Este lançamento está previsto no art. 150 do CTN e seus parágrafos e, atualmente, a esmagadora maioria dos impostos enquadra-se nesta modalidade, a exemplo do ICMS, IPI, IR, entre outros.

Pela unilateralidade com que o sujeito passivo age no processo, alguns doutrinadores utilizam-se do termo *autolançamento* para designar esta atividade. Mas esta denominação contraria o ordenamento do CTN que, em seu art. 142, deixa expresso que o lançamento é atividade privativa da autoridade administrativa. À luz do CTN, portanto, não há o chamado *autolançamento*. O que há são procedimentos ou atividades do sujeito passivo que terão como resultado a apuração do imposto devido e o seu efetivo recolhimento espontâneo. No dizer de Kiyoshi Harada, a expressão autolançamento "convém ser evitada, porque o lançamento, por definição legal, é um procedimento administrativo (art. 142 do CTN). Incompatível, portanto com a ideia de que um particular possa ultimar o lançamento".[20]

A modalidade de lançamento por homologação é causa de grandes confusões entre os aplicadores do Direito Tributário, suscitando as mais variadas teorias para dar um sentido prático à norma que o conceitua. Seguramente, o artigo (CTN, art. 150 e seus parágrafos) que lhe dá a forma devia ser extirpado do CTN. Não haveria prejuízo no diploma legal, bastando apenas pequenas alterações de adaptação.

Esta complexidade não passou despercebida por Luciano Amaro que reconhece no lançamento por homologação uma "enorme dose de artificialismo", para justificar a ideia de que o lançamento é sempre necessário e ato privativo da autoridade administrativa. Mais adiante, o mesmo autor escreve que o "conjunto de normas que o Código dedicou ao lançamento por homologação só cria perplexidades, em face de disposições nas quais infirma as premissas nas quais teria de buscar apoio".[21]

---

20. Kiyoshi Harada, *Direito Financeiro e Tributário*, 17ª ed., São Paulo, Atlas, 2008, p. 480.
21. Luciano Amaro, *Direito Tributário Brasileiro*, cit., pp. 352-353.

Alberto Xavier também visualiza uma questão simples no lançamento por homologação, mas que recebeu um tratamento complexo pelo CTN.[22]

"O lançamento por homologação, que ocorre quanto aos tributos cuja legislação atribua ao sujeito passivo o dever de antecipar o pagamento sem prévio exame da autoridade administrativa, opera-se pelo ato em que a referida autoridade, tomando conhecimento da atividade assim exercida pelo obrigado, expressamente a homologa" (art. 150, *caput*, do CTN).

O texto legal sugere uma hipótese em que a autoridade administrativa venha a expressar o acordo com todo o procedimento do contribuinte relacionado à determinação do valor do imposto a ser recolhido sobre um determinado fato gerador ou sobre um período de apuração, incluindo o seu recolhimento efetivo. Este procedimento seria a própria subsunção dos fatos jurídicos à legislação tributária, englobando a atividade mental de aplicação do Direito Tributário, a emissão de notas fiscais, a escrituração em livros próprios, o cálculo e a declaração do imposto devido. Já neste ponto da análise, pretende-se enfatizar que a homologação sugerida pelo CTN é do *procedimento* ou de toda a *atividade* desenvolvida pelo contribuinte, frente à legislação tributária, no que se refere à determinação do montante do tributo devido.

O comando não tem aplicabilidade prática na realidade factual nas relações jurídicas tributárias.

Em primeiro lugar, o legislador prevê a homologação *expressa* da atividade exercida pelo contribuinte com relação às suas obrigações tributárias como o ato de aperfeiçoamento do lançamento por homologação. Mas o que seria esta homologação expressa? Seria o fornecimento de um certificado de correção de procedimento emitido pela autoridade administrativa ou um procedimento de fiscalização com finalidade homologatória? O que se pode afirmar é que, em nossos dias, esta homologação expressa não ocorre de fato e nem seria factível. A administração tributária não poderia sair por aí distribuindo atestados de homologação para os contribuintes, conforme sugere a norma. Nem mesmo um procedimento de fiscalização tem efeito homologatório sobre o procedimento do contribuinte (CTN, art. 149).

---

22. Alberto Xavier, *Do Lançamento*..., cit., São Paulo, Forense, 1997, p. 85.

Resta então a homologação *tácita* que ocorre pelo decurso do prazo decadencial, conforme prevê o § 4º do art. 150 do CTN. Se a Fazenda Pública não examinar o procedimento do contribuinte no período de cinco anos, a contar da data da ocorrência do fato gerador, este deverá ser considerado homologado, fazendo-se ressalva para as hipóteses de dolo, fraude ou simulação, sem oferecer uma nova orientação. Assim, o fisco terá o prazo de cinco anos, a contar da data do fato gerador, para rever e fiscalizar a atividade do contribuinte com relação ao cumprimento de sua obrigação tributária principal de um fato específico, e lançar, de ofício, eventuais valores do imposto sonegado pelo contribuinte. Não o fazendo neste prazo, não o fará mais, em razão da perda de seu direito pela decadência, considerando-se então ocorrida a homologação tácita daquele procedimento do contribuinte.

A supressão deste parágrafo não faria falta no contexto normativo do CTN, visto que a matéria que veicula poderia agrupar-se à solução do art. 173, I, do CTN, que trata especificamente da decadência. Aliás, da análise conjunta do art. 150, § 4º e do art. 173, I, ambos do CTN, nasceu mais um ponto de discórdia entre os aplicadores do Direito Tributário, concernente ao prazo da decadência, matéria que será examinada mais adiante.

O artigo 150 segue com suas imperfeições no § 1º, o qual contém um comando totalmente equivocado, e fora do contexto. O primeiro equívoco está no uso da condição *resolutória* da extinção do crédito tributário. Na verdade, o legislador somente pode ter pretendido estabelecer uma condição *suspensiva* desta extinção, no sentido de o contribuinte ter seu débito extinto pela ulterior homologação do lançamento. Enquanto não houver a homologação fiscal, o crédito não estaria extinto. Ora, isto é condição suspensiva, não resolutória.

Mas a maior impropriedade contida neste parágrafo está no fato de condicionar a extinção do crédito tributário pelo pagamento a uma ulterior homologação por parte do fisco. Ora, o crédito tributário pago é extinto de imediato, com ou sem a interveniência de qualquer autoridade administrativa (CTN, art. 156, I). Nenhum contribuinte precisa requerer qualquer forma de homologação, de quem quer que seja, para obter a extinção do crédito tributário efetivamente pago. Portanto, não se homologa o que foi pago, mas a atividade, o procedimento do contribuinte relacionado à determinação do valor do tributo oferecido ao fisco. Assim sendo, o parágrafo, além de ser inútil, causa confusão na compreensão de todo o sistema normativo do lançamento.

Os §§ 2º e 3º tentam completar o § 1º visando a enfatizar a vinculação da extinção do crédito tributário ao ato homologatório da Fazenda Pública.

O lançamento por homologação, na sua modalidade de homologação tácita, na realidade, é caracterizado pela inércia da Fazenda Pública. É uma consequência do não ato da autoridade administrativa. A lei fixa um prazo para que a Fazenda Pública reveja o procedimento do contribuinte com relação à determinação de um crédito tributário. Exaurindo-se este prazo, sem que esta revisão ou uma investigação fiscal tenha sido efetuada, considera-se tacitamente aceita a versão do contribuinte com relação ao cumprimento de sua obrigação tributária.

É com esta ideia que o § 4º do artigo em comento encerra a regulação do lançamento por homologação.

Nos termos do mencionado parágrafo, "Se a lei não fixar prazo à homologação, será ele de cinco anos, a contar da ocorrência do fato gerador; expirado esse prazo sem que a Fazenda Pública se tenha pronunciado, considera-se homologado o lançamento e definitivamente extinto o crédito, salva se comprava a ocorrência de dolo, fraude ou simulação".

O texto inicia com a ideia condicional, "se a lei não fixar prazo de homologação...", o que tem suscitado dúvidas sobre a possibilidade de uma lei ordinária fixar prazo diferente para a decadência. A doutrina tem se inclinado para esta possibilidade, desde que seja para um prazo menor daquele previsto no CTN.[23] Recentemente, o STJ afastou a possibilidade de lei ordinária fixar prazo de decadência, por ser matéria de lei complementar, pelo menos quando esta lei pretende fixar prazo maior que o quinquênio do CTN. Esta Corte assim decidiu ao apreciar o art. 45 da Lei 8.212/1991, que havia fixado o prazo decadencial em dez anos para o lançamento das contribuições sociais devidas à Previdência Social.[24] Ainda resta a possibilidade de lei ordinária fixar prazo menor que o do CTN. Não nos parece que haja impedimento neste sentido.

Conforme já mencionado linhas acima, esta é a única forma de lançamento por homologação que ocorre no mundo concreto, visto que

---

23. Luciano Amaro, *Direito Tributário Brasileiro*, cit., p. 358.
24. AI no REsp 616348/MG, *DJ* 15.8.2007.

a homologação expressa não é conduta habitual em nossas administrações tributárias. Portanto, a homologação dá-se pelo prazo decorrido. Mas afinal, o que se homologa pelo decurso deste prazo? Há um erro em considerar que a homologação se refere ao valor do crédito tributário pago. O crédito tributário pago se extingue imediatamente, com o ato do pagamento, sem necessidade de qualquer homologação (CTN, art. 156, I). A homologação que se cogita aqui é a do procedimento ou da atividade do contribuinte com relação à determinação de um crédito tributário. Quando a norma se refere à extinção do crédito tributário pela homologação do lançamento está se referindo ao crédito composto por um determinado fato gerador, no seu todo, não especificamente ao crédito pago. Exemplificando, se um comerciante vendeu uma mercadoria cujo ICMS devido e destacado é de R$ 1.000,00, mas se, por qualquer motivo, recolher somente R$ 800,00, sonegando R$ 200,00, o Estado tem cinco anos, a contar a partir da ocorrência deste fato gerador, para exigir, via lançamento de ofício, o valor sonegado. Não o fazendo neste prazo, homologa-se o crédito tributário total de R$ 1.000,00, daquele fato gerador, tolerando assim a sonegação praticada. Não se homologa somente o pagamento do valor de R$ 800,00. Esta parte do crédito está extinta pelo efetivo pagamento. A extinção do crédito que ocorreu pela homologação tácita é com relação ao valor não recolhido, afinal, ocorreu a homologação do procedimento do contribuinte, ainda que faltoso com sua obrigação tributária em parte.

Pelo visto, trata-se aqui de prazo decadencial, para os tributos regidos por esta modalidade de lançamento, embora a norma não se refira expressamente a este instituto, visto que se estabelece um prazo para que a Fazenda Pública exerça o direito e dever de lançar o crédito tributário remanescente. Não o fazendo, perde este direito e o crédito tributário que deixou de ser declarado ou recolhido se extingue pela decadência (art. 156, V, CTN).

O dispositivo faz ressalva à homologação e extinção do crédito tributário, com relação à ocorrência de dolo, fraude ou simulação, sem no entanto indicar um tratamento alternativo para estas hipóteses. Cabe então ao intérprete buscar esta alternativa. De imediato, deve-se afastar qualquer argumento favorável à ausência do prazo decadencial nestes casos. Restam então duas alternativas: uma seria submeter a matéria ao Direito Civil, de forma subsidiária; outra aponta para a aplicação do art.

173, I, do CTN, dispositivo específico para a decadência em Direito Tributário, de maneira geral. Pensamos que não deve haver dúvidas sobre a aplicação deste dispositivo do CTN. Talvez não seja uma boa solução, mas parece a única. Da forma em que o dispositivo encerra seu comando, fazendo ressalvas, mas não apontando para alternativas, parece evidente uma lacuna normativa; o legislador não completou o raciocínio de sua pretensão, não indicando qual a solução para a decadência no caso de dolo, fraude ou simulação. Não vemos alternativa diferente senão aplicar aquela prevista no art. 173, I, do CTN para estas hipóteses, ainda que se trate de tributo que pela lei tenha um formato que o submeta ao lançamento por homologação.

Esta breve análise acerca do lançamento tributário e suas modalidades deixa exposta a grande confusão que o tema suscita, de forma desnecessária, visto ser de uma gênese simples que demandaria uma solução legislativa também simples. Toda matéria relativa ao lançamento tributário poderia estar concentrada no lançamento de ofício, assim definido pelo art. 142 do CTN, dando-lhe uma acepção puramente de ato administrativo e rechaçando as modalidades conhecidas como lançamento por declaração e por homologação. Este último, na verdade, por não ser lançamento, mas apenas o consentimento da Administração Pública quanto à atividade realizada pelo contribuinte, que pode ser de forma expressa (não aplicado na prática) ou por decurso de prazo (decadência do direito da Fazenda Pública de lançar); aquele primeiro, pela sua inutilidade conceitual e inocorrência no mundo concreto, além do fato de se enquadrar no conceito de ofício, por ser aperfeiçoado por uma autoridade administrativa, ainda que tenha havido a participação do sujeito passivo no fornecimento de informações. Portanto, lançamento deveria traduzir a ideia de ato administrativo de forma ativa, através do qual a Fazenda Pública constituísse seu crédito tributário quando necessário, e não ser considerado uma conduta omissa, ou um não ato da Administração, como ocorre com o chamado lançamento por homologação.

5.13 Alteração do lançamento

Em princípio, o lançamento tributário regularmente notificado ao sujeito passivo é *inalterável*, ingressando no mundo jurídico como pronto e acabado para produzir efeitos e tornar exigível o crédito tributário. Evidentemente, ao se mencionar "lançamento regularmente notificado ao sujeito passivo" (CTN, art. 145), cogita-se do lançamento efetuado por uma autoridade administrativa, segundo as regras do art. 142 do CTN, e não nas hipóteses de lançamento por homologação, em que o próprio contribuinte apura e declara o crédito tributário. "Notificado ao sujeito passivo" significa a condição em que o contribuinte, contra quem é direcionada a exigência tributária, é validamente cientificado do lançamento. Sem a notificação válida do sujeito passivo, não há ato administrativo válido; não há crédito constituído.

Entretanto, a inalterabilidade que adere ao lançamento não significa que ele é *imutável* em sua constituição. O lançamento, como ato administrativo vinculado e obrigatório (CTN, art. 142), não é susceptível de revogação como os atos não vinculados que dependem da oportunidade e conveniência da Administração Pública, mas é passível de anulação, revisão ou modificação. Esta alterabilidade deve estar prescrita em norma legal complementar de alcance nacional para que se evite que cada pessoa política crie o seu critério particular, trazendo prejuízo à homogeneidade e à segurança jurídica. Esta norma legal complementar é o art. 145 do CTN que prescreve:

"Art. 145. O lançamento regularmente notificado ao sujeito passivo só pode ser alterado em virtude de:

"I – impugnação do sujeito passivo;

"II – recurso de ofício;

"III – iniciativa de ofício da autoridade administrativa, nos casos previstos no art. 149."

De imediato, cabe frisar que o lançamento regularmente notificado ao sujeito passivo somente pode ser alterado da forma prevista nos incisos do artigo transcrito. Não pode, por exemplo, o Poder Legislativo, através de lei de sua origem, cancelar ou modificar lançamento tributário, como já se tentou fazer no Estado de Santa Catarina. Falece competência para este Poder interferir na alterabilidade de lançamento.

Além disso, qualquer lei que disponha sobre matéria tributária deve ser de iniciativa do Poder Executivo, sob pena de vício de origem (CF, art. 61, § 1º, II, "b"). Foi por este motivo que a lei catarinense que pretendeu cancelar notificações fiscais foi julgada inconstitucional.

Mesmo sem esta razão, o Poder Legislativo não teria competência para revisar e alterar lançamento, ainda que a lei fosse de origem do Executivo. O Poder Legislativo pode conceder benefícios fiscais das mais variadas espécies, inclusive remitir crédito tributário regularmente constituído por lançamento próprio, desde que observada a constitucionalidade da iniciativa da proposição da lei. No entanto, o benefício da remissão ou anistia fiscal não se confunde com o ato de alterar lançamento. A lei de benefício fiscal tem uma abrangência genérica sobre os créditos tributários constituídos, abrangendo os fatos que se ajustam ao conteúdo normativo instituidor do benefício. Tal efeito abrangente, impessoal ou inespecífico não se confunde com as formas de alterar lançamento que agem sobre um lançamento determinado e específico. Em outros termos, a lei pode conceder remissão ou anistia tornando ineficaz a norma concreta e individual de lançamento tributário que se ajusta ao conteúdo legislativo, mas não pode produzir seus efeitos sobre um determinado lançamento, de forma específica, para reduzir o seu valor ou mesmo para promover o seu cancelamento integral.

Portanto, a lista de hipóteses de alteração do lançamento é exaustiva, de modo que as pessoas políticas não podem inovar nesta matéria, inserindo novas modalidades de interferir no lançamento para obter a sua alteração. Esta já era a posição de Aliomar Balleiro, ao escrever: "Todavia, o art. 145 do CTN ressalva os casos em que o lançamento pode ser alterado, por iniciativa do sujeito passivo ou da autoridade. Esses casos devem ser entendidos como taxativos".[25]

Impugnação do sujeito passivo. Uma vez constituído o lançamento e levado à ciência do sujeito passivo, este pode ter razões para não concordar com a pretensão da Fazenda Pública na exigência fiscal, o que lhe dá motivos para opor sua resistência, contestando o ato fiscal, no todo ou em parte.

Nesta hipótese, o notificado pode contestar o lançamento na esfera administrativa, perante os tribunais administrativos, mais conhecidos como conselhos de contribuintes, dando início ao processo administrativo tributário, ou ingressar diretamente no Poder Judiciário, com a ação anulatória de lançamento

---

25. Aliomar Baleeiro, *Direito Tributário Brasileiro*, cit., p. 808.

Por meio da impugnação do lançamento, forma-se o devido processo legal, oferecendo ao contribuinte a mais ampla defesa (CF, art. 5º, LV). O devido processo legal também é exigido por conta do art. 5º, LIV, da CF/1988, que assim se expressa: "ninguém será privado da liberdade ou de seus bens sem o devido processo legal". Como é sabido, através do tributo, o Estado expropria parte da riqueza do contribuinte, legitimado por lei. Em se tratando de crédito tributário lançado de ofício que não foi ofertado livremente pelo contribuinte, a cobrança é forçada, exigindo-se a abertura do devido processo legal para que o contribuinte participe ativamente na discussão da matéria.

O Estado é obrigado a ofertar ao contribuinte o processo administrativo, dando-lhe oportunidade de defender-se da pretensão estatal de cobrar determinado crédito tributário. Este é um direito inafastável do contribuinte. Ora, a dívida ativa, título executivo extrajudicial que é, goza da presunção de certeza e liquidez, tendo efeito de prova pré-constituída (CTN, art. 204). No entanto, este título executivo é constituído unilateralmente pela Administração Pública, sem a interferência ou anuência da parte devedora, discrepando neste aspecto do título executivo extrajudicial particular, no qual ocorre uma convergência de interesses das partes envolvidas. A condução unilateral deste processo de constituição do título executivo é razão que dá relevo ao imperativo da oferta do processo administrativo tributário para que o contribuinte lançado como devedor tenha a oportunidade de interagir no processo, fazendo a sua defesa, estabelecendo um ambiente processual que propicie uma melhor discussão da matéria para que a verdade dos fatos venha a se constituir, adequando a exigência tributária à legalidade, para que a presunção de certeza e liquidez da dívida ativa não seja mera ficção jurídica

O natural direito de questionar o lançamento tributário no Poder Judiciário não retira a obrigatoriedade do processo administrativo, porquanto, em regra, os recursos judiciais não têm efeito suspensivo (CTN, art. 151), podendo o Estado prosseguir no seu procedimento de cobrança forçada. A conclusão é óbvia: o processo administrativo é um direito constitucional do contribuinte e se constitui no foro apropriado para a sua defesa, dentro do devido processo legal (CF, art. 5º, LIV e LV).

Recurso de ofício. O recurso de ofício, numa concepção mais restrita, é aquele interposto por iniciativa da autoridade da administração pública, normalmente pelo julgador de primeiro grau que, por lei, é obrigado a submeter o seu julgamento à instância superior. É o reexame necessário, por força de lei, que se impõe sempre que a decisão for desfavorável à Fazenda Pública. A lei processual local pode dispor sobre a obrigatoriedade do recurso necessário à instância superior de julgamento, quando uma decisão de instância inferior (de primeiro grau) cancelar ou reduzir o lançamento tributário. O recurso de ofício, na verdade, não altera o lançamento, porquanto ele apenas tem a função de reexaminar o julgamento da instância inferior.

O reexame necessário é mais uma medida de privilegiar o Estado nas lides onde é parte, no sentido de afastar qualquer possibilidade de prejuízo decorrente de erro de julgamento pelo juízo a quo, cuja decisão desfavoreceu a Administração Pública.

Entretanto, o recurso de ofício analisado numa acepção mais ampla é de iniciativa da Administração Pública com o propósito de controlar a legalidade de seus atos. É como se o Estado fizesse um recurso contra seus próprios atos para manter vigentes somente aqueles que procedem em sua exigência fiscal, segundo os pressupostos legais. A forma como a Administração conduz este processo de reexame dos lançamentos, filtrando aqueles que devem permanecer vigentes, expurgando os que estão condenados pelos vícios da ilegalidade, é matéria a ser regulada por cada entidade tributante, no exercício de sua competência tributária. O recurso de ofício nesta visão ampla não significa que o contribuinte pode manter-se inerte diante de um lançamento, sem fazer o seu recurso, confiando unicamente na determinação da Administração em sua conduta de autocontrole de seus atos. O recurso de ofício aqui mencionado atende somente casos específicos, e não poderá provocar uma atitude de acomodação do contribuinte notificado no que se refere ao seu direito contraditório. O não exercício do direito de defesa do contribuinte, em tese, faz prevalecer a exigência fiscal.

Iniciativa de ofício da autoridade administrativa. Também nesta hipótese é necessária a iniciativa da autoridade administrativa na revisão e alteração do lançamento. Esta revisão ocorre quando, nas várias situações elencadas no art. 149 do CTN, a autoridade administrativa toma conhecimento de fatos que se fossem considerados no momento da lavratura do lançamento, dar-lhe-iam novo conteúdo (fato denunciativo, valor do crédito tributário...). Somente nesta hipótese é possível a alteração do lançamento para maior, em prejuízo ao contribuinte, portanto. Nas demais, na impugnação do contribuinte e recurso de ofício, o órgão julgador deve ater-se à dimensão do lançamento, não podendo alterá-lo para maior, só para menor, ou mesmo julgando pelo cancelamento total do ato fiscal.

Para o leitor pode-se desenhar certa semelhança entre esta modalidade de alteração do lançamento (inciso III) com o recurso de ofício (inciso II). Todavia, as duas hipóteses nãos e confundem. O recurso de ofício tende a reexaminar o lançamento com uma visão crítica sobre a sua legalidade, sua procedência, com o objetivo de cancelar as exigências que não se subsumirem ao fato tributário típico descrito. É um procedimento que favorece o contribuinte. Por outro lado, as hipóteses de revisão do lançamento previstos no art. 149 (incisos II a IX), têm mais uma finalidade de rever o procedimento de fiscalização do qual resultou lançamento ou não, e tem por resultado o lançamento complementar. As possibilidades de revisão do lançamento, segundo este artigo, decorrem quase sempre de omissões, inexatidões, erros, do sujeito passivo ou de terceiros, ou faltas funcionais, dos quais venha resultar erro no lançamento. Mais detalhes sobre esta matéria no tópico que se segue.

5.14 A revisão do lançamento tributário de ofício (CTN, art. 149)

A Administração Pública deve exercer o controle da legalidade sobre os seus próprios atos, sem a interferência do Poder Judiciário. É o exercício da autotutela, através da qual os atos praticados devem sempre ser confrontados com a lei para examinar se com ela estão alinhados. Por meio da autotutela o Estado policia os seus atos e procedimentos, independentemente de iniciativa contraditória do administrado destinatário do ato. A partir desta autorrevisão pode o ato ser extinto, retirando-se a sua respectiva norma do sistema. O ato pode também ser reformado, adequando-o aos quadrantes da lei, para se tornar apto a produzir efeitos no sistema.

Cabe ainda observar, nas palavras iniciais deste tema, que a extinção do ato discricionário se faz por revogação, motivada por critério de conveniência e oportunidade, enquanto que a extinção do ato vinculado se processa através da anulação, por afrontar as diretrizes legais de sua fundamentação.

O lançamento tributário pode ser efetuado e revisto de ofício pela autoridade administrativa nas hipóteses estabelecidas pelo art. 149 do CTN. Note-se que o dispositivo se refere a duas condutas distintas do agente administrativo. Numa, ele efetuará o lançamento, noutra, se ocupará da revisão de um lançamento. Não nos parece de boa técnica legislativa apontar dois procedimentos vinculados de forma excludente a diversas situações arroladas, cabendo ao intérprete adequar quais das situações se compatibilizam com o respectivo procedimento.

A determinação legal à qual se refere o inciso I do artigo em questão somente se compatibiliza com a efetivação do lançamento de ofício, na sua versão original, visto que a revisão de lançamento é uma conduta vinculada à lei de forma genérica, não necessitando da edição de lei específica. O lançamento do IPTU seria um exemplo de imposto para o qual a lei prevê lançamento de ofício.

Os incisos II a IV referem-se à prestação de declaração por quem de direito ou pela pessoa legalmente obrigada ao fornecimento de tal prestação, ou então, quando se comprove falsidade, erro ou omissão na prestação desta declaração. Atribui-se a responsabilidade pelo fornecimento destas informações ao sujeito passivo, que pode ser o contribuinte ou o responsável tributário. A declaração aqui mencionada deve ser entendida como o procedimento do sujeito passivo que resulta na apuração e declaração do tributo a ser recolhido por um determinado fato ou período de apuração. A não prestação da declaração significa a sonegação do tributo na sua íntegra sobre um determinado fato; a declaração com falsidade, erro ou omissão, está mais relacionada a uma evasão parcial. Nas hipóteses referentes aos incisos em questão deve ser efetivado o lançamento, pois não há lançamento anterior que possa ser revisto.

Os incisos V e VI estão interligados para a solução de um mesmo problema. Havendo comprovação de omissão ou inexatidão, por parte da pessoa legalmente obrigada, que pode ser o sujeito passivo, ou terceiro legalmente obrigado (tabelião, inventariante, pais ou tutores...) em sua atribuição frente à obrigação tributária, há de se efetuar o lançamento de ofício para recuperar ao erário o tributo sonegado em razão desta conduta relapsa diante da legislação tributária. O que particulariza o inciso VI é a referência à penalidade pecuniária.

O inciso VII vem introduzir o elemento subjetivo no contexto, ao se reportar à comprovação da ação praticada com dolo, fraude ou simulação do sujeito passivo ou de terceiro, em favor daquele. De resto valem as regras já comentadas nos incisos anteriores. É de pouca repercussão o conteúdo deste inciso, considerando que no Direito Tributário opera a responsabilidade objetiva. O elemento volitivo interessa unicamente para a graduação da penalidade pecuniária e para a aplicação da sanção no processo penal.

O inciso VIII faz menção ao lançamento anterior, permitindo concluir que trata de revisão de lançamento e não de sua constituição original. O dispositivo tem por foco prever a possibilidade de fazer um lançamento complementar com relação a fatos novos, não conhecidos na oportunidade do procedimento fiscal anterior. Imagina-se a hipótese em que uma autoridade fiscal tenha efetuado um procedimento fiscal de um determinado contribuinte, do qual resultou um lançamento por falta de recolhimento do ICMS apurado e declarado pelo mesmo. Posteriormente, munido de novas informações, o fisco pode voltar ao mesmo contribuinte para lançar um novo crédito tributário, agora decorrente da falta de emissão de notas fiscais sobre um determinado fato gerador, por exemplo. Não há óbice legal nesta duplicidade de ação fiscal, desde que o novo lançamento não seja decorrente da mudança de critério jurídico (CTN, art. 146). Contrário ao entendimento de setores da doutrina, a ação fiscal não tem efeito homologatório de qualquer procedimento do sujeito passivo. O único marco delimitador da ação fiscal de lançamento do crédito tributário é o prazo decadencial.

A ação fiscal prevista no inciso IX tem motivação nas incorreções da conduta do agente fiscal que já elaborou um lançamento anterior. Especificamente, trata-se aqui de hipótese em que ocorreu fraude ou falta funcional do agente fiscal que elaborou o lançamento, ou, ainda, omissão de ato ou formalidade essencial inerente ao mesmo, pela mesma autoridade. Resumidamente, o lançamento feito sob o fundamento deste inciso pretende corrigir as falhas cometidas no procedimento anterior, sendo irrelevante perquirir sobre a conduta dolosa ou não do agente faltoso com sua função.

A análise de todos os incisos do art. 149 do CTN permite concluir que somente os incisos VIII e IX tratam efetivamente de revisão de lançamento, pressupondo a existência de lançamento anterior deficiente em sua exigência. As demais hipóteses descrevem circunstâncias em que o lançamento deve ser efetuado por uma autoridade administrativa competente. Portanto, o foco de análise deste tópico se restringe a estes incisos (VIII e IX) que descrevem condutas verdadeiramente de revisão de lançamento.

Com relação à revisão de lançamento previsto no inciso IX, que é condicionada à comprovação de ocorrência de fraude ou falta funcional da autoridade que efetuou o lançamento objeto da revisão, teses são construídas que exigem uma formalidade autônoma de produção desta prova, para somente então justificar nova ação fiscal. Em outros termos, haveria que se instaurar um processo administrativo de investigação da conduta do agente fiscal e somente após comprovada a sua falta funcional caberia a instauração de novo procedimento fiscal, com a possibilidade de elaboração de novo lançamento.

Não concordamos com tal exigência que apenas representaria uma afronta ao princípio da celeridade processual, na medida em que exige a instauração de um processo intermediário para comprovar algo que pode ser provado pela simples constatação de novos fatos. O que se pretende dizer é que a simples lavratura de lançamento complementar constitui-se em prova da falta funcional na elaboração do lançamento anterior, que se mostrou deficiente. Ou seja, a prova desta falta funcional se materializa através do resultado da própria ação fiscalizadora. Não se está aqui a cogitar nas medidas sancionatórias cabíveis às condutas fraudulentas ou dolosas na esfera funcional, que é matéria estranha à tributária aqui examinada.

O art. 149, em foco, quando pretende dizer o óbvio, restringindo a revisão do lançamento ao prazo decadencial, ainda comete um erro ao prever a possibilidade de a revisão ser iniciada enquanto não extinto o direito da Fazenda Pública. Ora, não basta iniciar o procedimento dentro do prazo decadencial; o lançamento deve ser concluído e notificado ao sujeito passivo dentro deste prazo. A revisão iniciada não interrompe a decadência, conforme sugere o enunciado da norma.

5.14.1 Revisão do lançamento ou do procedimento fiscal?

Para que um estudo que se pretende desenvolver seja conclusivo em seus resultados, é preciso estabelecer as premissas adotadas, delimitando a concepção com a qual se segue a desenvolver o tema.

Assim, cabe neste ponto discernir qual o conteúdo semântico a ser extraído do comando do dispositivo legal que determina que o "lançamento (...) é revisto de ofício (...)". Numa interpretação finalística da lei, qual seria efetivamente o objeto da revisão? O lançamento, como ato administrativo lavrado segundo o regramento do art. 142, do CTN, ou toda a ação fiscal realizada sobre o procedimento do contribuinte, ainda que sem resultar em lançamento? Melhor explicando: em processo normal das ações fiscalizatórias, os agentes do fisco procedem a uma investigação do cumprimento das obrigações tributárias do contribuinte, o que representa uma atividade de auditoria fiscal, para identificar possíveis irregularidades. Constatadas efetivamente estas irregularidades, lavra-se o lançamento tributário correspondente ao fato irregular. Houve, então, um procedimento administrativo que culminou num lançamento tributário. Pode ocorre, no entanto, que não se constatem irregularidades das quais possa resultar a lavratura do lançamento. A indagação que se propõe é se este procedimento também é suscetível ao ordenamento da revisão do lançamento.

Adotando-se como premissa a de que os pressupostos de revisão mencionados no artigo em comento visam a proteger o sujeito passivo contra sucessivas investidas do fisco sobre os mesmos fatos jurídicos de repercussão tributária, haveria razões para crer que o simples procedimento fiscal, do qual não tenha resultado nenhuma imposição tributária por lançamento de ofício, também estivesse abrangido pelo ordenamento regulador da revisão de lançamento.

Contudo, o texto da lei aponta para uma aplicação mais restritiva do instituto da revisão de lançamento. O art. 149 do CTN prescreve que "o lançamento é efetuado e revisto de ofício (...)", nas hipóteses que segue relacionando. Portanto, trata-se realmente de lançamento resultado da ação efetiva do agente fiscal, regrado pelo ordenamento do art. 142 do CTN. Não se cogita em lançamento na sua modalidade por homologação prevista no art. 150 do mesmo Código. Também não nos parece que o simples procedimento de fiscalização, sem resultar em lançamento, possa ser suscetível à aplicação do ordenamento da revisão de lançamento aqui enfocado.

O desenvolvimento de nossa reflexão introdutória até aqui aponta para o tema delimitado à revisão do lançamento. Não é objeto de nossa pesquisa o lançamento em si, em sua estruturação jurídica e hipóteses de lavratura. É imperioso lançar este alerta, visto que o art. 149 do CTN aloja no mesmo dispositivo matéria de natureza distinta, tratando de definir as hipóteses em que o lançamento pode ser *efetuado*, ao lado das circunstâncias em que este pode ser *revisto*. O nosso propósito é examinar o contexto que abrange a *revisão* do lançamento, matéria esta que se encontra circunscrita nos incisos VIII e IX do citado artigo, não a *constituição* originária, da qual tratam os demais incisos.

Há de se concluir então este tópico com a compreensão de que a revisão de lançamento prevista no art. 149 do CTN, nos incisos mencionados, pressupõe um lançamento de ofício anterior, o qual foi concebido com omissões, com erros de fato ou de direito, decorrentes de falta funcional ou não, merecendo um ajuste para a sua identificação com a realidade dos fatos. Portanto, não há de se falar em revisão de lançamento sem a existência de lançamento anterior que possa ser revisto.

A despeito da delimitação da matéria deste trabalho à revisão de lançamento anteriormente lavrado, não nos furtamos em enfrentar a oportuna indagação sobre a possibilidade de revisão de um procedimento de fiscalização, do qual não resultou nenhum lançamento, para detectar novos fatos e irregularidades antes não constatados, os quais acabam resultando em lançamento. Parece-nos que uma ação fiscal não tem efeito homologatório sobre o procedimento do contribuinte, sendo possível a sobreposição de nova ação fiscal sobre o mesmo período e fato, esta talvez com maior rigor, para detectar irregularidades antes não verificadas.

Mas há limites. Pelo menos em dois momentos, o CTN estabelece uma garantia ao contribuinte que segue as orientações informadas pela administração tributária que não são na forma de norma expressa, o que pode ter aplicabilidade na análise da possibilidade de revisão de procedimento fiscal: (I) O contribuinte seguidor das práticas reiteradamente observadas pelas autoridades administrativas é liberado de penalidades, da cobrança de juros de mora e da atualização monetária (CTN, art. 100, III). Uma ação fiscal sem resultar em lançamento, na qual fica consignada uma orientação expressa da autoridade administrativa competente sobre como o contribuinte deve proceder em determinada situação, se tiver alguma conotação reiterada, pode sim se converter em norma complementar, ou externar a consolidação de uma interpretação da Fazenda Pública, com reflexos no impedimento de revisão do procedimento administrativo. Mas é preciso que haja uma orientação expressa da autoridade competente. Não é possível conceber a criação de norma complementar por omissão da autoridade fazendária. (II) A mudança de critério jurídico não é fundamento para rever posições e condutas adotadas pela administração fazendária sobre fatos pretéritos (art. 146, do CTN). O sujeito passivo não pode estar exposto às mudanças de interpretações dos órgãos fiscais sobre matéria tributária, com relação a fatos pretéritos, sob pena de corromper a segurança jurídica e a estabilização nas relações tributárias.

Portanto, concluindo este tópico, na proposição de nossa análise, conforme já retro explicado, trabalhamos com a premissa de que a revisão de lançamento regulada pelo CTN pressupõe a existência de um lançamento de ofício anterior, o qual é objeto de revisão.

5.14.2 Revisão do lançamento por erro de direito ou erro de fato

Um dos pontos controvertidos sobre o qual diverge a doutrina está relacionado à natureza do erro no procedimento que enseja a revisão do lançamento como medida saneadora. O erro passa então a ser classificado em duas categorias pela doutrina, erro *de direito* e erro *de fato*, com o intento de identificar qual categoria de erro admitiria a revisão do lançamento. A controvérsia não se limita à discussão do tipo do erro a legitimar a revisão do lançamento, mas sobre a relevância ou não desta discussão para este procedimento revisional.

Antes de prosseguir na análise proposta, há de se definir erro de fato e erro de direito.

Admitamos que o agente fiscal, ao lavrar um lançamento tributário referente à exigência do ICMS sonegado pelo contribuinte por falta de emissão de notas fiscais e, por consequência, omissão de registro e apuração do imposto a ser recolhido, incorra em dois erros em seu procedimento: como primeiro erro, deixou de computar na base de cálculo do imposto, por mero equívoco, o valor referente ao frete efetuado pelo remetente das mercadorias e cobrado do destinatário[26] na planilha de cálculo que levantou as operações não submetidas à incidência tributá-

---

26. De acordo com o art. 13, § 1º, II, "b" da LC 87/1996, o frete, caso o transporte seja efetuado pelo próprio remetente ou por sua conta e ordem e seja cobrado em separado, integra a base de cálculo do ICMS.

ria pelo contribuinte. A segunda incorreção decorreu de inadequada aplicação de alíquota do imposto. Na operação de venda no fato hipotético, o destinatário era de outro Estado e não contribuinte do ICMS, sendo aplicável a alíquota interna de 17%, quando na verdade, o agente fiscal baseou seus cálculos na alíquota interestadual de 12%, incorrendo em erro da aplicação da norma específica à alíquota.[27] Neste caso hipotético extrai-se que o agente fiscal incorreu em erro de fato ao definir de forma inexata a base de cálculo, eis que este erro não decorreu de eleição de norma indevida, mas de um desajuste no procedimento de composição do valor. Já no segundo segmento, a aplicação da alíquota errônea representa um erro de direito, pois que decorreu da indevida aplicação da norma. Note-se que na definição da base de cálculo, caso o agente incorresse no erro em razão da sua interpretação da norma, entendendo que o frete não a integraria, estaria ele desalinhando a norma com o fato concreto, resultando daí também um erro de direito.

Paulo de Barros Carvalho faz a sua reflexão sobre estes diferentes tipos de erros, adotando como um dos critérios a sua relação com a norma. Erro de fato é um problema *intranormativo*, enquanto que o erro de direito decorre de enunciados de normas jurídicas diferentes, sendo resultado de um descompasso *internormativo*.[28]

Hugo de Brito Machado, por sua vez, estabelece uma análise comparativa entre erro *de direito* e *mudança de critério jurídico*. Leciona o autor: "Há *erro de direito* quando o lançamento é feito *ilegalmente*, em virtude de ignorância ou errada compreensão da lei. (...). Há *mudança de critério jurídico* quando a autoridade administrativa simplesmente muda de interpretação, substitui uma interpretação por outra, sem que se possa dizer qual das duas seja a incorreta".[29]

Para Eurico Marcos Diniz de Santi, o erro de fato vicia o ato-norma no plano fático da constituição, enquanto o erro de direito o vicia na motivação.[30]

---

27. A alíquota interestadual tem aplicação para remessa de mercadorias para contribuintes localizados em outra unidade da Federação.
28. Paulo de Barros Carvalho, *Curso de Direito Tributário*, 21ª ed., São Paulo, Saraiva, 2009, pp. 453-454.
29. Hugo de Brito Machado, *Curso de Direito Tributário*, 32ª ed., São Paulo, Malheiros Editores, 2011, p. 177.
30. Eurico Marcos Diniz de Santi, *Lançamento Tributário*, cit., p. 267.

José Souto Maior Borges é voz dissonante da doutrina que classifica os erros em de fato e de direito e fala da superação desta distinção, afirmando que "(...) não há critério idôneo para a distinção entre erro de fato e erro de direito".[31]

Os ensinamentos da doutrina dominante retro expostos permitem concluir que o *erro de direito* está relacionado ao manejo inadequado do sistema normativo, manifestando-se pela desarmonia entre a lei e o fato a ela subsumido, tornando o ato ilegal; é o desajuste decorrente do desalinhamento da norma aplicada ao caso concreto. O erro de direito que se verifica numa norma concreta e individual, no caso do lançamento tributário, decorre de erro de embasamento legal, embasamento este extraído da norma em abstrato, tornando o ato simplesmente ilegal, por estar em desacordo com a lei. O *erro de fato* é atrelado à matéria fática e tem sua gênese no desajuste de procedimento da agente, na operacionalidade dos fatos ou no levantamento das provas ou na elaboração de planilhas de valores. Nesta modalidade de erro não se indaga sobre a lei competente para o caso, mas qual o resultado de sua aplicação concreta. Portanto, contrariando a doutrina de José Souto Maior Borges, não nos parece difícil a identificação de critérios diferenciadores entre o erro de fato e de direito.

Estabelecidas as significações linguísticas das duas espécies de erro, assim classificadas pela doutrina, segue-se o enfrentamento da matéria relacionada à possibilidade de revisão do lançamento para o saneamento dos erros nas modalidades identificadas. O que se passa a examinar é se a modalidade de erro no lançamento tem relevância para legitimar a sua revisão. Em caso positivo, qual o tipo de erro suscetível ao saneamento via revisão de lançamento.

A vinculação da possibilidade de revisão do lançamento à qualificação do erro não encontra amparo no direito positivado competente para dispor sobre lançamento, no plano de normas gerais estatuídas pelo Código Tributário Nacional. Este diploma legal, ao relacionar as duas hipóteses motivadoras de revisão de um lançamento anterior, incisos VIII e IX do art. 149, não emprega o vocábulo "erro", muito menos na sua qualificação instituída pela doutrina. Os preceptivos referem-se a "fato não conhecido", "falta funcional" ou "omissão", ao descrever as

---

31. José Souto Maior Borges, *Lançamento Tributário*, 2ª ed., São Paulo, Malheiros Editores, 2001, p. 282.

circunstâncias motivadoras do ato revisional, dando uma ideia de desajuste da positivação da norma concreta e individual com o fato concreto verificado. Os mencionados incisos não fornecem nenhuma indicação para a vinculação da possibilidade de revisão do lançamento a determinado tipo de erro. No entanto, há uma forte corrente doutrinária que vincula a atividade revisional ao erro de fato, defendendo, por exclusão, a impossibilidade desta revisão para remover um erro de direito na feitura do lançamento revisado. Esta construção doutrinária tem por principal fundamento a presunção de que Administração Pública deve conhecer a lei; não cabe a ela alegar ignorância da lei para justificar o erro de direito. Em certas manifestações doutrinárias, a tese é também inspirada no preceptivo do art. 146 do CTN, que veda a retroatividade de efeitos decorrentes da introdução no sistema de novos critérios jurídicos pelo ordenamento jurídico, para o mesmo contribuinte. A mudança de critério jurídico revelaria uma fragilidade do ente tributante na atividade interpretativa da norma, guardando certa sintonia com o erro de direito.

Paulo de Barros de Carvalho expõe com clareza a sua posição sobre a matéria. Escreve ele: "O agente público, ao verificar o valor da operação, base de cálculo do imposto, toma-o a menor, promovendo a determinação da dívida em quantia inferior à que efetivamente é. Tempos depois, antes, naturalmente, que flua o prazo decadencial, procede a expedição de ofício, comunicando ao sujeito passivo a alteração havida no lançamento originário. Houve erro de fato e, portanto, é regular a iniciativa modificadora da Fazenda Pública. Noutro quadro, funcionário competente promove o cálculo do tributo devido, mediante aplicação de certa alíquota, digamos, 17%, em virtude da classificação que entende correta, para determinado produto industrializado, na tabela do IPI. Posteriormente, sem apontar qualquer aspecto material novo do bem que analisar, muda de opinião, passando a classificá-lo numa posição mais gravosa da tabela, em que a alíquota é de 23%, alegando que este é percentual juridicamente mais adequado àquele produto industrializado. A alteração não pode prevalecer, fundada que está em mudança de critério jurídico. O agente não poderia, segundo o direito, desconhecer a diretriz jurídica apropriada à escolha da alíquota. Houve erro de direito e o citado art. 146 só permite aplicar o novel critério para fatos jurídicos tributários subsequentes àquele que ensejou a tributação".[32]

32. Paulo de Barros de Carvalho, *Curso de Direito Tributário*, cit., p. 462.

Debruçando-se sobre o tema relacionado à modificação dos critérios jurídicos pela administração fazendária, Luciano Amaro revela que reconhece uma certa aproximação da alteração de critério jurídico com erro de direito e conclui seu estudo sem demonstrar a firmeza necessária para se posicionar sobre a possibilidade ou não de revisão do lançamento viciado por erro de direito. Arremata o autor: "Em resumo, o art. 146 provavelmente visou a expressar a impossibilidade de *revisão* de lançamento por *erro de direito*".[33]

Alberto Xavier sustenta que os lançamentos efetuados com base numa determinada interpretação do agente responsável pelo ato não podem ser revistos com fundamento em nova interpretação. Conclui o autor que o lançamento não pode ser revisto por erro de direito.[34] O autor aloja no mesmo conceito a modificação de critério jurídico e o erro de direito. Sacha Calmon Navarro Coêlho[35] é outro autor que se filia ao entendimento, segundo o qual o lançamento não pode ser revisto pela Administração em caso de erro de direito ou de valoração jurídica dos fatos.

A jurisprudência também se posiciona pela impossibilidade de revisão de lançamento para sanar erro de direito no lançamento anterior, erro assim concebido como uma forma de alteração de critério jurídico. O STF assim já decidiu:

"Imposto de renda. Impossibilidade de revisão de lançamento de erro de direito. Recurso não conhecido."[36]

O STJ, citando a Súmula 227[37] do extinto TFR, parece também ter firmado entendimento no sentido de não admitir a revisão de lançamento motivado por erro de direito.[38]

Posição firmada por Hugo de Brito Machado diverge da doutrina que vincula a atividade revisional ao erro de fato, posição que se impõe

---

33. Luciano Amaro, *Direito Tributário Brasileiro*, cit., p. 382.
34. Alberto Xavier, *Do Lançamento no Direito Tributário Brasileiro*, São Paulo, Resenha Tributária, p. 156.
35. Sacha Calmon Navarro Coêlho, *Curso de Direito Tributário Brasileiro*, cit., p. 705.
36. RE 60.663/RJ, 3ª T., *DJ* 13.10.1967.
37. Dispõe a Súmula 227 do TFR nos seguintes termos: "A mudança de critério jurídico adotado pelo fisco não autoriza a revisão do lançamento".
38. Neste sentido: REsp 1130545/RJ, 2009/0056806-7, *DJe* 22.2.2011 e AgRg no Ag 1260187/RJ, 2009/0245214-2, *DJe* 2.2.2011.

como majoritária. Leciona o autor: "Divergindo de opiniões de tributaristas ilustres, admitimos a revisão do lançamento em face de erro, quer *de fato*, quer *de direito*. É esta a conclusão a que conduz o princípio da legalidade, (...). A vontade da administração não tem qualquer relevância em seu delineamento. (...) O lançamento, como norma concreta, há de ser feito de acordo com a norma abstrata contida na lei. Ocorrendo erro na sua feitura, quer no conhecimento dos fatos, quer no conhecimento das normas aplicáveis, o lançamento pode, e mais que isto, o lançamento deve ser revisto".[39]

Este mesmo entendimento é compartilhado por Eurico Marcos Diniz de Santi que assim escreve: "Portanto, tanto um como outro enfermam o ato-norma de vício de legalidade ainda que o erro seja de fato não se pode olvidar que a validade da norma é conferida pela suficiência do fato jurídico que lhe serviu de fonte material. Assim, há potencial ilegalidade do 'ato-norma' ante os casos de 'erro de fato' ou 'erro de direito'. Como a Administração pauta-se pelo princípio da 'estrita legalidade', cinge-se no dever de invalidar ou se possível convalidar o ato-norma administrativo que se apresenta nessa situação".[40]

A jurisprudência parece consolidar uma inclinação restritiva ao direito de revisão do lançamento, vinculando-o à hipótese em que o vício a ser sanado decorra de erro de fato. A despeito de, na doutrina, se poder colher posições divergentes, esta também se inclina neste sentido. O erro de direito é associado, por parte da doutrina, à mudança de critério jurídico, daí a origem das restrições de revisão com inspiração no art. 146 do CTN. A jurisprudência também se inspira na modificação do critério jurídico para fundamentar sua oposição à revisão motivada por erro de direito.

Em primeiro lugar, não nos parece de boa técnica agrupar na mesma categoria jurídica o preceptivo da mudança de critério jurídico, alojado no art. 146 do CTN, e o erro de direito. A diferença é sutil, é claro, mas há elementos que permitem reconhecer significações distintivas. A mudança de critério jurídico representa uma inovação na interpretação da norma, hipótese em que a Fazenda Pública, através de seus agentes, aplica a lei, segundo uma interpretação então vigente e considerada ade-

---

39. Hugo de Brito Machado, *Curso de Direito Tributário*, cit., p. 177.
40. Eurico Marcos Diniz de Santi, *Lançamento Tributário*, cit., pp. 266-267.

quada, e posteriormente muda de opinião, após determinado tempo, dando à mesma norma outro entendimento. Note-se que se trata de critério subjetivo. Não se trata de erro, mas de reavaliação do significado da norma. Houve uma mudança de entendimento. Trata-se da formação de juízo de valor com o consentimento do exegeta. Já o erro de direito decorre de um procedimento ilegal, não respaldado na lei cabível para a hipótese específica. O ato praticado com erro de direito, na verdade, está desprovido de respaldo legal, eis que não foi aplicada a norma que cabia para o caso. Imagine-se a hipótese em que duas leis tenham fixado alíquotas de ICMS diferentes, cada uma com vigência em determinado período. Por erro, a autoridade fiscal aplicou aquela de menor alíquota para fatos geradores ocorridos em data em que vigia a lei mais gravosa. Trata-se de erro de direito, eis que o desajuste está entre o fato concreto e a aplicação da norma abstrata. O desalinhamento da norma com o fato não resulta de erro de interpretação, não sendo caso de modificação de critério jurídico. Por certo, há diversas situações em que o agente fiscal pode incorrer em erro de direito, aplicando equivocadamente um determinado comando normativo incompatível com o fato que pretende positivar, sem que ocorra uma modificação de critério jurídico. Parece que parte da doutrina e jurisprudência consolidou uma equivocada concepção do erro de direito, ligando-o inexoravelmente à modificação de critério jurídico, resultando daí a conclusão genérica da impossibilidade de revisão de lançamento em razão do erro de direito. Na verdade, o argumento que sustenta esta tese tem sua fonte inspiradora no art. 146 do CTN, fora do contexto normativo de revisão de lançamento. O mencionado artigo tem alcance mais abrangente, fornecendo ao contribuinte uma garantia jurídica contra a retroatividade de exigências tributárias em decorrência de mudança de interpretação dos agentes do fisco, seja em qualquer circunstância, com ou sem lançamento. Portanto, o erro de direito não há que se confundir com mudança de critério jurídico, pois esta se caracteriza pela nova interpretação dada pela Administração à determinada norma para aplicação ao caso específico, situação que repele a possibilidade de revisão do lançamento. no entanto, o erro de direito resultante de um equívoco específico no manejo da norma para fazer a subsunção de determinado fato não se avizinha de qualquer atividade interpretativa, sendo possível o seu saneamento por meio de revisão de lançamento.

De forma persistente, parte da doutrina e jurisprudência, acolhedora da tese restritiva de revisão do lançamento, fundamenta-se no fato de que a Administração Pública, através de seus agentes, é presumidamente conhecedora da lei e do direito, não podendo por isso alegar erro em sua aplicação, o que impediria a revisão de lançamento por erro de direito.

O argumento é superficial e não se sustenta se confrontado com o princípio da estrita legalidade que deve informar todos os atos administrativos convergentes para a exigência tributária (CTN, arts. 3º e 142, parágrafo único). A Administração Pública não pode ser privada do direito e dever de exigir seu crédito tributário pela única razão de seu agente ter incorrido em erro na sua atividade, o que exigiria da atuação estatal uma condição de infalibilidade. A nenhum cidadão é permitido alegar o desconhecimento da lei para se escusar de seu cumprimento (art. 3º da Lei de Introdução às Normas do Direito Brasileiro, redação dada pela Lei 12.375/2010); portanto, não é só a Administração que deve conhecer o direito, mas todas as pessoas ou entidades sujeitas do direito. Os atos da Administração podem nascer com defeitos que, dependendo da gravidade, podem ser sanados ou serão causas de nulidade do ato. No caso de lançamento tributário, estes vícios podem ser suscetíveis de saneamento; podem ser causa de nulidade, ou podem motivar a revisão do lançamento para a inclusão de novos fatos não conhecidos no lançamento anterior.

O próprio Código Tributário Nacional previne o direito da Fazenda Pública com relação ao crédito tributário contra a debilidade funcional, ao prescrever novo termo inicial do prazo de decadência para refazer lançamentos cancelados por vício formal (CTN, art. 173, II).[41] É certo que o agente administrativo deve conhecer o direito, mas a sua falibilidade, que é uma condição humana, não se constitui causa de extinção de crédito tributário. De igual forma, à eventual falha na atividade fiscal, seja na forma de erro de fato ou de direito, não pode ser atribuída uma causa extintiva do crédito tributário que seria cobrado não houvesse a referida falha funcional. Sempre que a autoridade competente constatar o descumprimento de uma obrigação tributária, haverá ele de agir,

---

41. "Art. 173. O direito de a Fazenda Pública constituir o crédito tributário extingue-se após cinco anos, contados:
"II – da data em que se tornar definitiva a decisão que houver anulado, por vício formal, o lançamento anteriormente efetuado."

em razão de seu dever funcional, fazendo o lançamento cabível, sob o império do art. 142 do CTN, ainda que esta pendência seja resultado de falha funcional (erro de direito ou de fato) na atividade de lançamento anterior. Lembremo-nos sempre que a autoridade administrativa não tem a faculdade de proceder ao lançamento, mas a obrigação de fazê-lo.

Há razões para divergir da posição de Sacha Calmon Navarro Coêlho,[42] quando diz que fica com a lei, ao expressar a sua motivação pela impossibilidade de rever lançamento em razão de erro de direito. Isto porque a lei determina a elaboração do lançamento diante de qualquer situação de conhecimento, por parte da autoridade competente, de um crédito tributário sonegado. A vinculação à lei do ato administrativo de lançamento é lembrada por Eurico Marcos Diniz de Santi, que escreve: "Trata-se de ato totalmente vinculado à lei. Não se admite juízo de conveniência ou oportunidade por parte da administração".[43]

Milita ainda a favor desta indisponibilidade do sujeito ativo com relação ao seu direito ao crédito tributário, as disposições do Código Tributário Nacional, instituidoras de garantias e privilégios deste crédito (arts. 183 a 193). Não é concebível que todo este regramento que prestigia o crédito tributário venha a ser anulado por restrições na atuação do órgão fiscalizador na atividade de revisão de lançamento para exigir créditos omitidos em lançamento anterior, em razão de decorrer de erro de direito. No nosso entender, tal posicionamento instituiria uma nova hipótese de extinção de crédito tributário não prevista no CTN ou em qualquer outra lei esparsa. Seria uma nova modalidade de homologação do procedimento do contribuinte por omissão funcional no lançamento por erro de direito, não contemplado no sistema normativo.

Portanto, uma vez constatada a ocorrência de falha, omissão ou desconhecimento de fatos, por uma autoridade administrativa, em um procedimento fiscal antecedente, este há de fazer a revisão do ato como medida saneadora, a bem do interesse público, sendo irrelevante a discussão acerca da classificação doutrinária entre erro de direito e erro de fato.

Pensamos que o art. 149 do CTN não deve ser interpretado como forma restritiva de exigência do crédito tributário, obstaculizando a fis-

---

42. Sacha Calmon Navarro Coêlho, *Curso de Direito Tributário Brasileiro*, cit., p. 705.
43. Eurico Marcos Diniz de Santi, *Lançamento Tributário*, cit., p. 266.

calização tributária através de amarras formais. A sua interpretação deve ser contextual dentro do próprio Código. Ora, o art. 142 do Codex prescreve o lançamento tributário como ato vinculado à lei, traduzindo a ideia de que o agente fiscal deverá fazer o lançamento diante do conhecimento de um crédito tributário devido; o art. 195, também do CTN, estabelece uma blindagem para a atividade fiscalizatória contra disposições legais excludentes ou limitativas deste procedimento. Além disso, o Código destina todo um capítulo às garantias e privilégios do crédito tributário (arts. 183 a 193). Tudo isso leva a indicar que se, de um lado, o legislador privilegiou o crédito tributário e a sua forma de arrecadação, não poderia, em contraposição a esta regra, ter inserido no mesmo Código norma restritiva de procedimento de fiscalização tributária. Há razões para crer que a lista de situações descritas no art. 149 não é taxativa, apenas exemplificativa, eis que o agente fiscal, sob a imposição do art. 142, do CTN, deverá lançar o crédito tributário devido, sem perquirir sobre a existência de anterior lançamento.

As únicas ressalvas admitidas na revisão de lançamento dizem respeito à mudança de critério jurídico e de técnica fiscalizatória.

Na hipótese de um agente fiscal ter elaborado um lançamento como fruto de uma determinada interpretação legal, não pode voltar ao contribuinte com nova imposição tributária, alegando nova interpretação da lei. A mudança de critério jurídico somente pode ser imposta ao contribuinte com relação a fatos geradores ocorridos após a data da manifestação desta nova orientação (CTN, art. 146). Este tema será examinado de forma mais detida no tópico seguinte.

A mudança de técnica fiscalizatória também não autoriza a revisão de lançamento, com a feitura de lançamento complementar. Imagina-se a situação em que o agente fiscal, ao fiscalizar uma empresa, tenha se utilizado da técnica de confronto dos valores de vendas registradas nos controles paralelos com as vendas oferecidas à tributação do ICMS, por exemplo, para determinar a base tributária de um lançamento de ofício. Em data posterior, reexaminado a escrituração do mesmo contribuinte, constata o agente fiscal que, durante o mesmo período, o contribuinte apresentava vestígios de sonegação fiscal que se visualizavam por meio de suprimento de caixa por manter um elevado passivo fictício. Não cabe levantar novo lançamento, para complementar o anterior, com a nova técnica fiscalizatória, desta vez, baseada na técnica de presunção legal do suprimento de caixa. Haveria, por certo, uma sobreposição de exigências tributárias sobre o mesmo fato, advindas de técnicas fiscalizatórias diferentes.

5.14.3 Impossibilidade de revisão de lançamento em razão da modificação de critério jurídico da autoridade administrativa

A leitura do Código Tributário Nacional nos revela algumas passagens nas quais fica evidente a preocupação do legislador com a manutenção de um ambiente de segurança jurídica na relação entre contribuinte com o sujeito ativo, ao qual devem ser prestadas as obrigações tributárias. Uma destas passagens encontra-se inscrita no art. 146 do mencionado Código, segundo o qual "A modificação introduzida, de ofício ou em consequência de decisão administrativa ou judicial, nos critérios jurídicos adotados pela autoridade administrativa no exercício do lançamento somente pode ser efetivada, em relação ao mesmo sujeito passivo, quanto a fato gerador ocorrido posteriormente à sua introdução".

A restrição da atuação fiscal não está constrita na atividade de lançamento de ofício, mas tem uma abrangência sistêmica, operando em campo mais amplo na relação jurídica tributária. O foco da restrição é contra o efeito retrospectivo de novos critérios jurídicos adotados pela autoridade administrativa, com relação ao mesmo sujeito passivo. A modificação de critérios jurídicos deve ser entendida como mudança de posição interpretativa da administração fazendária com relação à determinada norma. No dizer de Hugo de Brito Machado, "Há *mudança de critério jurídico* quando a autoridade administrativa simplesmente muda de interpretação, substitui uma interpretação por outra, sem que se possa dizer que qualquer das duas seja incorreta".[44]

A motivação da medida, por certo, é a manutenção da segurança jurídica. O sujeito passivo não pode ficar exposto às oscilações das diversas acepções que a norma pode suscitar ao corpo dos funcionários fazendários. A mudança de entendimento pode ocorrer por conta de uma reconstrução interpretativa do agente administrativo, como pela renovação dos membros da corporação com a introdução de novas ideias,

---

44. Hugo de Brito Machado, *Curso de Direito Tributário*, cit., p. 177.

novos paradigmas e novas compreensões do texto normativo. As intempéries nas atividades interpretativas da administração fazendária não devem atingir o sujeito passivo que seguiu orientação emanada pelos órgãos competentes. Não significa dizer que a administração tributária não possa revisar seu posicionamento sobre determinada matéria, mas somente poderá fazê-lo com relação aos fatos geradores que sobrevenham a esta mudança de entendimento devidamente notificada ao sujeito passivo, para que este possa se readequar em seus procedimentos segundo a nova orientação.

Decorre da análise deste dispositivo que nenhuma atividade exacional da administração tributária pode ser empreendida, seja através de lançamento ou não, que tenha por motivação uma alteração nos critérios jurídicos adotados pelos seus agentes. A assertiva está assentada no primado da segurança jurídica. Não pode o contribuinte permanecer de forma indefinida às naturais mudanças de posicionamentos dos agentes componentes da administração tributária, com relação a fatos pretéritos. No plano concreto equivale dizer que o fisco não pode retomar um procedimento fiscal para fazer o lançamento complementar de parcela de tributo não incluído no lançamento anterior, por ser considerado indevido segundo os padrões de interpretação então vigentes, sob a alegação da sua condição de exigível com base em nova interpretação.

O tema já mereceu o estudo de Kyioshi Harada, que assim leciona: "Adotado um critério jurídico de interpretação pelo fisco ao longo do tempo para fiscalizar as atividades de determinado contribuinte concluindo pela regularidade de sua situação fiscal, não pode o mesmo fisco rever as atividades do passado para exigir tributos e aplicar sanções a pretexto de que a administração alterou seu entendimento acerca da matéria".[45]

Contudo, não nos parece se coadunar com a legalidade admitir a possibilidade de o sujeito passivo tirar proveito de erros ou omissões dos agentes administrativos em suas atividades de lançamento, no sentido de impossibilitar medidas saneadoras através de revisão de lançamento, reforçando aqui a ideia da possibilidade de revisão de lançamento para todo e qualquer tipo de erro, seja de direito ou de fato. Nisso

---

45. Kiyoshi Harada, "Alteração do critério jurídico de interpretação", *Âmbito Jurídico* 71, Rio Grande, 1.12.2009. Disponível em *www.ambito-juridico.com.br*. Acesso em 23.8.2011.

decorre que é fundamental determinar se o caso que se pretende examinar alinha-se com uma reformulação interpretativa ou de erro de ação do agente administrativo. Na primeira hipótese, vedada está a Fazenda Pública em agravar a exigência via lançamento sobre fatos pretéritos; na segunda hipótese, a revisão de lançamento não só é uma faculdade como uma imposição para atender a legalidade dos feitos administrativos.

Reconhece-se que há certa proximidade de concepção entre uma alteração interpretativa e erro de direito. A interpretação do passado, depois de superada, poderia traduzir uma ideia de erro de direito. Poder-se-ia dizer que houve erro de direito na aplicação da norma no passado. Todavia, tal aparente dificuldade conceitual não autoriza generalizações na análise da matéria; os aspectos práticos não haverão de se sobrepor à análise segundo o critério da Ciência do Direito. Cabe sublinhar os aspectos que particularizam cada entidade. Ao introduzir mudança no critério jurídico no exercício do lançamento, a administração tributária revela consciência compartilhada com o sujeito passivo de sua conduta anterior, havida então como acertada; o contribuinte está seguro de que está cumprindo com as suas obrigações tributárias se acolher o entendimento da administração tributária que lhe é externada como orientação oficial. O seguimento fiel de uma orientação oficial por parte do contribuinte, ainda que esta orientação seja de forma implícita por meio de manifestações de interpretação de normas, repele qualquer forma de exigência tributária retroativa, em decorrência de nova interpretação, não sendo caso de aplicação de revisão do lançamento segundo a prescrição do art. 149 do CTN. Já na hipótese de erro de direito, o evento era desconhecido pela administração tributária e por isso não compartilhado com o sujeito passivo. Havendo omissão da administração tributária por erro ou omissão na atividade de lançamento, sabe o contribuinte, ou devia saber, que cabe a medida saneadora para a revisão do lançamento nos termos do art. 149 do CTN, sem que isso venha a representar a quebra de segurança jurídica. De fato, a segurança jurídica é determinante para justificar a pesquisa da distinção entre modificação de critério jurídico e erro de direito, eis que neste o contribuinte não tem legitimidade para opor contra a Fazenda Pública um direito proveniente de falhas, erros ou omissões de agentes da administração tributária, enquanto que as orientações oficiais decorrentes de critério jurídico vinculam a Administração, fornecendo ao contribuinte seguidor destas orientações a segurança jurídica necessária contra novas exações sobre fatos pretéritos. Portanto, há pontos que individualizam cada entidade, permitindo fazer a distinção entre uma hipótese de alteração de critério jurídico e erro de direito.

5.15 Reemissão do lançamento cancelado por vício formal, com a reabertura do prazo decadencial, segundo o art. 173, II, do CTN

No tópico anterior, tratou-se da elaboração e da revisão do lançamento de ofício; neste segmento será enfocado o instituto da *reemissão* do lançamento que foi cancelado por ter sido lavrado com defeito em sua formalidade. O que há de comum nos dois segmentos de análise é que tanto na revisão como na reemissão há uma medida saneadora de procedimento administrativo imperfeito. Enquanto que na revisão a origem da irregularidade está na percepção dos fatos, no levantamento de dados e nas informações que irão compor o lançamento, na reemissão a preterição da forma legal é a causa do defeito no lançamento. Por esta razão, a reemissão se restringe a uma reedição do lançamento anterior, sem nele inserir novos fatos ou valores, saneando apenas o vício formal que dera causa ao seu cancelamento no julgamento competente.

São os termos do dispositivo:

"Art. 173 – O direito de a Fazenda Pública constituir o crédito tributário extingue-se após cinco anos, contados: (...)

"II – da data em que se tornar definitiva a decisão que houver anulado, *por vício formal*, o lançamento anteriormente efetuado" (grifo nosso).

Pelo dispositivo transcrito abre-se nova hipótese de contagem de prazo decadencial, que terá como termo inicial a data da decisão definitiva pelo cancelamento do lançamento, em decorrência de vício formal na sua constituição.

A doutrina inclina-se em enquadrar a hipótese como interrupção da decadência, com o reinício de um novo prazo por inteiro, desprezando o prazo anteriormente decorrido. Para melhor explicar, façamos um comparativo com a interrupção da prescrição, que ocorre, por exemplo, pelo despacho do juiz que ordenar a citação em execução fiscal (CTN, art. 174, I). Suponhamos que a prescrição já está em curso, com o prazo decorrido de quatro anos, quando o referido despacho judicial dará início a um novo prazo prescricional, por inteiro, de cinco anos, desprezando os quatro anos já transcorridos antes do ato judicial interruptivo.

Examinando a estrutura conceitual da interrupção, verifica-se que a disposição contida no art. 173, II, do CTN, não se enquadra com justeza a esta entidade. A decisão que anula o ato fiscal por vício formal não está interrompendo a decadência em curso. Na fase do processo administrativo, ou mesmo judicial, não há mais que se falar em decadência. Esta já foi prevenida pela formulação do lançamento. A decadência opera antes do lançamento. Portanto, não se está interrompendo o prazo decadencial, para determinar o reinício de novo prazo. O que ocorre é uma hipótese específica de abertura de contagem do prazo decadencial, que não está atrelada ao fato gerador (CTN, art. 150, § 4º) e nem ao disposto no art. 173, I, do mesmo Código. Trata-se de um prazo decadencial específico para o fato determinado.

Com esta observação perde consistência o argumento por vezes defendido por autores, segundo o qual, em regra, a decadência não se interrompe e nem se suspende, visto não se tratar de interrupção de decadência, mas tão somente de nova hipótese de prazo decadencial. Além do mais, ainda para quem admite tratar-se de interrupção da decadência, o Código Civil vigente, Lei 10.406, de 10.1.2002, em seu art. 207, sugere a possibilidade de interrupção e suspensão do prazo decadencial, ao permitir a disposição de lei em contrário, quando anuncia que "não se aplicam à decadência as normas que impedem, suspendem ou interrompem a prescrição".

Mesmo antes desta disposição do atual Código Civil (não há dispositivo correspondente no Código Civil de 1916), não havia razões para negar a possibilidade de interrupção do prazo decadencial em matéria tributária, eis que o legislador tributário é autorizado a alterar a definição, o conteúdo e o alcance dos institutos, conceitos e formas de Direito Privado, desde que não sejam utilizados, expressa ou implicitamente, pela Constituição Federal, pelas Constituições dos Estados, ou pelas Leis Orgânicas do Distrito Federal ou dos Municípios, para definir ou limitar competências tributárias, nos termos do art. 110 do CTN.

Nas palavras de Hugo de Brito Machado: "Na verdade, os prazos de decadência, em princípio, não se suspendem, nem interrompem. Mas a lei pode estabelecer o contrário, como fez o CTN no dispositivo em questão. Os princípios jurídicos devem ser observados na interpretação e na integração das leis, mas não constituem limites intransponíveis para o legislador".[46]

Evidentemente, o autor faz alusão aos princípios que, embora regras orientadoras num determinado contexto jurídico, não são normas expressas como diretrizes a seguir pelo legislador, hipótese em que estes não podem ser alterados por norma que lhes é inferior, como ocorre, por exemplo, com os princípios da legalidade, da anterioridade em matéria tributária. Lei nenhuma pode afrontá-los, por serem regras expressas a orientar o sistema normativo.

A doutrina dominante converge para a reprovação desta nova modalidade de prazo decadencial, ou, para quem preferir, de interrupção da decadência, visualizando neste instituto uma forma de beneficiar a Administração Pública, com a dilatação do prazo decadencial, em decorrência de erros praticados por seus agentes. Estar-se-ia premiando o erro da Administração.

O tributarista Ruy Barbosa Nogueira inicia a sua exposição sobre o tema, reprovando o instituto. Ao se propor a definir as hipóteses da reemissão do lançamento com o privilégio do reinício do prazo decadencial, escreve o seguinte: "Observe-se que, quando uma decisão de maior relevância, como a que declara ou reconhece nulo o lançamento (não apenas anulável), repõe a descoberto, no tempo, apenas a data da ocorrência do fato gerador que é a mesma do início da decadência, é porque o lançamento foi reconhecido inexistente".[47]

Ives Gandra da Silva Martins também se manifesta contrário ao privilégio da Administração Pública, dizendo "que a solução do legislador não foi feliz, pois deu para a hipótese excessiva elasticidade a beneficiar o Erário no seu próprio erro. Premiou a imperícia, a negligência ou a omissão governamental".[48]

---

46. Hugo de Brito Machado, *Curso de Direito Tributário*, 13ª ed., 1998, pp. 147-148.
47. Ruy Barbosa Nogueira, *Curso de Direito Tributário*, cit., p. 329.
48. Ives Gandra da Silva Martins, *Comentários ao Código Tributário Nacional*, São Paulo, Saraiva, 1998.

5.15.1 Vício formal

Para o desenvolvimento deste tema, cabe inicialmente estabelecer algumas premissas acerca da concepção do *vício formal*, que age como elemento desabonador na instrumentalização do ato jurídico.

Inicia-se a reflexão atribuindo à *forma* a ideia de meio para dar visibilidade ao direito material.

Para De Plácido e Silva, vício formal "é o *defeito*, ou a *falta*, que se anota em um *ato jurídico*, ou no *instrumento*, em que se materializou, pela *omissão de requisitos*, ou *desatenção à solenidade*, que se prescreve como necessário à sua validade ou eficácia jurídica".[49]

O Direito Civil brasileiro, para reconhecer validade ao negócio jurídico, exige agente capaz, objeto lícito e forma prescrita ou não defesa em lei (CC, art. 104). Se a lei estabelecer uma forma através da qual o ato jurídico deva ser praticado, que se cumpra este requisito; se a lei não estabelecer esta forma, que o ato seja praticado através de uma forma eleita pelas partes, mas que não venha a afrontar a lei.

Sabemos que o Direito Tributário é caracterizado pela sua formalidade, no qual os atos devem ser praticados de acordo com as formas prescritas na legislação, sob pena de sua ineficácia no mundo jurídico. O Direito Tributário é essencialmente formal, dentro da expectativa de inserir o poder de tributar na estrita legalidade, visando a proteger o contribuinte contra excessos de exação. Esta formalidade guarda pertinência com a qualidade dos atos administrativos que são estritamente vinculados à lei. Não esqueçamos ainda que todo ato administrativo também é um ato jurídico.

Assim, o ato administrativo do lançamento tributário de ofício deve ser praticado segundo as formas prescritas na legislação. A forma, aqui, deve ser entendida como a fundamentação do ato conclusivo; é o instrumento que lhe dá materialidade; é a maneira de disponibilizar ao mundo externo todo o procedimento adotado para a realização do ato final; são os diversos procedimentos necessários para que o ato se aperfeiçoe, enfim, a forma é a parte instrumental do ato.

---

49. De Plácido e Silva, *Vocabulário Jurídico*, 20ª ed., Rio de Janeiro, Forense, 2002, p. 864.

Alguns requisitos e formalidades estão descritos no próprio CTN (arts. 142, 196). Outros, a legislação local de cada ente federado pode estabelecer, e todos devem ser observados pelo agente administrativo competente para o lançamento. É a forma prescrita em lei para a constituição do ato jurídico do lançamento tributário. Esta forma deve ser como o catecismo da autoridade fiscal para que o seu ato seja revestido da legalidade e produza efeitos jurídicos.

Entre as exigências formais mais comuns, estão as da lavratura dos termos próprios para delimitar a ação fiscalizatória, a fundamentação legal do lançamento, a descrição correta da infração, a observância dos prazos da ação fiscal, o uso do instrumento material adequado para corporificar o lançamento, entre outras.

Por conseguinte, vício formal é toda inobservância dos requisitos e formas prescritos em lei para a elaboração do ato administrativo do lançamento. Vício formal é uma característica do ato que o macula e lhe atribui um defeito, de maior ou menor importância jurídica, sendo causa suficiente para anular o ato, mas que não lhe retira a existência como um todo, de pleno direito, tornando o ato inexistente. O ato existe, mas estará contaminado por um ou vários defeitos. Vício formal não se confunde com ato jurídico desprovido de um dos elementos essenciais anunciados pelo art. 104 do CC, hipótese em que o ato simplesmente não terá validade. Vício formal é defeito de menor importância, afinal, o ato jurídico, até a declaração de sua nulidade, produz efeitos jurídicos.

O vício de forma deve ser compreendido como um defeito, uma falha, ou uma inobservância na forma, no rito ou na solenidade de constituição de um ato jurídico. Não diz respeito ao conteúdo jurídico do ato, mas a sua instrumentalidade, a sua forma de expressar a vontade formadora do ato.

Matéria relacionada ao aspecto quantitativo do lançamento, erros de inclusões que resultam na deformação da base tributária, ainda que sejam erros de procedimento do agente notificante, não caracterizam vícios formais. Tais irregularidades são de matéria de fundo.

Cabe destacar algumas observações importantes com relação à caracterização do vício formal:

Em primeiro lugar, a validade da forma deve sempre estar atrelada ao cumprimento da finalidade. Se o ato cumpriu com a sua finalidade, mesmo que não praticado exatamente dentro dos contornos da lei, deve ser convalidado. A forma tem natureza processual e opera numa perspectiva de instrumentalidade, visando a estabelecer o direito material. A forma não pode ser um fim em si, mas um meio de se atingir um fim, que é a prática de um ato jurídico perfeito. Daí porque não se pode caracterizar de vício formal qualquer omissão ou inobservância das regras legais que não tenham nenhuma importância do ponto de vista finalístico. Nenhum ato humano pode ser rotulado de perfeito, de forma que sempre podemos encontrar num ato administrativo alguma imperfeição, alguma ressalva, ou omissões, e nem sempre por isso o ato estará viciado. A imperfeição é inerente à natureza humana. Aliás, é recomendável que as legislações locais estabeleçam alguma tolerância com relação a pequenas omissões ou imprecisões nos atos administrativos que não venham a comprometer a sua finalidade. É por esta razão que esses vícios, em princípio, devem ser levantados pela parte interessada no processo e em momento oportuno, admitindo-se a preclusão. Somente cabe levar de ofício os vícios que forem de uma importância tal que ingressem na órbita do interesse público.

Em segundo plano, o vício de forma deve ser algo interno ao ato; deve ser uma irregularidade praticada pelo agente no desenvolvimento da constituição do ato que venha em prejuízo de sua finalidade. As causas de invalidade externas ao ato, tais como erro de sujeição passiva no lançamento de ofício, não podem ser consideradas como vício de forma. A doutrina é divergente com relação à incapacidade do agente notificante, sendo esta irregularidade classificada por uns como um mero vício formal, e, por outros, como algo externo ao ato, que não se ajusta no conceito de vício formal.

E em terceiro, a anulação do lançamento tributário, que é espécie do ato administrativo, por vício formal, retira do mundo jurídico o ato, mas não o seu mérito, de modo que o crédito tributário formalizado por lançamento viciado não se dissipará, não se extinguirá, mas permanecerá intacto para ser cobrado por novo lançamento, agora devidamente saneado.

E, por último, não se deve confundir vício formal com erro material no lançamento, que se traduz por erro na apuração de valores e que pode ser passível de saneamento pela autoridade administrativa competente, nem com imprecisão na elaboração do ato que seja causa de cerceamento do direito de defesa e muito menos com medidas arbitrárias nas ações fiscais, tais como a obtenção de prova por meios ilícitos ou constrangimento ilegal do contribuinte nas ações fiscais. Vício formal se vincula às formas, às solenidades, aos ritos relacionados diretamente às atividades inerentes à corporificação do lançamento.

Por arremate, quando a lei prescreve uma forma de se realizar um ato jurídico/administrativo, esta forma deve ser perseguida pelo agente administrativo, sem o qual o ato se tornará defeituoso.

5.15.2 Incompetência da autoridade notificante como vício formal de lançamento

Cuida-se da possibilidade de ajustar aos pressupostos da reemissão do lançamento com a prerrogativa do novo prazo decadencial, segundo os termos do art. 173, II, do CTN, o cancelamento do ato fiscal, com base na incompetência da autoridade administrativa para a sua lavratura.

A doutrina, além de não tratar da matéria com a ênfase e a profundidade necessárias, não externa um entendimento pacificado sobre o tema. Todavia, os tribunais administrativos veem-se constantemente diante deste problema. Também na jurisprudência administrativa os entendimentos divergem. As posições dos doutrinadores são várias, convergindo, porém, para uma voz quase que uníssona na reprovação do instituto que exterioriza um privilégio à Fazenda Pública, que, em última análise, tem por objetivo dilatar o prazo decadencial, diante do cancelamento do ato fiscal por vício formal, considerando como tal a incompetência da autoridade notificante ou não.

Eis a posição de alguns autores:

De acordo com o que ensina José Souto Maior Borges, a interpretação deve ser restritiva. Ele escreve o seguinte: "O pressuposto para a aplicação do quinquênio decadencial do art. 173, II do CTN é específico. Aplica-se tão somente ao procedimento revisório de que decorra uma decisão anulatória do lançamento por vício formal. Se por exemplo, a anulação é por vício de competência, algo 'externo' ao lançamento e, portanto, irrelevante no tocante a sua forma, não será cabível a invocação do art. 173, II do CTN, para a fixação do prazo decadencial".[50]

50. José Souto Maior Borges, *Lançamento Tributário*, cit., p. 358.

Já Aliomar Baleeiro expande o alcance do vício formal mencionado por aquele dispositivo, com a inclusão do vício de incompetência do agente notificante. Tratando do início do prazo decadencial, ele aponta como um dos marcos temporais deste início "o dia em que se tornar definitiva a decisão que anulou, por vício formal, o lançamento, isto é, quando este não foi feito pela *autoridade competente*, ou foi feito com preterição de formalidade essencial à sua eficácia, segundo a lei" (grifo nosso).[51]

Sacha Calmon Navarro Coêlho, tecendo comentários críticos a respeito do instituto da interrupção do prazo decadencial, a que ele denomina de "mais um privilégio", da Fazenda Pública, também admite a inclusão da *incompetência da autoridade notificante* como causa de cancelamento do ato fiscal, ensejadora da reemissão nos termos do art. 173, II do CTN.[52]

Paulo de Barros Carvalho também inclui a incompetência do agente notificante como uma forma de vício formal, o que se extrai do seguinte ensinamento: "(...) uma, em que a derradeira manifestação administrativa tenha anulado a pretensão tributária por reconhecer vício de forma no segmento procedimental, como por exemplo, surpreendendo a incompetência da autoridade pública, ao celebrar o lançamento".[53]

Como se pode observar, se para alguns, vício formal é apenas uma irregularidade inerente às formalidades internas ao lançamento, para outros, este conceito se amplia, alcançando as nulidades decorrentes da incompetência da autoridade notificante. Estariam também abrangidas outras formas de nulidade que não a da incompetência do agente notificante? A divergência de entendimento dos tribunais administrativos está exatamente no alcance do vício formal como fato motivador do cancelamento do ato fiscal, dentro da prerrogativa do art. 173, II do CTN. Note-se que nos estamos referindo apenas aos tribunais administrativos porque na esfera judicial este instituto da reemissão para interrupção do prazo decadencial não tem aplicabilidade, conforme veremos mais adiante.

---

51. Aliomar Baleeiro, *Direito Tributário Brasileiro*, cit., p. 581.
52. Calmon Navarro Coêlho, *Curso de Direito Tributário Brasileiro*, cit., p. 722.
53. Paulo de Barros Carvalho, *Curso de Direito Tributário*, cit., pp. 212-213.

5.15.3 Nossa posição sobre o tema

A compreensão do alcance da prerrogativa da administração tributária em reemitir os lançamentos cancelados por vício de forma, contando com um novo prazo decadencial, a partir da data da decisão anulatória, passa necessariamente por uma interpretação teleológica do dispositivo, ainda que isso, reconhecidamente, se constitua num privilégio da Fazenda Pública, como denunciam diversos autores. É perquirir o que a lei pretende proteger com este enunciado, de maneira que é irrelevante o termo utilizado como causa de cancelamento do ato fiscal, se por vício formal, se nulidade por incompetência do agente notificante e assim avante.

O lançamento de ofício é uma norma individual concreta traduzida numa linguagem jurídica adequada para estabelecer uma relação jurídico-tributária. O lançamento, como é sabido, não institui, na maioria das vezes, o crédito tributário, apenas o declara, o formaliza, tornando-o apto para ingressar na via de execução forçada e, por isso, deve utilizar-se da linguagem designativa, declarando a existência de um crédito tributário que teve o seu nascedouro pela ocorrência do fato gerador.

No momento em que esta linguagem jurídica for inadequada a esta declaração (lançamento viciado, elaborado com defeitos formais, ou por agente incompetente), mas o crédito tributário continuar a existir, apesar da declaração desta inadequação da linguagem, que se faz pelo cancelamento do ato fiscal sem apreciar o mérito, está-se diante da hipótese de refazimento do ato fiscal preconizada nos termos do art. 173, II do CTN.

O que o legislador pretendeu com este dispositivo é evitar surpresas indesejáveis para a Fazenda Pública com relação à decadência. Com a elaboração do lançamento, a Fazenda Pública entra num estado inercial durante o processo contencioso administrativo, julgando ter prevenido a decadência, não importando o tempo que decorrer para a solução da lide no tribunal administrativo. Contudo, no final do julgamento, depara-se com a decisão de cancelamento do ato fiscal por vício formal, ou por qualquer motivo que não seja a desconstituição da relação jurídico-tributária do fato descrito como infração, nulidade por incompetência do agente notificante, por exemplo, fazendo cair por terra a prevenção da decadência. O Estado não "dormiu" para deixar decair o seu direito de lançar o crédito tributário; o Estado agiu dentro do prazo, só que de forma incorreta, com uma linguagem inadequada, lavrando lançamento viciado em suas formalidades.[54] Com uma dose de privilégio, o legislador então adaptou a norma para que o tempo decorrido entre a lavratura do lançamento com defeito até a decisão definitiva que o cancelara fosse expurgado do prazo decadencial, marcando um novo início, a partir deste julgamento.

Tendo como norte os objetivos do dispositivo legal acima desenhados, é fácil entender em que situações cabe esta reemissão.

Sempre que o lançamento for cancelado pela sua inadequada linguagem enunciativa do fato, seja por preterição de formalidades, seja por incompetência do agente notificante, e em razão disso não venha a ser apreciado o mérito da infração e nem declarada a desconstituição da relação jurídico-tributária, pode a Fazenda Pública renovar o lançamento beneficiando-se do reinício do prazo decadencial. Por esta conclusão, fica ressalvada a nulidade por erro de sujeição passiva, porque nesta hipótese não se trata de uma inadequada linguagem enunciativa do fato. O erro de sujeição passiva é algo externo, que ultrapassa a orla dos vícios de formalidades, pois sequer se constituíra a relação jurídico-tributária.

Em outra dicção: quando o lançamento for cancelado porque fora emitido com irregularidades que o desqualificam a ingressar no mundo jurídico como ato válido, capaz de produzir os seus efeitos, sem que seja desfeita a relação jurídico-tributária, sem a apreciação do mérito, o que significa dizer que o crédito tributário permanece intacado, latente, pronto para ser formalizado por novo lançamento, tem cabimento a reemissão nos termos do artigo 173, II do CTN.

Isto posto, parece-nos irrelevante a discussão que sempre tem sido travada nos tribunais administrativos, se o cancelamento por incompetência do agente notificante é pressuposto para a reemissão, se este vício de incompetência é vício formal ou não, se o ato fiscal deve ser nulo ou anulável, e assim avante.

Porém, chama-se a atenção para a nulidade de lançamento por um vício de erro de determinação do sujeito passivo, para a correta análise

---

54. Daí a crítica contundente de Ives Gandra da Silva Martins. Segundo ele, estar-se-ia premiando a imprudência, a imperícia e a omissão governamental, conforme já exposto acima

sob a visão acima exposta. Neste caso, não ficou estabelecida a relação jurídico-tributária entre a pessoa notificada (a pessoa que foi indicada erroneamente como sujeito passivo) e o sujeito ativo da obrigação tributária. A decisão administrativa definitiva que cancelar este ato fiscal irá declarar a falta de elemento essencial para a constituição do crédito tributário, que é definição correta do sujeito passivo. Obviamente, neste caso, a nosso ver, não pode ser refeito o lançamento com o uso do benefício do reinício do prazo decadencial, nem mesmo contra o verdadeiro sujeito passivo, porque o defeito é de ordem externa ao lançamento, a relação jurídico-tributária, na verdade nunca se estabelecera. Pode-se refazer o ato fiscal contra o verdadeiro sujeito passivo, mas sem o benefício do reinício do prazo decadencial do art. 173, II do CTN.

Há que se fazer, ainda, um registro de que o disposto no art. 173, II do CTN, somente tem aplicabilidade quando a anulação do lançamento por vício formal decorre de decisão no tribunal administrativo, não alcançando as decisões do Judiciário. Isto porque, se a decisão fosse judicial, o caso já não seria mais de decadência; o crédito tributário já teria sido constituído com feição de definitividade pela Fazenda Pública, dando início ao prazo prescricional, ou porque o órgão de julgamento administrativo já havia se pronunciado pela procedência do lançamento, em decisão irrecorrível, ou porque o contribuinte não submetera a matéria ao julgamento administrativo, preferindo ingressar diretamente no Judiciário. A preclusão de ingresso na esfera de julgamento administrativo também torna definitivo o crédito tributário. E com a definitividade do lançamento tem-se o início do prazo prescricional, não o decadencial.

É que alguns autores ainda pregam a aplicabilidade do instituto da reemissão com o consequente reinício do prazo decadencial, nas decisões judiciais que cancelam o lançamento também por vício formal.

Na hipótese de o Judiciário anular um ato fiscal por vício formal, sem apreciar o mérito, é claro que a Fazenda Pública pode refazer o lançamento, com o saneamento do vício que deu causa ao cancelamento, mas sem a vantagem do reinício do prazo decadencial a partir da data da decisão do cancelamento pelo Judiciário. Este prazo decadencial, neste caso, terá o seu termo inicial segundo as regras do art. 173, I do CTN.

Da mesma forma, se na esfera administrativa se cancelar um ato fiscal por uma nulidade absoluta que não comporte a sua inserção no disposto do artigo 173, II do CTN (por erro de sujeição passiva, por exemplo), mas que não desconstituiu a relação jurídico-tributária, ou seja, não se apreciou o mérito, a Fazenda Pública não só pode como deve renovar o lançamento, ou na forma de sua reconstituição, ou simplesmente fazer novo procedimento de fiscalização com a emissão de novo lançamento, sem fazer menção ao ato anterior, mas sem o uso da prerrogativa do reinício do prazo decadencial previsto no art. 173, II, devendo ser considerado como seu início o disposto no inciso I do mesmo artigo.

Conforme visto, o cabimento de reemissão do lançamento com o benefício da Fazenda Pública, no que diz respeito ao novo início de prazo decadencial, circunscreve-se na hipótese do cancelamento do ato fiscal pelas razões já expostas. Quando o cancelamento tiver motivação diversa, ainda que a decisão em seu dispositivo indique como razão de cancelamento vício formal, não cabe o benefício da dilatação do prazo decadencial para a Fazenda Pública. Suponhamos que o lançamento contenha erros materiais (erro de cálculo, por exemplo) e o julgador atribua a esta irregularidade um vício formal. Não estará a Fazenda Pública autorizada a se beneficiar da interrupção da decadência para reemissão deste lançamento.

É notória a conclusão de que a reconstituição do lançamento com o uso do novo prazo decadencial previsto no art. 173, II, do CTN, não comporta inovações ou inserções de elementos novos que não figuravam no lançamento anterior, cancelado por vício formal. Deve o novo lançamento ser uma reprodução do anterior, apenas corrigindo a falha que deu causa ao seu cancelamento. Trata-se de reedição do lançamento com mesmo conteúdo descritivo, ressalvada apenas a medida corretiva.

Capítulo VI
PROCEDIMENTO DE FISCALIZAÇÃO DE TRIBUTOS

6.1 Aspectos gerais. 6.2 Termos de fiscalização e o benefício da espontaneidade. 6.3 Intimações. 6.4 Intimação para apresentação de documentos extrafiscais. 6.5 Prazo para guarda de documentos e livros fiscais. 6.6 Sigilos fiscal e bancário. 6.7 Sigilo de dados. 6.8 Desconsideração dos atos ou negócios jurídicos (parágrafo único do art. 116 do CTN). 6.9 Fiscalização de mercadorias em trânsito e suspensão do benefício da espontaneidade. 6.10 Termo aditivo de correção de lançamento tributário. 6.11 Procedimento de fiscalização e a relação fisco x contribuinte. 6.12 Providências pós-ação fiscal.

6.1 Aspectos gerais

O ordenamento jurídico tributário é permeado de regras de proteção ao contribuinte, evitando que a administração tributária, no seu poder-dever de fiscalizar e arrecadar tributos, exceda na sua competência, praticando arbitrariedades, exigindo excessos ou mesmo tolhendo o direito de defesa nas suas variadas situações. Ao mesmo tempo em que o Estado é dotado de poderes para cobrar tributos para o seu financiamento, sendo legitimado por lei a apropriar-se de parte das riquezas dos administrados, o Direito Tributário lhe impõe limites em sua competência tributária, não permitindo que os governos ou autoridades tributantes exercitem as suas ganâncias arrecadatórias, suprindo o tesouro de recursos abundantes para garantir uma administração pomposa, com o exaurimento das riquezas da população.

Necessário sempre lembrar que a origem do tributo não é muito honrosa. Nos primórdios da nossa civilização, os "tributos" eram cobrados sob regime escravocrata. Nas lutas e guerras constantes, os vencedores cobravam pagamento dos vencidos; não havia, obviamente, norma reguladora ou limitadora deste poder de tributar. Aqueles povos que detinham a maior força de guerra escravizavam os subservientes da forma que lhes aprouvesse.

A história foi humanizando o poder tributário, implantando a concepção de que a comunidade, como um todo, precisa financiar o Estado, mas que este sacrifício deve ser repartido entre todos, de forma proporcional, de acordo com a capacidade contributiva de cada um, com a imposição de leis, princípios e limites, nascendo, assim, o Direito Tributário de nossos dias.

O Direito Tributário aqui enfocado engloba não só o direito material, mas também o direito formal e processual, de modo que no procedimento de fiscalização o contribuinte também conta com as garantias legais contra excessos de agentes fiscais em suas atividades funcionais, em seus procedimentos de lançamento de ofício.

A Fazenda Pública tem o poder e dever de proceder ao processo investigatório para verificar o cumprimento da legislação tributária relativa aos tributos de sua competência. Esta prerrogativa tem seu supedâneo legal na própria Constituição Federal, art. 145, § 1º, no sentido de que seja observado o princípio da capacidade contributiva pelo poder tributante. O poder constituinte originário entendeu que, para que o tributo possa ser arrecadado de forma coercitiva, e de uma maneira que o seu ônus seja distribuído entre os contribuintes de forma proporcional às respectivas capacidades contributivas, era preciso municiar as autoridades fiscais de poderes para identificar o patrimônio, os rendimentos e as atividades econômicas do contribuinte. Sem este poder investigatório, o Estado não daria ao tributo o caráter compulsório, por não dispor de elementos legais para compelir o administrado ao seu recolhimento. O contribuinte, estando a salvo de qualquer ação fiscalizatória, recolheria o valor que bem lhe aprouvesse.

Obviamente, não foi a Constituição Federal de 1988 que instituiu os poderes de fiscalização. Antes que a Carta Magna tratasse do tema, a fiscalização fazendária já era exercida sob a licença legal do Código Tributário Nacional (arts. 194 a 200), conforme veremos mais adiante.

Não foi sempre assim. O Código Comercial, em seu art. 17 previa que "Nenhuma autoridade, juízo ou tribunal, debaixo de pretexto algum, por mais especioso que seja, pode praticar ou ordenar alguma diligência para examinar se o comerciante arruma ou não devidamente seus livros de escrituração mercantil, ou neles tem cometido algum vício". Este código instituíra um rigoroso sigilo comercial que não resistiria diante da necessidade da transparência das atividades do comerciante com vistas a se implantar a justiça fiscal.

Hoje, este artigo está revogado por normas esparsas e específicas, editadas posteriormente, como o Código Tributário Nacional, Lei 6.404/ 1976 (Lei das Sociedades Anônimas), Lei 8.212/1991, de organização e custeio da seguridade social, e a própria Constituição Federal (art. 145, § 1º). Portanto, atualmente, o contribuinte pode ser obrigado a exibir todos os livros e documentos fiscais e comerciais, fornecendo uma total transparência de suas atividades ao fisco.

À fiscalização de tributos foi destinado um capítulo do CTN. De imediato, no art. 194, este diploma legal deixa claro que a atividade fiscal é estritamente vinculada à lei, com a fixação da competência das autoridades fiscais também em lei e, ainda, que esta legislação se aplica a todas as pessoas, físicas ou jurídicas, mesmo às que gozam de imunidade tributária ou isenção de caráter pessoal.

Entretanto, o poder investigatório do Estado arrecadador não pode ser arbitrário, a mercê da vontade e conveniência do governante ou da autoridade de plantão. Por isso, a legislação impõe regras, formalidades, normas de condutas dos agentes fiscais, fixa competência para lançar, de modo a preservar as garantias individuais do contribuinte e, ao mesmo tempo, viabilizar os trabalhos de fiscalização.

As provas, que no Direito Tributário são eminentemente documentais, devem ser obtidas por meios lícitos, sem o emprego de excesso de poder, sem avançar em área de sigilo ou invadir a privacidade e a intimidade do contribuinte investigado sem o devido consentimento judicial.

Uma questão que sempre suscita controvérsias reside no reconhecimento do poder do agente fiscal em compelir o contribuinte a exibir livros ou documentos não oficiais, não exigidos pela legislação fiscal ou comercial, como, por exemplo, um livro que contenha registrado o movimento diário da empresa, um "diário" informal. Este livro, que às vezes tem a estrutura de "caixa", é o que contém a real descrição do movimento da empresa, sendo escriturado de forma pessoal, sem obedecer a qualquer padrão contábil ou comercial em seus registros. As fiscalizações muito se valem destes registros, comparando-os com os registros oficiais e cobrando-se o tributo, em caso de haver diferença para maior no livro informal.

Pode o agente fiscal exigir a exibição deste livro extrafiscal? Pode o agente fiscal apreender este livro? Ou, ainda, pode o fisco atribuir a este livro a qualidade de prova documental?

Em primeiro lugar, no caso de a autoridade administrativa deparar-se com qualquer livro ou documento extrafiscal, pode fazer a imediata apreensão mediante termo próprio e usá-lo na investigação fiscal como prova contra o contribuinte. Ainda que este livro, papel ou documento não tenha a identificação da empresa (timbre, carimbo, razão social...), pode servir de prova, desde que no termo de apreensão seja feita a precisa identificação, de modo a não restarem dúvidas de ter sido apreendido na empresa sob investigação. A auditoria fiscal não precisa e nem deve limitar-se aos documentos e livros oficiais, aqueles legalmente obrigatórios, porque estes, normalmente, não denunciam qualquer irregularidade na observância da legislação tributária.

Teoricamente, poderia também o agente fiscal intimar o contribuinte a apresentar um livro ou documento extrafiscal, desde que observasse a sua existência na empresa, e que a intimação fosse feita imediatamente. Mas é de difícil execução esta ordem fiscal, porquanto que o contribuinte sempre pode alegar a inexistência destes documentos, se a intimação determinar a entrega posteriormente. A única forma de o fisco obter estes documentos é pela via da apreensão imediata.

Porém, não é somente a administração tributária que terá sua conduta regulada por um regime legal de fiscalização. O contribuinte também é enquadrado na legislação. Cabe a ele participar ativamente no processo de investigação, dando livre acesso às dependências do estabelecimento, se for o caso, aos documentos, fornecendo as informações solicitadas e sem embaraçar a atividade de fiscalização por qualquer meio. A parceria harmoniosa entre fisco e contribuinte num procedimento de fiscalização talvez seja uma aspiração utópica, visto que não há convergência de interesses nesta relação. É mais comum o estabelecimento de uma relação conflituosa do que harmoniosa. É por esta razão que houve a necessidade da intervenção do legislador para balizar a conduta dos participantes do processo.

6.2 Termos de fiscalização e o benefício da espontaneidade

Para dar formalidade ao procedimento fiscal, o agente deve lavrar os termos necessários, quais são: termo de início, de prorrogação de prazo, caso os trabalhos fiscais não sejam vencidos no prazo inicialmente fixado para a conclusão, e termo de encerramento, através do qual a autoridade notificante fará um relatório circunstanciado e completo do procedimento fiscal, os lançamentos lavrados, se for o caso, e as providências tomadas. Outro termo de amplo uso é o termo de apreensão de documentos e objetos, além, é claro, da intimação.

O CTN, em seu art. 196, somente menciona o termo de início, entretanto, cabe à legislação local instituir os termos que a administração fazendária achar necessários.

De imediato, registre-se que esta matéria do termo inaugural de fiscalização é veiculada por lei complementar, impedindo a autoridade dos legisladores das unidades da Federação para inserir inovações neste tema. Portanto, não pode a administração tributária local restringir a obrigatoriedade da lavratura deste termo para determinadas modalidade de fiscalização, dispensando esta providência para procedimentos de fiscalização simplificada ou de menor abrangência, tais como a verificação de um único fato, como a falta de recolhimento do imposto apurado pelo contribuinte, por exemplo, visto que o CTN não estabeleceu qualquer restrição e nem autorizou fazê-la.

A ausência ou a não cientificação válida destes termos são causas de anulabilidade do lançamento por vício formal porque não produziram os efeitos jurídicos a eles atribuídos, assim como a extrapolação do prazo fixado para a conclusão dos trabalhos, sem que haja a formalização do termo de prorrogação, nem a devolução dos documentos requisitados para que o contribuinte possa exercer o direito à denúncia espontânea, pode ser considerada também vício de natureza formal. Pensamos que a extrapolação de prazo não pode ser erigida como vício formal por si só, porque não macula o lançamento em sua formalidade e não causa qualquer prejuízo ao contribuinte. No entanto, traz como consequência o término da suspensão do benefício da espontaneidade, ou seja, após ter transcorrido o prazo fixado pela autoridade fiscal para concluir os trabalhos de fiscalização, sem a formalização da prorrogação, o contribuinte readquire o direito ao benefício da espontaneidade.

Terá prejuízo o contribuinte se o prazo de fiscalização for ultrapassado sem que a autoridade administrativa providencie o termo de prorrogação e sem que ela devolva os livros e documentos fiscais que se encontram em seu poder para a auditoria, para que o contribuinte possa efetivamente exercer o seu direito da denúncia espontânea.

O termo de início tem importantes funções de consequências jurídicas, entre as quais a suspensão do benefício da espontaneidade do contribuinte, nos termos do parágrafo único do art. 138 do CTN.

Cabe uma breve digressão sobre a denúncia espontânea.

A denúncia espontânea, em matéria tributária, é um instituto equivalente àquele que o Direito Penal define como "arrependimento eficaz", descrito no art. 15 do Código Penal. Da mesma forma como no Direito Penal, onde o arrependimento deve ter a sua eficácia mensurável no resultado, no Direito Tributário também a denúncia, que é um ato motivado por uma reavaliação dos fatos, de um arrependimento, portanto, só se aperfeiçoa se acompanhado do pagamento do valor denunciado. Não basta, portanto, informar formalmente à repartição fazendária da existência de um débito fiscal; é preciso que ocorra o devido recolhimento.

Uma questão que tem demandado alguns questionamentos jurídicos é a inserção do parcelamento de débitos tributários no benefício da espontaneidade. Na edição anterior manifestamo-nos pela sua possibilidade, de maneira que, uma vez formalizado o parcelamento, os efeitos da denúncia espontânea alcançariam não só a prestação paga no ato, como também as prestações vincendas, desde que não houvesse quebra na proposição deste parcelamento.

Ocorre, porém, que o STJ tomou posição diferente, restringindo o benefício para o valor efetivamente recolhido, não reconhecendo no pedido de parcelamento uma forma de denúncia espontânea.

"Tributário. Denúncia espontânea. Parcelamento do débito. Art. 138 do CTN. Incidência da multa moratória. Processual civil. Alegada omissão no acórdão embargado.

"A Primeira Seção do STJ, na assentada de 22.4.2009, julgou o REsp 1.102.577/DF, rel. Min. Herman Benjamim, submetido ao Colegiado pelo regime da Lei n. 11.672/08 (Lei dos Recursos Repetitivos), que introduziu o art. 543-C do CPC. No julgamento, prestigiou-se o entendimento consolidado do STJ segundo o qual a simples confissão de dívida, seguida de pedido de *parcelamento*, não caracteriza a *denúncia espontânea*.

"Embargos de declaração parcialmente acolhidos, sem efeitos infringentes, apenas para sanar omissão relativa aos arts. 112, II e IV, e 108, do CTN, e 620 do CPC."[1]

A mesma Corte também não considera denúncia espontânea o recolhimento efetuado fora do prazo, do crédito tributário apurado e declarado pelo próprio contribuinte, na modalidade de lançamento por homologação.

"Processual civil e tributário. Agravo Regimental nos Embargos Declaratórios no Recurso Especial. Controvérsia acerca da *denúncia espontânea*. Decisão agravada em conformidade com a jurisprudência dominante, inclusive sumulada, do Superior Tribunal de Justiça. Desprovimento do Agravo Regimental.

"1. Consoante enuncia a Súmula 360/STJ, 'o benefício da *denúncia espontânea* não se aplica aos tributos sujeitos a lançamento por homologação regularmente declarados, mas pagos a destempo' (grifou-se).

"2. Nos presentes autos, o Tribunal de origem deixou consignado que, 'na hipótese dos tributos lançados por homologação não há se falar na não-incidência da multa moratória', tendo sido citado, inclusive, um precedente desta Corte Superior, no sentido de que, 'nas hipóteses em que o contribuinte declara e recolhe com atraso tributos sujeitos a lançamento por homologação, não se aplica o benefício da *denúncia espontânea* e, por conseguinte, não se exclui a multa moratória'. No entanto, a Turma Regional nada mencionou sobre o momento da entrega das declarações – GFIPs –, se antes ou depois dos pagamentos extemporâneos. Registre-se que, no caso em apreço, a questão da *denúncia espontânea* abrange, inclusive, o pagamento extemporâneo de contribuições previdenciárias referentes ao período anterior a 1º de janeiro de 1999, data a partir da qual passou a exigir-se a entrega da GFIP. Logo, caberia ao INSS demonstrar se houve prévia declaração dos débitos relativos às contribuições previdenciárias, as quais se classificam como tributos sujeitos a lançamento por homologação, ônus do qual a autarquia previdenciária não se desincumbiu.

1. EDcl no REsp 1046929/RS, *DJe* 1.7.2009.

"3. Esta Corte Superior possui orientação jurisprudencial firmada no sentido de que o art. 138 do Código Tributário Nacional não estabelece distinção entre multa moratória e multa punitiva com o objetivo de excluir apenas esta última no caso de *denúncia espontânea*.

"4. Ao contrário do que pretende fazer crer a agravante, não se trata de *parcelamento*, conforme ficou esclarecido pelo Tribunal de origem, no julgamento dos primeiros embargos declaratórios.

"5. Agravo regimental desprovido."[2]

A denúncia espontânea, nos termos do dispositivo legal já citado, revela um perfil aplicável à obrigação principal, que tem por objeto o pagamento de tributo ou penalidade pecuniária decorrente de uma infração à ordem tributária (art. 113, § 1º do CTN). Afinal, não haveria razão para que o contribuinte fizesse denúncia do cometimento de uma infração contra uma obrigação acessória. Basta a sua regularização em tempo hábil, em ato unilateral, sem dar ciência ao fisco. Contudo, o conceito de denúncia espontânea, com alguma mitigação, pode também ser aplicado às obrigações acessórias. É ato de arrependimento eficaz, de boa-fé, que deve ocorrer antes do início de procedimento de fiscalização com relação à infração. A diferença é que não há crédito tributário a recolher e o fisco não é notificado desta medida corretiva.

Pretende-se destacar aqui a ineficácia da sanação de uma irregularidade referente à obrigação acessória após a formalização do início do procedimento fiscal referente à mesma. Não resta a menor dúvida da ruptura do direito do benefício da espontaneidade também com relação à infração contra as obrigações acessórias, a partir do momento em que se iniciou um procedimento fiscal, com relação à infração. Não fosse assim, o contribuinte sempre poderia permanecer à margem da legislação com as suas obrigações acessórias, de escrituração dos livros fiscais e comerciais, por exemplo, pois sempre lhe seria dada a oportunidade de regularizar sua situação após o início de uma ação fiscal. Não será satisfativa, no entanto, a regularização de uma obrigação de natureza acessória se a lei considerar como infração o seu adimplemento fora do prazo.

Ainda com relação à denúncia espontânea, o parágrafo único do art. 138 do CTN escreve que "Não se considera espontânea a denúncia

2. AgRg no EDcl no REsp 1022410/MG, *DJe* 17.6.2009.

apresentada após o início de qualquer procedimento administrativo ou medida de fiscalização, *relacionados com a infração*" (grifo nosso).

Isto significa dizer que a exclusão da espontaneidade com o início da ação fiscal se verifica somente com relação ao fato delimitado a que se propõe a autoridade fiscal investigar, mantendo intacto o direito de oferecer a denúncia com relação a outras infrações ou irregularidades. Se, por acaso, a autoridade fiscal lavrar um termo de início, e nele delimitar o seu trabalho fiscal na verificação de uma infração acessória, como, por exemplo, verificar o cumprimento da obrigação tributária com relação à instalação do equipamento emissor de cupom fiscal (ECF), o contribuinte só ficará obstado de beneficiar-se da espontaneidade com relação à instalação destes equipamentos, mas permanecendo no direito de fazê-lo com relação a outras infrações, como, por exemplo, falta de recolhimento do imposto.

Na prática, isto não ocorre porque normalmente a autoridade fiscal não delimita a sua proposta de trabalho, lavrando o termo apropriado para noticiar o início dos trabalhos, de forma genérica. E neste caso, todas as infrações são passíveis de fiscalização, por isso o contribuinte perde o direito de denunciá-las espontaneamente.

Nos termos do art. 138 do CTN, a denúncia espontânea exclui a responsabilidade pela infração denunciada. Sobre o tema se estabeleceu uma controvérsia com relação à possibilidade da exigência de penalidade pecuniária ou multa de mora, sobre o tributo recolhido em razão da denúncia espontânea. Não nos deteremos deste assunto porquanto foge ao objeto deste trabalho, por ser matéria de direito material. Contudo, vale registrar que a desoneração completa da exigência de qualquer multa no pagamento a destempo, seja por denúncia espontânea ou não, tornaria ineficaz o estabelecimento de qualquer prazo de recolhimento de tributo. O contribuinte não se sentiria compelido a recolher o imposto no prazo determinado pela legislação se pudesse fazê-lo em prazo mais dilatado sem que por isso sofresse qualquer sanção de ordem pecuniária.

Encerrada esta digressão, voltamos ao tema principal.

A legislação prevê a necessidade da lavratura do termo de início, mas não o padroniza ou lhe dá a forma, de modo que qualquer termo que sirva como meio de comunicação entre o fisco e o contribuinte com o conteúdo informativo do início de fiscalização, mesmo que implícita, tem a serventia como termo de início. Assim, podem fazer as vezes de termo de início o termo de apreensão de documentos e mesmo uma intimação. Por outro lado, não pode ser considerado como termo de início o "visto" em blocos de notas fiscais, tarefa exercida por atividades fiscais em operações do tipo "presença fiscal". Mas que se alerte que o termo de apreensão pode assumir o papel de termo de início em casos especiais, quando os documentos e objetos apreendidos têm relação com a investigação fiscal, de modo a exteriorizar implicitamente ao contribuinte que este termo estará marcando o início de um procedimento de fiscalização. Se, por exemplo, a autoridade notificante lavrar um termo de apreensão para recolher um determinado documento fiscal, cujo conteúdo não sustentará um procedimento fiscal de rotina, não se pode atribuir a este termo a feição de termo de início. Portanto, um termo, para funcionar como marco inaugural de um procedimento fiscal, deverá revestir-se das características de um termo de início, ou seja, deve revelar ao contribuinte um procedimento formal de início de uma ação fiscal.

A mesma interpretação tem lugar com referência ao termo de encerramento. Mesmo que este não venha a ser formalizado, mas se a autoridade fiscal exteriorizar sinais inequívocos de que os trabalhos daquela ação fiscal se encerraram, como por exemplo, a lavratura da notificação fiscal como resultado da investigação, juntamente com a devolução de todos os documentos que serviram de fonte de pesquisa para aquele trabalho, o contribuinte recupera o direito do benefício da espontaneidade e, desta forma, não caberia, no nosso entender, julgar maculado o ato fiscal de vício formal por falta do termo de encerramento de fiscalização.

Registre-se que o termo de encerramento não é matéria de lei complementar. A lei de cada entidade federativa pode dispor sobre a matéria, podendo até dispensar tal documento.

Pois bem, se aceitarmos a intimação ou termo de apreensão, como termos inaugurais, estes abrem o início do prazo acima previsto. Assim, se a autoridade fiscal intimar o contribuinte a entregar certos livros ou documentos fiscais e, em data posterior, lavrar o termo de início dando-lhe ciência de que está sob fiscalização, o prazo para o encerramento dos trabalhos começa a contar a partir da intimação. O termo de início superveniente não irá suprimir a intimação na função de marcar a data inaugural do processo de fiscalização.

Todavia, para que isto aconteça, é necessário que o termo de início posteriormente lavrado trate de documentos ou livros fiscais que guardem relação com aqueles arrolados na intimação ou no termo de apreensão. É preciso que haja uma sobreposição dos termos em seu objeto, no sentido de que o termo de início solicite os mesmos documentos, objetos da intimação anterior, ou, pelo menos, se mantenha na abrangência do contexto da requisição que o antecedeu.

Citamos um exemplo para melhor explicar: O contribuinte é intimado a apresentar um determinado documento, uma Guia de Informação e Apuração do ICMS (GIA), uma nota fiscal ou uma DIEF de um determinado exercício, visando a uma verificação fiscal isolada, para atender a uma diligência específica. Ora, fica evidente ao contribuinte intimado que este documento isolado não se presta a dar suporte a um procedimento fiscal mais amplo; o intimado não se sente sob fiscalização. E, o que é mais importante, o contribuinte não perde o direito ao benefício da espontaneidade, pois não foi notificado de início de procedimento fiscal. Na hipótese em que, posteriormente, o agente fiscal pretender iniciar uma auditoria fiscal na empresa, cabe, no nosso entender, a lavratura do termo de início, pois a intimação anterior foi de tal maneira limitada e restrita em sua requisição que não pode fazer as vezes de ato inaugural de uma ação fiscal.

Naturalmente, estas observações somente têm sentido se esta sobreposição de termos ocorrer dentro do prazo previsto para levar ao encerramento as ações fiscais. Depois destes prazos, qualquer termo, seja de início, de apreensão ou mesmo a intimação, perdeu eficácia em seus efeitos, por extrapolação de prazo.

E no caso de reemissão do lançamento em atendimento ao disposto do inciso II do art. 173 do CTN, em decorrência do cancelamento pelo tribunal administrativo da notificação anterior por vício formal, qual o procedimento que o agente fiscal deve adotar com relação aos termos de fiscalização?

Em primeiro lugar, a reemissão é obrigatória, não facultativa, segundo o que dispõe o parágrafo único do art. 142 do CTN.

Com referência aos termos, estes devem ser lavrados de forma normal como numa fiscalização de rotina, pelas seguintes razões:

O cancelamento da notificação fiscal por vício formal gera como efeito o retorno ao contribuinte, do benefício da espontaneidade, de modo que, se preferir, ele pode regularizar a sua situação perante a Fazenda Pública, apagando os efeitos do ilícito tributário que deu causa ao lançamento cancelado. Porque o termo de início tem como uma de suas funções suspender este benefício da espontaneidade a partir da data de seu ciente (CTN, art. 138, parágrafo único), torna-se necessária a sua lavratura para dar formalidade ao procedimento de revisão do lançamento. Além do mais, este termo sempre é necessário para cientificar o contribuinte de que está sob a ação fiscal. De qualquer ação fiscal.

É importante que o termo de início mencione tratar-se de reemissão do lançamento, porque assim circunscreve a suspensão do benefício da espontaneidade aos fatos relacionados com a notificação cancelada. Todavia, a não indicação desta circunstância, não nulifica o documento, apenas amplia o seu alcance com relação à suspensão do benefício da espontaneidade para além da infração da notificação anterior.

Por consequência, os demais termos, de prorrogação e de encerramento devem também ser lavrados na revisão de lançamento.

Importante frisar que reemissão de lançamento pressupõe reeditar os mesmos termos e valores da notificação anterior, ressalvados os acréscimos decorrentes da correção monetária, sem aditamentos, tanto de referências como de fatos novos, sob pena de perder o benefício legal do reinício da contagem do prazo decadencial previsto no art. 173, II do CTN. A única diferença que deve marcar a nova notificação da anterior é o *saneamento* do vício que justificou o cancelamento da notificação revisada.

Nas ações fiscais, de maneira geral, após formalmente iniciado o procedimento de fiscalização, a relação do agente fiscal com o contribuinte se limitará na solicitação e fornecimento de informações ou documentos necessários para o andamento dos trabalhos. Não se justifica a interferência do sujeito passivo com o intento de produzir uma "defesa prévia", porque esta é a fase inquisitória do processo, cabendo unicamente ao agente fiscal a investigação e o consequente lançamento de ofício, se for o caso (CTN, art. 142). O prazo fixado no termo de início deverá ser cumprido, admitindo-se a sua prorrogação se necessário.

Com relação à defesa prévia, há que se registrar que o Estado de Santa Catarina inseriu em sua legislação um dispositivo que garante ao contribuinte o direito de se manifestar durante o procedimento de fiscalização. Cabe ao agente levantar a suposta irregularidade tributária e intimar o contribuinte a se manifestar sobre ela. Somente será lavrado o lançamento se o contribuinte não tiver explicações para os fatos levantados. Tal medida traz como resultado positivo o estabelecimento de um filtro na lavratura de lançamentos, evitando a emissão de atos fiscais flagrantemente improcedentes, frutos, por vezes, de erro na investigação fiscal; contudo, não se pode atribuir a esta denominada defesa prévia uma acepção de contraditório e direito de defesa no devido processo legal, simplesmente porque não há nenhuma pretensão estabelecida pela Fazenda Pública contra a qual o contribuinte pudesse opor resistência. Na verdade, não se trata de uma defesa prévia, mas tão somente de uma manifestação do contribuinte antes da constituição do lançamento.

Cabe lembrar que a denominada defesa prévia não reabre o benefício da espontaneidade ao contribuinte, de maneira que ele não se exonera da responsabilidade pela infração ao adimplir com sua obrigação tributária durante o procedimento de fiscalização, por ocasião da apresentação da defesa prévia. Na hipótese de o contribuinte optar por recolher o tributo devido, para evitar o lançamento de ofício, cabe ainda o lançamento da pena pecuniária.

No caso de recusa de entrega de documentos fiscais requisitados mediante intimação, cabe ao agente notificante lavrar notificação fiscal por embaraço à fiscalização, dando o suporte indispensável para uma eventual necessidade de processo de arbitramento, recurso de ordem excepcional, aplicável na hipótese da negativa definitiva da entrega das informações solicitadas, lembrando, ainda, que o não atendimento à intimação do agente fiscal configura crime de desobediência à ordem legal de funcionário público, nos termos do art. 330 do CP.

Conforme já mencionado, os termos aqui referidos têm estreita correlação com o instituto da denúncia espontânea do crédito tributário, de modo que este benefício fica suspenso durante todo o processo de fiscalização, desde o ciente do termo de início até a formalização do seu encerramento. Ultrapassado o prazo fixado para a fiscalização sem a sua devida prorrogação, o contribuinte readquire o benefício da espontaneidade. E, neste caso, cabe à autoridade fiscal fazer a devolução de toda a documentação requisitada ou disponibilizá-la formalmente, visando a dotar o contribuinte das condições materiais necessárias para utilizar-se, se preferir, do benefício da espontaneidade. Tem se observado que nem sempre as autoridades fiscais têm procedido desta maneira.

Normalmente, quando eles constatam o vencimento do prazo de fiscalização, simplesmente emitem outro termo de início, que inaugura nova ação fiscalizatória, permanecendo, no entanto, com a documentação em seu poder, de modo a obstar a que o contribuinte denuncie espontaneamente o crédito tributário devido.

Esta é a razão jurídica que justifica a anulabilidade do procedimento fiscal que inobservou o prazo de fiscalização, exatamente porque o esgotamento do prazo interrompe a suspensão do benefício da espontaneidade e, mesmo assim, o contribuinte não é provido das condições materiais necessárias para fazer a denúncia espontânea, não lhe disponibilizando a documentação.

Ou colocado em outros termos:

Imaginando-se a hipótese em que a auditoria fiscal possa ser executada na repartição fazendária, sem o manuseio dos livros e documentos fiscais, os quais poderiam permanecer em poder do contribuinte, é de nosso sentir que a não lavratura do termo de prorrogação diante da extrapolação do prazo fixado no termo inaugural terá como única consequência reconduzir o contribuinte no direito do benefício da espontaneidade, sem se constituir em causa de anulabilidade do lançamento. Portanto, não é a ausência do termo de prorrogação em si a causa de nulidade do lançamento, mas a falta das providências formais necessárias para dotar o contribuinte das condições materiais necessárias para o uso da prerrogativa da denúncia espontânea.

Nesta questão, a legislação federal, Decreto 70.235/1972, art. 7º, foi mais específico, ao atribuir ao procedimento de prorrogação do prazo fixado pelo termo de início a finalidade de prorrogar o prazo de suspensão do instituto da espontaneidade. Por aquela legislação, não se prorroga o prazo de fiscalização propriamente dito, mas o prazo de suspensão da espontaneidade iniciado pelo termo inaugural.

No encerramento do procedimento de fiscalização, é recomendável que a lei da unidade federativa exija a lavratura de um termo de encerramento através do qual o agente fiscal declare a conclusão dos trabalhos de fiscalização, relate os resultados obtidos (emissão de notificações fiscais), deixando ainda expresso que estão sendo devolvidos os documentos e livros fiscais anteriormente requisitados para a investigação.

O relatório de encerramento do procedimento fiscal (termo de encerramento) não deve resumir-se na transcrição dos termos (histórico, fundamentação legal...) da notificação fiscal, se houver, e mais algumas observações padronizadas, num documento denominado de "termo de encerramento de fiscalização", sem nenhum aproveitamento na linguagem elucidativa dos fatos. A nosso ver, cabe um detalhamento do fato imputado ao contribuinte como infração, ou no corpo da notificação fiscal, nos seus anexos, ou no termo de encerramento, que pode ser considerado parte integrante do lançamento. Lançamento tributário que não é compreensível causa de cerceamento do direito de defesa, pois o contribuinte não sabe do que está sendo acusado.

Concluindo, o termo de encerramento deve alcançar dois objetivos básicos. Em primeiro lugar, destaca-se a sua importante função do ponto de vista jurídico: encerra o período em que estava suspenso o benefício da espontaneidade para o contribuinte. O direito que o termo de início suspendeu o termo de encerramento restabelece. Este objetivo é plenamente alcançado em qualquer termo, por mais sucinto que seja. O segundo objetivo que está implícito na elaboração deste termo seria a apresentação de um relato detalhado e conclusivo da ação fiscal, dando ao analista uma visão completa dos fatos, circunstâncias, ocorrências e até informações complementares, com maior detalhamento do fato motivador do lançamento.

Em alguns casos, percebe-se que o lançamento apresenta-se com um certo aspecto enigmático, deixando pontos obscuros e duvidosos com relação à materialidade da infração. No caso de haver impugnação deste lançamento, estes pontos são esclarecidos numa informação fiscal que se constitui em peça processual. Há uma tendência natural de transferir para a informação fiscal a atribuição de dar os esclarecimentos definitivos do procedimento de fiscalização. Todavia, há que se lembrar que a informação fiscal não é parte integrante do lançamento, é peça produzida na fase processual, de modo que ela funciona como peça de instrução do processo contencioso, não como parte integrante da notificação fiscal. Tanto é que, se não houver impugnação, não haverá informação fiscal. Alerta-se que o lançamento tributário que não pode prescindir da informação fiscal para ser compreendido cerceia o direito de defesa do contribuinte.

6.3 Intimações

O instrumento público através do qual a autoridade administrativa exerce o seu poder coercitivo junto ao contribuinte para dele obter informações, documentos ou providências no sentido de dar cumprimento às obrigações tributárias é a intimação. O próprio lançamento tributário é uma espécie do gênero intimação, mediante o qual o contribuinte fica obrigado a recolher um crédito tributário que a Fazenda Pública sustenta lhe ser devido.

A intimação é uma norma individual concreta emanada da autoridade competente que obriga o contribuinte ao seu cumprimento, sob pena de incorrer em infração de natureza penal tributária, que é embaraçar o procedimento de fiscalização, e cumulativamente, incorrer na prática do crime de desobediência à ordem legal de funcionário público, previsto no art. 330 do Código Penal.

A notificação fiscal que corporifica o lançamento do crédito tributário também é uma norma individual e concreta que obriga o sujeito passivo perante a Fazenda Pública relativa à obrigação tributária. Mas esta somente se insere no contexto jurídico com a efetiva intimação, através da qual é dada a conhecer ao contribuinte da pretensão da Fazenda Pública na cobrança do crédito tributário que julga lhe ser devido.

A intimação, no caso de lançamento de ofício, deve ser sempre alternativa, no sentido de determinar o recolhimento do crédito tributário no prazo fixado, normalmente de 30 dias, contados a partir da ciência pelo sujeito passivo, ou, alternativamente, de impetrar recurso administrativo, quando, então, é suspensa a exigibilidade do crédito tributário pelo tempo em que o processo tramitar no tribunal administrativo, até a decisão definitiva (CTN, art. 151, III). Mesmo não constando na intimação, por óbvio, o sujeito passivo tem a sua disposição o aparelho do Poder Judiciário para contestar, alternativamente ao processo administrativo, a exigência fiscal, direito constitucional inafastável.

Portanto, o lançamento de ofício, para ter validade jurídica e criar norma individual entre o contribuinte e o sujeito ativo na relação jurídica tributária, deve ser validamente notificado ao sujeito passivo. Uma norma não tem validade e nem eficácia sem que lhe seja dada a publicidade necessária para o destinatário.

Há que se fazer uma nítida distinção entre o lançamento do crédito tributário, que é o ato administrativo que consiste em dar corpo aos requisitos enumerados pelo art. 142 do CTN, da notificação do sujeito passivo. As imperfeições, os vícios da notificação não atingem necessariamente o lançamento, podendo ser saneados. Ou seja, lançamento não levado à ciência do sujeito passivo não está de imediato condenado à invalidade; a omissão da ciência pode ser suprida por uma diligência. Se o lançamento foi constituído regularmente, de acordo com a previsão legal, só lhe faltando a assinatura do sujeito passivo, cabe sanear a falha, cientificando o contribuinte do lançamento, reabrindo o prazo para nova defesa. Opera o princípio da salvabilidade, segundo o qual, há de se aproveitar a parte não atingida pelo vício apontado.

A falta de assinatura do sujeito passivo no lançamento também deve ser considerada suprida quando este apresenta a sua defesa em tempo hábil, discutindo o mérito, demonstrando ser conhecedor da pretensão do Estado na cobrança do crédito tributário e que a falta da ciência não lhe tenha prejudicado. Por outro lado, entendemos que, se o sujeito passivo se apresentar para fazer a defesa, em tempo hábil, mas somente arguindo o vício formal da falta de assinatura na notificação fiscal, deve-se considerá-lo notificado a partir da data desta defesa e do julgamento correspondente.

A medida saneadora para suprir o lançamento da falta de assinatura do sujeito passivo, por vezes, pode não ser muito prática. Neste caso, deve ser declarada a nulidade de todos os atos processuais posteriores à emissão da notificação fiscal. Por isso, não raro, têm os tribunais administrativos (entre os quais, o Conselho Estadual de Contribuintes de Santa Catarina) preferido simplesmente anular o lançamento por falta de assinatura, dando ensejo a sua reemissão, nos termos do art. 173, II, do CTN. A medida é de ordem prática, não jurídica ou processual.

A outra questão que tem suscitado polêmicas nos meios jurídicos tem relação com a forma de cientificação do sujeito passivo, se pessoal, por carta registrada ou por edital publicado. A legislação local pode regulamentar esta matéria, impondo ordem de preferência ou não entre estas três formas. Entendemos ser de boa aceitação deixar as modalidades pessoal e por carta a critério da autoridade administrativa, e condicionar a forma por edital à motivação, dizendo a razão de recorrer a este expediente.

Já se constatou situações em Estados cuja administração tributária condiciona a remessa de qualquer intimação por carta registrada à prévia autorização do superior hierárquico da autoridade remetente. Evidentemente, a falta de autorização não retira a validade da intimação se esta cumpriu com a sua finalidade. A ausência de autorização é de interesse *interna corporis* e serve puramente para os objetivos administrativos.

Quando a notificação for pessoal, e se tratar de lançamento do crédito tributário, é da pessoa responsável na relação jurídica tributária que se deve colher o ciente, ou então da pessoa à qual foram outorgados poderes de representação. Esta exigência pode ser abrandada quando se tratar de termos que dão oficialidade ao procedimento fiscal, tais como termo de início de fiscalização, de prorrogação de prazo, de encerramento, nos quais pode ser colhida a assinatura de preposto idôneo do sujeito passivo.

Temos conhecimento de um caso ocorrido no Estado de Santa Catarina, em que um contribuinte destacava uma pessoa estranha à sociedade e ao quadro dos funcionários da empresa para atender às autoridades fiscais, assinando os termos e intimações relacionadas ao procedimento fiscal. Após ter concluído o trabalho, uma das teses de defesa aduzia a invalidade da cientificação das intimações, comprovando, então, que a pessoa que as assinara não tinha nenhuma relação com a empresa. A tese não foi acolhida no julgamento na via administrativa sob o argumento do princípio da aparência. Se durante um longo período uma pessoa estranha assinara as intimações e os termos que davam seguimento ao trabalho fiscal, é porque a empresa lhe outorgava tacitamente poderes para tanto, não podendo, depois, usar este fato para contestar a validade do procedimento administrativo.

Esta matéria apresenta outras variáveis, tratando-se de fiscalização de mercadorias em trânsito, que ocorre na fiscalização do ICMS nas diversas unidades da Federação, circunstância em que o sujeito passivo está a longa distância do local do procedimento fiscal. Os termos circunstanciadores do procedimento fiscal podem ser assinados pelo transportador, na pessoa do motorista, ainda que a responsabilidade tributária recaia sobre o emitente da nota fiscal, pessoa diversa do motorista. O lançamento, todavia, se for o caso, deverá ser remetido por carta ao sujeito passivo.

Da intimação por carta registrada (aviso de recebimento) pode dar recibo pessoa que não se reveste da condição de representante legal da empresa do contribuinte. Prédios com serviços de recepção de documentos, recepcionistas, porteiros, enfim, funcionários que estão alojadas em pontos definidos para estabelecer o primeiro contato com as pessoas que se dirigem à empresa podem dar recibo de intimações, inclusive de lançamento tributário. Não tem o contribuinte a seu favor a defesa da citação não válida quando o lançamento foi recebido por um de seus prepostos, ainda que estes exerçam suas atividades sob o regime de contrato terceirizado. Não é de se esperar que a organização empresarial destaque um servidor graduado para fazer o recebimento de cartas registradas; é comum que esta tarefa seja atribuída a um servidor subalterno, de maneira que o recibo, por esse passado, deve ser considerado válido para o aperfeiçoamento da citação; afinal, o seu empregador delegou-lhe competência para esta atribuição. É neste sentido que tem se posicionado o STJ, conforme ementa a seguir.

"Recurso especial. Processual civil. Ação ordinária de cobrança. Preliminar de inadmissibilidade do recurso apelatório. Rejeição. Citação feita pelos correios. *Pessoa estranha* aos quadros da empresa, possibilidade. Recurso conhecido e parcialmente provido.

"1. Recurso especial interposto *por* Companhia Energética de Alagoas – Ceal, com supedâneo no art. 105, III, 'a' e 'c', da Constituição Federal, contra acórdãos proferidos pelo TJAL, assim espelhados fls.:

"Apelação cível. Ação ordinária de cobrança. Preliminar de inadmissibilidade do recurso apelatório. Rejeição. Citação feita pelos correios. *Pessoa estranha* aos quadros da empresa, sem poder de representação. Nulidade. Inteligência dos arts. 12, IV, e 215, ambos do Código de Processo Civil. Teoria da aparência. Inaplicabilidade.

"Anulação do processo a partir da citação, inclusive. Asseguramento do contraditório e da ampla defesa. Preliminar acolhida. Decisão unânime.

"Embargos de declaração em apelação cível. Inexistência de contradição e ou omissão. Recurso que pretende o reexame da matéria.

"Inadequação da via eleita. Embargos conhecidos, porém, rejeitados.

"Decisão unânime.

"(...)

"4. Não merece amparo a simples alegação formulada pela empresa de que a *pessoa* que assinou a carta de citação com *AR* não fazia parte da sua diretoria ou de que a signatária era '[...] em princípio *pessoa* desconhecida da empresa', devendo-se anotar que consta do *AR* o número do registro da *pessoa* que o assinou. Este Superior Colegiado possui entendimento firmado no sentido de ser válida a citação via postal com *AR* efetivada no endereço da ré e *recebida por* qualquer um de seus funcionários, ainda que sem poder expresso para tanto.

"5. Recurso especial conhecido e provido para reformar o acórdão na parte em que deu pela invalidade da citação postal, determinando a volta do processo ao Tribunal para apreciar o mérito da lide, em grau de apelação."[3]

Ainda com referência à intimação por carta, cabe lembrar que a simples postagem do documento a ser levado à ciência do sujeito passivo no serviço postal não se constitui ainda em notificação válida, é preciso que o destinatário o receba. A postagem representa um ato preparatório para que a notificação se efetue. Tratando-se de lançamento tributário de ofício, há de se considerar notificado o sujeito passivo na data do recebimento da carta, data que será referência para a decadência, prescrição e prazo para recurso administrativo.

6.4 Intimação para apresentação de documentos extrafiscais

A matéria aqui circunscrita já mereceu estudo no tópico inaugural deste Capítulo. Contudo, o tema sugere uma análise um pouco mais detida, em razão das frequentes ocasiões em que os julgadores administrativos se defrontam com esta questão.

Em primeiro lugar, para que não restem dúvidas, definimos como documentos extrafiscais aqueles que o contribuinte utiliza por sua eleição, para o seu controle interno, documentos estes não exigidos pelo fisco, ou pela legislação tributária, tais como pedidos, orçamentos, relatórios de vendas, livros de registro do fluxo de caixa (que não seja o caixa oficial), cadernos, fichas e arquivos em meios eletrônicos.

Antes de adentrar na análise do mérito do tema, cumpre colocar em destaque, para os procedimentos de fiscalização tributária, a importân-

3. REsp 913671, *DJe* 7.5.2008.

cia que representam os chamados documentos extrafiscais, eis que retratam a realidade da movimentação financeira e econômica da empresa, nem sempre obtida através dos registros obrigatórios. Estes documentos somente se justificam pela exatidão nos registros, pois que são instrumentos gerenciais. De nada valeriam como fonte de informação gerencial se mascarassem valores ou resultados. Por esta razão tais documentos também são importantes fontes de observação dos agentes do fisco para a investigação.

Não é demais lembrar que as infrações contra a ordem tributária quase nunca estão estampadas nos registros obrigatórios, mas a sua constatação é feita pelo confronto entre os registros oficiais e aqueles de controle interno, de interesse exclusivamente gerencial. O agente fiscal nem sempre pode limitar a investigação aos documentos e livros obrigatórios. Dependendo do caso, somente uma investigação mais abrangente, que transcenda a esfera dos registros oficiais, pode revelar a ocorrência de infrações contra a ordem tributária que estão sendo praticadas pelo contribuinte.

Naturalmente, estes documentos extrafiscais servem como prova no procedimento fiscal e podem ser apreendidos, mediante termo próprio, pela autoridade administrativa. Não há, portanto, nenhum problema de ordem maior com relação à apreensão imediata destes documentos. A mesma harmonia de entendimento não se tem verificado com relação à intimação para que o contribuinte faça a exibição deles posteriormente.

Façamos a seguinte análise a respeito:

Verificada a existência de documentos extrafiscais no estabelecimento, e desde que devidamente identificados, como por exemplo, pedidos numerados de 001 a 1000, pode o agente fiscal fazer a intimação, obrigando o contribuinte a entregá-los, para servir de prova documental. Neste caso, o não atendimento à intimação caracteriza o crime de desobediência à ordem legal de funcionário público, art. 330 do CP, além da infração de natureza tributária. Mas se o contribuinte não os entregar, não nos parece, em princípio, possível que o agente fiscal possa lançar mão do arbitramento de valores para lançar um crédito tributário, presumindo que os valores constantes dos pedidos eram todos sonegados da tributação. O arbitramento tem lugar na hipótese de o contribuinte não entregar documentos de uso obrigatório perante a legislação tributária, obstruindo o procedimento de fiscalização, mas sem que seja cabível, em regra, este expediente fiscalizatório mediante a recusa da entrega de documentos de eleição do sujeito passivo, os quais podem ser preservados pelo tempo que lhe for conveniente. O contribuinte não pode ser obrigado a exibir documentos que o condenam.

Por outro lado, é ineficaz a intimação expedida contra o contribuinte para exibir documentos extrafiscais, cuja existência é presumida pelo agente fiscal, haja vista que o intimado pode alegar que eles nunca existiram, ou que existiam, mas foram destruídos, sem que se possa penalizá-lo pelo não atendimento à intimação.

Por isso, é recomendável que o fisco, se pretender valer-se de documentos extrafiscais como prova, faça a sua apreensão imediata, mediante lavratura do termo próprio.

Hugo de Brito Machado assim se pronuncia sobre a exibição de documentos não obrigatórios pela legislação tributária: "Se um agente fiscal encontra um livro *Caixa*, por exemplo, no escritório de uma empresa, tem o direito de examiná-lo, mesmo em se tratando, como se trata, de livro não obrigatório. Entretanto, se o contribuinte afirma não possuir livro *Caixa*, ou *Razão*, ou qualquer outro, não obrigatório, evidentemente não estará sujeito a sanção alguma. Não sendo legalmente obrigatório a possuir determinado livro ou documento, obviamente não pode ser obrigado a exibi-lo. Entretanto, se de fato o possui, tanto que o fiscal o viu, não pode impedir o seu exame".[4]

Portanto, para proceder à fiscalização tributária a autoridade competente deve ter acesso a qualquer documento, mercadorias, livros e papéis que possam conter informações e registros de interesse fiscal, sejam de uso obrigatório ou não pelo contribuinte. Muda, porém, o critério de requisição para a investigação destes documentos, dependendo de seu uso obrigatório ou não pelo contribuinte. Para os chamados documentos extrafiscais, a intimação nem sempre é eficaz para obter do sujeito passivo a sua exibição. A alternativa que o fisco tem para arrecadar tais documentos é a sua apreensão formal.

---

4. Hugo de Brito Machado, *Curso de Direito Tributário*, cit., p. 251.

6.5 Prazo para guarda de documentos e livros fiscais

Ainda com referência aos documentos e livros fiscais e comerciais, o parágrafo único do art. 195 do CTN determina que estes deverão ser conservados até que ocorra a *prescrição* dos créditos tributários decorrentes das operações a que se referem. Note-se que a norma se refere à *prescrição*, não à decadência, embora se reconheça que, decaído o prazo para que a Fazenda Pública constitua o seu crédito pelo lançamento de ofício, na prática, não há razões para se conservar os documentos por mais tempo.

Analisa-se a questão da seguinte forma. Uma vez encerrado o prazo decadencial sem que a Fazenda Pública tenha procedido ao lançamento de seu crédito, os documentos, livros fiscais e comerciais referentes a este período, sobre o qual ocorreu a decadência, podem ser inutilizados. Neste caso, o referencial é a decadência. Se, por outro lado, a Fazenda Pública constituiu o seu crédito mediante lançamento de ofício referente a um determinado período, não há mais que se falar em decadência, pois esta opera antes do lançamento, devendo, então, ser observado o prazo prescricional para a conservação dos documentos e livros pertinentes.

Exemplificando: Se um contribuinte foi notificado de um lançamento de ICMS referente ao exercício de 1995, deverá conservar os documentos e livros relativos a este exercício até se completar o prazo de prescrição, que é de cinco anos, contados da data da sua constituição definitiva (CTN, art. 174, *caput*), observando as hipóteses interruptivas deste prazo, nos termos dos incisos I a IV do mesmo artigo. Cabe lembrar que tem recebido mais aceitação a corrente que adota como constituição *definitiva* do crédito a decisão final nos julgamentos administrativos, da qual não caiba mais recurso nesta via, embora haja quem entenda como constituição *definitiva* a notificação ao contribuinte do lançamento válido. No Tribunal Administrativo Tributário do Estado de Santa Catarina tem se adotado o entendimento segundo o qual a constituição definitiva do crédito tributário, para efeito do termo inicial da contagem do prazo prescricional, ocorre com a decisão definitiva na esfera administrativa.

Naturalmente, a obrigatoriedade da conservação dos documentos e livros recai sobre todos aqueles obrigados pela legislação tributária e comercial, não sobre os documentos extrafiscais, ressalvado a hipótese em que estes serviram de prova no procedimento fiscal, ingressando, assim, na esfera do conhecimento do fisco, caso em que também devem ser conservados.

Pode-se sistematizar esta matéria nas seguintes hipóteses:

Situação 1: Não há lançamento de ofício em decorrência de um procedimento de fiscalização sobre um determinado exercício (período). Neste caso, opera a decadência para efeito de guarda de livros e documentos fiscais. Deve o contribuinte guardar os livros e documentos fiscais por cinco anos, contados nos termos do art. 173, I do CTN. Exemplo: os documentos e livros referentes ao exercício de 2002 devem ser guardados até 1.1.2008, porque a partir desta data o Estado não mais poderá proceder ao lançamento de ofício sobre o exercício de 2002. Note-se que adotamos o prazo decadencial previsto no art. 173, I do CTN, sendo que a matéria não está pacificada, já que entendem alguns que a decadência se opera segundo o § 4º do art. 150, também do CTN.

Situação 2: Há um lançamento de ofício, em decorrência de um procedimento de fiscalização, mas o contribuinte não o impugnou, recolhendo o crédito tributário lançado. Vale seguir a mesma orientação descrita na *situação 1*.

Situação 3: Há um lançamento de ofício, decorrente de um procedimento de fiscalização, e o contribuinte o impugnou na via administrativa, sendo mantida a exigência fiscal no tribunal administrativo. Nesta hipótese, os livros e documentos fiscais devem ser conservados por cinco anos, contados a partir da data em que houver a decisão definitiva no julgamento administrativo, da qual não caiba mais recurso nesta via (CTN, art. 174, *caput*), considerando, ainda, as hipóteses de interrupção do prazo prescricional previstas nos incisos do art. 174 do CTN.

Situação 4: Há um lançamento de ofício, decorrente de um procedimento de fiscalização, e o contribuinte o impugnou na via administrativa, de modo que o lançamento foi cancelado por vício formal, sem apreciação do mérito. O contribuinte deverá conservar os seus documentos por cinco anos, contados a partir da data de seu julgamento definitivo por vício formal (art. 173, II). Novamente, nesta hipótese, opera a decadência, e não a prescrição.

Situação 5: Há um lançamento de ofício, decorrente de um procedimento de fiscalização, e o contribuinte o impugnou na via administrativa, sendo que o lançamento foi cancelado por razões de mérito. Os documentos relativos ao lançamento devem ser guardados por cinco anos, contados nos termos do art. 173, I do CTN, haja vista que pode o fisco ter razões para a revisão do lançamento, segundo o disposto no art. 149 do CTN.

Situação 6: Há um lançamento de ofício, decorrente de um procedimento de fiscalização, e o contribuinte o impugnou na via judicial. Nesta hipótese, os documentos relativos ao lançamento devem ser guardados por cinco anos, contados a partir da data da notificação do sujeito passivo do lançamento tributário. Isto porque durante o contencioso tributário judicial decorre o prazo prescricional (considerando a não concessão de efeito suspensivo), devendo sempre ser consideradas as hipóteses de interrupção prescricional previstas nos incisos do art. 174 do CTN.

Nesta hipótese, o contribuinte poderá ter interesse em preservar os documentos fiscais relativos ao processo pelo tempo que durar a lide, para fins de prova a seu favor, não se limitando esta guarda ao período legalmente exigido.

Note-se que a análise aqui foi concentrada sobre os lançamentos de ofício em decorrência de procedimentos de fiscalização, que são as hipóteses mais comuns no nosso sistema tributário. Mas as mesmas regras podem ser aplicadas também para lançamento de ofício sem um procedimento de fiscalização, bem como para o lançamento por declaração, com os devidos ajustes, dadas as particularidades de cada uma destas modalidades de lançamento.

6.6 Sigilos fiscal e bancário

Os sigilos fiscal e, principalmente, o bancário, sempre têm sido alvos de calorosos debates entre aqueles que os defendem na sua forma mais absoluta, de maneira a se criar um verdadeiro dogma em torno do fato, contra aqueles que relativizam a sua importância dentro de um contexto social em que as investigações fiscais não devem sofrer restrições injustificadas, a bem do interesse coletivo, desde que procedidas dentro da legalidade.

A primeira vista, a Constituição Federal parece contradizer-se nesta questão.

Se nos incisos X e XII, do art. 5º, a Lei Maior preserva a inviolabilidade do sigilo da correspondência, das comunicações de dados, e da intimidade de modo geral, no art. 145, § 1º, inserido no capítulo do sistema tributário nacional, deixa expressa a necessidade de o fisco mensurar a capacidade econômica do contribuinte, facultando à administração tributária identificar o patrimônio, os rendimentos e as atividades econômicas do contribuinte, para dar efetividade ao princípio da capacidade contributiva, fazendo ressalva a respeito dos direitos e garantias individuais.

Cabe ao intérprete extrair destes mandamentos constitucionais, com a aparência de contraditórios, a real intenção do legislador constituinte originário, de modo que eles não entrem em choque e se anulem, mas que, pelo contrário, tenham alguma efetividade no mundo prático.

A fiscalização de tributos é um direito e dever do Estado e esta somente pode ser exercida em sua plenitude, facultando-se o acesso das autoridades fiscais aos registros, ao patrimônio, aos rendimentos e às atividades do contribuinte, com a finalidade de determinar a sua participação contributiva ao erário. O sigilo fiscal é cada vez mais relativizado em nossa sociedade, assimilando-se paulatinamente a ideia da necessidade de um maior poder investigatório de nossos agentes fiscais, com uma maior abertura de acesso às informações do contribuinte, a despeito de se levantarem vozes discordantes que, contrariando a evolução da história, pretendem recrudescer o manto do sigilo.

Mas é de nosso propósito, neste item, falar sobre os sigilos acima mencionados.

O art. 198 do CTN impõe à autoridade administrativa o sigilo fiscal, vedando a divulgação, para qualquer fim, por qualquer pessoa da Fazenda Pública, de informações da situação financeira ou econômica do contribuinte, obtida em razão de seu ofício. A autoridade fiscal não poderá alardear para os quatro cantos as informações que obteve na empresa fiscalizada. Não há interesse público nesta divulgação. A licença para esta divulgação transformaria o contribuinte em refém da autoridade fiscal, que poderia utilizar as informações obtidas em razão de seu ofício para fins ilícitos e de barganha. Lembremo-nos que o único objetivo de liberar as informações para o agente fiscal é a investigação de natureza fiscal, para possibilitar o levantamento de provas de um eventual ilícito contra a ordem tributária.

O dispositivo fala em situação *financeira* e *econômica* como informações sigilosas, mas devemos entender extensivamente esta vedação, abrangendo também a divulgação de informações outras que não se enquadram exatamente dentro da área financeira e econômica da empresa. Informações relativas ao *modus operandi* de práticas de evasão fiscal, informações relativas ao lançamento de crédito tributário e até informações sigilosas de natureza industrial ou produtiva, entre outras, estão também protegidas pelo sigilo fiscal.

Entretanto, este sigilo fiscal é relativizado neste próprio dispositivo legal ao expor no § 1º as hipóteses de sua quebra, quais são: a) por auxílio mútuo entre as pessoas políticas com competência tributária (União, Estados, Distrito Federal e Municípios); b) permuta de informações, através de tratados internacionais, com Estados estrangeiros, prerrogativa esta somente da União (LC 104/2001); c) por requisição da autoridade judiciária, a interesse da justiça; e d) por solicitação de autoridade administrativa, e neste caso, condicionado a que tenha sido instaurado um processo de investigação fiscal (LC 104/2001).

Recentemente, através da Lei Complementar 105/2001, atendendo aos apelos dos órgãos de fiscalização, principalmente da Receita Federal, foi derrubado o sigilo bancário, delegando poderes aos agentes fiscais tributários da União, dos Estados, do Distrito Federal e dos Municípios a terem acesso aos documentos, livros e registros de instituições financeiras, inclusive os referentes a contas de depósitos e aplicações financeiras, desde que haja a instauração de processo administrativo ou de procedimento fiscal em curso.

Hoje, ainda, vozes levantam-se contra esta nova ordem, considerando esta lei complementar inconstitucional, por retirar do crivo do Judiciário a competência privativa de decidir sobre a necessidade da quebra do sigilo bancário. Segundo esta tese, os agentes do fisco não agiriam com a imparcialidade necessária para decidir sobre a quebra desse sigilo, por ser parte na relação jurídico-tributária.

Pensamos que o apego exacerbado na proteção das informações das instituições financeiras nunca se justificava convenientemente para a grande sociedade. Era um manto para proteger interesses inconfessáveis e de difícil assimilação entre aqueles que não tinham nada a temer numa investigação de suas reservas bancárias. O homem comum da sociedade que tem a sua fonte de rendimentos publicável, dentro da mais absoluta legalidade e que por isso não teria maiores resistências em abrir a sua conta bancária para um órgão de fiscalização, nunca pôde entender por que esta dogmatização em torno da necessidade do sigilo bancário.

Aliás, é bom que se diga que a defesa intransigente do sigilo bancário não visa a proteger o bem jurídico da inviolabilidade da intimidade do cidadão, nos termos do art. 5º, X, da CF/1988, da forma como é exposta. Na verdade, se analisarmos bem o fato, temos a convicção de que o que se pretende é afastar apenas o agente fiscal das contas bancárias. Tanto é, que nunca foi questionado, por nenhum correntista, o acesso dos funcionários do banco à sua movimentação bancária; o gerente, os funcionários do banco, evidentemente, têm o acesso franqueado às contas dos correntistas, e nunca se ouviu qualquer preocupação no sentido de restringir este acesso. A restrição somente ganha força quando se trata da autoridade fiscal, que é apenas mais uma pessoa que se junta ao grupo que já tem acesso às contas bancárias.

Não nos parece fazer sentido lógico permitir que o agente fiscal tenha acesso a todas as informações e registros contábeis e fiscais do contribuinte, com a reserva sempre honrosa do sigilo bancário. Diriam os defensores do sigilo que nas contas bancárias está estampada a vida financeira íntima do contribuinte e que a sua privacidade é garantida pela Constituição Federal. Ter mais ou menos dinheiro no banco é uma informação que merece a proteção do sigilo. É verdade. Porém, deve se levar em consideração que uma ação fiscal executada com certa profundidade expõe toda a vida financeira e econômica do contribuinte, sua receita, seu patrimônio, sua produtividade, sua capacidade de competitividade. Estes dados talvez sejam tão íntimos quanto àqueles reservados pelo sigilo bancário. Por que então tanta resistência em permitir o acesso às informações bancárias? O volume das contas bancárias não seria um reflexo das atividades da empresa?

Quer nos parecer que a sociedade brasileira avançou nesta questão da quebra do sigilo bancário. Temos a convicção de que os eventuais constrangimentos que podem surgir com esta nova prerrogativa dos órgãos de fiscalização serão de uma importância infinitamente menor do que os benefícios trazidos para a sociedade. A quebra do sigilo bancário não traz só benefícios no campo da fiscalização tributária, mas deixa a descoberto atividades ilícitas de rendimentos volumosos que sempre eram camuflados sob o manto do sigilo bancário. A posição de nosso país na escala de corrupção ativa e passiva, de enriquecimento ilícito, crimes estes que estão sempre vinculados às práticas de evasão fiscal, não deixa dúvida da necessidade de um maior poder investigatório dos nossos órgãos de fiscalização de toda natureza, principalmente de natureza tributária.

Evidentemente, a prerrogativa do acesso às contas bancárias pelas autoridades fiscais tributárias deve ser exercida com extrema responsabilidade, da mesma forma que as demais informações obtidas junto à empresa do contribuinte sempre mereceram o sigilo. E tem-se a absoluta certeza de que, assim como não se tem notícia de que um agente fiscal deste país tenha usado ilegalmente as informações por ele obtidas na empresa em razão de seu ofício, também não haverá nenhum vazamento das informações obtidas junto às instituições financeiras.

A discussão que se instala é com relação à abrangência da quebra do sigilo bancário autorizada pela lei já mencionada, especialmente quando a investigada é uma pessoa jurídica. Teria o auditor fiscal acesso às contas bancárias somente da pessoa jurídica investigada ou também das pessoas físicas ou mesmo jurídicas componentes da sociedade sob investigação?

A matéria permite que seja traduzida em dois segmentos:

Em primeiro plano, a quebra do sigilo cinge-se à pessoa jurídica investigada, permitindo que o investigador transcenda o seu raio de investigação para além das contas bancárias declaradas na escrita comercial do contribuinte. Seria a quebra do sigilo de forma concentrada na pessoa jurídica, buscando informações sobre novas contas bancárias não contabilizadas. Desnecessário dizer que, a rigor, sobre as contas contabilizadas não há sigilo bancário, visto que o contribuinte é obrigado a exibir os documentos correspondentes a cada lançamento contábil.

Uma segunda forma de quebra de sigilo bancário, tratando-se de pessoa jurídica sob investigação, terá uma ação transcendente ao meio societário, buscando informações financeiras dos sócios ou quotistas da sociedade investigada, com o objetivo de apurar riquezas desproporcionais ao movimento econômico da empresa e por isso sem origem comprovada. Esta quebra de sigilo, por certo, é de maior complexidade jurídica, visto que exige também o rompimento da autonomia da pessoa jurídica, através do uso da teoria da desconsideração da personalidade jurídica.

A teoria da desconsideração da personalidade jurídica surgiu como um instrumento jurídico no processo de execução, através do qual o magistrado redireciona o ônus do processo contra os sócios da sociedade, para preservar os direitos do credor. Hodiernamente, esta técnica tem alcançado novas aplicações fora do campo da execução, constituindo-se em novo componente que se soma na instrumentalização das atividades de fiscalização. Porém, é de uso excepcional no Direito Tributário, justificando-se a sua aplicação quando se comprova o uso indevido da autonomia patrimonial da pessoa coletiva, com a finalidade de fraudar credores, no caso, a Fazenda Pública.

Observados os limites da lei e o princípio ao contraditório, pode a Fazenda Pública desconsiderar a personalidade jurídica para apurar as infrações contra a ordem tributária. É neste sentido que o STJ se manifestou: "*Ementa*: Administrativo. Recurso ordinário em mandato de segurança. Licitação. Sanção de inidoneidade para licitar. Extensão de efeitos à sociedade com o mesmo objeto social, mesmos sócios e mesmo endereço. Fraude à lei e abuso de forma. Desconsideração da personalidade jurídica na esfera administrativa. Possibilidade. Princípio da moralidade administrativa e da indisponibilidade dos interesses públicos".[5]

Portanto, a superação do sigilo bancário deve ser procedida de forma específica para cada caso, sempre com a finalidade exclusiva de reparar os danos causados ao erário através da sonegação fiscal, devendo o seu uso, ainda, conforme dispõe a lei, ser devidamente motivada. O sigilo bancário ainda prevalece como direito do cidadão; a sua quebra é medida excepcional, e como tal deve ser tratada. O que não se admite, contudo, é o argumento que sublima tal sigilo a ponto de tornar inatingível qualquer acesso às contas bancárias sob qualquer circunstância. A ordem pública há de prevalecer sobre os interesses privados.

5. ROMS 15166/BA, rel. Castro Meira, j. 7.8.2003, 2ª T., *DJU* 9.9.2003.

6.7 Sigilo de dados

Prevê a Constituição Federal em seu art. 5º, inciso XII: "É inviolável o sigilo da correspondência e das comunicações telegráficas, de dados e das comunicações telefônicas, salvo, no último caso, por ordem judicial, nas hipóteses e na forma que a lei estabelecer para fins de investigação criminal ou instrução processual penal".

A inclusão da palavra *dados* neste dispositivo constitucional tem suscitado muita polêmica nos meios jurídicos e fiscais, inspirando os mais variados argumentos de defesa contra as investidas das autoridades fiscais nas informações armazenadas em meios magnéticos.

Alguns segmentos de doutrinadores e de magistrados veem nesta ordem constitucional uma proteção à inviolabilidade de dados ou informações contidos no computador do cidadão, seja no disco rígido ou em qualquer meio magnético. Para eles, o computador é um arquivo de conteúdo íntimo, podendo o cidadão ou o contribuinte nele manter registrados dados ou informações de natureza pessoal, devendo, por isso, merecer o tratamento sigiloso.

Ações de investigação na área tributária já foram interrompidas por ordens judiciais, proibindo que equipamentos eletrônicos de dados ou disquetes gravados sejam apreendidos e deles extraídas as informações e dados para servirem de material de investigação. Na maioria das vezes, a razão é a mesma: a extração de dados do computador violaria o sigilo de dados. Ou seja, as informações no computador devem ser protegidas pelo sigilo à intimidade.

Por certo, esta não é a melhor interpretação deste dispositivo constitucional. Toda norma jurídica deve ser interpretada de forma que os seus comandos não se anulem ou não se constituam numa contradição, se confrontados uns com os outros. Deve-se procurar extrair uma lição do conjunto, numa visão sistêmica do diploma legal. Se a Constituição Federal, em seu art. 145, § 1º, sinaliza para a necessidade de adequar a cobrança tributária à capacidade contributiva do contribuinte, determinando que seja identificado o seu patrimônio, os seus rendimentos além das suas atividades desenvolvidas, visando a uma distribuição da carga tributária na proporção da capacidade econômica de cada administrado, não poderia em outro artigo inviabilizar este procedimento, negando que o fisco tenha acesso às informações mais importantes do contribuinte que, naturalmente, estão armazenadas em meios eletrônicos.

Estamos plenamente convencidos de que o constituinte não pretendeu impor a marca da inviolabilidade aos registros, dados ou informações armazenadas em arquivo magnético, porque não faria o menor sentido. Necessário lembrar que no mundo moderno quase não há mais informação a ser colhida que não seja extraída de um arquivo magnético. Assim são mantidos os registros fiscais, as escritas contábeis, as folhas de pagamentos, relatórios de vendas, relatórios de despesas, de compras de mercadorias e, principalmente, os registros não oficiais que representam o chamado "caixa dois". A se restringir ou negar o acesso às informações e registros nos arquivos magnéticos da empresa à autoridade fiscal, praticamente nada lhe resta fazer. Não terá material de pesquisa. Será lhe negado o direito de conferir a capacidade contributiva do contribuinte, não podendo dar cumprimento ao disposto na da Carta Magna. Decididamente, esta não pode ter sido a intenção do constituinte originário.

O que na verdade a Constituição Federal pretendeu proteger com o sigilo são os dados no contexto da *comunicação*. O sigilo recai sobre a comunicação, alcançando os dados como linguagem no estabelecimento de uma relação comunicativa. O objeto do sigilo é a comunicação, não os dados. Estes são alcançados pelo sigilo somente quando relacionados à relação comunicativa. É a comunicação de dados a destinatária desta inviolabilidade constitucional, não os dados armazenados de forma estática num computador.

Definitivamente, é preciso que se desmistifiquem os meios magnéticos como forma de armazenagem, lembrando sempre que um arquivo magnético somente difere de um arquivo em meio físico ou convencional na sua tecnologia de armazenagem; as informações, os registros são os mesmos. O que antes era guardado em meio material formado por átomos, hoje se armazena em forma de *bits*. Se um agente fiscal pode apreender um arquivo convencional, digamos, uma caixa de documentos diversos, também deve poder apreender um computador ou um disquete, pois a única diferença entre os dois arquivos, repetimos, é a tecnologia de armazenagem. Se o computador pode conter informações pessoais que merecem um tratamento sigiloso, uma caixa, ou uma gaveta de escrivaninha também pode conter tais informações e, no entanto, nunca foi questionada a apreensão dos documentos guardados nestes arquivos físicos sob o argumento de conter material sigiloso.

Estamos vivendo na era da informática, das informações digitais, momento em que o processo virtual é uma realidade e a nota fiscal eletrônica já está em circulação, enfim, testemunhamos uma caminhada em direção oposta àquela que acumula montanhas de papel para a preservação de registros, de maneira que não tem mais o menor sentido qualquer argumento que imponha restrições ao acesso às informações armazenadas em meio eletrônico, sob o fundamento do sigilo às informações de foro íntimo do cidadão. As informações digitalizadas devem receber o mesmo tratamento que as informações armazenadas em meio físico no que diz respeito ao sigilo.

6.8 Desconsideração dos atos ou negócios jurídicos (parágrafo único do art. 116 do CTN)

Este instituto foi introduzido na normatização tributária através da Lei Complementar de n. 104/2001, acrescentando o parágrafo único ao art. 116 do CTN, com a seguinte dicção:

"Art. 116. (...)

"Parágrafo único. A autoridade administrativa poderá desconsiderar atos ou negócios jurídicos praticados com a finalidade de dissimular a ocorrência do fato gerador do tributo ou a natureza dos elementos constitutivos da obrigação tributária, observados os procedimentos a serem estabelecidos em lei ordinária."

De início, que se registre que a novidade consiste em dotar a autoridade administrativa da competência legal para declarar a desconsideração dos atos ou negócios jurídicos praticados pelo sujeito passivo, quando esta medida se justificar para o êxito na investigação fiscal, sem a interferência do Poder Judiciário.

Como segunda observação inicial, na análise de Vittorio Cassone, talvez baseada na exposição de motivos do anteprojeto da LC 104/2001, que justificou a necessidade desta lei para evitar as práticas de *elisão* fiscal, a doutrina cunhou a lei de *antielisiva*, o que tem provocado a contestação por parte de alguns doutrinadores, entre os quais o autor citado, que lembra que a elisão fiscal caracteriza uma forma de planejamento tributário dentro da licitude, não podendo nenhuma norma coibir esta prática por força dos direitos constitucionais do cidadão. Assegura

Cassone que esta ordem normativa pretende vedar a *evasão* fiscal, através do abuso de formas e do Direito, dissimulando atos e negócios jurídicos para sonegar ao fisco a ocorrência do fato gerador.

De fato, parece-nos que a grande parte da doutrina não se preocupa muito em estabelecer a diferenciação entre *elisão* e *evasão* fiscal quando trata da desconsideração dos atos e negócios jurídicos, provocando o espírito crítico dos mais rigorosos com relação à terminologia dos institutos jurídicos.

A desconsideração dos atos e negócios jurídicos prevista pela norma em comento tem como pressuposto a prática destes com a finalidade de *dissimular* a ocorrência do fato gerador do tributo, ou seja, o fato gerador, na verdade, ocorre, mas o contribuinte tenta disfarçá-lo, ou ocultá-lo, com o uso de artifícios jurídicos conhecidos como abuso de forma. Esta conduta dissimulada, demonstrando ao fisco uma situação diferente da realidade, dando aos seus atos uma falsa ideia de legalidade é que recebe o tratamento de evasão fiscal. A elisão, por sua vez, não se compatibiliza com atos dissimulados ou fraudulentos, ainda que sejam praticados com a finalidade de reduzir a carga tributária. A elisão fiscal, hodiernamente tratada como planejamento tributário, consiste em praticar os atos legais, sem dissimulação, sem fraude, visando a minimizar o imposto a recolher.

Talvez esta visão simplista do tema, no que diz respeito à definição da elisão e evasão fiscais e a correta identificação dos casos sujeitos à desconsideração dos atos e negócios jurídicos, não atenda a todas as situações. Esta nuança pode ter dado motivos para que o parágrafo único introduzido no art. 116 do CTN leve a marca de norma *antielisiva*, sem, contudo, atingir o direito ao planejamento tributário.

Para melhor ilustrar a distinção entre evasão e elisão fiscais, suponhamos a existência de uma empresa de grande porte obrigada a submeter-se à tributação do imposto de renda pelo lucro real, que se divide em várias outras empresas de menor porte, com a finalidade declarada de incluí-las no lucro presumido. Esta divisão pode ser desconsiderada pela autoridade fiscal, com o consequente lançamento do crédito tributário decorrente, se for apenas aparente, de forma dissimulada. A divisão foi apenas na forma, de direito, mas mantém-se uma interligação entre as empresas que nasceram da suposta cisão, de modo a se manter coesa a unidade empresarial. Se, por outro lado, a cisão efetivamente tiver ocorrido, de direito e de fato, a medida terá a conotação de planejamento tributário, desautorizando a administração tributária a desconsiderar este ato sob o argumento de resultar numa diminuição do recolhimento do tributo.

O mesmo exemplo tem aplicabilidade na divisão de empresa de maior porte em unidades menores para o enquadramento no sistema especial de tributação formalizado pelo Simples Nacional. A estratégia não pode ser contestada pela administração fazendária, ressalvada a hipótese em que se verifica dissimulação, ou afronto às disposições expressas na lei.

Analisando esta questão, Luiz Vieira Cardoso[6] faz referência à teoria do teste de finalidade negocial, ou o *business purpose test* no dizer dos norte-americanos e ingleses, segundo a qual, deve ser desconsiderado o ato ou negócio jurídico quando for praticado de forma desatrelada da finalidade econômica ou negocial da empresa, visando unicamente ao objetivo de não pagar ou de reduzir o pagamento do imposto.

Eis a primeira questão que pode suscitar controvérsias e que deve ser enfrentada pelos operadores do Direito, especialmente por aqueles que terão a responsabilidade de editar a lei ordinária dando à norma eficácia efetiva: quais os pressupostos para a desconsideração dos atos ou negócios jurídicos? No nosso entender, caberá este expediente fiscal somente diante da chamada *evasão* fiscal, já que a norma se refere à fórmula de *dissimulação* da ocorrência do fato gerador.

Uma segunda questão se refere à eficácia efetiva da mencionada lei complementar. A parte final do novo dispositivo determina que sejam "observados os procedimentos a serem estabelecidos em lei ordinária". Portanto, cabe a cada entidade competente para tributar (União, Estados, Distrito Federal e Municípios) a responsabilidade de editar uma lei ordinária para estabelecer os procedimentos que nortearão o ato de desconsideração dos atos e negócios jurídicos praticados com a finalidade de sonegar tributos.

E sem esta lei ordinária não pode a autoridade fiscal lançar mão desta superação dos atos jurídicos em sua investigação fiscal, tendo a sua convicção de tratar-se de manobra de evasão fiscal?

---

6. In Luiz Antônio Soares Hentz (Coord.), *Obrigações no Novo Direito da Empresa*, São Paulo, Juarez de Oliveira, 2003, p. 154.

Vittorio Cassone[7] responde da seguinte forma: "É mais do que evidente que a autoridade administrativa poderá desconsiderar o ato ou negócio jurídico, se dissimulados. Pode agora, com esta nova norma, e podia antes, pois nessa tarefa, é ela investida do *poder* (art. 2º, CF), e no *dever* (de constituir o crédito tributário – art. 142, CTN), sob pena de responsabilidade funcional (art. 142, par. único. CTN). Esse poder-dever existe independentemente da LC n. 104 (...)".

A rigor, muitas administrações fazendárias, há muito tempo, já vêm praticando a desconsideração dos atos ou negócios jurídicos dissimulados em seus procedimentos fiscais, quando estes visam à evasão fiscal, como um procedimento normal, dentro das prerrogativas da autoridade administrativa encarregada de investigar o cumprimento da legislação tributária pelo contribuinte, mesmo antes de qualquer lei que expressamente autorizasse esta medida. Pelo menos o fisco de Santa Catarina tem usado este método diante de simulações de empréstimos dos sócios, ou mesmo de terceiros, para a empresa, quando este "empréstimo" tem como único objetivo suprir o caixa para evitar o "estouro" do saldo que se demonstra iminente. Mesmo que tal empréstimo seja documentado por um título de crédito próprio, devidamente contabilizado, a autoridade fiscal catarinense o tem desconsiderado, mediante prova da inexistência de origem do numerário que teria sido emprestado. Esta simulação de empréstimo denota um suprimento de caixa, que por sua vez, denuncia a prática de evasão fiscal.

Como terceiro ponto, cabe uma análise sobre o alcance da norma em comento. Dependendo da sua natureza, se de Direito material ou de procedimento, tem-se reflexo na aplicabilidade do aspecto temporal. Se considerarmos o parágrafo único do art. 116 do CTN norma material, sua aplicação se restringe aos fatos do futuro, nos contornos do art. 144, *caput*, do CTN; se, por outro lado, visualizarmos nesta nova ordem um comando procedimental, ela poderá instrumentalizar os procedimentos fiscais daqui para frente, ou a partir da edição da lei ordinária, mesmo para fiscalizar fatos geradores pretéritos, em conformidade com o § 1º do art. 144 do CTN.

7. V. *www.agu.gov.br/ce/cenovo/revista/0504cassoneantievasao.pdf*. Data de consulta: 11.5.2003.

Parece-nos que tem procedência a posição do Marco Aurélio Greco,[8] que advoga que a norma é de natureza procedimental, porque regula uma competência administrativa na atividade do exercício de um poder da administração tributária. Efetivamente, a norma amplia os poderes de investigação das autoridades administrativas, atribuindo-lhes novas prerrogativas para o desempenho de suas funções, e por isso se ajusta perfeitamente no que determina o § 1º do art. 144 do CTN. Portanto, a partir do momento em que for dado vigência à lei ordinária reclamada pela lei complementar, pode o agente fiscal utilizar-se deste expediente para os fatos pretéritos, respeitado unicamente o prazo decadencial. A norma é pertinente ao procedimento, não ao fato gerador.

Tratando-se de uma atividade específica dentro do contexto do procedimento de fiscalização, esta desconsideração deve ser feita durante a investigação, desde que se tenha detectado a importância desta medida para o êxito da ação fiscal. Representa um procedimento administrativo especial inserido no procedimento global da ação fiscal.

A forma de seu procedimento deve ser regulada pela lei ordinária. Mas para quem admite a possibilidade de superação dos atos jurídicos mesmo independentemente da nova norma positivada (Vittorio Cassone), basta circunstanciar o fato, lavrando termo, ou relatar a medida adotada numa peça do procedimento fiscal, com a devida motivação. Não nos parece necessário abrir o direito ao contraditório num processo incidental, como propõe Marco Aurélio Greco, para depois seguir no processo principal. Lembre-se que todo procedimento fiscal, que na verdade é uma investigação fiscal, desenvolve-se na fase inquisitória, onde prevalece a unilateralidade da autoridade fiscal, em respeito ao art. 142 do CTN, fase que repele qualquer inserção de contraditório. É evidente que o contribuinte, cujos atos jurídicos tenham sido objeto de superação pela autoridade fazendária, tem o direito de questionar esta medida, mas esta defesa tem lugar somente no contencioso tributário que se formará com a impugnação do lançamento.

Com relação à autoridade competente para a medida, é claro que a autoridade lançadora do crédito tributário tem a competência para praticar todos os atos preparatórios e antecedentes do lançamento. Que não

---

8. Marco Aurélio Greco, Palestra extraída dos *Anais do Seminário Internacional sobre Elisão Fiscal*, realizado pela Escola Fazendária de Brasília, em 6.8.2001.

se exija a intervenção de nenhum chefe de fiscalização, nem de qualquer órgão singular ou colegiado. Vigora o velho dizer: *quem pode mais pode o menos*. Quem tem competência para lançar há de ter competência para realizar todos os atos para a sua consecução.

Por último, cabe uma reflexão, ainda que superficial, sobre a constitucionalidade da nova norma chamada de antielisiva.

Os poderes de fiscalização são respaldados pela própria Constituição Federal, em seu artigo 145, § 1º. Por aquela norma, a administração tributária terá acesso às informações do contribuinte para identificar o patrimônio, os rendimentos e as atividades econômicas da empresa, para impor a adequada exação tributária. Além desta norma constitucional, o CTN trata da fiscalização nos arts. 194 a 200. O vigor que o legislador infraconstitucional pretendeu imputar ao poder-dever de fiscalizar fica muito bem evidenciado na redação do art. 195 do CTN que veda a aplicação de "quaisquer disposições excludentes ou limitativas do direito de examinar mercadorias, livros, arquivos, documentos, papéis e efeitos comerciais ou fiscais dos comerciantes, industriais ou produtores, ou da obrigação de exibi-los".

A norma que permite a superação dos atos jurídicos ou negociais cria novos poderes para as administrações tributárias, sem que com isso venha a ferir os direitos individuais ou o direito à intimidade do cidadão. A doutrina não é unânime nesta questão. Conforme leciona Vittorio Cassone, aqueles que decretam a inconstitucionalidade desta norma limitam-se a ler a Constituição Federal somente na parte dos direitos e garantias individuais, sem fazer uma interpretação sistêmica da Carta Magna e examinar os princípios fundamentais da Constituição Federal.

Seguindo este entendimento, Marco Aurélio Greco também se posiciona pela constitucionalidade desta nova medida fiscalizatória, bastando, para a plena eficácia da norma, a edição da lei ordinária por cada unidade da Federação que pretenda exercer a superação da desconsideração dos atos jurídicos ou negociais.

6.9 Fiscalização de mercadorias em trânsito e suspensão do benefício da espontaneidade

Uma importante atividade fiscalizatória de ICMS é desenvolvida no trânsito das mercadorias e na prestação de serviços de frete, na qual o agente fiscal verifica a regularidade do cumprimento das obrigações tributárias, que podem ser do remetente ou do transportador, ou ainda do prestador dos serviços de frete, quando estes são tributados pelo ICMS.

Este segmento de fiscalização atende a algumas particularidades pela sua ação imediata, embora, obviamente, não possa olvidar os princípios legais que regem todo o processo inquisitório de lançamento tributário.

As particularidades que merecem destaque ficam por conta dos termos de fiscalização. Nos termos do art. 196 do CTN, há de se lavrar termo para documentar o início de qualquer diligência ou procedimento fiscal, exigência que, por óbvio, é extensiva à fiscalização de mercadoria em trânsito, ato que tem como efeito a suspensão do benefício da espontaneidade (CTN, art. 138, parágrafo único). Perde sentido, por outro lado, falar em termo de prorrogação e de conclusão de procedimento fiscal, dada a sua característica momentânea.

Com referência à suspensão do benefício da espontaneidade, numa primeira análise, para nós menos detida, poder-se-ia concluir que esta suspensão somente ocorreria quando do ciente do real sujeito passivo ou de seu representante legal, da lavratura do termo inaugural do procedimento fiscal. De acordo com este entendimento, quando a infração é de responsabilidade do emitente da nota fiscal e o transportador pessoa diversa daquele, para que se suspenda a espontaneidade, é preciso que o real sujeito passivo seja cientificado desta ação fiscal, não o transportador. Não nos parece assim. Dado à particularidade da fiscalização em trânsito, onde os efeitos são momentâneos, uma vez lavrado um termo que noticia o início de um procedimento fiscal encerra-se o benefício da espontaneidade, ainda que este termo seja assinado não pelo real sujeito passivo, mas pelo seu preposto. É o caso, por exemplo, de uma irregularidade no documento fiscal, de responsabilidade do emitente, quando o transportador, pessoa diversa do emitente, é notificado do início do procedimento.

Estamos convictos de que esta é a melhor interpretação da norma aplicada nas atividades de fiscalização da regularidade das obrigações tributárias no trânsito das mercadorias, no que tange à suspensão da denúncia espontânea. A norma não é criada para inviabilizar o procedimento fiscal que regulamenta. Ela existe para disciplina-lo, para dar cumprimento aos princípios que devem reger o procedimento, de modo que tudo ocorra dentro da estrita legalidade, mas não para criar óbice intransponível na sua realização. Caso exigíssemos o ciente do sujeito passivo para reconhecer a suspensão da espontaneidade no caso delineado, a fiscalização em trânsito seria inócua, porque sempre seria oportunizado ao contribuinte regularizar a sua situação após ser comunicado pelo transportador de uma ação fiscal e, assim, ele se liberaria de qualquer imputação de penalidade pecuniária.

O termo de início de procedimento fiscal é de natureza formal e não estabelece nenhuma relação jurídica inovadora; apenas demarca o momento em que se inaugura uma atividade fiscal, dando-lhe o momento exato para todos os efeitos legais. Não há nenhuma exigência legal de que tal termo seja levado à ciência do sujeito passivo ou ao seu representante legal para surtir os efeitos, podendo ser notificado o seu preposto, não importando se em procedimento de fiscalização em trânsito ou em outros procedimentos de natureza geral.

6.10 Termo aditivo de correção de lançamento tributário

Já se observou que algumas administrações tributárias têm se utilizado do expediente do "termo aditivo de correção de lançamento" para corrigir eventuais erros formais ou materiais, constatados no ato, geralmente pela própria autoridade notificante, após a notificação do sujeito passivo. É uma forma de saneamento do ato administrativo pelo próprio autor. Pequenas deformidades na linguagem constitutiva do lançamento, tais como a omissão de indicação de um dispositivo legal, erros de digitação, erro de datas, entre outras incorreções, são passíveis de correção por esta medida. Não serve tal expediente, no nosso entender, para reformular o lançamento, principalmente na sua fundamentação legal. A natureza da infração não pode sofrer desfigurações após o ingresso no sistema do ato constitutivo ou formalizador do crédito.

Esta medida saneadora pode levantar questionamentos em relação a sua idoneidade como instrumento de correção no processo de formalização do crédito tributário, principalmente quando não constar expressamente na lei. O termo aditivo de correção caracteriza-se como uma emenda ao ato da formulação do crédito tributário e, como tal, também não goza de previsão legal no CTN, quando este trata do lançamento de ofício (art. 142). Contudo, pensamos que é procedente tal medida corretiva, embora não recomendável sob a ótica da qualidade da atuação administrativa. Se não há expressa previsão legal para este procedimento, também não há óbice legal para a sua adoção. Ora, todos os atos administrativos podem ser revistos e saneados, ou no próprio ato ou pela renovação do ato. O saneamento do lançamento mediante termo evita que este seja cancelado por vício na sua formação e refeito com as devidas correções. Por isso, consideramos o termo aditivo de retificação inserido na proposta do princípio da celeridade processual e que deve ser recepcionado pelo órgão julgador como apto a suprir determinadas incorreções do lançamento.

Entretanto, há um pressuposto básico para a admissibilidade deste termo de correção: que o contribuinte não seja prejudicado no seu direito ao contraditório e defesa. Por isso, ao dar ciência ao contribuinte do termo corretivo, deve ser reaberto o prazo para a defesa, porque, afinal, o lançamento conclusivo e válido aconteceu com a entrega do termo de correção.

6.11 Procedimento de fiscalização e a relação fisco x contribuinte

Todo este processo de fiscalização, do qual nos ocupamos linhas acima, situa-se fora do processo administrativo tributário; esta fiscalização é inquisitória e é procedida de forma unilateral, pela autoridade competente, sem a interferência do contribuinte, no sentido de antecipar a sua defesa. Cumpre ao contribuinte, nesta fase, apenas o dever de colaborar, fornecendo os documentos requisitados e as informações eventualmente solicitadas no decorrer do processo. Mas de forma alguma é estabelecido, nesta fase, o contraditório.

A atividade fiscal de lançamento é estritamente vinculada à lei. Prevê o parágrafo único do art. 142 do CTN, que regra a constituição do crédito tributário pelo lançamento de ofício:

"Parágrafo único. A atividade administrativa de lançamento é vinculada e obrigatória, sob pena de responsabilidade funcional".

Portanto, é atividade vinculada à lei, não podendo a autoridade fiscal desviar-se dela em seu exercício funcional; e é de natureza obrigatória, no sentido de que não compete à autoridade fazendária valer-se de sua vontade, oportunidade, para proceder ao lançamento. Ela é obrigado a agir quando sabedor do imposto devido.

Não raro, quando a ação é exercida com certo rigor (porque há circunstâncias em que este rigor se torna necessário diante da gravidade do ilícito ou da intransigência do sujeito passivo), é confundida com arbitrariedades e prática de excesso de poder, sem que, na verdade, estes desvios de finalidade estejam efetivamente ocorrendo. É de nossa cultura opor-se a qualquer medida impositiva de ordem fiscal; a frase atribuída ao *Justice* Oliver Holmes por Ruy Barbosa Nogueira "Gosto de pagar impostos, com eles compro civilização",[9] não é muito bem assimilada entre nós. É claro que as medidas enérgicas devem ser motivadas e justificadas e nunca podem resultar em qualquer forma de cerceamento do direito de defesa.

Em matéria de relacionamento, contribuinte e agente fiscal, nos procedimentos de fiscalização, a experiência recomenda afastar qualquer relação atritosa desnecessária, fazendo com que esta relação se desenvolva de forma impessoal, com o tratamento mútuo dentro da civilidade e urbanidade, cabendo ao agente fiscal, como guardião da receita tributária, unicamente verificar a regularidade da situação do contribuinte diante da legislação tributária, fazendo o lançamento de ofício se cabível, e ao contribuinte suportar a fiscalização. Devem ser afastados qualquer excesso de exação, arbitrariedades e desvios de finalidade ou abuso de poder, cabendo ao contribuinte direito de ampla defesa e contraditório após a conclusão dos trabalhos de fiscalização. Não é de nenhum proveito o envolvimento pessoal da autoridade fiscal com a ação infracional do sujeito passivo, no sentido de censurá-lo ou criticá-lo, trazendo a relação para um ambiente de discussões de patriotismo, de cidadania, assumindo, ao mesmo tempo, o papel de autoridade repressora e educadora, função que não lhe cabe. Esta função de repressão pessoal, ou pedagógica, como podem entender alguns, não compete ao agente notificante, como também não compete ao julgador, tanto na esfera administrativa e judicial, nem à autoridade policial. E pode-se afirmar que são estes comportamentos alheios ao procedimento de auditoria fiscal, que muitas vezes deterioram o relacionamento entre o contribuinte sob fiscalização com o agente fiscalizador.

9. Ruy Barbosa Nogueira, *Curso de Direito Tributário*, cit., p. 124.

Julgamos ainda de boa recomendação que a autoridade fiscal não se coloque como parte na relação fisco contribuinte no procedimento de fiscalização de tributos. É errada a concepção de que cabe ao fisco cobrar do contribuinte o máximo possível, dentro de uma visão de parte, mesmo que sob discutível legalidade, deixando que o contribuinte procure os seus direitos para restabelecer a verdade. Nunca devemos esquecer que um tributo sempre é instituído e cobrado *ex lege*, e que o Estado não deve ter interesse de apoderar-se, de seus administrados, de parcela de suas riquezas maior que o permitido por lei. Cabe ao Estado valer-se de sua supremacia unicamente para resguardar o interesse coletivo, cobrando, para tanto, o tributo devido, objetivando compartilhar o ônus financeiro entre os cidadãos (contribuintes) na manutenção das atividades estatais.

6.12 Providências pós-ação fiscal

Concluídos os trabalhos de fiscalização, lavrado o lançamento, se for o caso, intimado o sujeito passivo da pretensão do fisco em cobrar o seu crédito tributário que julga devido, cabe ao agente fiscal devolver os livros, documentos e objetos que lhe foram fornecidos pelo contribuinte para submeterem-se ao procedimento de verificação fiscal. Esta devolução torna-se importante, porque é com base nestes documentos que o contribuinte notificado produzirá a sua defesa, se optar pela impugnação do lançamento, sob pena de cerceamento do direito de defesa.

É preciso lembrar que, a rigor, esta devolução deve ocorrer no mesmo dia da cientificação da notificação fiscal, caso contrário, estar-se-ia suprimindo parte do prazo que o contribuinte tem para fazer a sua defesa. Ou, melhor dizendo, a contagem do prazo para o contribuinte notificado fazer sua impugnação somente pode ter início após a devolução destes livros e documentos fiscais anteriormente recolhidos para subsidiar a verificação fiscal.

Na hipótese de haver a liberação dos documentos e livros fiscais e comerciais após a data da notificação do lançamento ao sujeito passivo, o termo inicial do prazo para a defesa há de ser a data da liberação destes documentos, não a da notificação. Em sentido contrário haveria redução do prazo previsto em lei para a impugnação, causa suficiente para cercear o direito de defesa. Certamente se o prazo para contestar o lançamento for de 30 dias, por exemplo, o contribuinte deve dispor de todo este trintídio para produzir a sua defesa, prazo este que não pode ser reduzido por nenhum ato infralegal, muito menos pela entrega extemporânea dos documentos necessários para a defesa.

Todavia, o cerceamento do direito de defesa muitas vezes é banalizado nos recursos, alegando-se a retenção dos documentos pela autoridade fiscal sem que isto se constitua numa verdade. Tem ocorrido que defesas têm concentrado a sua argumentação nesta preliminar, sustentando que os documentos fiscais não foram devolvidos, mas, quando examinados os fatos, conclui-se que os documentos foram liberados no mesmo dia da ciência da notificação fiscal, apenas o contribuinte não os retirou para provocar artificialmente o cerceamento do direito de defesa.

Aqui, surge uma outra questão subjacente. Em certa medida poder-se-ia entender que a devolução da documentação pela autoridade fiscal consistiria na entrega desta no estabelecimento pelo próprio agente ou seu preposto. Não caberia ao contribuinte retirá-la da repartição fazendária.

Entretanto, reputamos esta tese de uma fragilidade inquestionável. Entendemos que o agente fiscal pode intimar o sujeito passivo a entregar na repartição fazendária a documentação que julgar necessária à verificação fiscal. Da mesma forma, quando encerrados os trabalhos, não nos parece que o agente fiscal tenha por obrigação arcar com o ônus da entrega em devolução deste material ao estabelecimento do contribuinte, sob pena de incorrer em cerceamento de defesa pela não entrega destes documentos. Portanto, basta que o agente fiscal libere ou disponibilize os documentos do contribuinte na data da ciência da notificação fiscal. A não retirada pelo sujeito passivo não pode ser oposta à Fazenda Pública como cerceamento do direito de defesa.

Capítulo VII
AS INVALIDADES DOS ATOS
NO PROCESSO ADMINISTRATIVO TRIBUTÁRIO

*7.1 Anotações gerais e introdutórias. 7.2 Ato nulo. 7.3 Ato anulável.
7.4 Ato irregular. 7.5 Convalidação.*

7.1 Anotações gerais e introdutórias

O sistema jurídico é formado por normas válidas aptas a produzir os efeitos jurídicos para os quais foram vocacionadas. Os fundamentos de validade de qualquer norma ou ato jurídico, este também na modalidade de ato administrativo, decorrem de norma superior. Esta norma superior, por sua vez, tem seus fundamentos de validade ou outra norma de hierarquia superior, e assim sucessivamente até atingir a norma ápice do sistema.

A validade do ato administrativo decorre de sua prática em consonância com o ordenamento jurídico pertinente. Por exclusão, ato inválido é aquele praticado sem atender às prescrições legais, afrontando o nosso Direito.

Analisado assim, os atos administrativos se classificam em válidos ou inválidos. Por esta concepção não há meio termo ou graduação de validade. Ou o ato é válido e como tal ingressa no sistema ou é inválido e não poderá produzir efeitos jurídicos.

Porém, esta não é a única forma de classificação dos atos administrativos quanto a sua validade. Ao lado desta classificação dicotômica, ato válido ou inválido, parte da doutrina admite outra classificação que considera a graduação de repulsa com que o sistema reage com relação aos atos praticados com vícios, ou irregularidades, fazendo surgir o ato nulo, anulável, inexistente ou irregular. Para a primeira corrente, que admite a classificação dicotômica entre ato administrativo válido ou inválido, o tratamento das nulidades do Direito Civil não se aplica ao Direito Administrativo, que é de serventia ao interesse público. Já a segunda corrente admite o aproveitamento de preceitos de nulidade do Direito Civil para o Direito Administrativo, com as devidas adaptações.

Melhor explicando, para a primeira corrente doutrinária acima enumerada, o ato administrativo ou é válido ou é nulo; sendo nulo, não pode surtir nenhum efeito jurídico. O vício na prática do ato sempre causa sua nulidade. Tem por fundamento esta corrente que o ato administrativo, por representar interesse público, não aproveita a faculdade de convalidação, como ocorre no Direito Privado. Sendo de interesse público, e por isso direito indisponível, não há que se falar em ato anulável, suscetível de convalidação. Somente numa relação jurídica de Direito Privado é que a parte pode dispor de seu direito, razão da possibilidade de convalidação de ato praticado com vício. No Direito Público, ou o ato é válido, por ter sido praticado consoante a lei, ou é nulo, sem possibilidade de convalidação.

Esta tese que atribui ao ato administrativo viciado a condição de nulidade, de forma exclusiva, tem como um de seus defensores Hely Lopes Meirelles, segundo o qual não se pode reconhecer atos administrativos anuláveis, "pela impossibilidade de preponderar o interesse privado sobre atos ilegais (...)".[1] Segundo o autor, tal possibilidade se oporia à exigência de legalidade administrativa, resultando daí a impossibilidade jurídica de convalidar o ato considerado anulável, ainda que assim as partes desejem.

Odete Medauar também se filia a esta corrente ao escrever:

"Como se pode depreender, o tratamento das nulidades no direito civil separa os defeitos referentes a normas imperativas e os defeitos decorrentes de normas protetoras de interesses de pessoas. E leva em conta as consequências de tais defeitos nas ações civis.

"No direito administrativo essa diferença nãos e sustenta, pois todas as normas são, em princípio, de ordem pública e todos os atos administrativos são editados para atendimento do interesse público. Mesmo na esteira da moderna tendência de buscar a conciliação de todos os

---

1. Hely Lopes Meirelles, *Direito Administrativo Brasileiro*, cit., p. 179.

interesse envolvidos numa questão, até interesses privados, o interesse público há de prevalecer.

"(...)

"Por todas as razões acima apontadas e levando em conta, ainda, a grande relevância do princípio da legalidade no direito administrativo, parece inaplicável, nesse âmbito, a teoria das nulidades tal como vigora no direito civil."[2]

Corrente oposta a esta tem como um de seus defensores Celso Antônio Bandeira de Melo,[3] que admite a existência de atos administrativos nulos anuláveis, além de atos irregulares e inexistentes. Para este autor, há de se reconhecer graduação no grau de repulsa que o sistema deve impor às diversas formas de invalidades, permitindo falar em atos nulo, para os quais cabe uma maior reprimenda, e atos anuláveis, assim considerados frente à possibilidade de serem integrados no sistema como válidos através da convalidação.

Segue também neste posicionamento Celso Ribeiro Bastos, que reconhece a distinção entre atos nulos e anuláveis, inspirado no regramento do Direito Privado no trato das invalidades, com as devidas adaptações.

Escreve ele: "Assim como no direito privado, os vícios, no direito administrativo, podem gerar nulidade absoluta (atos nulos) ou nulidade relativa (atos anuláveis). No direito administrativo, entretanto, diferentemente do que no direito privado, tanto a nulidade absoluta quanto a relativa podem ser decretadas de ofício pela Administração, não necessitando da provocação do interessado. Isso em decorrência da autotutela de que desfruta a Administração, gestora que é do interesse público".[4]

Maria Sylvia Zanella Di Pietro também segue esta linha de reconhecimento de atos administrativos nulos e anuláveis, advertindo, porém, que o regramento do Direito Civil, constante nos arts. 166 e 171, não pode ser transposto para o Direito Administrativo sem observar as

2. Odete Medauar, *Direito Administrativo Moderno*, 12ª ed., São Paulo, Ed. RT, 2008, p. 153.
3. Celso Antônio Bandeira de Mello, *Curso de Direito Administrativo*, 28ª ed., São Paulo, Malheiros Editores, 2011, p. 465.
4. Celso Ribeiro Bastos, *Curso de Direito Administrativo*, São Paulo, Celso Bastos Editor, 2002, p. 163.

peculiaridades destes dois ramos do Direito. Segundo a autora, não tem aplicabilidade no Direito Administrativo a orientação do Direito Civil, segundo a qual a nulidade absoluta pode ser decretada pelo juiz, de ofício, ou mediante provocação do interessado ou do Ministério Público (art. 168 do Código Civil), enquanto que a nulidade relativa somente pode ser decretada mediante provocação pela parte interessada, eis que a Administração deve exercer a sua autotutela de saneamento de seus atos, sejam este nulos ou anuláveis, independentemente de provocação da parte interessada, fazendo prevalecer o interesse público sobre o privado.[5]

Nós também nos filiamos à doutrina que reconhece a multiplicidade de consequências decorrentes de vícios dos atos administrativos, admitindo atos nulos anuláveis, além da categoria de atos irregulares, divisão tricotômica proposta por Seabra Fagundes.[6] Adotamos esta proposição por considerá-la mais adequada para tratar das invalidades ou vícios dos atos administrativos, permitindo estabelecer uma graduação de reprimenda contra a norma segundo a gravidade do seu vício, tendo em sua graduação extremada a expulsão do sistema, hipótese em que o vício é de tal gravidade que não permite a convalidação. Não visualizamos que o regramento das invalidades dos atos jurídicos no Direito Privado possa se incompatibilizar com o Direito Público, desde que observadas as devidas adaptações. Não fere o interesse público o fato de que atos praticados com irregularidades ou vícios de menor impacto em sua qualidade jurídica possam ser convalidados e, com isso, permanecerem definitivamente no sistema como válidos. Não há prejuízo para a Administração Pública, representante do interesse público, e nem para o administrado, desde que o vício não interfira no direito de defesa. A possibilidade de convalidação do ato administrativo milita a favor do princípio da celeridade processual, princípio este inscrito em nosso ordenamento jurídico como resultado do anseio da sociedade que se vê fustigada pela demora nas respostas do Estado às pretensões do cidadão, em especial no âmbito das ações no Poder Judiciário. É de mais eficácia a atividade estatal na convalidação de um ato do que na

---

5. Maria Sylvia Zanella Di Pietro, *Direito Administrativo*, 21ª ed., São Paulo, Atlas, 2008, p. 232.

6. Seabra Fagundes, *O Controle dos Atos Administrativos pelo Poder Judiciário*, 3ª ed., Rio de Janeiro, Forense, 1957, p. 60.

sua invalidação, caso em que novo ato deve ser praticado. Registre-se, porém, que a nossa posição formada não se opõe contra a possibilidade de decretação de atos anuláveis por iniciativa da Administração, quando o ato não se reveste da condição necessária para proferir a legalidade do feito. É neste aspecto que o Direito Administrativo difere do Civil: tanto os atos nulos como os anuláveis podem ser removidos do sistema pela sua anulação, por iniciativa da Administração.

Portanto, a nossa análise pressupõe a existência de atos nulos, anuláveis e irregulares, seguindo a proposição de Celso Antônio Bandeira de Melo mencionado, com exceção ao ato inexistente por ele proposto.

Cabe, porém, fazer uma advertência de que o reconhecimento de atos nulos e anuláveis não implica a aceitação integral do regramento das nulidades do Direito Civil para o Direito Administrativo. Os princípios da legalidade e o da autotutela são de forte influência no trato dos feitos da Administração, exigindo que esta faça o controle da legalidade de seus atos, sem mesmo a manifestação da parte envolvida. Por esta razão deve se admitir a possibilidade de revisão de um ato anulável. Não nos parece correto afirmar que os vícios de anulabilidade somente podem ser conhecidos se alegados pela parte interessada. Pode a Administração também os conhecer e apreciar.

É neste ponto de reformulamos o entendimento registrado na edição anterior deste livro, quando nos inspiramos com maior justeza do regramento do Direito Civil para tratar das nulidades no âmbito do Direito Administrativo.

Neste ponto vale mencionar as duas súmulas do STF, de ns. 346 e 473. A Súmula 346, mais contida em seu enunciado, trata exclusivamente de nulidade dos atos da Administração, o que pressupõe referir-se a ato vinculado, sem a interferência da oportunidade e conveniência, fontes motivadoras de atos discricionários.

Eis o teor da Súmula 346: "A Administração Pública pode declarar a nulidade dos seus próprios atos".

A Súmula 473 trata tanto da nulidade (ato vinculado) como da revogação dos atos da Administração Pública, abrangendo, portanto, também os atos de natureza discricionária, motivados pela conveniência e oportunidade na sua prática.

Prescreve a súmula: "Administração pode anular seus próprios atos, quando eivados de vícios que os tornam ilegais, porque deles não se originam direitos; ou revogá-los, por motivo de conveniência ou oportunidade, respeitados os direitos adquiridos, e ressalvada, em todos os casos, a apreciação judicial".

Portanto, embora se admita a ocorrência de ato nulo e anulável, baseado no critério da possibilidade de convalidação deste último, o que sugere uma inspiração privativista, o Direito Administrativo se rege por princípios próprios que nem sempre se ajustam aos princípios do Direito Civil.

7.2 Ato nulo

O ato nulo é aquele que não pode ingressar no sistema jurídico por conter um vício de nulidade absoluta, que é de tal gravidade que compromete a função instrumental do ato. É defeito grave e de interesse público, sendo que o ato não pode ser convalidado, ainda que por interesse da parte interessada. A sua invalidade deve ser decretada de ofício, a qualquer tempo, com efeito ex tunc. No entanto, não é verdadeira a afirmativa de que ato nulo não produzirá efeitos em nenhuma circunstância. Devem ser respeitados os efeitos por ele produzidos para terceiros de boa-fé. Além disso, o não conhecimento da nulidade faz com que o ato prevaleça no sistema a produzir efeitos regularmente.

Para exemplificar, em matéria tributária, será nulo um lançamento tributário de ofício lavrado por agente incompetente, como também será nula uma decisão de julgamento administrativo sem qualquer fundamentação.

7.3 Ato anulável

O ato anulável é aquele contaminado por uma nulidade relativa, ou anulabilidade, em sua formação, mas que ainda assim é capaz de atingir a sua finalidade jurídica. Tem como uma de suas características a possibilidade de convalidação. Caso for declarado inválido, há de se reconhecer sua validade até o momento deste ato de invalidação. Embora não aceito por todos os segmentos da doutrina, entendemos que também a nulidade relativa pode ser levantada de ofício, preservando o princípio da legalidade dos feitos da Administração. Na verdade, o ato administrativo não se compatibiliza com a ilegalidade; a Administração ao se manifestar através de ato vinculado o fará dentro da observância estrita da lei, sem interferência da oportunidade e conveniência, de modo que o ato anulável ou será invalidado, cessando a partir de então os seus efeitos, ou será convalidado, quando o vício é de uma relevância relativa a não impedir que o ato opere no sistema. Exemplo de nulidade relativa em matéria tributária: o enquadramento da infração de um lançamento de ofício numa lei já revogada pela lei superveniente, lei esta que trata da mesma matéria em diferente dispositivo. O lançamento tributário também poderia ser anulável por preterição de lavratura de termos formais do procedimento de fiscalização, tais como os termos de início, de prorrogação, de encerramento, entre outros. Tais instrumentos formais, embora importantes na atividade fiscalizatória, não têm a estatura jurídica a ponto de que sua ausência possa causar nulidade do lançamento, quando esta falha for constatada após o encerramento da ação fiscal. Não sendo arguida esta falha procedimental na impugnação do lançamento, este estará convalidado em todos os seus termos.

7.4 Ato irregular

Conforme já se estabeleceu em linhas anteriores, adotamos como premissa a existência de ato administrativo irregular, ao lado de ato nulo e anulável.

A irregularidade de um ato é um fenômeno que se manifesta por uma incorreção formal em sua prática sem que isso venha interferir na eficácia na veiculação do comando, sem nenhum prejuízo para as partes envolvidas, sendo portanto de irrelevância reconhecível. Nesta hipótese não se cogita em invalidação do ato e nem na convalidação, eis que a sua validade não foi questionada. Ato irregular é aquele que não se reveste da perfeição em sua prática, mas, dado à irrelevância do defeito, ingressará no sistema sem nenhuma reserva. Um erro de digitação de uma data, quando este dado não for relevante para a determinação de um fato, pode ser uma mera irregularidade, sem nenhuma implicação na validade do ato.

7.5 Convalidação

Diz-se que um ato foi convalidado quando o vício de invalidade relativa foi suprimido com efeito retrospectivo, tornando o ato plenamente válido para agir no sistema, desde o início. A convalidação pode ser efetuada por outro ato da Administração ou por ato omissivo ou comissivo da parte interessada. A parte afetada pode manifestar-se pela convalidação (ato comissivo), como pode manter-se silente diante do vício, adotando um comportamento que revele a aceitação do ato como válido.

Suponhamos que uma autoridade fiscal deixou de citar o artigo da capitulação da infração tributária, mas descreveu corretamente o histórico da infração. Esta omissão deve ser arguida pela parte, demonstrando que se sentiu prejudicada. Mantendo-se silente sobre o fato, o ato é convalidado por ter atingido a sua finalidade.

Aliás, com referência à indicação dos dispositivos legais da infração apontada no lançamento ou da penalidade pecuniária, uma importante observação cabe ser feita. Deve ser abrandado o rigor na checagem dos dispositivos legais citados, dispensando maior atenção ao fato descrito como infração. Na realidade, o acusado, que no caso do lançamento tributário é o contribuinte notificado, se defende do fato e não da capitulação legal. É o fato, o histórico da infração que deve ser bem descrito ou bem elaborado, não podendo restar dúvidas na sua compreensão sob pena de cerceamento do direito de defesa.

Evidentemente, a convalidação é um fenômeno que ocorre em inúmeras vezes sem que as partes sequer tenham tomado conhecimento da existência de um vício no ato. Como já escrevemos nesta obra, não há ato jurídico perfeito, na acepção da palavra, no mundo dos humanos. O que há é ato dotado de um grau de regularidade, que é tido como perfeito no mundo jurídico. Então, podemos imaginar quão grande é o número de atos processuais, administrativos ou simplesmente atos jurídicos, que embora apresentem algum defeito de natureza menor ou maior, são convalidados automaticamente, por falta de objeção da parte interessada.

Capítulo VIII
DA CONSULTA TRIBUTÁRIA

8.1 Anotações introdutórias. 8.2 Os efeitos da consulta diante das obrigações tributárias. 8.3 Interessada legítima para formular consulta.

8.1 Anotações introdutórias

O instituto da consulta tributária vem geralmente atrelado ao processo administrativo tributário em nossa doutrina. As legislações também seguem este ideia. A concepção que normalmente se constrói é a de que o processo administrativo tributário se divide em duas espécies: a) o contencioso decorrente da resistência do sujeito passivo frente a uma pretensão do fisco em exigir um crédito tributário, e b) o processo de consulta que tem como finalidade a orientação do contribuinte para possibilitar o cumprimento de suas obrigações tributárias.

Adotando-se uma acepção ampla do processo administrativo tributário não se visualiza nenhum problema de ordem conceitual nesta junção. A consulta é formulada através de petição, a qual ingressa na repartição fazendária e instrumentaliza um processo próprio que tramita pelos órgãos competentes, para que no final o peticionário obtenha uma resposta de sua indagação.

O processo de consulta, porém, é espécie que tem como especificidade a ausência do contraditório. O seu fundamento jurídico não reside no direito à ampla defesa e contraditório (art. 5º, LV, da CF), mas no direito de petição (art. XXXIV, "a", CF); não é instrumento vocacionado a opor resistência, via defesa, a uma pretensão estabelecida pela Administração Pública; não instaura, enfim, uma relação de contencioso tributário entre os sujeitos ativo e passivo. O processo de consulta visa a difundir ou a externar a interpretação que os agentes do fisco adotam com relação a determinada matéria da legislação tributária, permitindo que o contribuinte siga este entendimento e ajuste os seus procedimentos operacionais que com ele se alinham, ou então acione o Poder Judiciário para obter a tutela necessária contra o que julga ameaça de seu direito.

Não comungamos, portanto, da ideia proposta por uma corrente doutrinária, que admite uma discussão contraditória no processo de consulta, com direito à defesa contra as respostas formuladas pela administração tributária, com duplo grau de jurisdição.[1] Deve-se estabelecer uma diferença básica entre o processo contencioso e o de consulta. O primeiro advém de um interesse de resistência do contribuinte contra uma pretensão da administração tributária. Suponha-se o cenário em que o fisco lavrou um lançamento tributário com o qual o sujeito passivo não concorda. Este, utilizando-se do seu direito de defesa, impugna o lançamento administrativamente, abrindo o processo administrativo tributário. Sua vocação, portanto, é de contraditar, de litigar ou de defesa contra uma acusação. Já o processo de consulta tem uma vocação orientadora, socorrendo o contribuinte para dissipar as dúvidas que não raras vezes se instalam no que se refere à interpretação das leis tributárias.

De forma elucidativa a autora Kelly Magalhães Faleiro demonstra a ausência de litigiosidade no processo de consulta, resultando disso a não obrigatoriedade da oferta do duplo grau de apreciação da matéria consultada. Escreve ela: "O procedimento de consulta fiscal, (...), não se reveste de litigiosidade. Nele não há 'litigantes'. O duplo grau dessa forma, como garantia constitucional do contraditório e ampla defesa, não encontra ressonância no procedimento de consulta fiscal. A lei, entretanto, pode admitir a recorribilidade no procedimento de consulta como um mecanismo de controle administrativo das decisões proferidas".[2]

Quem admite o contraditório e ampla defesa no processo de consulta, pressupõe a possibilidade de o consulente poder contestar, administrativamente, uma posição externada pela administração tributária

---

1. Valdir de Oliveira Rocha, *A Consulta Fiscal*, São Paulo, Dialética, 1996, p. 24.
2. Kelly Magalhães Faleiro, *Procedimento de Consulta Fiscal*, São Paulo, Noeses, 2005.

por meio de uma resposta obtida sobre uma consulta formulada. Deveria, então, haver, necessariamente, duas instâncias: a primeira, cuja decisão estaria a cargo de um analista singular, e a segunda, composta por um colegiado, que receberia os recursos contra o parecer do analista singular. Ora, não visualizamos um ambiente de contraditório no processo de consulta, no qual o contribuinte solicita informações acerca do entendimento que o fisco mantém sobre determinada matéria. O consulente faz uma solicitação, não tem interesse de contraditar. Não nos parece que a manifestação da administração tributária sobre a interpretação de determinada matéria tributária seja causa que legitime o consulente a fazer contradição. Se assim fosse, não seria consulta, mas uma tentativa de impor à administração tributária a aceitação da interpretação do contribuinte. Nada impede, porém, que o contribuinte consulente que obteve uma resposta que lhe é desfavorável, ingresse no Poder Judiciário, através de mandado de segurança preventivo, obstando que o fisco venha a fazer a exigência tributária nos termos da resposta da consulta, o que, na visão do contribuinte, é uma ameaça ao seu direito. Portanto, o contraditório não deve se instalar no âmbito do processo de consulta, mas com o acionamento do Poder Judiciário, obtendo dele uma tutela contra uma ameaça do direito do contribuinte decorrente da interpretação da legislação tributária do fisco.

Não obstante a nossa posição, há legislações de entidades federativas que estruturam o órgão responsável pela análise das consultas em duplo grau de jurisdição, com direito a recurso. Era o caso do art. 54 do Decreto 70.235/1972. Lei posterior, (Lei 9.430/1996) que dispõe sobre processo administrativo de consulta, em âmbito federal, em seu art. 48, estabeleceu instância única para a solução das consultas. Por esta lei superveniente, o recurso somente é permitido na hipótese em que houver divergência de orientação nas respostas sobre a mesma matéria.[3] É o chamado recurso especial. Este mesmo regramento foi mantido pelo Decreto 7.574/2011, que consolidou a matéria relacionada ao processo administrativo, tributário ou não, sobre matéria administrada pela Secretaria da Receita Federal do Brasil. A rigor, tal recurso está mais voltado para estabelecer a uniformização da orientação da administração

---

3. "Art. 48 (...). § 5º Havendo diferença de conclusões entre soluções de consultas relativas a uma mesma matéria, fundada em idêntica norma jurídica, cabe recurso especial, sem efeito suspensivo, para o órgão de que trate o inciso I do § 1º."

tributária sobre determinada matéria do que propriamente para oferecer ao consulente o direito de defesa. Sacramentou-se, assim, a ideia de processo não contencioso, pois não há, em regra, contestação contra a decisão tomada em primeira instância. Portanto, frise-se, ainda que o processo de consulta seja destituído de litigiosidade e que a sua solução possa ser dada em instância única, sem o direito de recurso, nada obsta que a entidade tributante, mediante lei, estruture o seu órgão responsável pela resposta às consultas, de forma a permitir o duplo grau, até para refinar a interpretação da matéria consultada, afinal, a dupla análise garante uma maior probabilidade de acerto na solução da matéria controvertida.

A consulta tributária é indispensável para a boa interpretação das normas. Não deveria ser assim. Afinal, o contribuinte não deveria enfrentar problemas de ordem interpretativa da lei para poder cumprir com a sua obrigação tributária. Mas a cada dia aumenta o grau de complexidade normativa tributária. A grande quantidade de espécies tributárias, a proliferação de normas, notadamente as infralegais, a concessão dos incontáveis benefícios fiscais com base em variados critérios, são apenas alguns dos fatores que contribuem para a formação desta complexidade na normatização do sistema tributário.

As dúvidas motivadoras da consulta podem decorrer de normas confusas, não precisas em sua linguagem, contraditórias ou de lacunas normativas. Há de se lembrar que em matéria tributária a produção normativa é abundante, pois ingressam no sistema, cada dia, uma infinidade de leis, decretos, regulamentos, portarias, entre outras, inserindo comandos novos ou alterando os já existentes, desafiando o contribuinte a permanecer atualizado no conhecimento de suas obrigações tributárias. O nosso sistema tributário assimilou a cultura que despreza a perenidade ou estabilidade nas regras estabelecidas; a única coisa constante no sistema é a própria mudança nas regras. Confunde-se mudança nas regras com modernidade ou avanço no sistema. Não é bem assim. Quando as mudanças são de muita frequência é sinal de instabilidade no sistema, para o qual ainda não se encontrou uma estrutura permanente que possa externar ao interessado a segurança jurídica necessária.

Resta enfatizar que não se restringe a consulta a questões relacionadas às leis tributárias; as dúvidas também podem decorrer da interpretação de normas infralegais, tais como decretos, portarias, regulamentos, entre outras.

Nem sempre a consulta decorre de uma dúvida do contribuinte, mas ele pode ter interesse em obter o entendimento da administração fazendária sobre determinada questão para a qual o consulente já formara opinião. Tem por objetivo esta consulta verificar a coincidência da interpretação do fisco com a do contribuinte.

Não cabe a consulta em relação à lei em tese. Há que se delimitar uma questão específica, ou um caso concreto, sobre o qual possa haver dúvidas da aplicação da norma. A consulta não terá uma conotação de discussão acadêmica, mas tem vocação de solução específica de caso concreto.

A consulta pressupõe a motivação do contribuinte por boa-fé, por isso os seus efeitos repelem medidas sancionatórias por parte da Administração Pública, observadas, é claro, as regras do instituto. Se, por um lado, o fisco tem o direito/dever de cobrar dos contribuintes o cumprimento das obrigações principais (pagamento do tributo) e acessórias (obrigação de fazer ou de não fazer com relação ao aspecto formal do Direito Tributário), por outro, tem o contribuinte o direito de ser bem informado acerca destas obrigações, não sendo refém de regras obscuras que possam suscitar dúvidas ou entendimentos dúbios e induzir o administrado a erro. Daí a importância do instituto da consulta tributária, cujas regras de admissibilidade podem ser descritas pelas legislações locais.

A consulta deve ser formulada em petição e dirigida ao órgão encarregado para o seu julgamento por cada administração tributária. No Estado de Santa Catarina, criou-se a Comissão Permanente para Assuntos Tributários – COPAT –, que recebeu a incumbência de analisar a matéria sobre a qual se formulou a consulta e de dar a resposta requerida. Sendo norma, ou para o requerente de forma isolada ou de efeito normativo para os contribuintes em geral, quando assim for declarado, a resposta deve ser construída com imparcialidade e ser realmente esclarecedora, no sentido de que ao contribuinte não reste dúvida sobre o posicionamento da administração fazendária com relação ao tema pesquisado e de que este posicionamento seja amparado por critérios técnicos e não por interesses arrecadatórios.

8.2 Os efeitos da consulta diante das obrigações tributárias

O Código Tributário Nacional, Lei 5.172/1966, faz referência à consulta no § 2º do art. 161, como uma forma de exclusão da cobrança de juros de mora e das penalidades cabíveis no caso de não haver pagamento do crédito tributário no seu vencimento, enquanto pendente de resposta do órgão consultado. A referência é lacônica. Nada mais o Código menciona sobre a matéria. Ainda assim, deixou implícito o direito à consulta do contribuinte. Ocorre, então, que a consulta tributária tem seus fundamentos no direito de petição (CF, art. 5º, XXXIV, "a") e no CTN, conforme dispositivo citado. No mais, cabe a regulamentação do instituto para cada entidade tributante, dentro da competência tributária outorgada.

Tem-se então, como primeiro efeito, a proteção do contribuinte consulente contra as imposições mencionadas pelo CTN (juros e multa). Imaginando uma hipótese em que o contribuinte impetrou formalmente uma consulta em 1.2.2010 sobre a tributação de determinada operação, e a resposta foi concedida em 2.5.2010, no sentido de que a operação é tributada, o contribuinte consulente pode fazer o recolhimento dos fatos geradores deste período, objeto da consulta, sem juros e sem multa, desde que o faça no prazo previsto em lei para este caso. Lei local de cada unidade da Federação deve regulamentar este procedimento.

Neste ponto, vale fazer um registro de ressalva contra parte da doutrina que advoga o efeito suspensivo da exigibilidade do crédito tributário decorrente de consulta com resposta pendente, de forma genérica.

Para alguns autores haveria uma nova modalidade de suspensão da exigibilidade do crédito tributário instituída pelo CTN, através da consulta pendente, além daquelas previstas no art. 151 do mesmo Código. Escreve Lutero Xavier Assunção que "por esse dispositivo, o CTN estabelece uma nova hipótese de suspensão de exigibilidade do crédito tributário – pendência de consulta, que se soma ao rol do art. 151, (...)".[4]

Também para Lídia Maria Lopes Rodrigues Ribas, a consulta pendente de resposta gera um efeito suspensivo da exigibilidade do crédito tributário, período este no qual também não transcorre a decadência.[5]

Nós também nos filiávamos a este entendimento na edição anterior. Contudo, uma nova avaliação mais detida revelou um erro nessa concepção, no nosso entender. Deveras, pela redação do dispositivo do

---

4. Lutero Xavier Assunção, *Processo Administrativo Tributário*, cit., p. 165.
5. Lídia Maria Lopes Rodrigues Ribas, *Processo Administrativo Tributário*, cit., p. 110.

CTN, não ocorre suspensão da exigibilidade do crédito tributário, apenas a exclusão da exigência dos juros e da multa, o que implica dizer que a Fazenda Pública poderia proceder ao lançamento do crédito tributário com relação ao objeto da consulta, porém sem os acréscimos legais mencionados. É claro que é de razoável compreensão que o fisco se mantenha no aguardo até que haja um pronunciamento a respeito da matéria consultada, para então fazer o lançamento, isto porque pode a resposta ser favorável ao consulente e afastar a obrigação tributária. Por esta razão, proceder ao lançamento sobre matéria consultada, com resposta pendente, não seria de boa gestão. Mas nada obstaria juridicamente tal prática.

A suspensão da exigibilidade ocorre geralmente por conta de leis dos entes tributantes, que regulamentam o instituto da consulta tributária com relação à legislação tributária de sua competência. Assim, por exemplo, o Decreto 7.574/2011, que dispõe sobre o processo administrativo tributário federal, prevê, em seu art. 101, efeito suspensivo pela impetração do recuso especial que tem cabimento nos casos em que se verificar a ocorrência de respostas divergentes para a mesma matéria, fundada em idêntica norma jurídica. O mesmo decreto veda expressamente a instauração de qualquer procedimento de fiscalização contra o sujeito passivo relativamente à espécie consultada, a partir da apresentação da consulta até o trigésimo dia subsequente à data da ciência (art. 89).

Os efeitos aqui mencionados (de suspensão e de vedação de lançamento, se previstos em lei) ocorrem a partir da formalização da consulta. Enquanto estiver pendente a resposta em relação a uma consulta, fica suspenso o prazo para o pagamento do tributo em relação ao fato que ensejou a indagação. Mas é preciso ter claro que para que esta suspensão ocorra é necessário que a protocolização da consulta seja feita antes de vencido o prazo de pagamento. Somente suspende-se o prazo que ainda não venceu. Outro pressuposto para a suspensão do prazo de recolhimento é a inequívoca correlação que deve existir entre o fato consultado e o tributo a ser recolhido. Assim, por exemplo, se a consulta versar sobre o direito a um determinado crédito para compensar na apuração do imposto a recolher, suspende-se o prazo de recolhimento sobre a parte do imposto que vier a ser devido caso a resposta à consulta seja desfavorável ao contribuinte. Não ocorre a suspensão do prazo quanto aos demais valores que são devidos independentemente da resposta da administração tributária.

Portanto, alguns efeitos que normalmente são difundidos pela doutrina como resultante da consulta tributária dependem de lei da entidade tributante.

Com relação à decadência, em regra, estando o Estado impedido de exercer a atividade de fiscalizar e de lançar o crédito tributário, não há que se falar em decurso do prazo. Logo, se a lei declarar o impedimento de instaurar procedimento de fiscalização e de lavrar o lançamento, também não opera a decadência neste período. Entendemos, porém, se não houver lei que obste a ação do fisco para lançar o crédito tributário sobre matéria objeto de consulta pendente, deve a Fazenda Pública lavrar o lançamento tributário, sem multa e juros, para prevenir a decadência, eis que neste caso não havia obstáculo a este procedimento.

A resposta à consulta sobre o caso concreto vincula a Administração, mas não o contribuinte consulente, haja vista que este pode se socorrer do Poder Judiciário requerendo a tutela contra a pretensão da Fazenda Pública em fazer uma exigência tributária considerada ilegítima pelo consulente.

A consulta, em princípio, aproveita apenas a quem a formulou. Somente a critério da administração tributária, quando o assunto for de interesse geral, pode a resposta à consulta ser transformada em norma aplicada a todos os contribuintes. Para que os efeitos normativos se estendam aos contribuintes em geral, o órgão encarregado pela resposta deve baixar a resolução com efeitos normativos, dando-lhe a devida publicidade. É a chamada resolução *normativa*. Quando a resposta à consulta destinar-se apenas ao contribuinte que a formulou, restringindo-se os efeitos somente a este, diz-se que é resolução sem efeito normativo.

É desta forma que as leis locais normalmente dividem as consultas. Entretanto, o efeito restritivo que se pretende dar às respostas de interesse ao contribuinte consulente em particular, sem efeito normativo para os demais, não resiste a uma análise jurídica sob a ótica dos princípios da legalidade e da isonomia. Entendemos que se um tratamento é dispensado a determinado contribuinte por meio de uma orientação oficial, o mesmo tratamento também pode ser reclamado pelos demais contribuintes que se encontrarem em uma situação similar, sob pena de ferirem-se os princípios retro mencionados. A Administração Pública não pode privilegiar qualquer administrado, como também não pode praticar qualquer forma de discriminação. Portanto, não é pelo fato de o órgão responsável pela resposta à consulta definir a resolução como normativa que os seus efeitos serão extensivos para os contribuintes em geral; é a similaridade da situação dos contribuintes com a da consulente que faz nascer os efeitos normativos da resolução. Em outros termos: se o contribuinte "A" recebeu uma resposta expressa, mesmo que não publicada, de que deve agir de uma determinada forma diante de uma situação claramente definida, o contribuinte "B", se se encontrar em uma situação similar à da consulente, poderá se aproveitar desta orientação, independentemente de ter sido baixada a resolução com efeitos normativos ou não. Evidentemente, cabe sempre analisar a veracidade da similaridade entre as situações expostas.

Hodiernamente, com a difusão da comunicação eletrônica é comum o intercâmbio de informações entre contribuintes e agentes administrativos; o contribuinte pode lançar sua indagação e obter resposta expressa, por e-mail, de servidor da Fazenda Pública. Tal relacionamento comunicativo tomaria a forma de consulta, com todos os efeitos decorrentes?

A resposta pode depender da existência ou não de estrutura própria para o tratamento das consultas na repartição fazendária. Havendo um órgão devidamente constituído para o recebimento e processamento da consulta, deve o contribuinte a ele se dirigir, sob pena de não obter os efeitos dela decorrentes. Porém, a situação pode ser mais delicada num pequeno Município, por exemplo, que não mantém nenhuma estrutura formal para dar solução às consultas, podendo-se cogitar, nesta hipótese, numa comunicação expressa como forma de resposta à consulta. Em qualquer caso, o uso indiscriminado de comunicados eletrônicos entre servidores do fisco e contribuintes pode caracterizar práticas reiteradamente observadas pelas autoridades administrativas, formando normas complementares, nos termos do art. 100, III, do CTN. Esta comunicação eletrônica, entre autoridades fazendárias e contribuintes, deve ser evitada.

8.3 Interessada legítima para formular consulta

Tem interesse legítimo na consulta quem pode ser sujeito do cumprimento de uma obrigação tributária, principal ou acessória, seja na qualidade de contribuinte ou de responsável (art. 121, do CTN). Não nos parece que uma pessoa natural, que não se sujeita ao comprimento de nenhuma obrigação tributária, possa acionar a administração tributária para o deslinde de determinada dúvida de natureza tributária, alegando ser contribuinte de fato, com relação aos tributos indiretos, ou mesmo invocando o direito de petição do cidadão comum.

Nas palavras de Valdir Rocha, "consulente – aquele que tem dúvida e a expõe à Administração – é o autor, o sujeito ativo ou legitimado ativo da consulta fiscal, ou, simplesmente, o interessado".[6]

Geralmente as leis das entidades federativas estendem esta capacidade de agir na formulação de consulta também às entidades representativas de categorias econômicas ou profissionais ou ainda a órgãos da Administração Pública, como, por exemplo, consta no parágrafo único do art. 88 do Decreto 7.574/2011.

Por fim, a consulta é instituto que reclama regulamentação própria a ser editada por cada entidade tributante, observado o ordenamento jurídico tributário vigente, em especial, a norma constante no CTN sobre os seus efeitos.

---

6. Valdir Rocha, *A Consulta Fiscal*, cit., p. 42.

BIBLIOGRAFIA

AMARO, Luciano. *Direito Tributário Brasileiro*. 10ª ed. São Paulo, Saraiva, 2004 (16ª ed., 2010).

ASSUNÇÃO, Lutero Xavier. *Processo Administrativo Tributário Federal*. 2ª ed. Bauru, Edipro, 2003.

ÁVILA, Alexandre Rossato da Silva. *Curso de Direito Tributário*. 2ª ed. Porto Alegre, Verbo Jurídico, 2006.

BACELAR FILHO, Romeu Felipe. *Princípios Constitucionais do Processo Administrativo Disciplinar*. São Paulo, Max Limonad, 1998.

BALEEIRO, Aliomar. *Direito Tributário Brasileiro*. 10ª ed. Rio de Janeiro, Forense, 1987.

_____. *Direito Tributário Brasileiro*. 11ª ed., atualizada por Misabel Abreu Machado Derzi. Rio de Janeiro, Forense, 2002.

BALTAZAR, Ubaldo César. *Manual de Direito Tributário*. Florianópolis, Diploma Legal, 1999.

BASTOS, Celso Ribeiro. *Curso de Direito Administrativo*. São Paulo, Celso Bastos Editor, 2002.

BECKER, Alfredo Augusto. *Teoria Geral do Direito Tributário*. 2ª ed. São Paulo, Saraiva, 1992.

BORGES, José Souto Maior. *Lançamento Tributário*. 2ª ed. São Paulo, Malheiros Editores, 2001.

BOTTALLO, Eduardo Domingos. *Curso de Processo Administrativo Tributário*. 2ª ed. São Paulo, Malheiros Editores, 2009.

CABRAL, Antônio da Silva. *Processo Administrativo Fiscal*. São Paulo, Saraiva, 1993.

CAMPOS, Dejalma de. *Direito Processual Tributário*. 5ª ed. São Paulo, Atlas, 1998.

CARRAZZA, Roque Antonio. *Curso de Direito Constitucional Tributário*. 27ª ed. São Paulo, Malheiros Editores, 2011.

CARVALHO, Paulo de Barros. *Direito Tributário: Fundamentos Jurídicos da Incidência*. 2ª ed. São Paulo, Saraiva, 1999.

_____. "Processo administrativo tributário", *RDT* 9/10-283.

_____. *Curso de Direito Tributário*. 13ª ed. São Paulo, Saraiva, 2000 (21ª ed., 2009).

CASSONE, Vittorio. *Direito Tributário*. 7ª ed. São Paulo, Atlas, 1994.

CINTRA, Antônio Carlos de Araújo; GRINOVER, Ada Pellegrini; DINAMARCO, Cândido Rangel. *Teoria Geral do Processo*. 27ª ed. São Paulo, Malheiros Editores, 2011.

COÊLHO, Sacha Calmon Navarro. *Curso de Direito Tributário Brasileiro*. 10ª ed. Rio de Janeiro, Forense, 2009.

DABUL, Alessandra. *Da Prova no Processo Administrativo Tributário*. Curitiba, Juruá, 2004.

DALLARI, Dalmo de Abreu. *O Poder dos Juízes*. 3ª ed. São Paulo, Saraiva, 2007.

DI PIETRO, Maria Sylvia Zanella. *Direito Administrativo*. 21ª ed. São Paulo, Atlas, 2008.

DINAMARCO, Cândido Rangel. *Instituições de Direito Processual Civil*, vols. I e III. 6ª ed. São Paulo, Malheiros Editores, 2009.

_____. *A Instrumentalidade do Processo*. 14ª ed. São Paulo, Malheiros Editores, 2009.

FABRETTI, Láudio Camargo. *Código Tributário Nacional Comentado*. 2ª ed. São Paulo, Saraiva, 1998.

FAGUNDES, Seabra. *O Controle dos Atos Administrativos pelo Poder Judiciário*. 3ª ed. Rio de Janeiro, Forense, 1957.

FALCÃO, Amílcar de Araújo. *Introdução ao Direito Administrativo*. São Paulo, Resenha Universitária, 1997.

FALEIRO, Kelly Magalhães. *Procedimento de Consulta Fiscal*. São Paulo, Noeses, 2005.

FIGUEIREDO, Lúcia Valle. *Processo Administrativo Tributário e Previdenciário*. São Paulo, Max Limonad, 2001.

FREITAS, Vladimir Passos de (Org.). *Código Tributário Nacional Comentado*. São Paulo, Ed. RT, 1999.

GASPAR, Walter. *ICMS Comentado*. 6ª ed. Rio de Janeiro, Lumen Juris, 1998.

GRECO, Marco Aurélio. Palestra extraída dos *Anais do Seminário Internacional sobre Elisão Fiscal*, realizado pela Escola Fazendária de Brasília, em 6.8.2001.

HARADA, Kiyoschi. *Direito Financeiro e Tributário*. 17ª ed. São Paulo, Atlas, 2008.

_____. "Alteração do critério jurídico de interpretação", *Âmbito Jurídico*, 71. Rio Grande, 1.12.2009. Disponível em www.ambito-juridico.com.br. Acesso em 23.8.2011.

HARGER, Marcelo. *Princípios Constitucionais do Processo Administrativo*. Rio de Janeiro, Forense, 2001.

HENTZ, Luiz Antônio Soares (Coord.). *Obrigações no Novo Direito da Empresa*. São Paulo, Juarez de Oliveira, 2003.

JUNQUEIRA, Helena Marques. "A *reformatio in pejus* no processo administrativo", in *Processo Administrativo Tributário e Previdenciário*. São Paulo, Max Limonad, 2000.

JUSTEN FILHO, Marçal. "Considerações sobre o processo administrativo fiscal", *Revista Dialética de Direito Tributário*, n. 33, São Paulo, jun. 1998.

MACHADO, Hugo de Brito. *Curso de Direito Tributário*. 32ª ed. São Paulo, Malheiros Editores, 1993.

_____. *Mandado de Segurança em Matéria Tributária*. 5ª ed. São Paulo, Dialética, 2003.

MACHADO SEGUNDO, Hugo de Brito. *Processo Tributário*. 3ª ed. São Paulo, Atlas, 2008.

MAIDAME, Márcio Manoel. *Impenhorabilidade e Direitos do Credor*. Curitiba, Juruá, 2008.

MARINS, James. *Direito Processual Tributário Brasileiro (Administrativo e Judicial)*. São Paulo, Dialética, 2001.

_____. *Princípios Fundamentais do Direito Processual Tributário*. São Paulo, Dialética, 1998.

MARTINS, Ives Gandra da Silva (Coord.). *Caderno de Pesquisas Tributárias*, n. 9. São Paulo, Resenha Tributária, 1984.

_____. *Comentários ao Código Tributário Nacional*. São Paulo, Saraiva, 1998.

_____. *Processo Administrativo Tributário*. 2ª ed. São Paulo, Ed. RT, 2002.

MEIRELLES, Hely Lopes. *O Processo Administrativo e em Especial o Tributário*. São Paulo, Instituto Brasileiro de Direito/Resenha Tributária, 1975.

_____; AZEVEDO, Eurico de Andrade; ALEIXO, Délcio Balestero; BURLE FILHO, José Emmanuel. *Direito Administrativo Brasileiro*. 37ª ed. São Paulo, Malheiros Editores, 2011.

_____; WALD, Arnoldo; MENDES, Gilmar Ferreira. *Mandado de Segurança*. 33ª ed. São Paulo, Malheiros Editores, 2010.

MEDAUAR, Odete. "As garantias do devido processo legal, do contraditório e da ampla defesa no processo administrativo tributário", *IOB – Repertório de Jurisprudência* 12/238.

_____. *Direito Administrativo Moderno*, 12ª ed. São Paulo, Ed. RT, 2008.

_____. *Processualidade no Direito Administrativo*. São Paulo, Ed. RT, 1993.

MELLO, Celso Antônio Bandeira de. *Curso de Direito Administrativo*. 28ª ed. São Paulo, Malheiros Editores, 2011.

MONTEIRO, João. *Programa do Curso de Processo Civil*. vol. II, 3ª ed. São Paulo, Duprat, 1912.

NADER, Paulo. *Introdução ao Estudo do Direito*. 25ª ed. Rio de Janeiro, Forense, 2005.

NASCIMENTO, Carlos Valder do (Coord.). *Comentários ao Código Tributário Nacional*. 6ª ed. Rio de Janeiro, Forense, 2001.

NEDER, Marcos Vinícius. In *Direito Tributário e os Conceitos de Direito Privado – VII Congresso Nacional de Estudos Tributários*. São Paulo, Noeses, 2010.

_____; LÓPEZ, Maria Tereza Martinez. *Processo Administrativo Tributário*. 2ª ed. São Paulo, Dialética, 2004.

NOGUEIRA, Ruy Barbosa. *Curso de Direito Tributário*. 14ª ed. São Paulo, Saraiva, 1995.

PASSOS DE FREITAS, Vladimir. *Código Tributário Nacional Comentado*. São Paulo, Ed. RT, 1999.

PEIXOTO, Daniel Monteiro. *Responsabilidade Tributária*. Doutorado em Direito. São Paulo, PUC-SP, 2009.

PONTES DE MIRANDA, Francisco C. *Comentários ao Código de Processo Civil*, t. IV, 3ª ed. (atualizada por Sérgio Bermudes). Rio de Janeiro, Forense, 2001.

RIBAS, Lídia Maria Lopes Rodrigues. *Processo Administrativo Tributário*. 3ª ed. São Paulo, Malheiros Editores, 2008.

ROCHA, José de Albuquerque. *Teoria Geral do Processo*. 6ª ed. São Paulo, Malheiros Editores, 2002.

ROCHA, Sérgio André. *Processo Administrativo Fiscal*. 2ª ed. Rio de Janeiro, Lumen Juris, 2007.

ROCHA, Valdir de Oliveira. *A Consulta Fiscal*. São Paulo, Dialética, 1996.

ROSA JUNIOR, Luiz Emygdio F. da. *Manual de Direito Financeiro e Direito Tributário*. 11ª ed. Rio de Janeiro, Renovar, 1997.

SANTI, Eurico Marcos Diniz de. *Lançamento Tributário*. São Paulo, Max Limonad, 1996.

SANTOS, Moacyr Amaral. *Direito Processual Civil*. vol. 1, 2ª ed. São Paulo, Max Limonad.

_____. *Primeiras Linhas do Direito Processual*. 2ª ed. São Paulo, Saraiva, 1997.

SCHOUERI, Luiz Eduardo. "Presunções simples e indícios no procedimento administrativo fiscal", in *Processo Administrativo Fiscal*, vol. 2.

_____ (Coord.). *Direito Tributário: Homenagem a Alcides Jorge Costa*. São Paulo, Quartier Latin, 2003.

SILVA, José Afonso. *Curso de Direito Constitucional Positivo*. 34ª ed. São Paulo, Malheiros Editores, 2011.

SILVA, De Plácido e. *Vocabulário Jurídico*. 20ª ed. Rio de Janeiro, Forense, 2002.

SUNDFELD, Carlos Ari. *Fundamentos de Direito Público*. 5ª ed., 2ª tir. São Paulo, Malheiros Editores, 2011.

THEODORO JÚNIOR, Humberto. *Curso de Direito Processual Civil*. vol. 1, 24ª ed. Rio de Janeiro, Forense, 1998.

XAVIER, Alberto. *Do Lançamento: Teoria Geral do Ato do Procedimento e do Processo Tributário*. 2ª ed. Rio de Janeiro, Forense, 1997.

_____. *Do Lançamento no Direito Tributário Brasileiro*. São Paulo, Resenha Tributária, 1977.

* * *